Sven R. Kantelhardt

Das Spital zu Jerusalem

Historischer Roman

acabus

Kantelhardt, Sven R.: Das Spital zu Jerusalem. Hamburg, acabus Verlag 2022

1. Auflage 2022
ISBN: 978-3-86282-766-4

Dieses Buch ist auch als eBook erhältlich und kann über den Handel oder den Verlag bezogen werden.
ePub-eBook: ISBN 978-3-86282-767-1

Lektorat: Bianca Weirauch, Weida
Korrektorat: Antonia Jahnke, Hamburg
Satz: Katharina Breu, acabus Verlag
Umschlaggestaltung: © Stephanie Gauger | Guter Punkt, München unter Verwendung von Motiven von AKG Images und iStock / Getty Images Plus
Umschlagabbildungen: © Sonate/ iStock / Getty Images Plus, © Cao-Chunhai / iStock / Getty Images Plus © akg-images / British Library

Bibliografische Information der Deutschen Nationalbibliothek:
Die Deutsche Nationalbibliothek verzeichnet diese Publikation in der Deutschen Nationalbibliografie; detaillierte bibliografische Daten sind im Internet über http://dnb.d-nb.de abrufbar.

Der acabus Verlag ist ein Imprint der Bedey & Thoms Media GmbH, Hermannstal 119k, 22119 Hamburg.

---

http://www.acabus-verlag.de
Gedruckt in Europa

Gewidmet allen, die auch heute unter dem achtspitzigen Kreuz ihren Dienst an den Damen und Herren Kranken leisten

Inhalt

Das Spital zu Jerusalem 11

Gedanken und historische Anmerkungen zum Geleit 439

Personenverzeichnis 458

Glossar 473

Danksagung 478

Der Autor 480

Boullion
Amiens
Maganza (Mainz)
Uormatia (Worms)
Schpira (Speyer)
Tours
Radasponda
(Regensburg)
Clermont
Venedig
Toulouse
Martigues
Genua
Pisa
Toledo
Rom
Monte Cassino
Valencia
Amalfi
Granada

Semlin (Zemun)
Belgrad
Konstantinopel (Istanbul)
Dyrrhachium (Durres)
Bari
Tarent
Nicaäa (Iznik)
Doryläum
Edessa (Urfa)
Ikonium (Konya)
Melitene (Malatya)
Antiochia (Antakya)
St. Simeon
Tripolis
Burg Nimrod
Jaffa
Ibelin
Jerusalem
Askalon

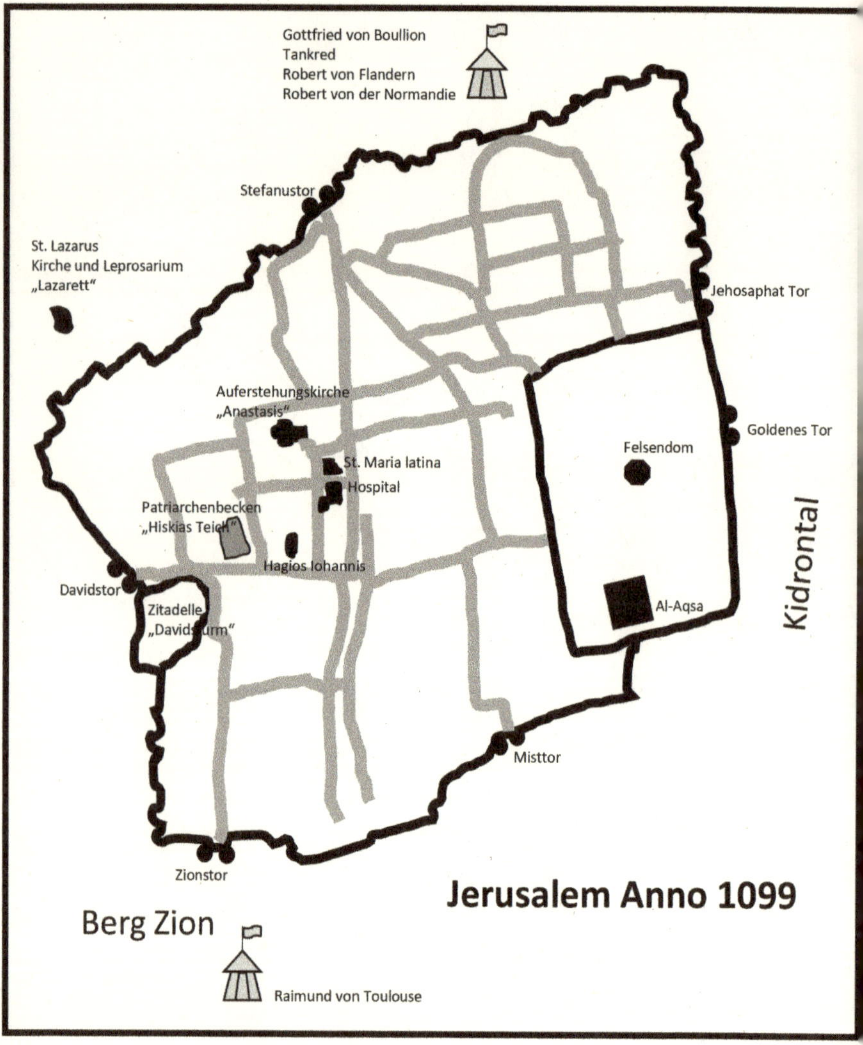
Gottfried von Boullion
Tankred
Robert von Flandern
Robert von der Normandie
Stefanustor
St. Lazarus
Kirche und Leprosarium
„Lazarett“
Jehosaphat Tor
Auferstehungskirche
„Anastasis“
Goldenes Tor
Felsendom
St. Maria latina
Hospital
Patriarchenbecken
„Hiskias Teich“
Kidrontal
Hagios Iohannis
Davidstor
Zitadelle
„Davidsturm“
Al-Aqsa
Misttor
Zionstor
Jerusalem Anno 1099
Berg Zion
Raimund von Toulouse

Ansaldo

Mare inferior, September 1095

Die San Matteo dümpelte in der leichten Dünung, die als Einziges noch an den Sturm vom Vortag erinnerte. Die schnittige Galera lief getrieben von zwanzig Ruderern nach Südwesten. Platz gab es für achtundvierzig Riemen, aber die wurden nur im Kampf bemannt, um die Kräfte der Besatzung zu schonen. Auch Ansaldo Doria, der Magister und Capitano stand gelassen im Heck seines schnellen Schiffes. Er hatte das Backbordruder hoch gelascht und führte die Pinne des zweiten Seitenruders mit leichter Hand.

»Schiff voraus«, erklang ein Ruf vom Bug. Ansaldo beschattete die Augen mit der flachen Hand gegen die Strahlen der bereits tief stehenden Sonne. Tatsächlich, dort im Westen trieb etwas. Kein Segel, aber seit der Wind gegen Mittag gänzlich eingeschlafen war, hatte auch Ansaldo Segel und Mast umlegen lassen. Er überlegte kurz, wen er dort vor sich haben könnte. Hier südlich von Pianosa und Montecristo mochte das gut und gerne ein Schiff der verhassten Pisaner sein, die nach der gemeinsam durchgeführten Eroberung Sardiniens mit den Genuesen erbittert um Einfluss auf der Insel rangen. Es konnten auch Mallorcinische Piraten sein, die sich immer wieder bis in das Tyrrhenische Meer und sogar an die Küste des italienischen Festlandes wagten, um christlichen Handelsschiffen aufzulauern oder Dörfer zu überfallen und die Bewohner in die Sklaverei zu verschleppen. »Alle Mann an die Ruder«, rief Ansaldo, entschlossen, sich von nichts überraschen zu lassen. »Macht euch kampfbereit!« Dröhnend schoben die Männer die langen Riemen durch die Pforten im Schanzkleid. Im Kampf wurde die San Matteo á la Zencile gerudert, immer drei Mann teilten sich eine Ruderbank, aber jeder führte seinen eigenen Riemen. Das forderte ein gehöriges Maß an Koordination, doch in Ansaldos Mannschaft, zur Hälfte Angehörige der Familie Doria und alle aus der gleichen Isola, also dem gleichen Viertel ihrer Heimatstadt Genua stammend, kannte jeder genau seinen Platz und seine Aufgabe. Wie ein Pfeil schoss das schlanke Schiff über das Wasser dem fremden Fahrzeug entgegen und Ansaldo blickte voller Stolz auf die wehende Flagge mit dem roten Georgskreuz, dem Zeichen der Seerepublik Genua, welches einst die Oströmische Garnison der Stadt verliehen hatte.

»Setzt noch die Flagge mit dem schwarzen Kopf!«, befahl er. Diese Flagge zeigte, ebenfalls auf weißem Grund, den abgeschlagenen Kopf eines Mauren, mit Ring im Ohr und einer Binde vor den Augen. Eine Erinnerung an alle Balearischen Piraten, wie es ihnen ergehen würde, wenn sie sich mit den Genuesen anlegten. Irgendwann hatte die Flagge die echten, auf Pfähle gespießten Köpfe ersetzt – sie stank weniger, war durch ihre Größe und den weißen Hintergrund auch von Ferne zu erkennen und vor allem: Man konnte sie bereits vor dem Kampf setzen, wenn sich die Köpfe der Feinde noch auf den dazugehörigen Körpern befanden. Bald erkannte Ansaldo Einzelheiten des anderen Schiffes. Der dickbauchige Rumpf mit den hohen Seiten verriet den Kauffahrer, wahrscheinlich tatsächlich ein Pisaner oder Amalfitaner? Die Mastspitze schwankte im Rhythmus der Wellen vor dem Horizont, der von der untergehenden Sonne rot gefärbt war. Ohne Wind war das Handelsschiff der schnellen Galera hilflos ausgeliefert, doch niemand zeigte sich an Deck. Da sah Ansaldo eine Leine vom Heck ins Wasser hängen. Das mochte die Großschot oder eine Brasse gewesen sein, jedenfalls würde kein vernünftiger Kapitän solch eine Schlamperei dulden. Gute Leinen waren teuer. »Halbe Kraft«, wies Ansaldo seine Schlagleute an und steuerte die San Matteo in einem weiten Bogen dichter heran. »Ruder halt«, rief er den nächsten Befehl und die Galera glitt von ihrem Schwung getragen bis dicht unter das Heck des fremden Seglers. »Ich bringe sie längsseits«, rief er über die Ruderbänke nach vorn. »Antonio, du steigst mit deinen Männern über und siehst nach, was da los ist!« Ein mulmiges Gefühl hatte ihn ergriffen, aber wenn sie sich fernhielten, würden sie niemals erfahren, was es mit dem seltsamen Geisterschiff auf sich hatte. Die Männer an Steuerbord zogen ihre Riemen ein, als das schlanke Schiff an der Bordwand des Kauffahrers entlangschrammte. Die Enterhaken flogen hinüber und verbanden die schlanke Galera fest mit dem bauchigen Segler. Schon sprang Antonio an der Spitze der Genuesen über das zu den Seiten auskragende Schanzkleid der Galera auf die hohe Seereling des Seglers.

Ansaldo griff sich Schwert und Schild und hastete über die Planken, die mittschiffs auf den Ruderbänken lagen und so einen Mittelgang über dem Schiffsraum formten. Er lief bis zu dem Punkt, wo der Rumpf des geenterten Handelsschiffs am niedrigsten war. Einen Augenblick zögerte er, bevor er über eine Ruderbank bis auf die wogende Reling balancierte. Sein rechtes Knie machte ihm seit einiger Zeit zu schaffen und hatte ihn einige Male im Stich gelassen, wenn er sich darauf aufrichten wollte. Er schluckte und sprang mit dem linken Bein voran. Ein kurzer stechender Schmerz war alles, einen Augenblick später stand auch er auf dem Deck des Seglers. Antonio trat ihm entgegen. »Keine Ahnung, was hier los ist«, berichtete er. »Niemand an Bord, auch keine Toten.« Ansaldo atmete innerlich auf. Dann waren die Fremden wenigstens nicht einer Seuche zum Opfer gefallen, sonst lägen ihre Leichen noch herum.

»Sie treibt sicherlich schon einige Tage herrenlos im Meer. Fast das ganze Schiffsgerät und selbst Segel und Rah sind verschwunden«, fuhr Antonio schulterzuckend fort. Ansaldos Blick schweifte zum Mast. »Sie wurde von Piraten geentert«, behauptete er bestimmt. Antonio sah ihn verblüfft an. »Woher weißt du das?«

»Siehst du die Kerben am Mast?«, fragte Ansaldo zurück und wies auf einige quer laufende Schrammen, die sich tief in das harte Holz gegraben hatten. »Das waren Axthiebe.«

»Ja, das sehe ich«, bestätigte Antonio. »Aber wieso sollten die Piraten versuchen den Mast umzuhauen?« Ansaldo seufzte. Sein Vetter war zwar tapfer, aber manchmal ziemlich schwer von Begriff. »Das haben sie nicht, sonst stände er ja nicht mehr«, kommentierte er trocken. »Sie haben das Fall des Segels durchgehauen. Die ersten Piraten an Deck wollten das Schiff stoppen, damit ihre Kameraden nachkommen könnten. Deshalb haben sie das Fall gekappt und das Segel fiel herab. Der Sturm letzte Nacht hat dann sein Übriges getan.« Antonio nickte zustimmend. »Ich wundere mich nur, dass die Piraten das Schiff nicht mitgenommen haben. Sieht doch noch ganz solide aus.«

»Es waren bestimmt die Mauren von den Balearen. Die haben die ganze Besatzung massakriert oder versklavt, wollten sich aber vor dem aufziehenden Sturm in Sicherheit bringen und sich nicht mit dem dicken Eimer belasten«, meinte Ansaldo schulterzuckend.

»Dann nehmen wir das Schiff in Schlepp?«, schlug Antonio vor. Ansaldo runzelte die Stirn. »Wenn die Pisaner uns begegnen, denken sie, wir hätten es gekapert. Das gibt Ärger.«

David

Magenza, Januar 1096

Die Brüder aus Rouen haben uns einen Brief geschrieben.« Onkel Ruben stand mit gerunzelter Stirn vor der Gemeinde, die sich in der Synagoge an der Stadthausstraße versammelt hatte. »Neben Rittern hat sich allerhand Volk gefunden, um dem Aufruf des Papstes zur Fahrt ins Land unserer Väter zu folgen. Ein gewisser Peter aus Amiens hat sich zu ihrem Anführer aufgeschwungen, und einige lose Gesellen mochten offenbar nicht warten, bis sie das Land der Väter erreichten, sondern haben sich in Westfranken direkt am Eigentum unserer Brüder vergriffen.« Sein Blick schweifte ernst über die versammelten Männer und Frauen. »Auf ihrem Weg nach Konstantinopel werden diese Horden auch den Rhein aufwärts ziehen.« David blickte sich betreten um. Rabbi ben Ezer hatte sich erhoben. Er, der noch selbst zu Füßen Rabbenu Gerschoms gesessen hatte, den man weit über die Grenzen von Magenza hinaus verehrte und die »Leuchte des Exils« nannte. Derselbe, der in Magenza die berühmte Talmudschule, die Jeschiwa, gegründet hatte. Nach dem Willen seines Onkels sollte auch David einmal dort die heiligen Schriften und Jüdisches Recht studieren, auch wenn ihn selbst die Heilkunst, von der glücklicherweise auch in den Heiligen Texten häufig die Rede war, weit mehr faszinierte.

»Ihr habt sicherlich nicht vergessen, wie es unseren Glaubensbrüdern in Granada vor fünf Jahren erging«, mahnte der alte Rabbi. »Sie wurden allesamt ermordet oder vertrieben!«

»Aber der Papst hat doch zum Kreuzzug gerade gegen die Mohammedaner aufgerufen, nicht gegen uns«, warf Simeon ein, einer der Studenten, die aus ganz Europa nach Magenza kamen, um an der Jeschiwa zu studieren. Ben Levi kam aus der Juderia Toldeos und musste es wissen: »Und in Granada waren es gerade diese, die unsere Brüder überfielen. Die Almoraviden, welche sogar bei ihren Glaubensbrüdern wegen ihrer unmäßigen Strenge verhasst sind!«

»Und außerdem zahlen wir dem Bischof gut für unsere Sicherheit«, warf Jehuda, ein reicher Händler, dessen Haus zwischen denen der christlichen Fernhandelskaufherren im Friesenviertel stand, ein. »Er wird sicher nicht zulassen, dass uns hier etwas passiert.«

»Der Papst hat zum Kampf gegen die Feinde Gottes aufgerufen, und für viele der Wanderprediger und Landstreicher gehören auch wir dazu«, ergriff nun wieder Onkel Ruben, der Gemeindevorsteher, das Wort. »Wir sollten für das Beste beten, uns aber auf das Schlimmste vorbereiten.«

Ansaldo

Genua, Februar 1096

Das erbeutete Schiff, die »Prise« wie es unter Seeleuten hieß, war tatsächlich eine Pisaner Caraca. Ansaldo hatte sie schließlich mit zehn Männern voraus nach Genua geschickt. »Ihr bekommt das viereckige Segel und das Ersatzruder. Haltet euch von der Küste und den Inseln frei. Die Pisaner werden keinen Spaß verstehen«, hatte er seinen Vetter Pietro, den er zum Anführer der kleinen Besatzung bestimmte, noch gewarnt. Mehr konnte er ihm nicht mitgeben. Weder Männer noch Material. Schon so blieb ihm auf der San Matteo nur das Dreiecksegel, welches bei Kursen am Wind gute Dienste leistete, aber vor dem Wind das Steuern erschwerte. Doch inzwischen lagen sowohl die Pisanische Prise als auch die San Matteo längst sicher auf dem schmalen Strand vor der selbst auf dem engen Landstreifen zwischen Meer und ligurischen Alpen eingezwängten Stadt. Doch der Winter brachte dem Stammsitz der Familie Doria an der Piazza San Matteo nicht die übliche Ruhe. Noch im Dezember war Nachricht von der großen Synode in Clermont gekommen: Papst Urban, der zweite dieses Namens, hatte die christliche Ritterschaft zu einem Kreuzzug aufgerufen. Und die Bischöfe von Grenoble und Orange hatten die Nachricht umgehend in die Stadt getragen.

»Die Heiden haben die heiligen Stätten entweiht und unsere Pilger misshandelt!« erklärte Antonio. Der Aufruf zum Kampf gegen die Ungläubigen war in Genua auf fruchtbaren Boden gefallen. Zu sehr litt die Stadt und ihre umgebenden Ortschaften unter den ständigen Überfällen maurischer Piraten, und auch die Plünderung Genuas durch nordafrikanische Sarazenen im Jahr 935 war noch nicht vergessen. Genaldo, Ansaldos älterer Burder und das Oberhaupt der Familie Doria, nickte ernst. »Adalberto Malaspina hat mich und die anderen großen Familien aufgefordert, Männer in seine Compagnia zu schicken. Eine eingeschworene Gemeinschaft, die für diese Sache alle Zwistigkeiten hinter sich lassen und sogar ihr Brot gemeinsam brechen soll. Daher der Name: Com pane …« Er schwieg einen Augenblick und Ansaldo musste an Giulietta denken. Adalbertos hübsche Schwester. Wenn ihre Familie nicht zu den Führern der Guelfenpartei in der Stadt zählte, hätte er Genaldo längst gebeten, ihrem Bruder vorzuschlagen, sie mit ihm zu verloben. Aber der alte Streit mit den Guelfen und die unschöne Geschichte vor zwei Monaten machten das natürlich unmöglich. Damals war es mitten in der Stadt zu einer Konfrontation der beiden Familien gekommen, die darin gipfelte, dass eine Gruppe von Dorias und anderen Ghibellinen den Palazzo der Malaspinas belagerte, die sie ihrerseits von den schießschartenartigen Fenstern mit Armbrustbolzen beschossen. Es hatte auf beiden Seiten mehrere Tote und etliche Verwundete gegeben. Zum Glück keine Namensträger der Kernfamilien.

»Aber wieso ruft der Papst dazu auf? Er ist doch das geistliche, nicht das weltliche Haupt?«, riss ihn Pietro aus seinen Gedanken. Genaldo hatte den Familienrat der Dorias einberufen, um das weitere Vorgehen zu besprechen.

»Kaiser Heinrich befindet sich unter Kirchenbann«, wandte Arturo, ein Vetter zweiten Grades, ein.

»Wie auch König Philipp von Westfranken! Das zeigt doch nur, dass der Papst seine Macht, das Bannschwert zu schwingen, missbraucht«, rief Pietro hitzig.

»Aber der Kreuzzug wird gar nicht von Urban, sondern von einem gewissen Adhemar de Monteil, Bischof von Le Puy, geführt«, gab Antonio beschwichtigend zu bedenken. »Und auch wenn wir stolz auf die ghibellinische Tradition unserer Familie sind, können wir uns so einem frommen Werk nicht widersetzen. Deus lo vult!«

Der letzte Satz löste lautes Raunen und Zwischenrufe aus, sodass Genaldo sich schließlich genötigt sah, mit der Faust auf den Tisch zu schlagen, um die Ruhe wiederherzustellen. »Die Normannen in Sizilien rüsten schon ein Heer, heißt es.« Alle Augen richteten sich gespannt auf das Familienoberhaupt. Er hatte die letzte Entscheidung in dieser und allen anderen Fragen. Auch Ansaldo hatte keine Ahnung, worauf sein älterer Bruder hinauswollte. »Und die Pisaner haben versprochen, Bohemunds Heer zu versorgen.« Erschüttert schwiegen die Versammelten. Die Guelfen waren Eiter im Gebein Genuas, aber die Pisaner?

»Sollen wir etwa auch mit denen gemeinsame Sache machen?«, polterte Pietro, wieder als Erster, los. Das Zittern in seiner Stimme verriet, mit welcher Mühe er seinen Ärger unterdrückte.

Doch Genaldo hob beschwichtigend die Hände. »Niemals wieder werden wir Dorias wieder mit den Pisanern gemeinsame Sache machen. Nein, die Frage ist, warum bieten sich die Pisaner an zu helfen?« Er blickte auffordernd in die Runde.

»Deus lo vult?«, schlug Antonio schließlich vorsichtig vor. Doch ein verächtlicher Blick Genaldos ließ ihn verstummen. »Weil sie an den Orten, die Guiscard erobert, Privilegien erhalten. Häuser, Lagerhallen, Brunnen, vielleicht sogar eigene Kirchen und natürlich das Recht, dort Handel zu treiben! Deshalb, ihr Dummköpfe!«

In Anseldos Kopf ratterte es, während er versuchte, sich in die neue Lage hineinzudenken. Gottes Lohn war der Preis, den es zu erringen gab. Und Handelsvorteile. Offensichtlich auch Genaldos Wohlwollen, und vielleicht, vielleicht sogar ein gutes Verhältnis zu Adalberto und seiner hübschen Schwester? Da gab es nichts zu verlieren. »Ich trete freiwillig dieser Compagnia bei, das heißt natürlich nur, wenn du das möchtest, Genaldo!«, rief er.

»Deus lo vult«, bekräftigte diesmal Genaldo selbst. Ein ein dünnes Lächeln spielte um seine Lippen.

David

Magenza, Februar 1096

Reich mir noch den Hochzeitsring, Junge.« Onkel Ruben ergriff den Ring aus fein gearbeitetem Gold, als David ihn hinabreichte. Einen Augenblick betrachtete Ruben den breiten Reif, der von zwei ineinander gelegten Händen gebildet wurde. Dem Sinnbild für eheliche Treue. Zwei Drachen trugen darüber einen unglaublich zierlich gearbeiteten Tempel. Sinnbild für das Jerusalem des Messias. Mit dem Hochzeitsring, den einst Meister ben Levi der jüdischen Gemeinde von Magenza stiftete, hatte er ein Meisterwerk geschaffen, das seinesgleichen suchte. Aber David sah an den verklärten Augen des Onkels, dass er gar nicht die filigran verschlungenen Goldfäden betrachtete. Vielleicht verweilten seine Gedanken bei dem Tag, als Tante Rebecca diesen Ring trug und sie ihm über den silbernen Löffel hinweg ins Hochzeitsgemach folgte. Ruben seufzte und legte den Goldring in den Beutel mit den Silbermünzen. Dann stieg er ächzend aus dem Erdloch, welches sie gemeinsam im Keller seines Hauses gegraben hatten. Das Haus befand sich am Flachsmarkt, in der Nähe des jüdischen Backhauses, und im Boden stand bereits die Feuchtigkeit des nahen Rheins.

»Merke dir gut, wo alles versteckt ist. Sollte es zum äußersten kommen«, er schluckte hart, »und mir und Rebecca etwas zustoßen …« Wieder machte er eine Pause. »Jedenfalls, wenn es so weit ist, musst du den Schatz heben, um damit für dich und deine beiden Nichten Esther und Judith zu sorgen.« Schweigend schütteten sie das Erdloch zu und stampften den Lehm darüber fest.

»Aber Jehuda hat doch gesagt, dass Erzbischof Ruthard uns schützen wird«, brach David endlich das Schweigen.

»Gott helfe ihm dazu«, seufzte Ruben. »Aber Vorsicht ist besser als Nachsicht.«

Ansaldo

Genua, April 1096

Es ist wie ein Wunder«, staunte Ansaldo und blickte über die acht schlanken Rümpfe, die am Strand von Genua langsam die schlanke Gestalt von Galeras annahmen. Die Planken der Schiffe wurden in einer Art Sandloch zusammengefügt, dass die Form des Rumpfes vorgab. Wenn die Hülle stand, wurde sie, wo es nötig schien, durch Spanten verstärkt. So waren die Galeras wesentlich leichter als die großen Caracen, bei denen man andersherum arbeitete, nämlich zunächst das Spantengerüst über den Kiel aufbaute und es im Nachhinein mit auf Stoß gesetzten Planken bedeckte.

»Seit der Gründung unserer Compagnia gab es keine Straßenkämpfe, ja kaum ein böses Wort mehr zwischen den Familien. Unsere Unternehmung ist wirklich von Gott begünstigt!« Antonio nickte bedächtig. »Ich habe sogar mein Pesto mit einem Malaspina geteilt. Nicht nur das Brot!« Ansaldo lachte. »Ja für Fleisch reicht die Liebe noch nicht.« Dann wurde er schlagartig wieder ernst. Fleisch ließ ihn an Fleischliches denken und da stand ihm das Bild Giuliettas vor Augen. Er hatte sie wiedergesehen und über ihre Wangen war eine zarte Röte geflogen. Zumindest hatte er sich das eingebildet. »Es ist nicht immer einfach, diesen Haufen zu lenken«, wandte er ein. »Aber ich glaube, wir Consuln machen unsere Arbeit ganz gut.« Noch immer erfüllte es ihn mit Stolz, dass man ihn unter die Kosuln der Compagnia gewählt hatte. Sie alle sechs entstammten, wie sollte es in Genua anders sein, den großen Familien: Den Doria, Malaspina, Embriachi, Spinola, Negrone und Fieschi. Ihre Aufgabe war es, den Bau und die Ausrüstung der Kreuzzugsflotte zu überwachen. »Heute Abend treffen wir uns. Adalberto hat uns geladen, um den Fortschritt unserer Rüstung zu besprechen. Ich hätte nie gedacht, dass ich den Palazzo Malaspina einmal betreten würde, ohne zuvor die Tür einschlagen zu müssen.«

Als Ansaldo am Abend an der Piazza Santa Brigida eintraf, wurde der Eingang des Palazzo Malaspina von Fackeln festlich erleuchtet. Diener der Familie halfen ihm am Eingang aus dem schweren Wintermantel.

»Geradlo befindet sich bereits mit den anderen Gästen in der großen Halle. Bitte entschuldige, dass er dich nicht selbst dorthin geleiten kann. Wenn du erlaubst, übernehme ich das.« Ehrerbietig verbeugte sich der junge Mann, dessen bunte Kleidung keine Zweifel an seiner hohen Stellung aufkommen ließ. In der Tat hatte Ansaldo den jungen Patrizier bereits gesehen, konnte sich aber nicht an den Namen erinnern, denn damals hatte Giulietta seine ganze Aufmerksamkeit gefesselt. Er spähte unauffällig zur Treppe hinüber, ob sie nicht irgendwo zu sehen sei, wurde aber enttäuscht. Dadurch leicht verstimmt, folgte er dem jungen Mann ins Innere des Gebäudes. Wie bei allen Kaufmannsfamilien Genuas befand sich die Halle der Familie weiter hinten im Gebäude. Vorne waren die Geschäfts- und Lagerräume. Wachsam glitten Ansaldos Blicke über die Ballen flämischen Tuchs, die Säcke mit sardischem Getreide, immer eine Mangelware in Genua, das, eingepresst zwischen Meer und Alpen, kein eigenes Hinterland besaß. Auf dem Gebiet der Stadt wuchsen lediglich Basilikum und Pinien, woraus man die Würze herstellte, mit der alle Genuesen ihr Brot bekömmlicher und schmackhafter zu machen suchten: das Pesto.

Sein Führer schlug einen Vorhang zurück und Ansaldo blickte in den großen Saal. Adalberto hatte sich erhoben und stand vor einem prächtigen Wandteppich mit einem klassischen Motiv: Aneas und Dido in Karthago. Sicherlich eine versteckte Anspielung auf die bis nach Afrika reichenden Macht- und Handelsambitionen der Malaspinas.

»Es wird spät, meine Herren«, eröffnete Adalberto gerade seinen Zuhörern. Ansaldo fragte sich, ob er damit gemeint sei oder die Rüstungsvorbereitungen im Allgemeinen. Doch die nächsten Worte des Familienoberhauptes der Malaspina wischten seine Zweifel davon. »Wir verfügen lediglich über vier fertige Galeras, die uns einige Familien dankenswerterweise zur Verfügung gestellt haben.« Nickte er dabei freundlich in Ansaldos Richtung? Sein Bruder Genaldo hatte tatsächlich verfügt, dass die San Matteo am Kreuzzug teilnehmen sollte. Doch Adalberto ließ ihm keine Zeit, sich weiter in dem Lob zu sonnen. »Der Bau der Schiffe ist im Winter nur langsam vorangekommen. Ich bin mir nicht sicher, ob wir es schaffen werden, vor *Mare clausum* in See zu gehen.« *Mare clausum*, das geschlossene Meer, bezog sich im Gegensatz zu *Mare apertum*, dem offenen Meer, auf die Zeit von Oktober bis Mai, in der die Schifffahrt wegen der schweren Stürme normalerweise ruhte. Insbesondere bei den schlanken Kriegsgaleras ging die Leichtigkeit auf Kosten der Stabilität und es war ratsam, bei schwerem Wetter im sicheren Hafen zu bleiben.

»Zwölf Galeras werden wir bemannen. Das heißt, wir können zwölfhundert Männer Besatzung und Bewaffnete einschiffen«, fuhr Adalberto fort. »Ich brauche euch nicht zu erklären, dass das fast die Hälfte der waffenfähigen Einwohner Genuas ist. Eine solche Flotte dürfen wir nicht leichtfertig auf See in Gefahr bringen. Ein einziger Sturm könnte den Untergang unserer Stadt bedeuten.«

»Ich habe über einen Amalfitaner Geschäftspartner sichere Nachricht erhalten, dass das Ritterheer bereits vollständig in Konstantinopel eingetroffen ist«, warf Guglielmo ein, der ältere der Embriachi-Brüder und Consul seiner Familie. »Die werden nicht ewig warten, und wenn wir nicht schnell sind, kommen uns die Pisaner oder Amalfitaner zuvor!«

»Alle Ritter sind versammelt?«, fragte ein Ansaldo unbekannter Spinola zurück. »Wie viele sind es denn und wer soll sie führen?«

»Ich habe von Normannen und fränkischen Rittern aus dem Norden des Reiches gehört. Sie werden von Robert von der Normandie und Hugo de Vermandois geführt. Dann sind da Flamen unter Robert von Flandern und einem Herzog Gottfried von Bouillon. Aus der Languedoc kommt Graf Raimund von Toulouse mit seinen Männern. Bohemund von Tarent führt die sizilianischen Normannen und Balduin von Boulogne seine Franken. Alles in allem sollen sich an die siebentausend Ritter und über zwanzigtausend Fußsoldaten versammelt haben.« Betretenes Schweigen breitete sich aus. »Und was sollen wir mit unseren zwölfhundert Mann da ausrichten?«, fragte der Spinola schließlich.

»So eine Armee benötigt Nachschub«, erklärte Adalberto. »Proviant, Holz für Belagerungsmaschinen, Pferde, Heu, Waffen und Wein. Und wir beherrschen die See.« Daraufhin erhob sich lautes Gemurmel und Adalberto musste seine ganze Autorität einsetzen, um die Männer wieder zum Schweigen zu bringen. Doch der Rest der Versammlung verlief sich in zahlreichen technischen Details. Am Ende wurde lediglich festgelegt, dass man so schnell wie möglich weiterarbeiten müsse. Die Entscheidung, wann die Flotte in See stechen könnte, wurde vertagt. Bald verließen die ersten Männer die Versammlung, und auch Ansaldo, der nicht gerne als Letzter im Hause der Malaspinas zurückbleiben wollte, erhob sich. Er grüßte kurz in Richtung Adalbertos, murmelte eine Entschuldigung und drückte sich durch den Teppich in den Lagerraum. Zu seiner Überraschung fand er sich hier alleine. Der junge Patrizier, der ihn hineingeführt hatte, nahm inzwischen an der Versammlung teil. Zögernd lenkte er seine Schritte in Richtung der Eingangstür. Doch plötzlich hörte er schräg hinter sich ein Rascheln. Eine Maus im Lager?, dachte er und fuhr instinktiv herum. Doch es war nicht sein Lagerraum, nein, sogar der einer verfeindeten Familie, fiel ihm ein und er wollte sich gerade wieder umwenden, als ihm hinter einem der

Ballen eine Bewegung auffiel. Zielte da etwa ein Malaspina mit der Armbrust auf ihn? War er in eine Falle getappt? Reflexartig fuhr seine Hand zum Schwert, doch sie griff ins Leere. Er hatte seine Waffe vor dem Besuch abgelegt, um die Malaspinas nicht zu provozieren. Während er hinter einem Kornsack in Deckung sprang, bereute er seine Gutgläubigkeit. Vorsichtig lugte er um den Stapel Säcke herum. Da war sie wieder. Ganz sicher eine hochgewachsene schlanke Gestalt. Ansaldo nahm allen Mut zusammen und sprang hinter seinen Säcken hervor, direkt vor den Fremden, um ihn zu stellen. Doch im nächsten Augenblick stand er wie angewurzelt. Die Gestalt vor ihm hatte langes dunkles Haar, und es war überhaupt kein Mann. »Giulietta«, stieß er heraus, obwohl seine Kehle mit einem Mal knochentrocken schien. Sie lächelte.

»Ansaldo.« Sie kannte also seinen Namen! Sein Herz tat einen Sprung. »Was tust du hier in unserem Warenlager?«, fragte sie stirnrunzelnd.

»Ich habe eine Bewegung gesehen und …« Er brach ab. Sollte er gestehen, dass er einen Anschlag ihrer Verwandten gefürchtet hatte? Wohl kaum. Doch da kam ihm die rettende Idee. »Ich dachte, es wären Mäuse eingedrungen, die eure Vorräte verderben. Die wollte ich fangen.«

Sie blickte erstaunt. »Obwohl unsere Familien doch verfeindet sind?«

Wieder tat sein Herz einen Sprung. Sie hatte nicht »Obwohl wir verfeindet sind«, sondern »unsere Familien verfeindet sind« gesagt. Das gab ihm Hoffnung, obwohl es eigentlich auf das Gleiche hinauslief. »Aber nein«, widersprach er rasch. »Wir haben zusammen die Compagnia gegründet. Dein Bruder Adalberto ist auch einer ihrer Consuln. Wie ich!« Das war ihm so rausgerutscht. Er spürte, wie ihm die Hitze ins Gesicht schoss.

Doch sie nahm ihm die offensichtliche Angeberei nicht krumm. Im Gegenteil. Rasch vergewisserte sie sich, dass sie weiterhin allein im Lagerraum standen. Dann beugte sie sich vor und hauchte ihm einen Kuss auf die Wange. »Nimm das als Zeichen meiner Hochachtung vor der neuen Compagnia und meiner Hoffnung auf Frieden mit deinem ehrwürdigen Geschlecht!«

Ansaldo stand mit offenem Mund da, doch schon drehte sie sich um. »Das muss dir erst einmal reichen. Man darf uns hier auf keinen Fall zusammen sehen!«

Ansaldo hob die Hand, um sie aufzuhalten, doch schon war sie entschwunden. »Habe ich das gerade geträumt?«, murmelte er und fasste sich an die Wange. Benommen suchte er sich zwischen den Ballen den Weg zur Tür. Einen Augenblick später stand er vor dem Palazzo Malaspina und atmete die kühle Nachtluft. »Habe ich geträumt?«, fragte er noch einmal lauter, während trotz der Kühle der nahen Alpen eine Welle heißer Gefühle über ihm zusammenschlug. Erst viel später fiel ihm wieder ein, dass er Giulietta gar nicht gefragt hatte, was sie im Lagerraum gewollt hatte.

David

Magenza, April 1096

Ein kleiner Mann, der die Kutte eines Einsiedlers trug und auf einem einfachen Maultier ritt, führte den Zug an. »Das muss Peter sein«, raunte Marcus David zu.

»Peter?«, fragte er zurück.

»Peter von Amiens, der Prediger. Viele nennen ihn wegen der Kutte auch Peter den Einsiedler«, erklärte Marcus, der wie sein Freund an der Schwelle zum Mannesalter stand. Als habe der kleinwüchsige Mönch sie gehört, verweilte sein stechender Blick kurz auf den beiden Jungen. David fröstelte. Dem Mönch folgten einige Ritter, aber bald schon ersetzten Bauernkittel und manches geflickte oder zerrissene Gewand die rostigen Kettenhemden des niederen Adels. Alles in allem kein glänzender Eindruck.

»Das ist das Heer der Christenheit?«, fragte David seinen Freund ungläubig. »Das Heer König Heinrichs, das auf dem Weg nach Italien hier durchkam, sah aber viel prächtiger aus.«

»Das sind auch nur die armen Schlucker«, flüsterte Marcus bedeutungsvoll. »Die hohen Herren und Ritter sollen erst im Mai überhaupt aufbrechen.« Doch auch die »armen Schlucker« füllten die Stadt. David hatte den Einzug der Gotteskrieger am St.-Quintin-Tor, hinter dem nicht nur die gleichnamige Kirche, sondern auch die Synagoge lag, beobachtet. Doch nun hatte er Schwierigkeiten, durch die vollen Straßen bis zum Flachsmarkt und dem Haus des Onkels zu gelangen. Die Stimmung unter Fremden und Einheimischen war gereizt und die Mannen des Bischofs patrouillierten wie zum Krieg gerüstet in kleinen Haufen durch die Gassen. David erreichte das Haus des Onkels gleichzeitig mit Jehuda, dem Kaufmann aus dem Friesenviertel und Rubens Stellvertreter in der Gemeindeleitung. Doch Jehuda war so aufgeregt, dass er David keinerlei Beachtung schenkte. »Peter der Einsiedler hat einen Brief unserer Brüder aus Tours vorgelegt«, rief er Ruben entgegen, kaum dass Johanna, die christliche Magd der Familie, die Tür des stattlichen Hauses geöffnet hatte.

»Gott zum Gruß, Bruder Jehuda«, antworte Ruben ernst. »Du hast den Anführer der Kreuzfahrer getroffen?«

»Ich war im Bischofspalast, als Peter dorthinkam. Und es traf sich gut, denn nach kurzer Zeit ließ Ruthard mich in seine Gemächer rufen und dort wurde mir von Peter eben dieser Brief vorgelegt.«

»Und was schreiben die Brüder?«, drängte Ruben, nun ebenfalls mit vor Aufregung gerötetem Gesicht. Ein Zustand, den David an seinem sonst immer ruhigen und überlegten Onkel noch nie gesehen hatte.

»Es ist eine Art Empfehlungsschreiben. Die Brüder aus Tours versichern Peter darin, dass wir Juden am Rhein sein Heer auf der Durchreise mit Lebensmitteln versorgen werden.« Ruben atmete tief aus. »Gepriesen sei ER!«, rief er und erhob den Blick zum

Himmel. »Wenn sie uns dafür in Ruhe lassen, wollen wir sie so gut versorgen, dass sie rasch weiterziehen können!«

Trotz der hohen Summe, die die jüdische Gemeinde zusammenlegen musste, um die ausgehungerten Kreuzfahrer zu versorgen, war die Stimmung in der heiligen Gemeinde am nächsten Tag gelöst. Jeder hatte einen Beitrag geleistet, sogar der alte Rabbi ben Ezer hatte eine goldene Kette gegeben, die einst Rabbenu Gerschom gehörte.

»Wer hätte gedacht, dass wir doch noch so billig davonkommen«, lachte Jehuda Ruben entgegen, als sie sich am folgenden Tag, es war ein Sabbat, vor der kleinen steinernen Synagoge trafen.

Doch Ruben wiegte das Haupt. »Ich hoffe nur, dass es dabei bleibt«, dämpfte er den Enthusiasmus seines Stellvertreters. Und tatsächlich wartete auf dem Heimweg ein ärmlich gekleideter Mann vor dem Hause am Flachsmarkt.

»Gerold«, stellte Ruben fest, als sie bei ihm angekommen waren. »Was möchtest du? Etwa deine Schulden bezahlen?« Ruben verlieh Geld gegen Zinsen, ein Geschäft, welches den Christen nicht gestattet, aber doch sehr gerne von ihnen angenommen wurde.

»Nein, ich brauche noch mehr Geld«, rief der Angesprochene. »Ich werde mich den Kreuzfahrern anschließen und benötige ein Pferd und eine Rüstung!«

»Wie willst du so ein großes Darlehen denn zurückzahlen?«, fragte Ruben mit hochgezogenen Brauen. »Du hast schon zweimal um Aufschub des viel kleineren Betrages gebeten, den ich dir geliehen habe. Und ich habe es dir beide Male gewährt.«

»Ich bin ein Kreuzfahrer«, erwiderte der Angesprochene stolz. »Und ihr müsst die Kreuzfahrer versorgen! Nur weil ich aus Moguntia komme, heißt das nicht, dass ich weniger Rechte habe als die Westfranken!«

Doch Ruben schüttelte den Kopf. »Du bist ein Habenichts und ich hätte dir niemals mein Geld anvertrauen sollen. Weil du so gebettelt hast und es mir leidtat, dass du die Mitgift nicht bezahlen konntest, nachdem dein Mädchen schwanger wurde. Deshalb war ich großherzig. Und ist das nun dein Dank?«

»Das ist das Mindeste, was ihr uns schuldet, ihr Heilandsmörder!«, rief der junge Mann auffahrend.

»Scher dich fort und komm erst wieder, wenn du deine Zinsen bezahlen kannst!«, fuhr Ruben, der nun ebenfalls in Zorn geriet, ihn an. Gerold lief rot an und David erschien es fast, als würde er jeden Augenblick anfangen vor Zorn zu weinen. Anscheinend war auch er sich seiner selbst nicht sicher, denn unvermittelt drehte er sich um. »Du wirst noch an mich denken und dir wünschen, du hättest mir mein Recht gewährt!«, rief er noch über die Schulter, bevor er davonlief und hinter der Ecke Richtung Schusterstraße verschwand.

Auria

Reede vor Amalfi, Mai 1096

Gemeinsam mit ihrer Zofe Laura hatte sich Auria am Vorabend auf der Sant'Andrea eingeschifft, einem schweren Lastsegler, dessen Eigner Pantaleone zu den mächtigsten Männern in Amalfi gehörte. Er war einer der sechs Söhne des Mauro und in diesem Jahr zudem zum zweiten Mal zum Hypatos oder Consul des Amalfitanischen Kontors in Konstantinopel gewählt worden. Dort, wohin jetzt auch ihre Reise ging. Es war üblich, sich am Vorabend einer Seereise auf dem Schiff einzufinden und für eine gute Überfahrt zu beten. So waren alle Kaufleute, die sich an der Ladung der Sant'Andrea beteiligten, bereits versammelt. Lediglich der Eigner, Pantaleone selbst, fehlte noch.

»Vor Mittag kommt sowieso kein Wind auf«, behauptete die fünfzehnjährige Auria naseweis. Das stimmte, und es war eine Quelle ewigen Verdrusses für die Kaufleute von Amalfi.

Die ältere Zofe betrachtete ihren Schützling missbilligend. »Und trotzdem quillt dein Haar schon unter der Haube hervor. Setz die Haube ordentlich auf, es ist schlimm genug, dass wir hier alleine mit diesen groben Seeleuten sind. Da musst du sie nicht noch aufreizen«, wies sie Auria sauertöpfisch zurecht.

Die seufzte, stopfte die Unbill erregenden blonden Strähnen aber artig unter die Haube. Ihr Blick glitt zum Ufer hinüber, wo sich ihre Heimatstadt auf einen schmalen Streifen unter der steil aufragenden Gebirgsmasse des Sorrents zusammendrückte. Dann folgte er der einzigen Hauptstraße und blieb an den in der Morgensonne blitzenden Bronzetüren der Kathedrale hängen. Die hatte der Großvater des Schiffseigners, ebenfalls ein Pantaleone, seiner Heimatstadt vor bald einem halben Jahrhundert aus Konstantinopel mitgebracht. Für das junge Mädchen ein greifbarer Beweis für die Herrlichkeit der fernen Kaiserstadt. »Pantaleone hat nun auch solche Türen nach Rom zum Papst gebracht«, behauptete sie unvermittelt. Ihre Zofe benötigte einen Augenblick, um dem Gedankensprung des jungen Mädchens zu folgen.

»Du meinst unseren Schiffsherrn?«, fragte sie, denn die Familie Pantaleone war bei der Namensgebung wirklich nicht sonderlich erfinderisch. Pantaleones Vater hieß wie einer seiner Brüder – Mauro. Und sie alle hatten prächtige Bronzetüren aus Konstantinopel gebracht. Vater Mauro hatte seinerzeit Abt Desiderius beschwichtigt, der angeblich bei dem Anblick der Kathedrale von Amalfi grün vor Neid geworden war, indem er ihm ein eigenes Paar Türen für die Hauptkirche von Montecassino stiftete.

»Ja, unseren Schiffsherrn«, bestätigte Auria.

»Die neuen Türen schmücken nun die Kirche San Paulo fuori le Mura in Rom«, ergänzte Laura.

»Das wusste ich auch«, behauptete Auria und zog eine Schnute. Sie schüttelte ihren Kopf und wieder stahl sich eine ihrer Langobardischen Locken aus dem Kopfputz. Doch in demselben Augenblick bewegte sich etwas am Strand und verhinderte so eine weitere Maßregelung. »Sie machen ein Boot fertig, sicherlich kommt Pantaleone nun endlich an Bord!«, rief sie aufgeregt. Es war ihre erste größere Reise und von dem Hof in Konstantinopel erzählte man sich wahre Wundergeschichten.

David

Magenza, Mai 1096

Dieser Graf Emicho ist der Teufel in Person. In Schpira haben sie zwölf Brüder aufgehängt, die sich weigerten, die Taufe zu nehmen«, rief Jehuda aufgeregt. Die Schreckensnachricht von dem neuerlichen Heerhaufen, der sich nach dem Durchzug Peters des Einsiedlers gefunden hatte, war erst vor einer Woche nach Magenza gedrungen. Offenbar hatte der Graf, eigentlich ein erfahrener Kriegsmann, wie es hieß, beschlossen, dass es leichter sei, die Juden in der Heimat auszuplündern als die beschwerliche Reise in den Orient auf sich zu nehmen, um dort mit unsicherem Ausgang gegen die Ungläubigen zu kämpfen.

»Und das konnte einfach so passieren, am helllichten Tag? Hat denn niemand eingegriffen?«, fragte Mose, der die Mikwe betrieb, das rituelle Bad der Gemeinde an der Schusterstraße.

»Bischof Johann hat ihnen auf Befehl des Kaisers Einhalt geboten. Er ließ sogar zehn Männern zur Strafe die Hände abhacken und hat die Mörder aus der Stadt geworfen. Aber es kommt noch schlimmer«, fuhr Jehuda fort. »Der Haufen des Grafen Emicho ist von Schpira nach Warmaisa gezogen und obwohl Adalbert von Sachsen als auch der dortige Bischof, der unsere Brüder schützen wollte, haben vor zwei Tagen das Judenviertel gestürmt und alle, die sich nicht taufen ließen, in ihren Häusern erschlagen. Eine fromme Frau wurde sogar lebendig begraben.

Die heilige Gemeinde von Uarmaisa ausgelöscht.« Erschüttertes Schweigen breitete sich aus.

Schließlich räusperte sich ben Levi, der Goldschmied. »Und nun kommen sie zu uns nach Magenza? Will dieser Teufel auch die letzte der Schum-Städte heimsuchen? Wir haben nicht einmal ein eigenes Viertel, welches wir verteidigen könnten! Wir alle wohnen über die Stadt verteilt zwischen den Christen. Wir müssen sofort eine Abordnung zu Bischof Ruthard schicken, er darf die Mörder auf gar keinen Fall in die Stadt lassen. Nur die Mauern von Magenza können uns jetzt noch retten!«

»Und der Wille des Allmächtigen«, erklang Rubens tiefe Stimme. »Aber ich stimme dir zu. Jehuda und ich werden uns unverzüglich auf den Weg zum Bischofspalast machen.«

David

Magenza, 24. Mai 1096

Graf Emicho soll ein Engel erschienen sein und ihm als Zeichen seiner Berufung ein Kreuz auf die Brust gemalt haben. Er hat ihm versprochen, Kaiser zu werden, wenn er alle Juden im gesamten Abendland zur Taufe zwingt«, wusste Marcus zu berichten. »Bleib lieber bei mir, ihr bekommt bestimmt Ärger.«

»Ein Engel?«, wollte David wissen. »Wie kann ein heiliger Engel so einem gemeinen Kerl erscheinen, der nicht einmal den Erzbischof respektiert?«

»Das ist noch gar nichts«, fuhr Marcus halb staunend, halb belustigt fort. »Andere sind einer heiligen Gans gefolgt!«

»Einer Gans?«, fragte David nun ungläubig.

»Ja, einer Gans, die sie in Richtung des Kreuzzugheeres geführt haben soll.«

»Die ist sicher einfach nur vor den Strauchdieben davongelaufen!« Die beiden Jungen lachten.

»Vielleicht braten sie den Vogel ja gerade«, meinte David übermütig und zeigte auf die Kochfeuer, die zu Füßen der Mauer brannten. Trotz der gefährlichen Lage fühlten sie sich innerhalb oder derzeit auf der dicken Stadtmauer von Magenza, auf die sie einmal mehr unerlaubt hinaufgeklettert waren, sicher. Draußen vor der Porta Hrahhada brannten die Kochfeuer von Emichos Heer. Bischof Ruthard hatte Wort gehalten, die Tore verschlossen und die Stadtmauern mit seinen Mannen besetzt. »Ich gehe jetzt lieber nach Hause«, erklärte David schließlich. »In diesen unruhigen Zeiten macht sich Onkel Ruben sonst noch Sorgen um mich.«

»Ja«, bestätigte sein christlicher Freund. »So eine Belagerung ist schon unheimlich. Und das mitten im Frankenreich!«

Doch der Morgen brachte eine böse Überraschung. »Die Kreuzfahrer sind in der Stadt«, rief Johanna. David hörte ihre atemlose Stimme vom Hof heraufschallen.

»Wie kann das sein?«, hörte er seine Tante Rebecca fragen. Sie stand sonntags ebenfalls früh auf, um der Familie die Morgensuppe zu bereiten. Am Feiertag der Christen hatte ihre Magd Johanna frei, um die Messe in St. Quintin zu besuchen. Von dort musste sie gerade gekommen sein. Im Nu war auch David auf den Beinen und lief hinab, während er den Kittel noch im Rennen zuknöpfte.

»Wie kann das sein?«, wiederholte Rebecca ängstlich ihre Frage. Die kleine Judith, die die Angst ihrer Mutter spürte, versteckte sich hinter ihrem Rockzipfel.

Johanna holte nochmals tief Luft. »Verräter aus der Stadt haben ihnen das Tor geöffnet«, schnaufte sie.

Inzwischen war auch Ruben auf den Hof getreten. Er war leichenblass, zögerte aber keinen Augenblick: »Wir müssen zum

Bischofspalast. Sofort«, entschied er. Dann blickte er sich um und entdeckte David. »Lauf los und warne ben Levi, den Goldschmied, Jehuda und die anderen. Die wohnen so weit weg, dass sie vielleicht noch gar nichts mitbekommen haben. Wir treffen uns alle im Bischofspalast am Dom!« David nickte. Onkel Ruben wusste immer, was zu tun war. In jeder Lebenslage. Mit diesen Gedanken drückte sich David hinaus auf die Straße. Es war ungewöhnlich ruhig, fast gespenstisch. Der Goldschmied wohnte jenseits des Domplatzes und er rannte so schnell ihn die Füße trugen. Doch als er den Domplatz erreichte, sah er haufenweise Volk. Das mussten die Eindringlinge sein! Er umging den offenen Platz durch die schmalen Gassen, welche sich jenseits des Arkadenhofs und der Liebfrauenkirche zum Rhein hin erstreckten. Schließlich erreichte er das Haus ben Levis. Doch Fenster und Türen waren bereits verrammelt. »Wer ist da?«, antwortete schließlich nach langem Klopfen eine tiefe Stimme.

»Ich bin es, David!« rief er. »Onkel Ruben schickt mich.« Die Tür öffnete sich einen Spalt und David schaute erschrocken über einen Armbrustbolzen hinweg in das Gesicht des Goldschmieds. »Du bist es wirklich«, stellte er fest und senkte die schussbereite Armbrust. »Komm herein, schnell.«

Schon war David im Inneren des Hofes. Er zählte fünf Männer, alle mit Messern, Armbrüsten oder Jagdspießen bewaffnet. »Onkel Ruben sagt, wir sollten zum Bischofspalast. Dort sollen wir uns alle treffen«, berichtete er atemlos.

Doch ben Levi lachte nur trocken. »Da sind wir auch nicht sicherer als hier. Und ich will meinen Laden nicht dem plündernden Pöbel überlassen! Ich wette, auch die lieben Nachbarn lecken sich bereits die Finger nach meinem Gold. Wenn du willst, kannst du bei uns bleiben.« Er blickte in die Runde der fünf Männer. »Wir können jede Hand gebrauchen.«

Doch David schüttelte den Kopf. »Ich muss weiter zu Jehuda«, erklärte er.

»Sein Segen gehe mit dir«, beschied ben Levi und machte mit der rechten Hand ein Segenszeichen über David. Dann zog er die Tür einen Spalt auf und spähte hinaus. »Die Luft ist rein, wir sehen uns nächstes Jahr in Jerusalem!«

Schon stand David wieder auf der Straße. »Nächstes Jahr in Jerusalem«, antwortete er noch halblaut. Die Abschiedsfloskel wirkte in ihm nach. Fürchtete der Goldschmied tatsächlich, dass sie sich längere Zeit nicht mehr sehen würden? Und Jerusalem? Er glaubte nicht, dass er die Heilige Stadt jemals betreten würde. Dann straffte er die Schultern. Peters Kreuzfahrer waren doch auch nach wenigen Tagen weitergezogen, so schlimm würde es schon nicht werden. Gedankenvoll lief er weiter zum Friesenviertel. Jehuda hatte tatsächlich noch nichts von dem drohenden Unheil erfahren. Geschockt versprach er, sich mit seiner Familie auf den Weg zu machen, und schon lief David weiter. Er überbrachte seine Nachricht noch an fünf Familien, dann entschied er, dass seine Pflicht nun erfüllt sei. Zügig machte er sich selbst auf den Weg zum Bischofspalast. Der lag im Süden des Willigis-Doms, der zusammen mit dem alten Dom im Westen und der Liebfrauenkirche im Osten das Herz des Erzbistums bildete. Beim Anblick des prächtigen Bauwerks durchströmte ihn Zuversicht. Mainz war neben Rom der einzige Ort, der sich »Heiliger Stuhl« nennen durfte, und Erzbischof Ruthard war einer der wichtigsten Männer des Reiches, der Vertreter des Papstes nördlich der Alpen. Wie könnte sich ein einfacher Graf dem Willen eines solchen Kirchenfürsten widersetzen? Doch noch bevor er den Kreuzgang des Doms, der ihn mit dem Bischofpalast verband, erreichte, schwand seine Hoffnung. Die Straßen waren voller Kreuzfahrer in ihren abgerissenen, vor Schmutz starrenden Kleidern. Er schauderte, als er erkannte, dass es sich bei manchem Dreck um Blut handelte. Klebte dort das Blut der Brüder und Schwestern aus Uarmaisa? Der Weg zum Bischofssitz war ihm abgeschnitten. Wohin sollte er sich wenden? Da fiel ihm

Marcus ein. Er würde bei dem Freund unterkommen, bis sich alles beruhigte! Tatsächlich fand David Marcus bei seinen Eltern in der Fleischergasse. Es dauerte auch hier, bis sich die fest verrammelte Tür des Hauses öffnete.

»Bist du verrückt, draußen rumzulaufen? Emichos Männer gieren nach dem Leben von euch Juden!«, empfing ihn der Freund erschrocken. Seine Eltern standen schweigend hinter ihm. Ihre Blicke sagten, dass sie sich nicht wohl in ihrer Haut fühlten und wohl lieber keinen Juden aufgenommen hätten, aber der Anstand und das Wissen um die langjährige Freundschaft der beiden Jungen ließ sie schweigen.

»Man sieht mir doch nicht an, dass ich zur Gemeinde gehöre«, wehrte sich David lahm.

»Und wenn dich einer erkennt?«, brauste Marcus auf. »Hast du überhaupt schon gehört, wer den Kerlen das Tor geöffnet hat? Das war Gerold, der, soweit ich weiß, bei deinem Onkel in der Kreide steht! Was meinst du, wie der sich ins Fäustchen lacht, wenn er gerade dich erwischt.«

Davids Mund wurde trocken. »Gerold war das?«, fragte er erschüttert. »Dieser, dieser …« Er brach ab. »Noch ist nicht alles zu spät. Mein Onkel hat seine Familie zum Bischofspalast gebracht, und ich hoffe, auch etliche andere sind sicher dort angekommen. Nur als ich nachkommen wollte, war der ganze Domplatz und auch die Gassen vor dem Palast mit Kreuzfahrern verstopft«, erklärte David resigniert.

Da legte Marcus' Mutter ihm die Hand auf die Schulter. »Nun setz dich erst einmal hin, ich mache dir etwas zu essen.« Offensichtlich hatte ihr Gewissen gesiegt. Auch ihr Mann setzte sich in Bewegung. »Du bleibst einfach hier bei uns, bis die ganze Sache vorbei ist. Hat dich denn jemand hereinkommen sehen?«

David wurde es flau im Magen, doch er schüttelte den Kopf. »Ich habe niemanden bemerkt. In diesem Teil der Stadt ist es sehr ruhig.«

David

Magenza, 27. Mai 1096

Am Abend des Vortages konnte Marcus, der sich für ein paar Besorgungen in die Stadt getraut hatte, berichten, dass die Juden über Vermittlung des Bischofs den Kreuzfahrern Geld für ihre Sicherheit angeboten hatten. »Ich habe aber keine Ahnung, ob Ermicho das angenommen hat«, erzählte er mit bedauerndem Schulterzucken. Doch dann brandete Lärm auf, nicht vom Dom her, aber aus Richtung St. Quintin.

»Das ist bei der Synagoge«, rief David aufgeregt. Auch Marcus horchte. »Mein Gott, es klingt, als würde dort gekämpft!« Doch der Lärm hielt nicht lange an und es breitete sich wieder Stille aus. David horchte angestrengt, doch es war nichts mehr zu vernehmen. »Ich muss nachsehen, was geschehen ist«, presste er zwischen den Zähnen heraus.

»Nein, lass das bloß sein, du kannst ohnehin nichts daran ändern!«, drängte Marcus und griff nach der Hand des Freundes. Doch David zog sie verärgert weg. »Da wird vielleicht das Haus meiner Familie geplündert und ich soll hier sitzen und abwarten?«

»Wenn sie nur plündern«, flüsterte Marcus. »Du hast doch den Haufen gesehen. Sie tragen ihre Waffen bestimmt nicht nur zum Angeben!«

»Das ist mir egal. Ich will wenigstens sehen, wer sich an unserem Besitz zu schaffen macht!« Er lief zur Tür, schob den Riegel auf und sprang auf die Straße, ehe der erschrockene Marcus ihn zurückhalten konnte.

Auf der Straße wandte sich David gleich nach Süden in Richtung St. Quintin und der Synagoge zu. Doch schon von der Straßenecke aus sah er die zerbrochene Tür und zerschlagene Möbel vor dem Gebäude liegen. Mit klopfendem Herzen trat er näher. Die Plünderer hatten sich offenbar verzogen. Er war einen Augenblick versucht einzutreten, überlegte es sich dann aber anders und lief die Straße entlang dem Dom zu. Vor ihm hörte er die Menge schreien. Er begann zu rennen und das massige Querhaus aus rotem Sandstein mit dem rechteckigen Vierungsturm kam ihm in den Blick. Um zum Bischofspalast zu gelangen, musste er entweder im Osten oder Westen um den Komplex der drei Kirchen herum. Er entschied sich für den Westen und wandte sich auf St. Johannis zu. Er lief an der Außenmauer des Kreuzgangs entlang, der hier im Norden des ehemaligen Doms lag, und bog dann um das Westwerk der Kirche herum. Vor ihm führte der lange überdachte Arkadengang zum Dom. Dahinter lag, nun genau vor ihm, der neue Kreuzgang mit dem angrenzenden Palast des Bischofs. Doch davor wogte eine Menschenmenge, die »Taufe oder Tod!« skandierte. David konnte nicht erkennen, was genau vor sich ging. Ohne nachzudenken, stürzte er sich in das Gedränge. Das Rufen und Schreien um ihn herum wurde immer lauter, aber irgendwie schaffte es David, sich vorzuarbeiten. Plötzlich kam Bewegung in die Menge.

»Sie haben die Tür zur Halle aufgebrochen«, rief jemand von vorne. »Jetzt sind die Ungläubigen dran! Taufe oder Tod!« Benommen wurde David von der aufgepeitschten Menge mitgerissen und fand sich plötzlich an der Tür zur bischöflichen Halle wieder. Starr vor Entsetzen wurde er Zeuge des letzten Aktes des Massakers. Einige Brüder versuchten, sich mit wenigen Speeren und Möbelstücken gegen die eingedrungenen Kreuzfahrer zu wehren. Wo waren nur die Mannen des Bischofs? Ohne sie hatten die Juden keine Chance gegen die aufgeputschte Meute. Vor den Verteidigern lagen bereits Leichen von ermordeten Glaubensbrüdern, Schwestern und Kindern auf dem Boden. Doch was er ganz hinten sah, ließ ihm das Blut in den Adern stocken: Eng zusammengedrängte Frauen erstachen ihre eigenen Kinder, bevor sie sich selbst das Messer in die Brust rammten.

Sie wollten lieber von eigener Hand sterben, als ein Opfer der Unbeschnittenen zu werden oder den Glauben ihrer Mütter zu verleugnen. Wie in Trance erblickte David seinen Onkel Ruben, der seine Rebecca an sich drückte. Ein Messer blitzte auf und der Hüne hielt sie sterbend an sich gedrückt. Dann legte er sie vorsichtig zu Boden und wollte das Messer gegen sich selbst richten. Doch der Schmerz musste ihm die Sinne vernebelt haben, denn statt sein Werk zu vollenden, stürzte er sich plötzlich mit einem markerschütternden Schrei auf die Angreifer. Erschrocken wichen die Mörder in der vordersten Front zurück, wurden aber von den nachdrängenden vor sich hergeschoben. Ein Handgemenge entspann sich und Blut spritzte auf. David, der endlich wieder aus seiner Trance erwachte, wollte sich zu den Kämpfenden durchdrängen, doch er stolperte und fiel. Bevor er aufstehen konnte, trat ein Mann auf ihn, ein anderer Stiefel traf seinen Kopf. Hart schlug sein Schädel auf den Boden und um David wurde es dunkel.

Als er erwachte, lag er auf einem harten Feldlager. Brand lag in der Luft. Einen Augenblick wusste er nicht, wo er sich befand, doch dann traf ihn die Erinnerung wie ein weiterer Fußtritt und er wünschte sich, in die Besinnungslosigkeit zurückzufallen. Doch sein Körper erfüllte ihm diesen Wunsch nicht. Schließlich schlug er blinzelnd die Augen auf. Neben ihm lag noch ein Verwundeter. Hatten die Männer des Bischofs etwa noch eingegriffen und die letzten Überlebenden gerettet? Doch der Mann neben ihm gehörte nicht zur Gemeinde. Er befand sich im Lager der Kreuzfahrer!

»Na, bist du wieder wach?«, raunzte ihn eine Stimme von der anderen Seite an. David fuhr herum, was er sofort bereute. Sein Schädel dröhnte wie eine Glocke. »Bist du wach?«, wiederholte die fremde Stimme. David erkannte einen älteren bartlosen Mann als den Sprecher. Allem Anschein nach ein armer Bauer oder Tagelöhner. Er nickte vorsichtig. »Hast Glück gehabt, dass ich dich rausgezogen habe. Beinahe hätten sie dich totgetrampelt. Es sind überhaupt mehr Männer totgetrampelt als von den Ungläubigen erschlagen worden!«

David verstand nicht. »Du hast mich aus der Halle des Bischofs gezogen?«, fragte er verwundert. Ein Gefühl warmer Dankbarkeit überkam ihn. Der Bauer hatte ihm das Leben gerettet. Offenbar befand sich unter all den Mördern und Räubern ein Mensch!

»Ja, zu plündern gab es da ohnehin nicht viel. Und wir, die wir gelobt haben, unser Leben dem heiligen Krieg zu weihen, müssen doch zusammenhalten.«

Wieder traf die Erkenntnis David völlig unvorbereitet. Der andere hielt ihn für einen Kreuzfahrer. Einen der Mörder seines eigenen Volkes! Er wollte aufbegehren, doch konnte sich gerade noch beherrschen. Er könnte niemanden mehr retten. Außer sich selbst. »Hast du etwas Wasser für mich?«, bat er und schloss wieder die Augen. »Was ist aus dem Erzbischof geworden?«, fragte er dann.

Der Bauer reichte ihm einen Lederschlauch. »Hier, trink. Der Bischof ist geflohen, soweit ich weiß. Nach Rüdesheim, und auch einige Juden sind mit ihm entwischt. Emicho hat vor Wut getobt. Die Prophezeiung sagt, er wird nur Kaiser, wenn er sie alle erwischt, weißt du?« David trank begierig von dem dargebotenen Wasser. »Wie heißt du eigentlich?«, fragte der Bauer. »Mein Name ist Konrad, oder Kunz, für meine Freunde.«

David nickte wieder. »Ich heiße Da–«, er hustete, »Darius.«

»So, Darius«, wiederholte Kunz nachdenklich. »Ich habe dich bisher noch gar nicht gesehen.«

Davids Gedanken rasten. »Ich bin erst in Schp–«, wieder unterbrach er sich. Die Christen nannten die Stadt Spira, nicht Schpira. »Ich bin erst in Spira zu dem Heer gestoßen«, erklärte er.

»Und schon verwundet? So ein Pech!« Kunz grinste schief. »Wo willst du eigentlich hin?«

»Nach Jerusalem natürlich«, behauptete David.

»Ach ja? Sieh mal einer an.« Der Bauer wiegte den Kopf.

abe ich etwas Falsches gesagt?, fragte sich David mit aufkeimender Panik. »Wollen wir da nicht alle hin?«, wandte er sich heiser an seinen Retter.

»Ich schon«, entgegnete Kunz. »Deus lo vult – Gott will es! Und einige andere Männer auch. Wir sind nicht von unserer Scholle gewichen, um hier in den christlichen Städten zu wüten. Aber Emicho will weiter nach Coellen und Treveris ziehen. Er hat es sich zur Aufgabe gesetzt, zuerst alle Ungläubigen im Frankenreich zu bekehren oder auszurotten. Aber wenn du willst, kannst du mit mir und den anderen ziehen, wir wollen den Moin hinauf und versuchen, das Heer Peters des Eremiten einzuholen.«

David stöhnte. Sein Kopf schmerzte pochend und er schloss die Augen. Doch das war nicht besser. Vor seinem geistigen Auge erschienen Bilder der gerade erlebten Katastrophe und verschwammen mit dem Anblick der Kreuzfahrer und der Verwundeten neben ihm, bevor ihn ein gnädiges Schwarz umfing.

Als David wieder erwachte, war die Sonne bereits aufgegangen und es roch nach Essen. Erst jetzt bemerkte er, wie hungrig er war, und schlug die Augen auf. Er sah, dass er sich noch immer auf dem improvisierten Krankenlager unter den Arkaden zwischen St. Johannis und St. Martin befand. Auch Kunz, die gute Seele unter den Mördern, war noch da, drehte ihm aber den Rücken zu und sprach mit einem anderen Mann. David konzentrierte sich, um etwas zu verstehen.

»Wir haben sie nicht alle erwischt. Einige sind mit dem Bischof nach Rüdesheim entkommen, es verstecken sich aber sicherlich auch noch welche in der Stadt! Manche Christen gewähren ihnen sogar Unterschlupf.« David erstarrte. Er kannte die Stimme. Das war Gerold. Als hätte er nicht schon genug Schaden angerichtet! Wieder erschien das Bild Rubens vor Davids innerem Auge, mit seiner toten Rebecca im Arm. Tränen stiegen ihm in die Augen und beinahe hätte er laut geschluchzt, aber er durfte sich nicht zu erkennen geben! Der Verräter suchte nach ihm und den überlebenden Geschwistern! Er rollte sich zusammen und spielte den Schlafenden. Ob sie ben Levi bereits erwischt hatten? Der gut laufende Laden des Goldschmieds war sicherlich eines der ersten Ziele von Leuten wie Gerold gewesen. Endlich verstummten die Stimmen, aber auch sein Hunger war David vergangen. Was sollte er bloß tun? In der Stadt würde ihn früher oder später einer dieser Mörder erkennen, denn Gerold war sicherlich nicht der Einzige. Es gab nur eine Möglichkeit: Er musste sich Kunz und den Männern anschließen, die weiter nach Jerusalem ziehen wollten. Kaum hatte er die Entscheidung getroffen, begann sich sein aufgewühltes Gemüt zu beruhigen. Er hatte ein Ziel. Langsam rollte er sich wieder auf den Rücken und blinzelte hinauf in das Gewölbe des Ganges. Kunz war immer noch da und beschäftigte sich mit dem Kochfeuer. Von Gerold war nichts mehr zu sehen. David setzte sich auf. »Kunz«, rief er leise.

Der Bauer fuhr herum. »Da wirst du ja endlich wach. Ich habe mich schon gefragt, ob bei dir vielleicht mehr nicht stimmt als die paar Tritte gegen den Kopf.« Er grinste, offensichtlich erleichtert, seinen Schützling weitgehend wohlauf zu sehen.

»Wann wollen wir denn nun weiterziehen?«, fragte David unvermittelt. »Es ist mir zuwider, hier im Frankenreich den Schwachen aufzulauern. Ich will Größeres vollbringen!« Der erste Teil der Aussage war zumindest vollkommen wahr.

»Ganz meine Gedanken«, rief Kunz begeistert. »Morgen schon ziehen wir weiter. Der lange Heinrich führt uns an. Er kennt sich mit so etwas aus, denn er war Vorarbeiter auf einem Zehnthof. Ich mache euch heute Abend bekannt.«

»Gut«, bestätigte David. »Und noch etwas.«

»Ja?«, fragte Kunz und hob die Brauen.

»Kann ich etwas von deinem Eintopf haben?«

Ansaldo

Genua, Juni 1097

Die Sonne brannte bereits unbarmherzig auf den Strand und in den Bäuchen der unfertigen Schiffe stand die Luft. Der Schweiß lief Ansaldo, der sich gerade vom Voranschreiten der Arbeiten an einer großen Galera überzeugt hatte, in Strömen von Stirn und Nacken. Noch schlimmer musste es den Arbeitern gehen, die hier in der Hitze auch noch mit Beil und Hammer hantierten. Doch sie taten ihre Pflicht, nicht nur gegenüber der Compagnia und der Stadt, sondern Gott selbst gegenüber. Leider reichte das nicht und es war absehbar, dass die Schiffe erst im Spätsommer einsatzbereit sein würden. Ansaldo wischte sich die verschwitzten Haare aus der Stirn und stieg den Aufgang hinauf zur Steuerplattform. Dankbar bemerkte er, dass inzwischen eine leichte Brise von der See her wehte. Der Rauch der Feuer, auf denen Pech zum Kalfatern der Schiffe erhitzt wurde, stieg noch immer fast senkrecht in den Himmel.

»Gott zum Gruß, Consul Ansaldo«, rief eine Männerstimme von unten herauf. Er drehte sich um. Vom Strand winkte Primo, der jüngere der Embriachi-Brüder. »Wie steht es bei euch?«

»Die Donna Maria hier kann in zwei oder drei Tagen zu Wasser gelassen werden. Und die Magdalena dort drüben wird bereits kalfatert«, er zeigte zu dem schlanken Schiff hinüber.

»Hast du Neuigkeiten? Vielleicht von euren immer so gut unterrichteten Amalfitanern?«

Primo grinste. »Allerdings. Basileus Alexios hat die Kreuzfahrer nicht nach Konstantinopel hineingelassen, sondern gleich über den Bosporus befördert. Sie sollen sich schließlich mit den Seldschuken, nicht mit seinen eigenen Leuten schlagen. Er hat wohl die Nase voll von dem Bauernheer, welches vorher durch sein Land zog.«

»Ich glaube, er misstraut auch Bohemund und den Normannen. Immerhin ist es noch keine zwanzig Jahre her, dass Guiskard den Griechen Dyrrachion abgenommen hat, um sein Sizilianisches Normannenreich bis vor die Tore Konstantinopels auszudehnen«, versetzte Ansaldo lachend.

»Das ist richtig«, bestätigte Primo. »Und Alexios oberster Feldherr ist immer noch derselbe von damals: General Tatikios. Er hat die Kreuzfahrer auch gezwungen, einen Lehnseid auf sich ablegen lassen. Alle Gebiete, die sie den Heiden entreißen, sollen dem griechischen Kaiser gehören!«

»Und die Herren haben dem alle zugestimmt?«, fragte Ansaldo ungläubig. »Können sie uns dann überhaupt Handelsprivilegien erteilen?«

Aber Primo lachte. »Ist doch egal, ob der Kaiser Alexios oder ein Kreuzfahrer uns die erteilt. Hauptsache ist, dass die heiligen Stätten befreit werden. Und ohne diese Einigung wäre der Kreuzzug ebenso schnell beendet wie der Zug der Bauern!«

Ansaldo nickte widerwillig. Im Prinzip würden Handelsprivilegien des griechischen Kaisers sogar den Handel mit Konstantinopel einschließen. Auf der anderen Seite müsste man sich diese Profite sicherlich mit Venezia teilen, das von alters her mit Konstantinopel eng verbunden war. Er sprang vom Bordrand der Donna Maria in den Sand. Und bereute es sofort. Sein rechtes Knie, welches ihn bereits so lange in Ruhe gelassen hatte, dass er kaum noch daran dachte, machte sich mit einem Stechen bemerkbar und er knickte ein. Primo sprang herzu, doch Ansaldo verbiss sich den Schmerz und winkte verärgert ab. »Bin nur umgeknickt«, murmelte er und richtete sich trotz der Schmerzen auf. »Erst mal müssen wir hier fertig werden. Aber ich danke dir für die Nachrichten. Wenn sich das Heer bereits jenseits des Bosporus befindet, hören wir sicherlich bald von den ersten Siegen!«, behauptete er und bemühte sich, eine unbekümmerte Miene aufzusetzen, die weder seine Sorgen um den Feldzug noch seine Schmerzen verriet. »Ich werde dir berichten«, versprach Primo und wandte sich zurück in Richtung Stadt.

Ansaldo stieß pfeifend die Luft aus und beugte sich über sein Knie. Es war deutlich geschwollen. Zu beiden Seiten der Kniescheibe konnte er Beulen ertasten, die sich jeweils leicht wegdrücken ließen, aber sofort wiederkamen, wenn er die Hand wegnahm. Er überlegte, ob er sich kurz im Meer abkühlen sollte. Das kühle Nass würde auch seinem Knie guttun. Hier bei den Galeras befanden sich nur die Arbeiter, und so würde sich niemand daran stören. Rasch streifte er die Kleidung ab und rannte den Strand hinab. Das Wasser war herrlich kühl. Mit kräftigen Zügen schwamm er auf die tief stehende Sonne zu. Es gab fast keine Wellen und er entfernte sich rasch vom Land, doch hier im Wasser spürte er sein Knie gar nicht mehr und das machte ihm Mut. Es war doch nichts Ernstes. Doch nach einigen weiteren Zügen drehte er um. Es ging ihm ja eigentlich nur um die Erfrischung. Arbeit und Anstrengung hatte er den Tag über auf der Werft gefunden. Mit langen Zügen glitt er durch das nun in der Sonne glitzernde Wasser. Im Rumpf der Donna Maria wurde noch gearbeitet, aber sonst befanden sich nicht mehr viele Menschen auf der Baustelle. Da bemerkte er eine einzeln stehende Person, die sich etwas abseits hinter den Büschen hielt, sodass er sie von der Baustelle aus nicht hatte sehen können. Er versuchte, das Salzwasser aus den Augen zu blinzeln. Wer war das? Konnte das Giulietta sein? Ihre Gestalt war hoch und das Haar glänzte trotz des dunklen Farbtons in der Sonne. Irgendwie war er sich sicher, dass sie es war. Voll Freude zog er kräftig durch und kraulte die letzten zwei Steinwürfe zum Strand. Doch dort angekommen, fiel ihm ein, dass er nackt war. Seine Kleidung lag unordentlich zusammengeknäult unterhalb des Rumpfes der Donna Anna. Er biss sich auf die Lippe. Doch was half es? Schließlich hatte er Giulietta nicht herbestellt. Und hatte sie ihn vielleicht auch schon beim Ins-Wasser-Gehen beobachtet?

So schnell er konnte, rannte er aus dem Wasser auf das unfertige Schiff zu. Dort griff er seine Kleider und warf sie sich über. Erst jetzt blickte er auf und suchte mit den Augen nach der geheimnisvollen Figur. Doch wieder sah er nichts. Entschlossen stapfte er auf das windzerzauste Gebüsch zu, hinter dem sie sich befinden musste. Als er darum herum lief, stand sie tatsächlich da. Schöner denn je.

»Ich dachte schon, ich müsste ewig auf dich warten«, begrüßte sie ihn. Was sollte er sagen? Sein Kopf war mit einem Schlag wie leergefegt. Er überlegte fieberhaft, wie er sie auf ihr letztes Treffen und den Kuss ansprechen könnte, ohne sie zu beleidigen. Dann kam ihm ein rettender Einfall: »Was hast du eigentlich in dem Lagerraum eures Palazzos gemacht?«, fragte er. Sie zog die Brauen überrascht hoch. »Ich meine, als wir uns das letzte Mal getroffen haben, nach der Versammlung der Consuln, als du mich …« Er brach ab. Und fühlte, wie ihm die Röte ins Gesicht stieg. Jetzt war es doch eine plumpe Erinnerung geworden.

»Wenn die jungen Patrizier unserer Stadt schon in unserem Palazzo eingehen, wollte ich wenigstens einen Blick auf sie erhaschen«, erklärte sie mit einem Augenzwinkern.

Sofort meldete sich die Eifersucht in Ansaldo. »Nach wem hast du denn noch geschaut?«, fragte er.

Sie lachte. »Nur nach den Söhnen des Hauses Doria natürlich!«

Diesmal nahm er seinen Mut zusammen, vergrub seine Hände in ihrem schimmernden Haar und zog ihr hübsches Gesicht heran. Ihre Lippen trafen sich zu einem Kuss. Sie ließ es widerstandslos geschehen. Nach einem Augenblick fragte Ansaldo: »Weiß dein Bruder denn, wo du bist?«

Sie blickte ihn herausfordernd an. »Nein«, erklärte sie selbstbewusst.

»Er darf uns auf keinen Fall erwischen!«

»Ich dachte, du sorgst in der Compagnia für Frieden zwischen unseren Familien?«, fragte sie mit schnippischem Lächeln.

»Dafür, dass dein Bruder zulässt, dass ich dich hier ganz alleine treffe, müsste ich ihm schon erst das Leben retten«, erklärte er verdrießlich.

Sie lachte wieder. »Das ist das Mindeste, was ich von dir erwarte.«

»Wann wirst du eigentlich wieder zurückerwartet? Wo glaubt dein Bruder überhaupt, dass du bist?«

»Meine Zofe hat einen Liebling, den sie heimlich besucht. Sie glaubt, ich täte ihr einen Gefallen, indem ich eine Weile alleine spazieren gehe. Im Moment wartet niemand auf mich.« Wieder dieser herausfordernde Blick.

Ansaldo wurde ganz flau im Magen. »Magst du denn spazieren, oder sollen wir uns kurz in den Sand setzen?«, fragte er mit klopfendem Herzen. Auch spazieren mit Giulietta wäre eine Freude, aber vielleicht taten sich noch ganz andere Möglichkeiten auf?

Sie blickte ihn abschätzend an. Dann schüttelte sie den Sand von den Füßen und entblößte dabei ihren Knöchel. Ansaldo keuchte vor Aufregung. »Setzen«, sagte sie schließlich mit ernster Miene. Nur ein leichtes Zucken ihrer Mundwinkel verriet, dass Ansaldos Verlegenheit sie offensichtlich amüsierte.

Auria

Goldenes Horn, Juni 1096

Langsam glitt die Sant'Andrea in den breiten Meeresarm, der sich bis zuletzt hinter den mächtigen Mauern von Konstantinopel verborgen hatte. »Gehen wir gleich an Land?«, quengelte Auria. Die lange Seereise hatte ihre Geduld noch bedeutend mehr strapaziert als die Warterei auf der Reede von Amalfi, aber wenigstens war ihr im Gegensatz zu ihrer Zofe die Seekrankheit erspart geblieben.

»Gott gebe es«, schloss sich Laura denn auch ihrem Wunsch an und bekreuzigte sich.

»Ich platze vor Spannung auf den Kaiserpalast!«, rief Auria aufgeregt. Hinter ihr ertönte ein Lachen. Pantaleone war unbemerkt zu ihnen an die Reling getreten. Auria fuhr herum und blickte ihn mit großen Augen an.

»In den Palast wirst du wohl nicht gleich kommen«, erklärte er begütigend. »Unser Ziel und das Haus meiner Familie liegen im Norden in der Händlerstadt. Aber ich kann dir versichern, dass du es bis zu deiner Weiterreise auch dort gut aushalten wirst!«

Auria spürte einen Stich in der Brust. »Aber ich will gar nicht weiterreisen, ich will hier in Konstantinopel den Hof sehen.«

Wieder lachte der Handelsherr. »Du möchtest doch sicher so rasch wie möglich zu deinem Vater nach Jerusalem? So hat er es immerhin bestimmt.«

»In ein Kloster!« Auria gab sich keine große Mühe, ihren Abscheu zu verbergen.

»Nicht in ein Kloster, ein Hospitium pauperi, wo er zum Ruhme Gottes die Armen, Kranken und Pilger versorgt«, erklärte Pantaleone geduldig.

»Bah«, machte Auria trotzig.

Doch langsam wurde es dem Patrizier zu bunt. »Du weißt sicherlich, dass mein ehrenwerter Vater die beiden Spitäler in Jerusalem und in Antiochia gestiftet hat«, erklärte er streng. Eigentlich stimmte das nicht ganz. Auria kannte die Geschichte natürlich längst auswendig. In Wahrheit hatte bereits Karl der Große das Spital gegründet und Mauro hatte es lediglich mit seinem Geld erneuern lassen, zumindest das in Jerusalem, doch sie hielt wohlweislich den Mund. Wenn Pantaleone so blickte, war mit ihm nicht zu spassen.

»Und werde ich Vater Johannes kennenlernen?«, fragte sie einlenkend. Sie wusste, wie viel Pantaleone auf den Mönch hielt, der bereits für seinen Vater Mauro griechische Bücher übersetzt hatte. Wie erhofft, blitzten Pantaleones Augen auf.

»Ja, ich bete darum, dass Gott die Gesundheit seines Heiligen bewahrt! Ich erwarte, dass wir ihn in unserem Hause treffen.«

Mit dem letzten Wind des Abends glitt die Sant'Andrea in den Hafen. Eine Reihe großer Schiffe lag im tiefen Wasser, während eine unübersehbare Zahl von kleinen Booten und Leichtern zwischen ihnen und dem Land hin und her pendelte.

»Ist das nicht die Hagia Ana dort drüben?«, rief auf einmal Pantaleone. »Steuermann, halt ein bisschen mehr nach Backbord, ich will sehen, ob ich recht habe.« Die Sant'Andrea schwenkte schwerfällig auf den neuen Kurs ein und gespannt blickte ihr Eigner zu dem breiten Schiff hinüber. »Das ist sie, wahrhaftig!«, rief er aus. »Vielleicht hast du Glück und kannst sogar deinen Onkel Giuseppe treffen«, wandte er sich wieder an Auria.

Die »Hagia Ana«, gehörte den Mönchen des Amalfitanerklosters, dem auch Aurias Onkel Giuseppe angehörte. Es handelte sich einen Hort des lateinischen Glaubens, den bereits vor über hundert Jahren Leo, der Bruder Landulfs, des Herzogs von Benevento, mit sechs gleichgesinnten Glaubensbrüdern auf dem Hagios Oros, dem heiligen Berg der Griechen, gegründet hatte. Es lag neben Iviron, einem Kloster, von dem es hieß, dass dort mehr armenische Gelehrte lebten als am Hofe des Fürsten Konstantin. Ein Kaiserliches Dekret hatte den Lateinern erlaubt, ein eigenes Schiff zu bauen, um sich in Konstantinopel mit allem zu versorgen, was man nicht auf dem Berg selbst herstellen konnte, und gleichzeitig die Erzeugnisse umzuschlagen, die sie in frommer Arbeit dem Boden des Athos abrangen. Wie nicht anders zu erwarten, war es wieder die Familie Pantaleone, die diesen Handel für die meist aus Amalfi stammenden Brüder abwickelte. Währenddessen rollten die Matrosen der Sant'Andrea das große Lateinersegel zusammen. Das Schiff glitt noch von dem Schwung des Segels getrieben weiter und zerteilte das inzwischen fast stille Wasser des Goldenen Horns. Auria warf einen letzten sehnsüchtigen Blick zur Stadt an der Südseite des Hafens, wo die mächtige

Kuppel der Hagia Sophia in der warmen roten Sonne glühte. Das würde sich noch zeigen, wo ihr Platz war, dachte sie bei sich.

»Es ist tatsächlich die Hagia Ana!«, riss Pantaleone sie aus ihren Gedanken. »Welch eine glückliche Fügung.«

Wenige Augenblicke später fiel der Buganker der Sant'Andrea mit lautem Platschen ins dunkle Hafenwasser. Und schon kam das Boot des Hafenmeisters herbei. Pantaleone verhandelte kurz mit einem Griechen im Boot und bekam gegen einige Silbermünzen eine kleine Bronzeplakette. Er gab sie einem der Matrosen, der sofort diensteifrig herbeieilte. »Nagel sie an den Bug«, befahl er. »Das ist das Zeichen, dass wir die Hafengebühren bezahlt haben«, wandte er sich erklärend an Auria.

»Mehr Zoll müssen wir nicht zahlen?« Auria machte große Augen. In Amalfi wurden alle Waren am Ufer aufgestapelt und sorgfältig verzollt.

Pantaleone lachte. »Nein, unsere Ladung müssen wir beim Anlanden direkt ins Zollhaus bringen, wo sie geschätzt und verzollt wird.« Sie blickten einen Moment dem Boot des Hafenmeisters hinterher.

»Und wenn man nicht aufpasst wie ein Fuchs, dann verschwinden die besten Stücke«, ergänzte der erfahrene Händler bitter. Doch dann schüttelte er den Kopf. »Das ist zum Glück kein Problem für dich. Wir können direkt an Land und die Nacht auf festem Boden in meinem Haus verbringen.«

Laura atmete erleichtert auf und auch Auria war es recht. Das Leben auf dem Schiff war extrem eintönig. »Dort kommt bereits ein Boot«, rief sie und zeigte zum Ufer.

Eine knappe Stunde später stiegen sie endlich aus dem Mietboot an Land. Vor ihnen erhob sich die Seemauer und Pantaleone steuerte gleich auf ein Tor zu ihrer Linken zu.

»Willkommen in Galata, der Händlerstadt«, erklärte er stolz.

»Ist es noch weit zu eurem Haus?«, wollte Laura wissen. Sie schien sich bereits besser zu fühlen, kaum dass ihre Füße wieder auf festem Boden standen.

»Nein, gleich dort hinter der Mauer. Am besten Platz in unserem Kontor«, beschied der Händler stolz.

Zu Aurias Überraschung war die Niederlassung der Amalfitaner Stadt hinter der Seemauer durch eine eigene Stadtmauer vom Rest der Händlerstadt abgetrennt.

»Was befindet sich hier hinter der Mauer?«, fragte sie neugierig.

Pantaleones runzelte die Brauen. »Dort liegt das Kontor der Venezianer. Und glaub mir, es ist besser, dass jedes Heimatland seine eigene Niederlassung hat. Bereits die Amalfitaner streiten sich ständig. Davon weiß ich als Hypatos ein Lied zu singen! Aber mit den Venezianern gibt es nichts als Ärger. Das sind allesamt gewissenlose Gierschlünde, die sich nicht um ihre Mitmenschen noch um Gott scheren.«

In dem Augenblick erreichten sie das Anwesen der Pantaleones. Haus war eine ziemlich ungenaue Beschreibung. Es war ein Palazzo. Pantaleone bemerkte ihre Überraschung. »Da siehst du es«, erklärte er selbstzufrieden. »Der Kaiser ist nicht der Einzige, der hier in einem prächtigen Haus wohnt. In diesem Gemäuer hat mein Großvater bereits Gisulf, den Herzog von Salerno, Bischof Bernard von Palestrina und Alfanus, den Erzbischof von Salerno, bewirtet!« Das war eine Geschichte, die in Amalfi jedes Kind kannte. Gisulf wollte damals die Kleriker dazu zwingen, ihm zu helfen, eine Allianz von Konstantinopel, Kaiser Heinrich dem IV. und dem Gegenpapst Honorius II. gegen die Normannen und Papst Alexander II. zu schmieden. Dafür hielt er die beiden Bischöfe in Konstantinopel als Geiseln zurück. Die Reise war inzwischen eine Legende und wurde immer weiter ausgeschmückt.

»Aber zumindest Gisulf ist hier nicht mehr willkommen?«, warf sie schnippisch ein. Pantaleones Vater Mauro hatte sich später mit ihm überworfen und unterstützte den Reformpapst, wofür sich der Herzog von Salerno rächte, indem er seinen Sohn Mauro entführte und die unglaubliche Summe von dreißigtausend Bezanten als Lösegeld forderte. Auch das wusste in Amalfi jedes Kind. Da der junge Pantaleone dem Papst ein weiteres Paar Bronzetüren gestiftet hatte, schloss Auria, dass auch er es mit den Reformern auf dem Papstthron hielt.

Pantaleones Miene verfinsterte sich denn auch. Doch dann musste er lachen. »Du steckst deine hübsche Nase tiefer in die Geschäfte der Republik, als es für eine junge Dame gut ist. Ich glaube, dein Vater hat ganz recht, wenn er wünscht, dass du dich einem gottgefälligeren Leben hingibst.« Er grinste. »Aber dafür ist später noch genügend Zeit. Erst einmal wollen wir unsere gute Ankunft in Galata feiern!«

David

Juni 1096, Radasponda

Sie hatten Magenza noch am 30. Mai verlassen, ohne dass David nochmals Gerold oder einem anderen Judenfeind, der ihn hätte verraten können, begegnet wäre. Die kleine Gruppe, der sich noch zehn weitere Männer angeschlossen hatten, marschierte über die Rheinbrücke und den Moin hinauf. Bei Frankonofurt überquerten sie denselben und zogen dann entlang Radantia, Karlskanal und Alcmona, bis sie die Danubia erreichten.

Anfangs fiel es David schwer, die Christen zu imitieren. Er wusste nicht, wann man das Kreuz schlug oder ob man niederkniete, etwa wenn man an der Statue eines Brückenheiligen vorbeikam oder ein Wegkreuz passierte. Allerdings stellte er bald fest, dass etliche seiner Weggefährten es damit ebenfalls nicht so genau nahmen. Auch erinnerte er sich an etliches und dankte insgeheim seinem Freund Marcus, der ihn ein ums andere Mal in eine Kirche geschmuggelt oder zu Prozessionen mitgenommen hatte. Spätestens beim Kloster Weltenburg konnte ihn niemand mehr von einem der übrigen Kreuzfahrer unterscheiden. Glücklicherweise fanden sie immer Klöster oder auch fromme Bauern, die die Kreuzfahrer um Gotteslohn aufnahmen, denn David fehlte, wie auch etlichen seiner neuen Genossen, sämtliche Ausrüstung. Er wunderte sich wie all die Leute glauben konnten, ohne echte Waffen das Heilige Land erobern zu können. »Deus lo vult«, war auch da die Antwort auf alle Fragen.

Einige Tage später zeigten sich auf der anderen Seite des Flusses Türme und Mauern einer größeren Stadt. »Jerusalem«, jauchzte Fulco, einer der einfältigeren unter den Männern. David blickte zweifelnd hinüber. Auch bei Franconofurt hatte Fulco bereits geglaubt, am Ziel zu sein.

»Nein, das glaube ich nicht«, widersprach Heinrich, ihr Anführer, denn auch. »Vielleicht ist es Konstantinopel, mit all den Türmen?«

Doch ein entgegenkommender Bauer konnte ihnen bessere Auskunft geben. »Das ist Radasponda«, erklärte er.

»Und wie kommen wir dorthin?«, erkundigte sich Heinrich, der versuchte, sich seine Enttäuschung nicht anmerken zu lassen. Vermutlich hatte er von dem Ort noch nie gehört. David wusste hingegen, dass es hier eine jüdische Gemeinde gab, die mit Magenza in geschäftlichem Kontakt stand. Oder gestanden hatte, verbesserte er sich in Gedanken traurig. Die heilige Gemeinde von Magenza existierte nicht mehr. Vielleicht sollte er sich hier von dem Zug der Kreuzfahrer absetzen? Die Radasponder Juden würden ihm doch sicher Unterschlupf gewähren. Doch wie stand es überhaupt um sie? Existierte diese Gemeinde überhaupt noch? Und wenn ja, wie lange? Wäre er hier sicher, oder würde der schreckliche Emicho nach Coellen und Treveris auch Radasponda heimsuchen? Er biss sich auf die Lippe.

»Ihr müsst über die Furt, was nicht ungefährlich wird. Die Schneeschmelze im großen Gebirge lässt die Danubia ziemlich hoch gehen«, riss die Antwort des Bauern David aus seinen Gedanken. »Es heißt, König Karl habe hier einst eine Bootsbrücke über den Fluss geschlagen, aber die Fluten rissen sie bereits im nächsten Winter weg.«

Die Überquerung des vom Schmelzwasser angeschwollenen Flusses gestaltete sich tatsächlich sehr schwierig. Die Stelle war zwar von den Einheimischen gut durch Stecken und bunte Fähnchen auf beiden Seiten markiert, aber der Flussgrund war schlammig und das Wasser so kalt, dass David bald schon seine eigenen Füße nicht mehr spürte. Das Wasser ging ihm bald bis über die Hüfte, und die Kälte raubte ihm den Atem. Wenn er sich nicht an einem schweren Bauernwagen hätte festhalten können, der, gezogen von langsamen Ochsen, vor ihnen in die Furt eingefahren war, wäre er vielleicht gestürzt und von den gischtenden Wassermassen fortgespült worden.

»Sei froh, dass du keine Rüstung tragen musst«, ermunterte Kunz ihn gut gelaunt. Seinen kräftigen Bauernbeinen schien der Strom nichts anhaben zu können.

»Aber ich kann nicht schwimmen«, rief David mit aufkeimender Panik über das Rauschen hinweg. Doch entweder hörte Kunz das nicht oder er wusste nichts zu erwidern. Er schwieg und stapfte unbeirrt weiter. Doch bald hob sich der Grund und wurde auch fester. Sie hatten es geschafft! Instinktiv schlug David ein Kreuz. Von sich selbst erstaunt, stellte er fest, wie leicht ihm diese Geste bereits von der Hand ging. Doch am Abend, sie waren in einem Klosterhof untergekommen, nahm er allen Mut zusammen und zog einen der dienenden Brüder am Ärmel zur Seite.

»Wie ist es denn hier in Radasponda den Juden ergangen?«, fragte er möglichst beiläufig, doch sein Herz schlug ihm bis zum Halse.

Der Konverse sah ihn beglückt an. »Der Herr sei gelobt!«, erklärte er. »Als Peter mit seinem Heer durch Radasponda zog, wurden die Juden der Stadt aufgefordert, ihre Irrwege zu verlassen und die Taufe auf unseren Herrn Jesus Christus zu empfangen – und man wagte es kaum zu glauben – aber sie haben sich alle von ihren Irrwegen bekehrt!«

David starrte ihn mit offenem Mund an. »Sie haben sich taufen lassen?«, fragte er geschockt. »Und dann hat man sie in Ruhe gelassen?«

»Nicht ein einziger ging verloren!«, bestätigte sein Gegenüber. David fühlte sich, als habe er einen Schlag vor den Kopf erhalten. Sie waren abgefallen und dadurch verschont geblieben! Aber wie konnte ein Mann, ein Rabbiner wie Menachem ben Mekhir, dessen Wort sogar in der Magenzer Jeschiwa stets mit Ehrfurcht gehört wurde, seinen Glauben verleugnen? Waren die Opfer der Brüder und Schwestern in Magenza, Uormatia und Schpira etwa umsonst gewesen?

»Deus lo vult«, krächzte er.

»Halleluja«, bestätigte der Konverse und wandte sich lächelnd wieder seiner Arbeit zu.

Die Erkenntnis, dass auch er selbst, um sein Leben zu retten, den Glauben der Väter verraten hatte, traf David wenig später wie ein neuerlicher Schlag. Wer war er, Menachem ben Mekhir Vorwürfe zu machen?

Leise setzte er sich wieder zu Kunz und den übrigen Kreuzfahrern. »Ob wir bald das Heilige Land erreichen?«, fragte er schüchtern.

David

Lager vor Semlin, Juli 1096

Das ist das Lager Peters!«, rief Heinrich begeistert und wies auf eine riesige, vollkommen ungeordnete Zeltstadt, die sich zu ihren Füßen am Zusammenfluss zweier Wasserläufe ausdehnte.

»Und dahinter Jerusalem!«, jauchzte Fulco. Doch da hatte er sich wieder getäuscht.

Heinrich schüttelte langsam den Kopf. »Nein«, entschied er. »Aber der gute Mann hier sagt, dass dort Romania beginnt. Wir sind also fast in Konstantinopel!« Seine Ausführung löste bei allen, außer dem enttäuschten Fulco, nun wirklich Jubel aus.

Inzwischen war ihre Gruppe zu einem Trupp von achtundzwanzig Männern und Jungen angewachsen. Die meisten waren, nur spärlich mit Heugabel oder Jagdspieß bewaffnet, ihren Lehnsherren davongelaufen. Doch in der Gruppe fühlten sie sich stark und dass sie nun mit einem Mal sowohl Peters Heerzug als auch die Grenze des romanischen Imperiums erreicht hatten, ließ selbst Davids Herz höherschlagen. Immerhin waren es ja die Romanen, die, von den Ungläubigen bedrängt, Papst Urban um Hilfe gerufen hatten.

»Was ist denn hier los?«, fragte David erstaunt, als sie wenig später das Lager der Kreuzfahrer erreichten. »Was soll der Aufruhr?« Die Männer, Frauen und tatsächlich auch einige Kinder riefen in fremden Dialekten und Sprachen durcheinander. »Sind das Lothringer oder Flamen?«

Doch auch Kunz zuckte die Achseln. »Ich weiß auch nicht, lass uns weiter gehen, irgendwo in diesem Haufen werden auch Rheinländer sein.« Heinrich führte sie ohnehin zielstrebig zur Lagermitte, wo er inmitten einer wild gestikulierenden Menschentraube Peter von Amiens ausgemacht hatte. Die Tracht des Einsiedlers machte es einfach, ihn zu erkennen. Schließlich erkannte Kunz einen Rheinländer in der äußeren Reihe des Auflaufs an seiner Tracht. »Was geht hier vor?«, wandte er sich an den Fremden. »Wir sind gerade erst im Lager eingetroffen und haben keine Ahnung was los ist«, fügte er noch erklärend hinzu.

»Dort im Süden vom Fluss, vor den Mauern von Semlin, findet gerade ein Markt statt«, erklärte der Mannin der Rheinländer Tracht, seinem Dialekt nach aus der Gegend von Coellen.

»Und?«, fragte Kunz, »das ist doch kein Grund für einen solchen Aufruhr?«

»Das alleine nicht, aber es gab heute Morgen Streit zwischen den Marktleuten und einigen Lothringern, die Schuhe kaufen wollten. Und schließlich kam es zu Handgreiflichkeiten. Die Knechte der Stadt haben unsere Leute schließlich geschlagen und ihnen die Kleidung und Rüstung gestohlen. Du kannst sie von der Mauer hängen sehen. Damit verhöhnen diese Kerle das Heer Gottes!«, ereiferte sich ein anderer Mann hinzutretend. David kniff die Augen zusammen und spähte über den Fluss hinüber. Tatsächlich hingen an der Stadtmauer Kettenhemden und Lederrüstungen. Er zählte sechzehn Stück. Der Stadtkommandant hatte sie offenbar zur Warnung an alle weiteren Unruhestifter dort aufhängen lassen.

»Und was sagt Peter?«, fragte Kunz in Richtung Zentrum des Auflaufes nickend.

Aber ihr Gesprächspartner winkte nur ab. »Der war nicht dabei! Walter Sans-Avoir will die Beleidigung jedenfalls nicht hinnehmen.« Und schon verschwand er wieder im Getümmel.

»Walter Sans-Avoir?«, fragte David erstaunt. »Heißt das auf Deutsch nicht Walter der Habenichts also Walter von nichts?«

Doch Kunz zuckte wieder die Schultern. »Keine Ahnung, und es ist mir auch egal was dieser Edle hat oder nicht hat. Die Leute werden sich schon beruhigen. Lass uns einen guten Lagerplatz suchen.«

Aber die Wut der Kreuzfahrer verrauchte nicht, wie Kunz gehofft hatte. Sie waren Monate durch das Land gezogen, ohne einen einzigen Kampf auszufechten oder, was für die meisten noch wichtiger war, die Gelegenheit zum Plündern. Schließlich zog eine gerüstete Rotte über den Fluss. Als die Markthüter drüben beschlossen, es sei nun besser, den Markt aufzulösen und sich hinter der Stadtmauer in Sicherheit zu bringen, folgte der Großteil der übrigen Kreuzfahrer mit lautem Geschrei. Der Mob machte sich sofort über die Marktstände und jene der unglücklichen Ungarn her, die nicht rechtzeitig mit den Marktwächtern hinter die Stadtmauern geflohen waren. Halb aus Neugier, halb von den Massen mitgerissen, stieg auch David durch den Fluss. Und schon standen die Kreuzfahrer vor der Mauer, von der wie zum Hohn immer noch die sechzehn Rüstungen der Lothringer herabhingen. Die Mauer war nicht hoch, vielleicht zwei Mannslängen, wie David feststellte, und die Stadtleute standen in einer weit auseinander gezogenen Kette auf der Mauerkrone. Da stieg ein Mann in einem rostigen Kettenhemd vor der schreienden Menge auf einen umgestürzten Marktstand. Er hob die Hände zum Zeichen, dass er etwas sagen wollte, was den Tumult aber noch vergrößerte. Doch da zog er mit einer schnellen Bewegung etwas aus der Tasche und hielt es hoch. Und der Anblick wirkte wie ein Wunder. Es war eine goldene Kette und das Blitzen des Edelmetalls schaffte mühelos, was der Mann mit seiner Stimme nicht vermochte. Die Menge schwieg. »Ich bin euer Anführer!«, rief er laut.

»Walter Sans-Avoir«, flüsterte jemand in Davids Nähe. Walter der Habenichts, dachte David verächtlich.

»Ich verspreche diese Kette demjenigen, der als Erster in die feindliche Stadt eindringt!« Der Rest ging im lauten Rufen und Schreien unter. Und auch Walter selbst sprang, nachdem er noch einmal mit der Kette gewunken hatte, wieder von seiner improvisierten Bühne herab. David stand wie versteinert, während um ihn herum alles zur Mauer drängte. Als Walter die Kette in der Sonne schwenkte, hatte er das Stück erkannt. Es war die Kette Rabbi ben Ezers gewesen! Jene Kette, die einst Rabbenu Gerschom, der »Leuchte des Exils«, gehört hatte!

Wie in Trance drängte er nach vorne, während die Besatzung von Semlin begann, wild Pfeile in die außer Rand und Band geratene Menge zu schießen. Die Kette war zu kostbar, als sie in den Händen der Ungläubigen zu lassen! Er musste sie zurückhaben. Vielleicht war sie das Einzige, was von Rabbenu Gerschom und der ehrwürdigen Jeschuwa noch existierte! Wenige Augenblicke später befand sich David bei dem umgestürzten Marktstand, der gerade erst Walter dem Habenichts als Bühne gedient hatte. Ein langes Rost, auf welchem vormals die Waren gelegen hatten, vermutlich das unter dem Stand in den Matsch getretene Obst, war intakt.

David griff danach. Die Stangen, eigentlich nur aufgesammelte Äste, waren dünn und mochten einen erwachsenen Mann kaum zu halten, aber vielleicht hielten sie doch lange genug, um einem schlanken Jungen wie ihn bis zur Mauerkrone hinaufzuhelfen? Entschlossen nahm er den Rost und drückte sich zwischen den Männern hindurch. Endlich kam er ins Freie und lief rasch an der Mauer entlang, bis er einen kaum bewachten Abschnitt erreichte. Hinter einem vorkragenden Turm, der den Blick vom umkämpften Mauerabschnitt abschirmte, war niemand zu sehen. Die wenigen Verteidiger waren alle zu der von der Menge bedrängten Stelle geeilt. David überlegte nicht lange, lehnte seine improvisierte Leiter an die Mauer und stieg in dem Winkel zwischen vorkragendem Turm und Mauer hinauf. Er hatte zu Hause in Magenza zusammen mit Marcus etliche Mauern erstiegen. Doch als er schwankend auf der wackligen obersten Sprosse stand, war er sich plötzlich nicht mehr sicher, ob das eine so gute Idee gewesen war. Vor Aufregung und Anstrengung schnaufend, aber so dicht an die kühle Mauer gedrückt, dass es ihn den Blicken eines etwa zufällig vorbeieilenden Verteidigers auf dem Wehrgang entzog, atmete er tief durch. Was mache ich hier eigentlich? Doch anstelle weiter über seine eigene Frage nachzudenken, spannte er seine Muskeln zum Sprung, denn er konnte die Mauerkrone mit den Händen noch nicht erreichen. Ihm blieb ein einziger Versuch, denn unter seinen Füßen gab der Holzrost bereits langsam nach. Er sprang und bekam die Mauerkante zu fassen. Ohne nachzudenken, zog er sich im Klimmzug nach oben und drückte den Oberkörper zwischen zwei Zinnen. Zu seinem Glück befand sich dort immer noch kein Verteidiger und so gelangte David schließlich ins Innere der Stadt. Ohne Rüstung und Waffen beachtete ihn niemand. Offensichtlich hielten ihn die Verteidiger für einen der vom Markt geflohenen Ungarn.

Doch noch bevor er sich über seine weiteren Schritte klar werden konnte, klang vom Tor her ein dumpfes Krachen herüber. Er rannte in die Richtung des Lärms und drängte sich zwischen den völlig kopflosen Verteidigern hindurch. Doch bevor er die nächste Leiter erreichte, die ihn in die Stadt hinabbringen konnte, krachte es nochmals und er hörte Holz splittern und Schreie aus unzähligen Kehlen. Ob es Jubel oder Angst war, vermochte er nicht zu sagen. Er rannte zurück zur Brustwehr und blickte zum Tor. Dort kam Bewegung in die Menge und mit lautem Geschrei stürmten die Kreuzfahrer durch das geborstene Tor in die Stadt. David schaute mit offenem Mund zu, wie sie mit gierigen Blicken in die Stadt drängten. Die Männer stürzten sich wie wilde Bestien auf die Bürger der Stadt, schlugen oder stachen auf sie ein und ließen selbst die auf den Boden Gefallenen nicht in Frieden. Ihm wurde übel. Er hatte keine Lust, mit in die Stadt zu ziehen, die er beinahe selbst dem Verderben geöffnet hätte. Er schluckte den sauren Geschmack herunter. Dies war kein Spiel mehr wie damals, als er mit Marcus über die Mauern von Magenza gestiegen war. Dies war blutiger Ernst. Dieselbe Raserei, die seine eigene Familie ausgelöscht hatte! Was war schon ein Menschenleben? Hatte Gott seine Erde gänzlich verlassen? Kümmerte es ihn, dass die heiligen Gemeinden von Magenza und Warmaisa nicht mehr waren? Taumelnd verließ er die Stadt durch das gesprengte Tor. Er war noch nicht weit gekommen, als ihn ein starker Rauchgeruch umwehte. Er blickte zurück und sah dichte schwarze Wolken über Semlin. Die Stadt brannte! Die ersten Männer kamen bereits wieder aus dem Tor. Unter ihnen Walter. Wem mochte er die Kette gegeben haben, fragte sich David bitter? Er selbst war als Erster in der Stadt gewesen, aber wer würde das bezeugen, und welchen Unterschied hatte es gemacht? Nun war er froh, dass er sich das Blutgeld für Semlin nicht verdient hatte. Wie nannten die Christen ihren Gottesmörder? Judas! Der sollte auch Jude gewesen sein, behaupteten sie. Aber er, David, würde nie ein Judas werden! Werners Triumphgeschrei riss ihn aus seinen Gedanken.

»Der Herr hat die Ungläubigen heute in unsere Hände gegeben! Lasst uns die Rache des Herrn vollstrecken. Auf nach Beograd!« Er wies mit seinem Schwert über die Save, die die beiden Städte voneinander trennte.

»Walter und seine Freunde behaupteten, gestern seien über viertausend Romaner und Ungarn gestorben«, berichtete Kunz emotionslos. »Er hat den heiligen Bann vollstreckt, sagt er.« Auch die rissige und teilweise verfallene Mauer von Beograd hatte der wütenden Horde nicht stand gehalten. Der Kommandant der Stadt war mit seiner Truppe gleich nach Süden in Richtung auf Naissus hin abgezogen.

»Und was sagt Peter?«, raffte sich David zu einer Frage auf.

»Der Einsiedler?«, fragte Kunz zurück. »Ich glaube, er will, dass wir unsere Kraft und Wut für die Seldschuken aufsparen. Man sagt, er sei von ihnen auf einer Pilgerreise ins Heilige Land überfallen und schwer misshandelt worden. Daher sein Eifer.«

Überrascht blickte David auf. »Peter war bereits einmal im Heiligen Land?«

»Es heißt, er habe die Heiligen Stätten nie erreicht, sondern sei zuvor von den Türken zur Umkehr gezwungen worden.«

Nachdenklich blickte David in den wieder rauchfreien Himmel. »So wird Böses mit Bösem vergolten«, sinnierte er.

»Was redest du da?«, fragte Kunz.

Aber David winkte ab. »Wann marschieren wir denn weiter?«

Vier Tage später erreichten sie das ebenfalls an der Via Militaris, der alten römischen Heerstraße zwischen Morgen- und Abendland gelegene Naissus. Die Stadtbefestigung war wesentlich besser in Schuss als die von Beograd oder Semlin. Eine hohe Mauer, die alle fünfzig Schritte von einem vorspringenden Turm geschützt wurde, lag vor ihnen in der Ebene. Bunte Fahnen und blitzendes Eisen zeigten an, dass diese Mauern auch besetzt war.

»Hier wird es uns nicht so leicht gelingen, in die Stadt zu kommen«, bemerkte Kunz.

»Wir können ja auch nicht jede Stadt, die an unserem Weg liegt, niederbrennen«, antwortete David lahm.

»Immerhin haben wir seid Beograd nicht mehr hungern müssen, aber nun benötigen wir langsam wieder Nachschub«, warf Heinrich ein, der in ihrer Nähe stand. »Wenn sie uns nicht freiwillig versorgen, werden wir uns nehmen müssen, was uns zusteht. Walter hat gesagt: ›Der Ochse, der drischt, darf auch fressen‹, oder so.«

»Du sollst dem Ochsen, der da drischt, das Maul nicht verbinden!«, mischte sich einer der erst spät zum Heerzug gestoßenen Männer ein. Es war Hunold, dessen ausgewachsene Tonsur den entlaufenen Mönch verriet.

»Vielleicht lässt sich der Kommandant von Naissus ja auf Verhandlungen ein. Sicherlich wurde ihm bereits von unserer unbändigen Kraft berichtet!«, übernahm wieder Heinrich das Wort. Es war ihm offensichtlich zuwider, von dem entlaufenen Mönch korrigiert zu werden.

Schließlich lagerte das Heer in der gewohnten Unordnung unter den Mauern von Naissus. Es dauerte nicht lange, bis sich die ersten Gerüchte an den Kochfeuern verbreiteten.

»Peter hat die Verhandlungen diesmal selbst geführt«, hieß es.

»Der Stadtkommandant will uns Nahrung liefern, wenn wir friedlich an der Stadt vorbeiziehen.«

»In Triadica wartet eine Eskorte, die uns direkt zum Kaiser in Konstantinopel bringen soll«, wussten andere.

»Und dann sind wir endlich in Jerusalem?«, wollte Fulco wissen.

»Zumindest bei den Heiden, die wir dann besiegen werden«, erklärte Kunz voll schlichter Zuversicht.

Da der Stadtkommandant versprochen hatte, die Nahrungsmittel erst nach dem Durchzug der Kreuzfahrer zu liefern, begann das Heer früh am nächsten Morgen mit dem Abbrechen des Lagers. Wie üblich marschierten die Ersten bereits aus dem

Lager, während andere gerade erst ihre Kochfeuer entfachten, um Frühstück zu bereiten. Wegen ihrer geringen Habe zählten Heinrichs Leute normalerweise eher zu den früh Aufbrechenden. Und so war es auch diesmal, sie marschierten auf das nächste südlich gelegene Dorf zu.

»Ist das nicht unsere deutsche Muttersprache, die ich da höre?«, fragte Kunz stirnrunzelnd. Tatsächlich schlugen ihnen ärgerliche Stimmen entgegen.

»Anscheinend gibt es Streit. Lass uns lieber schnell vorbeigehen«, mahnte David seine Kameraden zur Eile. Doch noch während sie auf der Straße rasch ausschritten, um das Dorf hinter sich zu lassen, eskalierte dort die Situation. Lautes Geschrei in deutscher und ungarischer Sprache vermischte sich und kulminierte im Klirren von Eisen.

»Dort hinten brennt es«, rief Kunz und hielt David am Ärmel zurück. Tatsächlich schlugen auf einmal Flammen an einer Mühle empor und leckten gierig nach den stoffbespannten Flügeln. Eine schwarze Rauchfahne stieg in den klaren blauen Himmel.

»Nichts wie weg«, stöhnte David. »Das sieht ja aus, als würden sie das ganze Dorf niederbrennen!« Er lief los, ohne darauf zu achten, ob ihm die anderen Männer folgten.

»Hier gibt es bestimmt was zu essen«, rief Heinrich von hinten. David blickte über die Schulter und sah, dass ihm nur Kunz folgte.

»Nicht so schnell«, keuchte der alte Bauer. »Was hast du denn auf einmal?«

David konnte es selbst nicht sagen, aber Furcht hatte ihn erfasst. »Ich weiß nicht, aber ich habe so ein Gefühl wie in Magenza, bevor der Sturm auf den Bischofsplast begann. Irgendetwas Schreckliches wird geschehen.« Kunz sah ihn verständnislos an und David biss sich erschrocken auf die Unterlippe. Fast hätte er verraten, dass er in Magenza auf der anderen Seite gestanden hatte. Doch da erhob sich hinter ihnen, noch weiter im Norden, ein ungeheurer Lärm, dort, wo gerade die letzten Männer und Frauen das Lager zu Füßen der Stadtmauern von Naissus verließen. Nicht nur Geschrei von Menschen, auch das Stampfen von Pferden und Waffengeklirr war zu hören.

Kunz wurde bleich. »Der Stadtkommandant hat seine Horden gegen die Heiligen entfesselt.«

David lachte trocken. »Vielleicht ist unser Maß voll. Heilig haben wir uns weder hier noch in Semlin verhalten.«

Kunz blickte ihn erschüttert an. »Wenn Gott nicht mehr mit uns ist, dann sind wir verloren!«

»Vielleicht ist er uns zumindest gnädig. Lass uns abhauen«, entgegnete David und sie rannten los. Sie liefen vorbei an der lang gezogenen Kolonne, während immer mehr Männer und Frauen bemerkten, dass hinter ihnen etwas nicht stimmte. Einige zeigten nach hinten, auf die Rauchsäule und die Stadt. Andere, schneller von Begriff, folgten dem Beispiel von David und Kunz, nahmen die Beine in die Hand und rannten um ihr Leben. Im Handumdrehen herrschte auf der Straße ein heilloses Chaos, Wagen und Maultiere verkeilten sich, Männer und Frauen liefen durcheinander und etliche, die fielen, wurden zertrampelt. David ergriff Kunz' Hand und zog ihn weiter. »Komm mit mir, ich bring dich in Sicherheit. Du sollst nicht denken, dass ich vergessen habe, was du in Magenza für mich getan hast«, rief er.

Wenig später hielten sie auf einer Anhöhe, um zu verschnaufen. David drehte sich und blickte in das Tal mit der Stadt zurück. »Die romanischen Reiter haben das Dorf mit der brennenden Mühle erreicht!«, rief er aufgeregt.

»Gott sei Dank, dass wir dort nicht gezögert haben«, bestätigte Kunz und schlug ein Kreuz. »Heinrich und seine Männer sind dortgeblieben, nicht wahr?«

David nickte und sah hilflos zu, wie die romanischen Reiter hinter einzelnen flüchtenden Kreuzfahrern herjagten. »Denen gnade Gott.«

Am Nachmittag erreichten sie Bela Palanka. »Ich kann nicht mehr«, jammerte Kunz. »Lass uns hier lagern. So weit wird uns der Hass der Naissaner nicht verfolgen!« Und so ließen sich die beiden erschöpft unter einem Baum am Straßenrand fallen. Nach und nach trafen immer mehr versprengte Kreuzfahrer ein. In Gruppen zu zweit oder mehr. Viele mit Verwundungen. Einige mussten von ihren Kameraden getragen werden.

»Wir sollten ihnen helfen«, schlug Kunz vor. David erwachte wie aus einer Trance. Dann nickte er. »Lass uns frisches Wasser suchen, damit wir die Wunden der Männer auswaschen und die Erschöpften laben können«, schlug er vor.

Er hatte von Rebecca gelernt, wie man frische Wunden säuberte. Was hatte er noch gelernt? Zerkauter Weizen und Kümmel half gegen den Wundbrand. Honig auch und Wein und Öl. Doch all das stand nicht zur Verfügung. Holzasche hingegen, wie sie in alten Schriften empfohlen wurde, hatte der Rabbi strikt abgelehnt, als David das einmal vorschlug. Er schimpfte, David wisse besser in den Schriften des Hippokrates Bescheid als im Talmud. Die Asche konnte nämlich zu einer Tätowierung im Wundbereich führen, und Tätowierungen wurden im Gesetz ausdrücklich verboten. Auch Kuhdung, den die Bauern öfter nutzten, um »die Hitze auszuziehen«, hatte sein Lehrer abgelehnt, denn der war unrein. Der Gedanke an Tante Rebecca und die Thora-Schule versetzte ihm einen Stich. Vielleicht waren die Wunden, die die Kreuzfahrer hier erlitten, die Rache Gottes für das Massaker in Magenza? Doch dieser Heerhaufen war ja unter der Führung Peters des Einsiedlers durch die Stadt gezogen, ohne zu morden! Er schüttelte den Kopf und machte sich auf den Weg.

Sie hatten zwei Lederschläuche und bald fand David auch einen Bach mit frischem Wasser. Er füllte die beiden Schläuche und brachte das Wasser den Männern, die sich zu beiden Seiten der Straße gelagert hatten.

»Gott segne dich«, stöhnte ein junger Mann, dem er zuerst zu trinken gab. Er hatte eine große Wunde empfangen, die quer über seine Stirn lief und das rechte Auge zerstört hatte. Er musste viel Blut verloren haben, denn nicht nur sein Gesicht und Hals starrten vor verkrustetem Blut, sondern auch das Wams war unter einer Staubschicht rot gefärbt. Doch schon bald war Davids Schlauch leer und er hatte kaum einer Handvoll Menschen zu trinken gegeben. Zum Waschen der Wunden war er erst gar nicht gekommen.

»Warte, bis sie das Fieber erwischt«, unkte Kunz. »Dann werden sie erst trinken wollen!«

Es stellte sich heraus, dass etwa jeder Vierte der Kreuzfahrer tot oder zu schwer verwundet war, um den Weg fortzusetzen. Was hier in feindlicher Umgebung praktisch dasselbe bedeutete.

»Des Kreuzzugsheer ist bereits geschlagen, bevor wir das Land der Heiden erreichen«, jammerte Kunz. David verstand ihn. In der Hoffnung auf Gottes Segen war er seinem Herrn entlaufen. Er hatte keinen Platz mehr, wohin er zurückkehren könnte. Ganz wie er selbst.

Nach einer weiteren Stunde unermüdlicher Arbeit lief ein Raunen durch die Reihen. David blickte von dem Verband auf, den er notdürftig um einen zerschlagenen Ellenbogen wickelte.

»Peter der Einsiedler!«, verstand er. »Er hat überlebt!«, wisperte es.

David hob seinen Blick und tatsächlich entdeckte er am Ende der Straße eine kleine in ein Eremitengewand gehüllte Gestalt, die die Straße entlang auf sie zukam. Peter wirkte müde und abgespannt, doch er hielt sich aufrecht. Alle paar Schritte blieb er stehen und wechselte einige Worte mit den Männern am Straßenrand. Schließlich erreichte er auch David, der in seiner Tätigkeit innegehalten hatte und dem Anführer entgegensah.

»Gott segne dich für deinen Dienst an den Verwundeten«, wandte sich der Einsiedler an ihn. »Wir haben heute eine schwere Züchtigung erlitten. Aber Gott hat sein Antlitz nur kurz verborgen, weil er uns zürnte, dafür dass wir eine christliche Stadt verbrannt haben.« David schluckte. Er sprach offensichtlich von Semlin. »Wir müssen unsere Kräfte für die Seldschuken aufheben. Das sind die Feinde Gottes, nicht die Ungarn. Vor vier Jahren hatte ich mich aufgemacht, um zu dem Heiligen Grab unseres Heilands zu ziehen, aber bereits in Antiochia ergriffen mich die Heiden, schlugen mich halb tot und verboten mir die Weiterreise. Gegen diese Ungläubigen werden wir kämpfen und dann wird Gott mit uns sein!« Er machte über David das Zeichen des Kreuzes und schritt weiter. David sah ihm nach.

»Auf ihm ruht wahrhaftig der Geist Gottes«, ließ sich da Kunz vernehmen. David schaute ihn erstaunt an, doch der Bauer blickte mit glasigen Augen dem Anführer hinterher.

David

Auf der Militärstrasse bei Sofia, Juli 1096

Zwei Tage nach der Schlacht bei Naissus hatten sie Sofia erreicht, doch schon vor der Stadt kamen ihnen Reiter entgegen – Turkopolen, die sie bereits aus Naissus kannten. Doch noch bevor sich Panik in dem geschlagenen Heer breitmachen konnte, zügelten die Griechen ihre Rösser. »Kaiser Alexios schickt uns, euch in seinem Reich zu begrüßen!«, rief der Anführer der Reiterschar mit weithin hörbarer Stimme und auf Latein. »Wir haben Lebensmittel dabei und werden euch sicher über den Bosporus geleiten!«

»Dem Herrn und dem Kaiser sei Dank!«, rief Peter, der inzwischen wieder eine gewisse Kontrolle über den Haufen besaß. Allgemeiner Jubel antwortete ihm und die Reden wurden in Windeseile von Mund zu Ohr durch das ganze Heer getragen.

»Endlich wieder etwas zu essen«, seufzte Kunz. Und auch David konnte derzeit kaum noch an etwas anderes denken. Seit ihrer Vertreibung von Beograd hatte es fast gar nichts zu beißen gegeben. »Mit vollem Bauch werden wir doppelt so schnell marschieren!«, fuhr Kunz fort. Und er hatte recht. Die Griechen hatten ihren Marsch vorbildlich organisiert. An wichtigen Kreuzungen stand jeweils eine Gruppe Turkopolen und wies ihnen den Weg und mehrmals am Tag trafen sie auf weitere Reiter, die Brot an die vorbeimarschierenden Menschen verteilten. Dennoch dauerte es etwa eine Woche, bis sie ihr nächstes Ziel erreichten. David marschierte mit Kunz und den übrig gebliebenen ihrer Gruppe dicht hinter der Spitze des Zuges, als Peter und die vordersten Männer plötzlich auf einer Anhöhe stehen blieben.

»Was es dort wohl gibt?«, fragte David. Kunz zuckte nur die Schultern und lief stumpf weiter. Doch als sie zu der Vorhut aufschlossen, entfuhr David ein Ruf der Überraschung.

Zu ihren Füßen lag Konstantinopel in der Abendsonne. In der Mitte der Stadt glänzte die Kuppel der Kirche zur heiligen Weisheit. Dahinter, dem türkisblau glänzenden Bosporus zu, erhob sich der kaiserliche Palast. Direkt zu ihren Füßen teilte ein in der Sonne golden glänzender Einschnitt die Stadt in die nördlich gelegene, nur schwach befestigte Händlerstadt und das eigentliche Konstantinopel im Süden. Der Anblick war atemberaubend. »Das Wasser ist ja breiter als der Rhein!«, staunte David, der noch nie das Meer gesehen hatte. Kunz schlug ein Kreuz. »Wenn Fulco nicht vor Naissus geblieben wäre, hätte er sicherlich behauptet, das sei Jerusalem. Und diesmal könnte ich es ihm glatt glauben.«

Sie standen eine Weile sprachlos vor so viel Herrlichkeit. Endlich setzte sich die Eskorte wieder in Bewegung. Zwei Reiter lösten sich und ritten die Reihen entlang »Kommt weiter, Männer. Heute Abend werden euch die Händler in Galata bewirten«, versprachen sie.

»Galata?«, fragte David überrascht. »Das ist doch Konstantinopel. Die Kaiserstadt!«

»Ist doch egal«, entgegnete Kunz. »Hauptsache, wir können uns den Bauch füllen.«

»Je schneller wir auf die Heiden treffen, desto besser. Die Männer brennen darauf, sich mit dem Blut der Heiden von ihren Sünden reinzuwaschen und die Feinde Gottes zu vernichten!«, warf ein bullig wirkender Mann ein, den Schwert und Kettenhemd zumindest als einen erfahrenen Krieger auswiesen.

Tatsächlich schlug die Vorhut zu Davids großer Enttäuschung nicht den Weg auf das neue Rom ein, sondern weiter nach Norden in Richtung der sehr viel bescheideneren Händlerstadt.

Auria

Galata, 5. August 1096

Sie kommen!« Laura stürmte aufgeregt in das geräumige Zimmer, das Pantaleone seiner jungen Schutzbefohlenen im Obergeschoss des Anwesens überlassen hatte.

»Wer kommt?«, fragte Auria aus einem der Heiligenleben aufschreckend, das Vater Johannes aus dem Griechischen übersetzt hatte. Die Langeweile war fürchterlich und Auria konnte inzwischen gut verstehen, wie sich Bischof Bernard und Alfanus gefühlt haben mochten, als sie hier als Geisel festgehalten wurden. Pantaleone ließ seine junge Schutzbefohlene kaum aus dem Haus, und wenn doch, dann nur in Begleitung ihrer Zofe und eines alten Knechts. Auch ihr Onkel Giuseppe war nicht mit der »Hagia Ana« gesegelt, wie Pantaleone gehofft hatte. So war Auria schließlich darauf verfallen, die ebenso frommen wie trockenen Schriften zu studieren.

»Die Kreuzfahrer!«, rief die ältere Frau.

»Die Kreuzfahrer?«, fragte Auria verständnislos. »Wer soll denn das sein?«

»Wir haben doch bereits in Amalfi gehört, dass der Papst die Christenheit aufgerufen hat, das Heilige Land zu befreien. Und nun ziehen die Franken nach Jerusalem.«

Auria starrte sie einen Augenblick mit offenem Mund an. »Wir sind in Konstantinopel«, bemerkte sie schließlich.

»Ja, aber sie müssen hier über das Meer«, erklärte Laura geduldig.

Auria überlegte. Ein fremdes Heer wollte nach Jerusalem? Was bedeute das für sie? Wenn Krieg herrschte, könnte sie doch sicher nicht dorthin? Dann hätte sie vielleicht die Gelegenheit, nach Amalfi heimzukehren? Oder gar in Konstantinopel zu bleiben? Irgendwann musste es ihr doch gelingen, dieses Haus zu verlassen. »Und jetzt kommen diese Franken hier nach Konstantinopel?«, vergewisserte sie sich.

»Ja, so heißt es. Sie sollen in Ungarn fürchterlich gewütet haben. Oh Auria, ich habe solche Angst!«

»Was sagt denn Pantaleone dazu?«

»Ich habe keine Ahnung, ich habe die Neuigkeit von Theofila in der Küche gehört.« Auria nicke. Die griechischen Bediensteten brachten immer die neuesten Gerüchte aus der Stadt.

Doch tatsächlich stellte sich wenig später der Hausherr selbst ein. »Entschuldigt die unangekündigte Störung«, begann er.

»Mir sind alle Störungen willkommen«, versetzte Auria und fing sich einen Knuff ihrer Zofe ein.

Doch Pantaleone ging diesmal gar nicht auf die freche Bemerkung ein. »Der Kaiser hat beschlossen, die Kreuzfahrer nicht nach Konstantinopel hereinzulassen.« Er holte Luft.

Dann geht es ihnen ja nicht viel besser als mir, dachte Auria schmollend, behielt ihre Gedanken aber diesmal für sich.

»Wir Händler sollen dafür sorgen, dass sie so schnell wie möglich nach Asia minor gelangen. Und ich als Hypatos soll es organisieren.« Er seufzte tief. »Es ist eine Horde von Bauern und entlaufenen Knechten, wie ich gehört habe. Ich muss euch daher bitten, euch ruhig zu verhalten und euch nicht an den Fenstern zu zeigen, bis die Horde hoffentlich glücklich übergesetzt ist. Da ich, wie die anderen Händler, mit meinem Schiff dabei helfen muss, die Fremden über den Bosporus zu bringen, kann ich nur wenige

Männer im Haus lassen. Ihr dürft daher auf gar keinen Fall einem Unbekannten die Tür öffnen.« Er deutete Aurias empörten Blick wohl falsch, denn er fügte eilig hinzu: »Aber wenn ihr alles so haltet, wie ich euch sage, dann besteht keine Gefahr!« Auria kochte innerlich. Das wurde ja immer besser. Nicht nur, dass die Franken verhindern würden, dass sie sich in Jerusalem um Kranke und Arme kümmern müsste, nein, wenn das Haus kaum bewacht war, gelang es ihr vielleicht, sich davonzuschleichen und endlich nach Konstantinopel zu gelangen?

David

Galata, 6. August 1096

Das ist das gelobte Land!«, jubelte Heinrich, als sich das Boot, in dem er sich gemeinsam mit Kunz und David befand, am gegenüberliegenden Ufer des Bosporus auf den kiesigen Strand lief. Sie waren nicht lange in dem Lager vor Galata geblieben, wo sich auch ein Zug Kreuzfahrer aus Italien mit ihnen zusammengeschlossen hatte. Auch Heinrich hatten sie hier wiedergefunden. Der Kaiser hatte wohl schnell erkannt, dass es nicht ratsam war, die wilde Horde vor seiner Hauptstadt lagern zu lassen. Die ersten Übergriffe hatten nicht lange auf sich warten lassen. Noch in der Nacht der Ankunft wurde ein Markt in der Vorstadt geplündert und mehrere Frauen belästigt. So hatte Alexios sich entschlossen, die unliebsamen Gäste so schnell wie möglich über den Bosporus bringen zu lassen. David blickte verdrossen den leeren Strand entlang. In einiger Entfernung lag ein kleineres Dorf. Der kleinen Kirche nach zu urteilen, handelte es sich um ein griechisches Dorf. Aber er zweifelte inzwischen nicht mehr daran, dass sie keinen Schutz für die armen Bewohner darstellte. Tatsächlich brannte die Kirche lichterloh, als der Haufen sich wenige Stunden später entlang der Küste des türkisblauen Meeres nach Osten in Bewegung setzte.

»Wohin ziehen wir?«, fragte David und blickte über die schmale Bucht des Marmarameeres auf das grüne Südufer. »Haben wir vom Kaiser Führer erhalten?«

Kunz zuckte die Achseln. »Keine Ahnung. Aber Peter ist vorne, der weiß hoffentlich Bescheid«, antwortete Heinrich verdrossen.

»Pah«, machte ein stämmiger Mann, der mit ihnen lief. »Der hat doch keine Ahnung und keinen Mumm! Immer nur abwarten und palavern. So kommen wir nie nach Jerusalem!«

»Und vorher verhungern wir noch«, pflichtete ihm ein weiterer bei.

»Wir ziehen nach Nikomedia«, erklärte sich umwendend ein Mann, den seine Rüstung als einen einfachen Ritter vom Lande auswies.

»Gibt es dort was zu essen?«, fragte Kunz hoffnungsvoll.

»Das nehmen wir uns!«, rief der stämmige Mann, der angefangen hatte, über Peter zu schimpfen.

Vor Einbruch der Dämmerung erreichten sie schließlich die Mauern von Nikomedia. »Verrat!«, rief der Stämmige aufgebracht. »Die Stadt ist ja verlassen.« Tatsächlich zeigten sich hinter den zerbröckelnden Mauern nur rauchgeschwärzte Ruinen.

»Der Welsche hat uns in die Irre geführt!«, schrie der stämmige Aufrührer, ein entlaufener Knecht aus dem Rheinland, wie David inzwischen wusste. »Die Stadt wurde bereits geplündert. Hier gibt es nichts für uns zu holen!«

Die Stimmung heizte sich zunehmend auf. David beobachtete, dass sich die Menge in zwei Lager spaltete. Auf der einen Seite die neu hinzugekommenen Italiener, zu denen auch die Deutschen neigten, mit denen er selbst marschiert war. Auf der anderen Seite die Westfranken, die die weitaus größere Gruppe stellten.

»Wollt ihr euch von diesem Peter ins Unglück führen lassen? Habt ihr nicht schon genug von Beograd? Wer hat uns denn dort ins Verderben geführt?«

»Lass es uns wie die Italiener machen. Wir wählen unseren eigenen Fürer!«, ertönte es aus der Menge.

»Rainald ist unser Mann!«

»Hoch der Italiener!« Über diese Streitereien verging der Abend. David und seine Gruppe suchten sich eine der verkohlten Ruinen aus, deren Mauern aber einen gewissen Schutz gegen die Witterung versprachen. Noch hatten sie etwas Proviant, den die barmherzigen Händler von Galata verteilt hatten. Am nächsten Morgen zogen die Deutschen und Italiener unter ihrem neuen Führer Rainald dennoch zusammen mit den Westfranken weiter. Sie gingen um die Spitze des Golfes von Nikomedia und folgten der Küstenlinie nun wieder nach Westen. Nach wenigen Stunden erreichten sie eine kleine Stadt. Am Strand neben der Einmündung eines kleinen Flusses erhob sich ein wuchtiger Steinturm. Die oberen Stockwerke kragten, auf Balken gestützt, weit über.

»Was ist das für eine Burg?«, fragte Kunz. Doch bevor ihm jemand antworten konnte, öffneten sich die Tore des Lagers zu Füßen des Turms. Allerdings waren es keine regulären Peltasten, also die leicht bewaffneten Fußsoldaten der Griechen, oder Turkopolen, die den Kreuzfahrern entgegentraten.

»Sind das vielleicht die Türken?«, raunte Kunz David erschrocken ins Ohr. Doch der schüttelte den Kopf. »So habe ich mir die nie vorgestellt!« Ein großer blonder Hüne in einem schweren Kettenhemd trat ihnen an der Spitze einer Gruppe ähnlich gerüsteter Männer entgegen. Sofort erhob sich ein Raunen, die Vorsichtigeren unter den Kreuzfahrern drängten nach hinten, während die mutigeren standhalten wollten. Doch da hob der Hüne die Hände, um seine friedlichen Absichten zu zeigen. Seine Stimme übertönte die Unruhe mühelos.

»Mein Name ist Edgar Ætheling!«, rief er. »Ich bin der Anführer der Angelsachsen in der Warägergarde des Imperators. Wir haben Anweisung, euch das Lager Cibotus zu überlassen.« Sofort wurde es wieder laut. Doch Edgar hob nochmals die Hände. »Wir kehren nach Konstantinopel zurück. Und ihr tätet gut daran, hier hübsch die Füße stillzuhalten, bis eure Ritter ankommen. Die Türken sind zähe Krieger, mit denen solltet ihr euch nicht alleine anlegen!« Wütende Rufe übertönten alle weiteren Worte. Doch der Hüne zuckte nur die Achseln, wendete sich um und marschierte an der Spitze seiner Männer zu ihren Booten, die am Strand warteten.

Auria

Galata, August 1096

Den Tag über herrschte in dem sonst vor Geschäftigkeit schwirrenden Viertel der Amalfitaner eine geradezu gespenstische Ruhe. Entgegen Aurias Hoffnungen wäre es noch schwieriger gewesen, durch die wohlgehütete Tür in die Freiheit zu gelangen, als an anderen Tagen, wo Warenträger oder Händler in dem Haus der Pantaleones ein- und ausgingen. Doch die Gelegenheit, das prächtige, aber beengende Haus zu verlassen, ergab sich unversehens. Als Pantaleone am Abend zurückkehrte, sah man ihm die Erschöpfung an.

»Es ist ein großes Elend. Viele der Franken sind verletzt oder sehr erschöpft und haben es kaum bis hierher geschafft. Aber Alexios Komnenos lässt sie nicht in die Stadt, und so sind ihnen auch das Xenodochium oder die kleineren Nosokomien verschlossen. Um Gottes Willen und zur Ehre unseres Schutzpatrons St. Andreas haben wir Amalfitaner daher beschlossen, sie in das Infirmarium unseres Kontors aufzunehmen. Wir sind ja nicht so hartherzig wie die Venezianer.« Unvermittelt fixierte sein kühler Kaufmannsblick Auria. »Ich denke, du solltest zu den frommen Brüdern gehen und ihnen bei ihrer Arbeit helfen. Da kannst du bereits die ersten Dinge lernen, die dir später in Jerusalem von Nutzen sein mögen.«

Auria schluckte. Sie sollte stinkende und siechende Menschen pflegen? Dass es harte Arbeit sein würde, konnte sie sich denken. Die Benediktiner waren es gewohnt, sich bei Sonnenaufgang zur Laudes zu erheben und bis zum letzten Stundengebet, der Komplet, auszuharren. Dann wurde die kurze Nacht dazwischen noch von der Vigil unterbrochen. Auria kannte diese Regeln von den Mönchen aus Montecassino, die sich häufig in Amalfi aufhielten. Sie schauderte innerlich bei dem Gedanken, dass man so etwas auch von ihr fordern könnte. Andererseits, fiel ihr ein, wäre es endlich eine Gelegenheit, der Eintönigkeit ihres Gefängnisses zu entrinnen. Sie überlegte kurz, dann schlug sie bescheiden die Augen nieder. »Wenn es dein Wunsch ist, bin ich natürlich bereit«, bestätigte sie.

Pantaleone sah sie einen Augenblick kritisch an. Anscheinend hatte er mit härterem Widerstand gerechnet. Dann zuckte er die Schultern. »Sehr schön. Du machst deinem Vater alle Ehre. Ich werde dich morgen selbst zum Infirmarium bringen.«

Noch am Abend machte sich Auria über ihre Kleidertruhe her. Sie benötigte etwas Auffälliges, was das Interesse der Männer weckte, aber doch unter einem einfachen Umhang verborgen werden könnte. Die Mönche hätten für schicke oder gar herausfordernde Kleider sicherlich kein Verständnis, aber vielleicht gelang es ihr, sich aus dem Infirmarium zu schleichen, dann musste sie passend gekleidet sein für das goldene Konstantinopel. Schließlich entschied sie sich für ein eng anliegendes Kleid aus feinem mit Waid gefärbtem Leinen. Das dunkelblaue Gewand brachte ihre goldenen Haare vorteilhaft zur Geltung und ließ auch genug von ihren weiblichen Rundungen sehen. Darüber würde sie ihren einfachen rostbraunen Umhang tragen.

So fand Pantaleone sie am nächsten Morgen bereits vollständig angekleidet und vorbereitet. »Ich sehe, du bist schon eifrig bereit für deinen Dienst«, lobte er, immer noch erstaunt von der Fügsamkeit seiner Schutzbefohlenen.

»Jedenfalls bin ich heute früher aufgestanden als Laura«, bemerkte sie mit leichter Schadenfreude. Ihre Leibmagd und Aufpasserin sah noch ziemlich zerknautscht und müde aus. Selbstverständlich würde auch sie im Kloster helfen müssen.

Es war bereits warm, als sie auf die Straße traten, und Auria zweifelt zum ersten Mal daran, ob es eine gute Idee gewesen war, sich mit Kleid und Umhang zu versehen. Pantaleone schritt derweil, von ihren Zweifeln nichts ahnend, rasch voran. Das Infirmarium befand sich direkt neben der gleichnamigen Kirche Sant'Andrea. Als Infirmarium war es, anders als ein Hospitium pauperi, der Pflege der kranken Mönche vorbehalten und nicht gedacht, Fremde zu beherbergen. Bei Bedarf wurden auch Amalfitaner Kaufleute und ihre im Kontor lebenden Angehörigen aufgenommen. Schließlich lebte der kleine Konvent von den Spenden der Händler. Doch nun hatten die Amalfitaner beschlossen, auch verwundete Kreuzfahrer aufzunehmen, und natürlich waren die Brüder von Santa Andrea mit dem Strom von Elend überfordert. »Es ist ein gottgefälliges Werk, den Verwundeten aus dem Heer des Herrn zu helfen«, erklärte Pantaleone noch einmal ernst, bevor er an die dunkle Holztür des Konvents klopfte.

Auria

Galata, August 1096

Die Arbeit im Infirmarium war noch härter, als Auria gedacht hatte. Die Kranken und Verwundeten lagen in einem großen Saal jeweils zu dritt oder zu viert in einem Bett und trotzdem brachten die Gesellen der Händler stets neue Hilfsbedürftige. Auria half dabei, rasch gezimmerte Behelfsbetten mit weißen Laken zu beziehen, den Fiebernden feuchte Tücher zur Kühlung aufzulegen und Wasser und Brot zu verteilen. Vor lauter Arbeit kam sie gar nicht dazu, sich vor den schwitzenden, oft wunden Menschen zu ekeln. Der Gestank verteilte sich zum Glück etwas in dem hohen weiten Raum mit den großen Fenstern und war nicht überall so penetrant.

»Das ist wegen der schlechten Miasmen. Schlechte Luft macht die Menschen krank«, erklärte ihr ein graubärtiger Mann, während er in einem bauchigen Glas den Urin eines Kranken prüfte. Offensichtlich der Arzt des Klosters. Er schnupperte an dem Urin. »Ein fauliger Geruch. Das kommt von zu viel Hitze im Körper. Wir werden ihn zur Ader lassen.«

Rasch wandte sich Auria wieder ihrer Arbeit zu. Blutlassen wollte sie sich nicht gleich am ersten Tage zumuten. Allein bei dem Gedanken wurde ihr schummrig. Aber sie hatte auch den ganzen Morgen ohne Unterbrechung gearbeitet. Einer der Brüder, dessen Kutte ihn als Benediktiner-Pater auswies, hielt in seiner Arbeit inne und blickte sie prüfend an. Dann räusperte er sich. »Du musst auch selbst etwas essen«, mahnte er. »Komm, ich bringe dich in den Speiseraum, den wir für unsere Helfer eingerichtet haben.«

Natürlich, fuhr es Auria durch den Kopf. In das Refektorium der Mönche würde man Laien oder gar eine Frau ganz bestimmt nicht einlassen. Der Speisesaal war provisorisch in einem Lagerhaus eingerichtet. An drei Tischen standen lange Bänke. An einigen saßen Männer und Frauen, die sie teilweise bereits im Infirmarium gesehen hatte. Im hinteren Teil stand eine Frau und schöpfte den Arbeitern eine Suppe aus einem großen Kessel. Auria holte sich ihre Schüssel ab und setzte sich an einen gerade leeren Tisch. Jetzt erst merkte sie, wie hungrig sie war. Gierig trank sie den ersten Schluck Suppe. Eine Gemüsebrühe, die zwar nicht besonders gehaltvoll, aber wenigstens mit Essig und Salz gut gewürzt war. Dazu hatte sie ein graues Brot erhalten – hart, aber durch Tunken in die Brühe wurde es genießbar.

»Du erlaubst, dass ich mich setze?«, ließ eine Männerstimme sie aufschrecken. Auria hatte sich so auf ihr Essen konzentriert, dass sie gar nicht bemerkt hatte, wie der Fremde herantrat. Sie hustete. »Bitte«, antwortete sie dann und wies auf die freie Bank gegenüber.

Der Mann war jung. Dennoch wies ihn seine gute Kleidung eher als Kaufmann, denn als Knecht oder Gesellen aus. Sein Kinn war glatt rasiert, was eher eine Seltenheit darstellte. Das schwarze Haar trug er halblang und auch sein Teint war dunkler als Aurias. Zusammen mit der geraden römischen Nase konnte er kein Langobarde sein. Eher ein Grieche. Oder ein Römer, verbesserte sie sich, denn sein Latein klang zwar etwas fremdartig, aber nicht wie eine Fremdsprache.

»Ich habe euch noch nicht gesehen«, sprach sie ihn keck an. Er war ein schöner Mann. Nur etwas ernst.

»Das wundert mich nicht. Ich habe nur gerade einen Verwundeten gebracht und der gute Pater lud mich ein, mich zu stärken, bevor ich zu den Booten zurückkehre.«

»Du bist ein Kaufmann?«, fragte sie neugierig.

»Ganz recht. Allerdings kein Amalfitaner.«

Sie machte große runde Augen. »Also ein Grieche?«

»Nein«, er lachte. »Venezianer.«

»So kommst du aus dem anderen Kontor«, stellte sie fest.

»Aber«, fügte er nun mit einem entwaffnenden Lächeln hinzu, »wenn ich geahnt hätte, dass die Amalfitaner eine so bezaubernde junge Dame wie dich in diesem Konvent verbergen, dann hätte mich auch die Mauer zwischen den Kontoren niemals davon abhalten können, Dir meine Aufwartung zu machen!« Sie spürte die Röte warm in ihre Wangen steigen und senkte verlegen den Blick. Doch als sie scheu wieder aufsah, waren seine Augen noch immer auf sie gerichtet und ihre Blicke trafen sich einen Moment. Schnell wandte sie sich ab.

»Du solltest nicht so reden«, schalt sie ihn, aber er wurde wieder ernst.

»An einem heiligen Ort wie diesem Kloster muss ich die Wahrheit sprechen.« Er räusperte sich und blickte sich um. »Ich muss nun wieder gehen, nach den Fährbooten sehen.«

»Ihr fahrt die Franken hinüber zu den Türken?«, fragte Auria mit hochgezogenen Augenbrauen. »Und dort sollen sie dann alleine gegen die Ungläubigen kämpfen?« Doch er überhörte die Spitze.

»Ja«, bestätigte er. »Der Kampf geht uns Händler nichts an. Zum Glück haben die Seldschuken keine Flotte mehr. Die haben die Kaiserlichen vor zehn Jahren verbrannt, als sie aus dem Ascaniossee ins Marmarameer wollten. Aber ich muss nun wirklich fort. Ich hoffe aber, dich wiederzusehen?«

»Du findest mich hier bei der Arbeit oder im Hause des Hypatos Pantaleone.«

»Wer war denn das?«, fragte Laura streng. Auch sie hatte den Vormittag im Hospital Dienst getan, es aber verstanden, gleich von der Krankenstube zum Wäschewaschen zu verschwinden. Doch offenbar wurde nun auch dort eine Pause gemacht.

»Ein venezianischer Kaufmann«, erwiderte Auria und versuchte, ihrer Stimme einen gelangweilten Klang zu geben.

»Ein Venezianer? Hier? Du liebe Güte.« Sie schlug die Hände zusammen. »Sprich nicht mit solchen, Kind«, forderte sie dann streng.

Auria rollte die Augen. »Ich bin fast erwachsen und eine Kaufmannstochter. Wieso sollte ich dann nicht mit einem Kaufmann sprechen?« Um sich vor weiteren Fragen zu retten, stand Auria auf. »Ich werde wieder in der Krankenstube erwartet.« Und tatsächlich gab es dort genügend zu tun. Ein Kranker hatte sich übergeben und seine Bettnachbarn gleich mit besudelt.

»Zu viel gutes Essen nach langer Fastenzeit«, kommentierte der dienende Bruder am Bett. »Wasche sie und schau, ob du ein neues Bettlaken bekommen kannst«, wies er Auria an, ohne sich um ihren angeekelten Gesichtsausdruck zu bekümmern. Diese Franken stanken schlimmer als die Gossen von Amalfi am Ende des Sommers.

»Und wie war der Tag im Infirmarium?«, begrüßte der Hausherr die beiden Frauen, als sie am Abend erschöpft zum Anwesen der Pantaleones kamen. Laura war zu müde, um irgendetwas zu antworten, und warf ihrem Gastgeber lediglich einen finsteren Blick zu. Auch Auria fielen fast die Augen zu, aber der Tag hatte zumindest etwas Abwechslung gebracht. Und dann war da noch die Begegnung mit dem Venezianer, von dem sie allerdings nicht einmal den Namen wusste. Dennoch blickte sie Pantaleone freundlich an. »Es ist eine harte Arbeit, aber Gott wohlgefällig.« Er runzelte die Stirn, aber nickte dann ernst. Offensichtlich erstaunte ihn Aurias Verhalten immer noch.

Doch der nächste Tag wurde nicht weniger anstrengend und so sehr Auria auch zur Kantine hinüberschielte, den hübschen Venezianer bekam sie nicht zu Gesicht. Dementsprechend schlecht war ihre Laune am Abend.

»Es wird nicht mehr lange dauern«, versuchte Pantaleone, sie aufzumuntern. »Bis auf ein paar Nachzügler haben wir alle ans andere Ufer gebracht. Ihr werdet also im Infirmarium kaum noch Neuzugänge bekommen.«

»Und was wird aus den Franken, die hier bei uns liegen? Ich meine, wenn sie wieder gesunden?«

»Ich habe gehört, dass sich im Frankenland ein richtiges Heer sammelt. Von Rittern und erfahrenen Kriegsleuten. Dem mögen sie sich anschließen, wenn es im nächsten Jahr tatsächlich aufbricht. Man sagt auch, der Kaiser soll diesen einfachen Leuten, ihr Anführer ist übrigens ein Mönch namens Peter, geraten haben, auf das Ritterheer zu warten. Aber ich bin nicht sicher, ob das der Wahrheit entspricht. Mir schien, Alexios wollte die Horde nur so schnell wie möglich vom Hals haben. Ich hoffe wir haben sie nur über den Bosporus, nicht gleich über den Styx gerudert.«

Doch am folgenden Morgen kamen nochmals einige Kreuzfahrer. Sie wurden getragen und die meisten litten unter schlecht verheilten Verletzungen, ungerichteten Knochenbrüchen und eiternden Schnittwunden.

»Die haben sie vor Beograd erhalten«, erklärte einer der Träger, seinem Dialekt nach auch ein Venezianer. Auria fuhr herum und musterte den Mann. Nein, es war nicht der Fremde. Enttäuscht zog sich ihre Brust zusammen. Doch da kam eine weitere Trage herein. Und Auria hätte jubeln können, der hintere der Träger war der Erwartete!

Sie ließ den Bruder, dem sie gerade bei der Versorgung einer schwärenden Hiebwunde an der Hüfte geholfen hatte, einfach stehen und lief zum Eingang. Der Venezianer erkannte sie und grinste breit. Auria fühlte sich bis zur Haarwurzel erröten. »Ich«, stammelte sie, fing sich aber rasch. »Was bringt ihr da?«

»Noch einen armen Sünder. Er hat eine Stichwunde in den Rücken erhalten und kann die Beine nicht mehr bewegen.« Erschüttert blickte Auria auf die unnatürlich schlaff daliegenden Beine. Doch der Mann war ohnehin nicht ganz bei sich. Er murmelte im Fieberwahn unverständliche Laute und beachtete sie gar nicht.

»Und der ist alleine von Beograd bis Konstantinopel gekommen?«, fragte sie, um etwas zu sagen. Sie konnte ihn schließlich nicht einfach nach seinem Namen fragen.

»Seine Kameraden haben ihn bis Sofia getragen, dann haben ihn die Kaiserlichen auf ein Maultier geladen«, erklärte der Fremde. »Ich heiße übrigens Tristano. Wie ist dein werter Name?«

Ihr Herz tat einen Sprung. Er interessierte sich tatsächlich für sie! »Auria«, entgegnete sie.

»Kann ich dich auch einmal außerhalb des Klosters treffen?«, fragte er geradeheraus. Sie blickte ihn unschlüssig an. »Pantaleone, also mein Beschützer hier, lässt mich nicht aus dem Haus«, gestand sie schließlich, obwohl es ihr peinlich war.

Tristano lachte. »Das kann ich mir vorstellen. So eine Schönheit wie dich würde ich auch lieber für mich behalten.« Doch dann wurde er ernst. »Heißt das, du warst überhaupt noch nicht außerhalb des Kontors? Noch nie in Konstantinopel auf der anderen Seite des Goldenen Horns?« Sie schüttelte traurig den Kopf. Rasch sah er sich um, dann beugte er sich vor und senkte die Stimme zu einem Flüstern. »Übermorgen Abend eine Stunde nach Sonnenuntergang schleich dich aus dem Haus. Ich zeige dir Konstantinopel!« Auria wurde ganz schwindelig und Tristano wandte sich, als sei nichts gewesen an den nächsten Mönch. »Vater, ich glaube, der hier schafft es nicht mehr lange. Das Einzige, was für ihn noch getan werden kann, ist euer heiliges Öl.«

Auria

Galata, August 1096

Zwei Tage hatte Auria gegrübelt, wie sie unbemerkt das Haus des Pantaleone verlassen könnte. Einmal fort, würde ihre Abwesenheit bis zum Morgen nicht auffallen, doch das unbemerkte Hinaus-und Hineinkommen war nicht einfach. Die Tür wurde bei Sonnenuntergang fest verriegelt und einer der Diener schlief direkt nebenan in einem kleinen Verschlag. Er würde sicherlich hören, wenn sie sich an dem rostigen Riegel zu schaffen machte. Doch schließlich kam ihr ein Gedanke. Wenn sie etwas Öl über den Riegel goss? Vielleicht würde es dann gehen? Jedenfalls wollte sie die Gelegenheit, sich von Tristano Konstantinopel zeigen zu lassen, nicht verstreichen lassen, komme was da wolle. Schon beim Morgenmahl gelang es ihr, eine kleine Schale mit Olivenöl zu befüllen und unter ihrem Gewand in ihre Kammer zu schmuggeln.

Im Infirmarium schien die Zeit stehen zu bleiben. Endlich durften sie nach einem arbeitsreichen Tag heimgehen.

Auch das Abendessen im Hause Pantaleone zog sich in die Länge. Der Hausherr war guter Dinge. Die Kreuzfahrer waren nun allesamt auf die asiatische Seite des Bosporus übergesetzt und damit war sowohl die ungeliebte Aufgabe erledigt als auch die Gefahr, die von den stets marodierenden Franken ausging, gebannt. Er trank mehr Wein als üblich und zur Feier des Tages bekamen auch die Hausgenossen von dem schweren roten Tropfen. »Den hat dein Onkel und seine Brüder auf dem heiligen Berge geerntet.« Pantaleone prostete Auria zu.

Sie nickte höflich. »Ich gehe lieber schlafen. Die Arbeit im Infirmarium hat mich sehr ermüdet«, entschuldigte sie sich. In ihrem Gemach legte sie sich in ihrem guten blauen Kleid ins Bett und zog die Decke hoch. Ihr Herz begann, schneller zu schlagen. Nun würde es nicht mehr lange dauern! Allmählich wurde es still im Haus. Wie spät mochte es sein? Die Sonne war bereits im Westen verschwunden und eine angenehme Kühle breitete sich aus. Vorsichtig richtete sich Auria auf. Ein Geräusch aus den Tiefen des Hauses ließ sie zusammenfahren. Mit angehaltenem Atem lauschte sie. Doch schon herrschte wieder Stille. Vorsichtig erhob sie sich und trat an das Fenster. Auf der Straße war alles ruhig und dunkel. Schon wieder schrak sie zusammen, als etwas über die Straße huschte. Doch es war nur eine der vielen streunenden Katzen. Langsam, jeden Schritt setzte sie sorgfältig, ging sie zu dem kleinen Tisch, auf den sie das Schälchen mit dem Öl gestellt hatte. Sie tastete nach der Tonschale, um sie nicht versehentlich umzuwerfen. Da war sie. Nun ging es weiter zu Tür. Die schloss ohne Quietschen oder Knarren. Die Treppe auf dem Hof draußen war eher ein Problem. Einige der Stufen knarrten fürchterlich. Aber Auria hatte in den letzten Monaten genügend Zeit gehabt, sich einzuprägen, auf welche der Stufen sie treten durfte und welche nicht. Nummer zwei, fünf, sechs und zehn waren zu vermeiden. Sie schaffte es fast lautlos bis in den Hof hinunter. Vom Mond stand nur eine schmale Sichel am Himmel. Das kam ihr entgegen. Vorsichtig schlich sie sich an der Außenmauer entlang bis zur großen Tür. Wieder hielt sie atemlos inne und lauschte. Dann befühlte sie sie die alten Angeln. Vorsichtig goss sie etwas Olivenöl über jede. Dann verteilte sie den Rest über dem Riegel. Erst jetzt fiel ihr ein, dass man die Ölspuren am nächsten Tag bemerken müsste. Sollte sie die ganze Sache abbrechen und sich ins Bett legen? Fast wäre sie umgedreht, doch dann fiel ihr ein, dass man auch wenn sie von ihrer Unternehmung absah, am nächsten Tag das Öl bemerkt würde. Es gab kein Zurück mahr. Langsam, mit klofpendem Herzen, zog sie den Riegel zurück. Es ging besser als gedacht. Und im Nu war die Tür so weit geöffnet, dass sie sich hinaus drücken konnte. Vorsichtig zog sie die schwere Tür hinter sich zu. Bebend stand sie im Schatten des Hauseingangs. Sollte sie nicht besser doch umkehren? Doch da löste sich etwas aus dem Dunkel vor der Hauswand gegenüber.

»Auria«, flüsterte eine Stimme.

»Tristano!« Er umarmte sie stürmisch. Ihr stockte der Atem – noch nie hatte sie ein Fremder umarmt. Aber vielleicht war das in Venedig so Sitte. Sie schob den Gedanken beiseite.

»Komm mit zum Hafen«, flüsterte er und ergriff ihre Hand. Mit flauen Knien folgte sie ihm. Seine Hand war hart und groß. Sie gab ihr etwas von ihrer Sicherheit zurück. Schon erreichten sie das Hafentor des Kontors. Zu Aurias Erstaunen stand es bereits einen Spalt breit offen.

»Wie?«, fragte sie.

»Auch Wächter verdienen sich gerne ein paar Münzen dazu«, flüsterte er. »Aber jetzt komm.« Er zog sie durch den Spalt des Tores. Und Auria erstarrte. Vor ihr glitzerten Hunderte, nein Tausende von Lichtern über und in der großen Stadt. Das Licht wurde noch vielfach von dem stillen Wasser des Goldenen Horns zu ihren Füßen reflektiert. Ein wundervoller Anblick. Sie drückte Tristanos Hand, was er offenbar als Ermutigung verstand. Er nahm sie in den

Arm und schien zu überlegen, ob er sie küssen sollte. Auria spannte sich an und er entschied sich, sie es vorerst bei dieser weniger verbindlichen Nähe zu belassen. Sie war erleichtert. Andererseits hätte sie sich genau das gewünscht. Ihre Gefühle trieben sie hin und her.

»Hier ist das Boot«, flüsterte er in ihr Ohr. »Das bringt uns in die Stadt.« Tatsächlich wartete ein Mietboot im Schatten der Kaimauer. Tristano stieg voran und half ihr einzusteigen. Auria wusste selbst gut mit Booten umzugehen, aber diesmal ließ sie es sich gerne gefallen. Wieder hielt er ihre Hand länger als notwendig. Dann saßen sie auf der schmalen Bank im Heck und der Bootsführer stieß vom Ufer ab. Tristano wechselte ein paar Worte mit dem Mann auf Griechisch. Auria war stolz, dass sie alles gut verstand. Wie Venedig unterhielt auch Amalfi enge Verbindungen nach Konstantinopel und die meisten Händler sprachen ebenso gut Griechisch wie Latein. Das Funkeln der Lichter verstärkte sich, als sie der Stadt näher kamen. Auria legte ihren Kopf auf Tristanos Schulter. Doch schon erreichten sie das andere Ufer. »Ich kenne ein Haus, in dem wir das beste Essen der Stadt bekommen. Und Trinken!«, prahlte Tristano. »Es ist gar nicht weit vom Hafen. Komm, lass uns die Sorgen von morgen vergessen!«

Auria

Konstantinopel, August 1096

Auch auf der Südseite des Goldenen Horns stand ihnen eine kleine Pforte in einem der Hafentore offen. Tristano ließ dem Wächter einige Münzen in die offene Hand klimpern. Innen waren die Straßen trotz der späten Stunde noch belebt. Männer, die ihren Trachten nach zu urteilen aus aller Herren Ländern stammten, drängten sich um einige junge Frauen in grellen und oft aufreizenden Kleidern. Hafendirnen. Davon gab es in Amalfi vielleicht eine Handvoll, aber hier waren es Hunderte. Oder trug man in Konstantinopel solche Kleidung? Verschämt rückte Auria an ihrem Kleid herum.

»Dort ist es«, rief da Tristano und zeigte auf ein hell erleuchtetes Haus. »Das ist das Haus von Mutter Helena. Hier können wir einkehren.« Sie drückten sich durch die niedrige Tür in einen bereits überfüllten Schankraum. »Warte einen Augenblick«, forderte Tristano seine junge Begleiterin auf. Er drängte sich zur Theke durch und wechselte einige Worte mit dem Mann dahinter. Der zeigte nach hinten, wo eine schmale Treppe in den höheren Teil des Hauses führte. Schon war Tristano zurück. »Ich habe ein eigenes Zimmer für uns zum Essen bekommen. Hier unten ist es einfach zu voll.«

Er zog sie durch die Menge an Leuten zu der Treppe. Oben angekommen, wandte er sich in einem schmalen Gang nach links. Von dem Gang gingen in lateinischen Zahlen nummerierte Zimmer ab. Tristano stieß die Tür zu Nummer V auf. Hinter ihnen erschien eine junge Frau mit einer Kerze auf einem Ständer. Sie drückte sich wortlos an Auria vorbei und stellte die Kerze in dem Raum auf einen kleinen Tisch. Zwei Stühle standen daran und im hinteren Teil der schmalen Kammer ein Bett. Auria seufzte innerlich. Beim Anblick der Schlafstatt merkte sie, dass sie wirklich ziemlich müde war. Mühsam unterdrückte sie ein Gähnen. Tristano bestellte bei der jungen Frau mit der Kerze derweil irgendwelche Gerichte. Mit der Bestellung verließ die Griechin das Zimmer. Doch gleich darauf kam eine ältere Frau mit Bechern und einem Tonkrug.

»Tristano. Du wieder hier? Ich bringe euch schon einmal den Wein.« Sie stellte den Tonkrug mit den Bechern auf den Tisch. »Und du bist in Begleitung? So eine reizende junge Dame.« Sie griff ungeniert nach Aurias blonden Locken. Die fuhr erschrocken zurück. »Vor mir brauchst du keine Angst zu haben, Schätzchen. Ich bin Mutter Helena.« Die Frau war Auria trotz ihrer freundlichen Worte zutiefst unsympathisch, aber weil sie keine Kraft zum Streiten aufbringen konnte, ließ sie sie gewähren.

»So, dann erst einmal Salute«, rief Tristano, sobald die Alte das Zimmerchen verlassen hatte, und reichte Auria einen bis zum Rand mit schwerem roten Wein gefüllten Holzbecher. Wenig später kam das Essen – mehrere Schüsseln voll mit Weinblättern, die mit Hackfleisch und Knoblauch gefüllt waren, gebratenen Pastinaken, dünnen Brotfladen, die dem Gefühl nach schon einen Morgen erlebt hatten, und andere Dinge. Auria griff beherzt zu, denn sie wusste, Wein auf nüchternen Magen war keine gute Idee. Tristano erzählte derweil von Venedig, seiner Heimatstadt in einer Lagune ganz im obersten Winkel des Mare superior. Wie zufällig rückte er dabei immer näher an Auria heran. Auf einmal legte er einen Arm um sie und griff mit der anderen in den Ausschnitt ihres Kleides. Auria stieß einen Schrei aus und sprang auf. Da er seine Hand nicht von ihr zurückzog, zerriss das Kleid darüber und entblößte ihre Brust. Tristano fuhr sich mit der Zunge über die Lippen. »Komm schon. Du willst es doch auch. Sonst wärst du doch nie hierhergekommen! Und außerdem findest du von hier sowieso nicht alleine zurück.«

Sie schnappte nach Luft. An was für ein Scheusal war sie da geraten! Er drohte ihr, sie alleine hierzulassen, wenn, wenn …? Nein, das konnte sie nicht einmal denken. Sie riss die Tür auf und lief aufheulend in den Gang hinaus. Doch bevor sie die Treppe erreichte, stand da Mutter Helena. »Was ist denn passiert?«, fragte sie entgeistert.

»Ich, er, er will mich …«, stotterte Auria. Die Alte kniff die Augen zusammen. Dann hob sie beschwichtigend die Hand. »Komm erst einmal mit zu mir«, entschied sie und schob Auria auf die andere Gangseite und in ein geräumigeres Zimmer hinein. »So, nun setze dich erst einmal.« Sie drückte sie auf eine Wandbank nieder. »Dein Kleid ist zerrissen«, stellte Mutter Helena fest. Sie schüttelte den Kopf. »Was meinst du, was deine Familie denkt, wenn du so mitten in der Nacht heimkommst?« Sie blickte Auria ernst an. Deren Magen krampfte sich schmerzhaft zusammen. Ja, was würde Laura sagen? Und was erst der gestrenge Hausherr?

Ihr Ruf war zerstört! »Das heißt, wenn du es überhaupt schaffst, heil heimzukommen und nicht von einem Trunkenbold überfallen, vergewaltigt und ins Goldene Horn geworfen wirst«, fuhr die Alte schonungslos fort. Auria rang die Hände. Was sollte sie nur tun? Die Tränen stiegen ihr in die Augen.

»Sch«, beruhigte die ältere Frau sie. »Du bleibst heute Nacht erst einmal bei mir. Und dein Kleid werde ich dir nähen«, entschied sie.

David

Civitot am Dracon, August 1096

Die Westfranken sind bis Nicäa vorgestoßen! Die haben eine türkische Armee zurückgeschlagen!« Tatsächlich war ein Großteil der Westfranken am Vortag aus dem Lager, welches die Angelsachsen »Civitot« genannt hatten, aufgebrochen. Rasch liefen die zurückgebliebenen Deutschen und Italiener zusammen.

»Ausgerechnet unter diesem Feigling Peter?«, fragte jemand.

»Nein, ein gewisser Burel führt sie jetzt. Peter hat nichts mehr zu sagen. Er ist mit einem Boot nach Konstantinopel geflüchtet.« Allgemeines Gelächter beantwortete diese Nachricht. »Angeblich, um neue Vorräte zu besorgen! Aber die Westfranken haben sich lieber selbst versorgt. Sie haben große Beute gemacht.«

»Und was tun wir? Von den Almosen der Westfranken leben oder darauf warten, dass Peter der Einsiedler aus Konstantinopel zurückkehrt?« Wütendes Geheul antwortete ihm.

»Das lassen wir nicht auf uns sitzen, Männer«, rief Rainald. »Wir marschieren ins Landesinnere und vertreiben die Ungläubigen!«

Als sie Civitot verließen, waren es schließlich fast sechstausend Menschen, fast ausschließlich Italiener und Deutsche. Sie folgten der Route, die die Westfranken auf Nicäa zu genommen hatten.

Sie erreichten die Hauptstadt des Sultans Kilidsch Arslan nach drei Stunden Marsch. Doch die hohen Mauern zeigten auch dem Dümmsten unter ihnen, dass es hier kein Hereinkommen gab.

»Wir lassen uns von den Feiglingen hinter ihren Mauern nicht aufhalten«, schrie Rainald. »Wenn sie nicht kämpfen wollen, dann umgehen wir die Stadt. Mögen sich die Westfranken darum kümmern.«

»Die Mauren sollen hinter ihren Mauern schmoren, bis die schwarz werden wie Mohren!«, witzelte ein Mann. Die aufgestachelte Menge johlte über seine Dichtkunst.

»Wir marschieren weiter ins Landesinnere«, rief Rainald über den Lärm hinweg. Und so zog der Heerwurm weiter. Doch bald schon wurde das Murren der Männer lauter. »Wir wollen erobern und plündern, nicht endlos in der Sonne herummarschieren.«

»Wohin führt uns der Italiener?«

Kaum zwei Meilen hinter den Mauern von Nicäa hielt Rainald auf einer Bodenwelle an und blickte vor sich ins Tal. Keine Meile vor ihnen erhob sich ein Hügel und darauf eine Burg.

»Das scheint mir eher unsere Größe zu sein«, stellte Heinrich fest und strich sich über den Bart.

»Männer, das ist Xerigordos. Eine Feste der Türken, in der sie viele gute Christenmenschen gefangen halten und misshandeln. Zeigt ihnen, was ihr davon haltet!« rief Rainald, als der Großteil des ungeordneten Zuges zu ihm aufgeschlossen hatte. Die Anspannung und Unsicherheit der Männer entlud sich in einem schaurigen Kriegsgeheul und der Sturm brach los. Auch David wurde von der kriegswütigen Welle mitgetragen. Sie rannten die Bodenwelle hinab und den Hügel hinan. Die Seldschuken waren offensichtlich von dem plötzlichen Ansturm einer solchen Menge Volks vollkommen überrascht.

»Das Tor, ihr Narren«, schrie Rainald, der sich immer noch in der Nähe von David befand. »Nehmt das Tor ein!« Und tatsächlich erreichten die ersten Kreuzfahrer das noch offene Tor. Sie stürzten hinein. Die Torflügel setzten sich zitternd in Bewegung. Ein paar Pfeile pfiffen von der Mauerkrone herab in den vorstürmenden Haufen. Doch noch immer drangen Männer durch das erst halb geschlossene Tor. Da schwangen die Flügel unversehens wieder auf und auch David erreichte den Schatten des Torbogens. Vor ihm starrte die dunkle Öffnung, doch der Strom der Angreifer drückte ihn hinein, ohne Zeit zum Nachzudenken. Drinnen rannte und schrie alles durcheinander. Der Boden war von Blutlachen und Leichen übersät. David schwindelte. Wieder entlud sich die blinde Wut der Kreuzfahrer über allem und jedem. Keuchend blieb er im Schatten eines der Wirtschaftsgebäude stehen.

»Hier sind keine Christen«, rief ein Mann.

»Dann haben sie schon alle umgebracht«, schrie Rainald. »Rache, Rache für das Blut der Unschuldigen!«

Es dauerte eine ganze Weile, bis das Schreien und Wimmern in der Burg erstarb. Schließlich kehrten immer mehr Männer auf den offenen Hof zurück. »Die Burg ist gut mit Vorräten versehen«, berichtete ein verarmter Ritter, den David vage erkannte. »Sie haben sich auf eine Belagerung eingerichtet.«

»Dann bleiben wir hier«, entschied Rainald mit lauter Stimme. »Xerigordos wird unser Stützpunkt!« Und wahrhaftig hatte der Ritter nicht zu viel versprochen. An diesem Abend wurde selbst der immer hungrige Kunz satt.

Auria

Konstantinopel, August 1096

Am nächsten Morgen erwachte Auria mit bohrenden Kopfschmerzen. Es dauerte einen Augenblick, bis sie sich klar wurde, wo sie sich befand. Dann setzte die Erinnerung an den letzten Abend mit unbarmherziger Deutlichkeit wieder ein.

Sie war davongelaufen mit diesem fiesen Venezianer. Und nun befand sie sich im Hause von Mutter Helena im Hafen von Konstantinopel. Ihr kamen die Tränen. Was machte sie hier? Ohne Laura? Ja, selbst die alte Zofe vermisste sie. Doch da ging die Tür auf und Mutter Helena trat herein.

»Nun weine doch nicht. Hier, ich habe dein Kleid geflickt.« Mit diesen Worten hielt sie Auria ihr dunkelblaues Lieblingskleid hin. Ihr war schon wieder zum Heulen, doch mit Mühe hielt sie diesmal ihre Tränen zurück. »Du musst auf andere Gedanken kommen. Natürlich bist du traurig, weil du nicht mehr nach Hause zurückkannst. Aber ich sage dir, nach einem ordentlichen Frühstück sieht die Welt schon viel besser aus. Komm mit. Und danach kannst du dich sogar nützlich machen und Daphne in den Kaiserpalast begleiten. Sie muss einige Besorgungen machen. Da warst du doch noch nicht?« Auria schüttelte den Kopf. Ihre Trauer und Angst rangen mit der Neugier. »In den Kaiserpalast?«, fragte sie schließlich leise.

Mutter Helena lachte. »Der wird dir gefallen. Da wirst du mal etwas Neues erleben.«

Das Frühstück bestand im Wesentlichen aus altem Brot, aber es gab auch Honig und etwas Obst. Es stellte sich heraus, dass Daphne eben jene junge Frau war, die am Vorabend Tristanos Bestellung aufgenommen hatte. Sie war hübsch, hatte aber einen für das noch junge Gesicht viel zu harten, abweisenden Blick. Auria fröstelte. Diese Augen machten ihr Angst. Seltsamerweise bestand Mutter Helena darauf, noch bevor sie aufbrachen, Aurias Haare zu kämmen und zu ordnen. »Am Kaiserhof musst du ordentlich aussehen, Kind«, erklärte sie und Auria ließ sie wieder gewähren.

Wenig später machten sie sich auf den Weg. Die Häusermenge war unüberschaubar, und etliche hatten nicht nur zwei, nein, sogar drei Stockwerke! Anders als in ihrer Heimatstadt, in der man durch jede längs verlaufende Gasse das Meer sehen konnte, hatte sie hier die Orientierung bald vollständig verloren. Doch

Daphne schritt zielsicher voran. Schließlich nahm Auria all ihren Mut zusammen und zupfte die ältere Frau am Ärmel.

»Weißt du, Daphne, ich habe mir überlegt, ich gehe doch lieber zurück zu meiner Familie. Nun im Hellen wird es ja nicht gar so gefährlich sein.« Während sie sprach, wurde sie sich immer sicherer, dass das die richtige Entscheidung war.

Doch Daphne schien anderer Meinung zu sein. »Spinnst du?«, herrschte sie sie an. »Konstantinopel ist die Welt! Was denkst du über dein Scheißamalfi nach, oder Galata?« Sie spuckte aus. »Hier ist das Leben, hier kann eine Frau, die gut aussieht, ihr Glück machen! Du wirst Mutter Helena noch dankbar sein. Zu Hause schlagen sie dich am Ende noch tot.« Der Blick, den Daphne ihr dabei zuwarf, gefiel Auria ganz und gar nicht. Und Pantaleone würde sie doch nicht totschlagen? Aber ausstoßen? Das könnte schon sein, wenn er glaubte, sie habe ihre Unschuld verloren. Auria schluckte hart, während Daphne sie mit ihren Blicken durchbohrte. Schließlich wendete Auria den Blick ab.

»Also gehen wir endlich weiter«, entschied Daphne über ihren Kopf hinweg. Schließlich erreichten sie eine hohe Mauer, die sich quer durch die Häuserreihen zog.

»Das ist die Palastmauer«, stellte Daphne fest. »Dahinter dürfen nur noch ausgewählte Menschen. Soldaten, wichtige Männer, Eunuchen,« sie rümpfte die Nase. »Und schöne Frauen. Wie wir.« Sie strebte einer kleinen Pforte zu, die in die sonst glatte und scheinbar unüberwindbare Mauer eingepasst war. An der Pforte klopfte sie kräftig. Dreimal kurz und zweimal mit langer Pause. Nach einer Weile öffnete sich die Tür einen Spalt. Ein behelmter Kopf schaute heraus.

»Was wollt ihr?«, fragte der Wachposten barsch. Doch dann erkannte er Daphne. Sein Gesicht verzog sich zu einem Grinsen. »Ach, ihr seid es. Dann kommt rein, aber schnell, dass euch keiner sieht.« Er riss die Tür auf und Daphne schob die verdutzte Auria hinein. Innen stand noch ein Wachtposten, ebenfalls in silbern glänzender Rüstung. Auch er setzte ein süffisantes Grinsen auf. »Wen bringst du denn da?«, wollte er wissen.

Doch Daphne ging nicht darauf ein. »Nichts für dich. Holt mir Zenon, den Sekretär.« Sie verzog das Gesicht zu einem Lächeln, bei dem die Augen kühl blieben. »Es soll euer Schade nicht sein.«

Der erste Soldat grunzte. »Ist gut. Ich schicke nach ihm.«

»Daphne, mein Täubchen«, grüßte wenig später eine merkwürdig fistelige Stimme. Auria fuhr herum. Die Stimme gehörte einem dicklichen Mann in einer bunten Toga, der geschäftig heraneilte. Der Soldat, der ihn geholt hatte, lehnte sich lässig hinter ihm an die Wand eines Gebäudes.

»Seht selbst«, entgegnete Daphne kühl. Der Fremde trat auf Auria zu und begutachtete sie wie ein Huhn auf dem Markt. Auria war das sehr unangenehm, sie traute sich aber nicht, etwas zu sagen.

»Und was meint ihr?«, fragte Daphne den Fremden schließlich. Der schürzte die Lippen.

»Nicht übel«, bestätigte er. »Vor allem die goldenen Haare. Auch ganz hübsch aufgemacht in diesem blauen Ding, wenn auch schon geflickt.« Er fasste nach der Naht in Aurias Kleid und sie fuhr zurück. Der widerliche Kerl lachte.

»Sie ist noch neu, was? Widerspenstig? Aber Daktylos mag das ja. Das ist mal etwas Besseres, als ich es von Mutter Helenas Hurenhaus gewohnt bin!«

»Vom Hurenhaus?«, heulte Auria auf. »Ich bin eine Kaufmannstochter!«

»Stell dich nicht so an«, schnauzte Daphne sie an. »Und tu vor allem nicht so, als ob du etwas Besseres wärst als wir!« Sie funkelte Auria an. »Du wirst gut bezahlt, was denkst du denn, wovon wir leben?« Sie wandte sich wieder dem Mann in der bunten Toga zu. »Du siehst, sie ist neu, sogar noch Jungfrau. Dreihundert, oder ich nehme sie wieder mit. Aber dann muss dein Herr auf diese herrlichen Locken verzichten!«

Auria stand vor Schreck ganz steif. Sie fühlte, wie der Boden unter ihr schwankte. Sie war in ein Hurenhaus geraten! Und nun wurde über sie geschachert, als sei sie ein Stück Vieh. Oder eine Hure! Auria schluchzte laut auf, fing sich dafür aber eine Ohrfeige von Daphne ein. »Still jetzt!«, fauchte sie und Auria war so erschrocken, dass sie tatsächlich verstummte.

Plötzlich stand der eben noch herumlungernde Soldat hinter dem bunt gekleideten Kuppler stramm.

»Was ist hier los?«, donnerte eine tiefe Stimme. Der Mann in der bunten Toga fuhr herum.

»Ein kleines Geschäft für den hoch geschätzten Daktylos, den Logotheten des Dromnos.«

»Ich weiß, wer Daktylos ist«, fuhr der große Mann den bunt gekleideten an. Der Neuankömmling hatte den schwarzen Bart nach militärischer Sitte kurz gestutzt, und auch seine ganze Haltung verriet den Soldaten. »Und ich kann es nicht leiden, wenn ihr Eunuchen meine Soldaten in eure Geschäfte hineinzieht. Verschwinde, und zwar sofort. Ihr zwei anderen meldet euch heute Abend zur Bestrafung bei eurem Centurio.« Die Haltung der beiden Gerüsteten wurde noch etwas strammer.

Nun wandte sich der Neuankömmling Auria und Daphne zu, ohne den wild gestikulierenden Hofeunuchen in der bunten Toga noch eines weiteren Blickes zu würdigen. »Und wer seid ihr?«

»Ich bin eine Kaufmannstochter aus Amalfi …«, begann Auria. Doch eine weitere Ohrfeige verschlug ihr die Sprache. »Das ist nur eine Hure von Mutter Helena. Wollt ihr sie vielleicht …«

»Schafft mir dieses Weibsbild aus den Augen«, grollte der große Mann und die Soldaten ergriffen Daphne und Auria sofort mit festen Händen. »Halt«, gebot der Fremde. »Die Amalfitanerin kommt mit mir.«

Zitternd vor Scham und Angst folgte Auria dem Mann, während die laut zeternde Daphne zum Tor hinausgestoßen wurde. Der Grieche schien sich seiner Sache so sicher, dass er sich nicht einmal umblickte, um zu sehen, ob Auria ihm folgte. Sie schritten durch eine Parklandschaft, die Auria unter anderen Umständen in Entzücken versetzt hätte. Schließlich wandte sich der unbekannte Fremde einem Gebäude zu, vor dem noch mehr Wachen in blitzenden Rüstungen postiert waren. Als sie sich näherten, standen auch sie stramm. Ohne ein Wort betrat Auria im Gefolge des Fremden das Gebäude.

»General Boutoumites«, ein Mann in einfacher weißer Kleidung eilte auf den großgewachsenen Griechen zu und verbeugte sich tief.

»Bring mir den Brief des Franken«, rief der General. »Den der Kaiser geschickt hat.« Unvermittelt wandte er sich an Auria. »In Amalfi spricht man doch Latein? Und als Kaufmannstochter kannst du bestimmt auch lesen?«, fragte er finster.

»Ja, Herr«, bestätigte sie schüchtern.

»Dann übersetze mir das hier ins Griechische.« Er reichte ihr das Pergament weiter, welches der diensteifrige Sekretär eilig geholt hatte. Es war mit einem schweren Siegel versehen. Das Wappen zeigte gleichmäßig über ein Wappenschild verteilte Lilien. Auria überflog die Zeilen stumm und atmete insgeheim auf. Die Schrift war keine italienische Kaufmannsschrift, aber klar und deutlich zu lesen.

»*Wisse, Imperator, dass ich der König der Könige, der Größte von allen unter dem Himmeln bin*«, begann Auria zu lesen. Sie blickte Boutoumites fragend an. Doch der nickte. »Nur weiter«, ermunterte er sie.

»*Es gehört sich daher, dass ich bei meiner Ankunft mit allen mir zustehenden Ehren und Zeremonien entsprechend meiner noblen Geburt empfangen werde.*«

»Gut«, bestätigte der General. »Ich spreche nicht gut Latein. Griechisch ist meine Muttersprache. Daher sage du mir, ist es bei euch Lateinern üblich, so zu einem Kaiser zu sprechen?«

Sie schüttelte verzagt den Kopf. »Wer ist es, der da schreibt?«, fragte sie schüchtern.

»Was meinst du?« fragte Boutoumites mit hoch gezogenen Brauen zurück. Auria hustete verängstigt, doch der große Mann nickte nochmals. »Na?«, wollte er wissen.

»Der König der Könige ist doch nur einer – unser Herr Jesus?« hauchte Auria.

Der General lachte. »Ja, so hatte ich das auch gedacht. Dies Schreiben kommt von Hugo von Vermandois, dem Bruder des Königs der Westfranken. Er möchte sich dem Kreuzzug anschließen und kündigt mit diesem Schreiben Kaiser Alexios seine baldige Ankunft an.« Er nahm das Pergament wieder an sich und schüttelte nochmals den Kopf. Dann wandte er sich wieder seiner jungen Besucherin zu. »Und du wirst nun zurück zu deiner Familie gehen. Dass du wirklich eine italienische Kaufmannstochter bist, hast du ja bewiesen.« Aurias Herz schwankte zwischen Freude, all dem Erlebten zu entkommen, und der Angst vor ihrer Aufnahme im Hause des Pantaleone.

Der General rief derweil einen Soldaten herbei, der zackig salutierte. »Du bringst dieses Mädchen sofort nach Galata zum Hypatos der Amalfitaner. Und danach kommst du direkt zurück zu mir. Aber nicht ohne ein vom Hypatos gesiegeltes Schriftstück, welches bestätigt, dass sie heil angekommen ist. Los jetzt, ausführen.« Der Soldat salutierte nochmals, dann machte er eine Geste in Richtung Tür und Auria folgte ihm rasch. Als sie sich in der Tür noch einmal umwandte, um ihrem Retter zu danken, war der bereits an das Schreibpult getreten und in ein weiteres Schriftstück vertieft.

David

Xerigordos, 29. September 1096

Die Septembertage hatten die Kreuzfahrer unter Rainald in der neuen Festung verbracht. Kurze Raubzüge in die Dörfer der Umgebung brachten zusätzliche Vorräte, denn nun in der Erntezeit waren Scheunen und Lager gut gefüllt.

»Ich frage mich, wo sie ihre Moscheen haben. Überall in den Dörfern habe ich nur griechische Kirchen gesehen«, bemerkte Kunz kopfschüttelnd.

»Die haben sich versteckt. In Wahrheit sind es alles Heiden, schließlich leben sie unter der Herrschaft der Seldschuken!«, entgegnete Heinrich erklärend.

»Aber ich dachte, wir wollten die Christen von den Seldschuken befreien?«, warf David ein. »Nicht sie ausplündern und ihre Dörfer anzünden?«

Heinrich blickte ihn finster an. »Davon verstehst du dummer Bauer halt nichts. Ich sage dir, Rainald und seine Ritter wissen schon, was zu tun ist. Und die Geistlichkeit ist auch mit uns.«

»Meinst du Peter den Einsiedler?«, warf David ein. »Ich habe ihn schon lange nicht mehr gesehen.«

»Der ist noch bei den Westfranken«, entgegnete Heinrich. »Oder in Konstantinopel, um beim Kaiser Proviant für uns zu holen«, erklärte Kunz.

»Der ist abgehauen«, mischte sich plötzlich jemand ins Gespräch. Sie fuhren herum. Rainald selbst war unbemerkt an ihre Gruppe herangetreten. »Er ist ein Feigling«, stellte er fest und spie auf den Boden. »Die Seldschuken haben ihn vor Jahren auf einer Pilgerreise abgefangen und misshandelt. Da hat er den Schwanz eingezogen und ist heimgekehrt, ohne dass er die Heilige Stadt jemals gesehen hat. Nun sollen wir es für ihn richten. Aber ich sage euch, das werden wir. Wir werden nicht um Gnade winseln!« Noch bevor er ausgeredet hatte, erklang von der Mauerkrone ein Warnruf. Rainald beschattete die Augen mit der flachen Hand gegen die Sonne und blickte hinauf. »Was gibt es?«, rief er hinauf.

»Die Türken. Sie kommen von Nicäa!« Ohne ein weiteres Wort hastete der Ritter zur Leiter. David folgte ihm auf den Fersen. Der Anblick, der sich ihnen vom Turm aus bot, war wahrhaft furchteinflößend. Eine lange Reihe türkischer Reiter hielt auf eben jener Bodenwelle, von der auch sie selbst vor einigen Wochen Xerigordos zum ersten Mal erblickt hatten. Ihre spitzen Helme und Lanzen blitzten in der Sonne.

»Das Tor zu!«, schrie Rainald. »Alle Mann auf die Mauern und verschließt das verdammte Tor!« Eine Sekunde lang lag alles erstarrt, dann geschahen zwei Dinge gleichzeitig: In der Burg erhob sich chaotisches Geschrei und der Anführer der Seldschuken erhob den Säbel. Alle seine Männer folgten dem Beispiel, dann ließ er ihn in einem ausholenden Hieb auf einen imaginären Feind herabsausen. Die Klinge zeigte nun auf Xerigordos. Sofort setzten sich die Reiter in Bewegung. Sie trabten an und verfielen in einen rasenden Galopp. »Das Tor!«, schrie Rainald nochmals, nun mit sich überschlagender Stimme. Schon quietschten die mächtigen Torflügel in den Angeln und mit einem dumpfen Krachen fiel der Riegel in die dafür vorgesehenen Stützen.

Die fränkischen Verteidiger waren schneller gewesen, als ihre Seldschukischen Vorgänger. Der erste Sturm dauerte nicht lange. Pfeile prasselten gegen Mauern und Schilder, doch von unten abgeschossen, vermochten sie den hinter den Zinnen kauernden Kreuzfahrern kaum zu schaden. Schließlich beschränkten sich die Türken darauf, in sicherer Entfernung einen Belagerungsring um die Burg zu schließen.

»Wir haben genügend Vorräte in der Burg!«, rief Rainaldo selbstsicher. »Uns werden sie nicht aushungern, und schon bald kommen unsere französischen Brüder und die Kaiserlichen uns zu Hilfe!«

»Vorräte haben wir, aber wie viel Wasser ist in den Zisternen?«, fragte leiser ein weiterer Ritter. David konnte ihn nur hören, weil er sich noch immer in der Nähe ihres Anführers befand. »Aber wir haben doch die Quelle!«, entgegnete Rainaldo. Doch dann stockte er und spähte über die Mauer. Es stimmte, die Kreuzfahrer hatten während der letzten Wochen stets frisches Quellwasser gehabt und sich daher wenig um die Zisternen der Burg bekümmert. Doch die Quelle lag nun hinter dem Ring der Seldschuken. Rainaldo schluckte, sichtlich um Fassung bemüht. »Sieh nach, ob die Zisternen gefüllt sind«, befahl er heiser dem Ritter, der die Frage aufgeworfen hatte.

Auria

Galata, August 1096

Um Himmels willen, wo bist du gewesen?« Der alte Türhüter am Hause des Hypatos Pantaleone riss die Augen auf, als er Auria so unerwartet wiedersah. Dann wurde sein Blick finster. »Du glaubst nicht, welchen Ärger du mir mit deinem Olivenöl eingebrockt hast!«, schimpfte er. Doch schon hellte sich die Miene des gutmütigen Alten wieder auf. »Herr Pantaleone wird sich sehr freuen, dich wohlbehalten wieder zu haben, und erst Frau Laura! Und auch ich bin ganz erleichtert. Wo hast du denn die ganze Zeit gesteckt?«

»Ich muss sie dem Hypatos persönlich übergeben«, unterbrach der Soldat. »Ist er zu Hause?«

Der Türhüter schüttelte den Kopf. »Er wird erst am Abend zurückerwartet. Kommt herein. In der Küche findet sich sicherlich auch etwas zu essen.« Die Miene des Soldaten hellte sich bei der Ankündigung deutlich auf und willig trat er herein. Von dem Lärm angelockt, kamen die Küchenhilfen und auch Zofe Laura angerannt. Mit offenem Mund stand sie einen Augenblick vor Auria. Dann versetze sie ihr eine schallende Ohrfeige. Die dritte an diesem Tag.

»Wo bist du gewesen, du undankbares Ding«, heulte sie los.

Auria wusste nicht wohin mit sich. Schmerz, Trauer, Mitleid, Wut und Scham schlugen über ihr zusammen.

»General Boutoumites schickt sie hierher«, kam ihr der Soldat zu Hilfe. Tatsächlich richteten sich alle Augen für einen Moment auf ihn.

»General Boutoumites? Die Stütze unseres Kaisers?«, fragte der alte Türhüter ehrfürchtig.

»Was hat Auria mit einem General zu schaffen?«, rief Laura schrill.

Der Soldat zuckte die Schultern. »Das weiß ich nicht, da müsst ihr sie selbst fragen.«

Der Moment der Ruhe war vorbei, nun drängten wieder alle auf Auria ein.

»Der Venezianer«, stammelte sie.

»Hab ich es doch gewusst!« In Lauras Stimme mischten sich Triumph und Sorge. »Theodoros«, wandte sie sich an einen der Kaufmannsknechte. »Herr Pantaleone muss sofort Nachricht von Aurias Rückkehr erhalten.«

Der junge Mann blickte verärgert auf. Ob es ihm gegen den Strich ging, von der Zofe Befehle zu empfangen, oder ob er weiter zuhören wollte, was Auria widerfahren war, blieb unklar. Doch dann sah er wohl die Notwendigkeit des Geforderten ein, nickte und lief zur Tür hinaus – die kein bisschen knarrte.

»Was hast du mit dem Venezianer zu schaffen?«, fragte Laura scharf.

»Er hat mir versprochen, mir die Stadt zu zeigen, nur den Abend lang, ich wollte zurückkommen. Doch er hat mich mitten in Konstantinopel verlassen«, heulte sie. Mehr wagte sie nicht von ihrem Abenteuer preiszugeben.

»Er hat dich, fast noch ein Kind, alleine in der Stadt gelassen?«, rief die Zofe entsetzt. »Was für ein Unhold! Aber ich habe dich vor ihm gewarnt. Ja, das habe ich!«

Doch als wenig später der Hausherr zu Hause eintraf, fiel Aurias zerrissenes Kleid auf und so kam doch noch die ganze Geschichte heraus. Der Patrizier hörte alles mit steinerner Miene an. »So hast du deine Unschuld an einen venezianischen Taugenichts von der schlimmsten Sorte verloren«, schloss er, als sie geendet hatte. »Während dein frommer Vater dich mir anvertraute, um dich in die Obhut der Kirche in Jerusalem zu bringen.« Er griff sich an die Stirn und stöhnte.

»Aber nein«, rief Auria entsetzt. »Ich bin ihm entlaufen. Gar nichts ist passiert.«

Pantaleone lachte freudlos. »Das kannst du deiner Amme erzählen.«

Laura atmete scharf ein und blickte verletzt. Doch dann schien ihr etwas einzufallen. »Das lässt sich ja überprüfen«, behauptete sie. Pantaleone sah sie fragend an und sie wandte sich an ihren widerspenstigen Schützling. »Ich muss dich untersuchen«, stellte sie streng fest. »Ob du noch, nun ja …«, sie suchte nach dem richtigen Ausdruck, »… intakt bist.« Sie errötete selbst bei dem Wort und da verstand auch Auria, was gemeint war.

»Das ist doch wohl die Höhe«, rief sie empört. »So eine Peinlichkeit!« Doch ein Blick Pantaleones ließ sie sofort verstummen.

»Bring es am besten gleich hinter dich«, wies er Laura schroff an. »Und Begunia geht mit euch«, er gab der alten Küchenmagd einen Wink. Auria wollte protestieren, wagte es dann aber doch nicht. Vor Scham und Wut stiegen ihr die Tränen in die Augen.

»Los, ab mit euch«, befahl der Patrizier.

Nach dieser Episode wurde Auria nun gänzlich in ihre Kammer verbannt. Auch die Arbeit im Infirmarium erlaubte Pantaleone nun nicht mehr. Am folgenden Tag durfte sie wenigstens für das Abendessen in die Halle kommen.

»Ich habe den Fall im Rat vorgebracht. Ab sofort ist es den Venezianern streng verboten, unser Kontor zu betreten. Der Verbrecher selbst, dieser Tristano, wurde außerhalb des Venezianischen Kontors übrigens noch nicht wieder gesehen. Foscari, ihr Hypatos, behauptet aber, er befände sich nicht dort, und gar nicht mehr in Galata. Aber wo soll er schon sein? Hat er sich vielleicht diesen Bauern auf ihrem Kreuzzug angeschlossen?«, schimpfte der Hausherr und blickte Auria an, als sei sie auch noch schuld daran, dass der Übeltäter nicht auffindbar war. »Und er hat noch die Unverschämtheit zu behaupten, dass ja kein bleibender Schaden entstanden sei und so Venedig auch keine Entschädigung zu leisten habe! Unser aller Ehre hat er in den Dreck gezogen, dieser Mistkerl!«

David

Xerigordos, 7. Oktober 1096

Die Zisternen der Burg waren von der langen Sommerhitze fast vollständig ausgetrocknet. Und der Durst steigerte sich bei den eingeschlossenen Kreuzfahrern von Tag zu Tag. Am achten Tag, nachdem die Armee von Sultan Kilidsch Arslan die Quelle besetzt hatte, brach der Durchhaltewillen endgültig zusammen.

»Wir müssen verhandeln, sonst verdursten wir alle«, forderte einer der Ritter Rainald auf.

David stierte ihn willenlos an. Ihm klebte die Zunge am Gaumen. Jede Bewegung war eine Qual, und schon wieder begann die Sonne in einen gnadenlos wolkenfreien Himmel zu steigen.

Rainald nickte ergeben. »Ich will zu dem Sultan hinausgehen und sehen, welche Bedingungen ich für eine Aufgabe aushandeln kann.«

Heinrich schüttelte müde den Kopf. »Was wird er schon aushandeln können. Sie wissen, dass wir am Ende sind.«

»Was ist nun mit den Westfranken? Was ist mit Peter und den Romaniern?«, jammerte Kunz mit fiebrigem Blick.

Mit einem weißen Tuch, das er an den Schaft einer Lanze gebunden hatte, machte sich Rainald auf den Weg zum Sultan.

Atemlos beobachteten die Kreuzfahrer das Geschehen von der Mauerkrone der Burg aus. Doch sie mussten nicht lange warten. Bald schon kam ihr gewählter Anführer zurück. Im Hof drängten sich alle um ihn und auch von der Mauerkrone richteten sich alle Augen in den Hof. Rainald richtete sich auf und hob die Hände.

»Der Sultan hat mir eure Leben geschenkt!«, rief er. Verhaltener Jubel ertönte, doch Rainald winkte als Zeichen, dass er noch etwas zu sagen hätte. »Wir müssen nur ihren Glauben annehmen! Dann wird er unser Leben schonen.« Entsetztes Geschrei antwortete ihm.

Auria

Galata, September 1096

Die Türken haben die Franken geschlagen. Die Warägergarde hat die letzten Männer aus Cibotus gerettet. Sie werden entwaffnet und auf die einzelnen Stadtteile verteilt. Auch wir bekommen einige, die wir versorgen sollen, bis das Heer der Ritter eintrifft.« Pantaleone hielt diese Ansprache eines Abends vor seinem versammelten Haushalt.

»Wie konnte das geschehen?« Maria, die dicke Küchenmagd, hielt erschrocken die Hände vor den Mund. »Wie konnte der Herr sie in die Hände der Ungläubigen geben?«

»Sie haben sich untereinander zerstritten. Soviel man vernimmt, sind die Italiener und Deutschen aus dem Lager gezogen und wurden in einer Burg namens Xerigordon eingeschlossen. Doch die Türken sandten Kundschafter, die unter den verbliebenen Franken das Gerücht streuten, die Deutschen hätten nicht nur Xerigordon, sondern auch Nicäa erobert. Daraufhin legten sie an der Straße dorthin einen Hinterhalt. Ihr neuer Anführer

Geoffrey Burel wurde zwar gewarnt, aber er tappte trotzdem in die Falle.« Pantaleone schüttelte missbilligend den Kopf. »Aber was soll man von dummen Bauern auch erwarten? Die wenigen, die entkamen, verschanzten sich in Cibotus, wo die Waräger sie mit Booten retteten.«

Auria war es recht, dass sich die Ereignisse derart überschlugen. So dachte bald niemand mehr an ihr verunglücktes Abenteuer.

Wenige Tage später kamen neue Nachrichten, diesmal aus dem Westen. »Der Bruder des Frankenkönigs hat vor Dyrrachion Schiffbruch erlitten und konnte sich nur mit Not an Land retten. Er wurde von General Boutoumites nach Konstantinopel gebracht«, berichtete Marco, einer der Knechte aus dem Hause Pantaleone. Bei dem Namen horchte Auria auf. Ihren Retter hielt sie immer noch in warmer Erinnerung.

»Und wurde er in kaiserlichen Ehren empfangen?«, fragte sie neugierig.

Der Knecht zuckte die Schultern. »Er war wohl zufrieden, immerhin hat er Alexios inzwischen die Treue geschworen.«

Wenig später erreichte auch ein unversehrtes, von Gottfried von Bouillon geführtes Heer die Stadt. Weil der Kaiser ihn nicht in die Stadt ließ, ohne dass er ihm einen Eid leistete, begannen seine Lothringer und Flamen, die Dörfer und Märkte der Umgebung zu plündern.

»Zum Glück ist unsere Niederlassung von Mauern geschützt«, seufzte Pantaleone. »Aber mit den Taugenichtsen des einen Gottfrieds im Viertel und denen des anderen vor der Stadt ist dies kein guter Platz für dich«, wandte er sich an Auria. »Es wird Zeit, dass du zu deinem Vater kommst. Zumal du hier bereits genug Unsinn veranstaltet hast.« Er nickte bekräftigend und Auria sank in ihrem Stuhl zusammen. »In drei Tagen wird Sant'Andrea, ein guter Amalfitaner, mit seinem Schiff nach Jaffa segeln. Ich habe beschlossen, dass du ihn begleiten wirst.«

David

Xeriogordos, 7. Oktober 1096

Diejenigen unter den Kreuzfahrern, welche sich bereit erklärt hatten, ihrem Glauben abzuschwören, hockten nun in einer langen Reihe in einem Verließ der Burg, die sie vor wenigen Wochen noch so stolz erobert hatten. David gehörte zu ihnen, Kunz dagegen hatte sich tapfer geweigert, seinen Glauben zu verraten. Wachen standen an den Ausgängen und als ein Mann es nicht mehr aushielt und lautstark nach Wasser schrie, gingen sie zu ihm und rammten ihm einen Dolch in den Bauch. Er sackte zusammen und von da an wagte es niemand mehr zu klagen. Vom Burghof klang das Wehgeschrei derer, die es vorgezogen hatten, um ihres Glaubens willen den Tod auf sich zu nehmen.

David musste an die zurückliegenden Monate denken. Kunz war ihm trotz aller Abscheu gegen die Kreuzfahrer zu einem echten Kameraden geworden. Und wen hatte er sonst noch auf der Welt? Seine Familie und Glaubensbrüder waren ermordet oder in alle Himmelsrichtungen verstreut, und der christliche Glaube bedeutete ihm schon gar nichts. Waren es nicht Christen gewesen, die in Magenza grausam über die Seinen hergefallen waren? Nun traf sie das verdiente Los, aber um Kunz tat es ihm leid. Die Türken hatten es offensichtlich nicht eilig mit dem Töten. Das Geschrei zog sich in die Länge und das Wimmern ließ David erschauern. Er hockt gleich an zweiter Stelle neben der Tür, die in ein weiteres Verlies führte, das mit Öllampen nur spärlich erleuchtet war. Plötzlich erklang auch von dort ängstliches Geschrei. Rufe auf Arabisch oder Türkisch und klatschende Schläge beendeten den Radau. Es blieb nur ein Wimmern, immer wieder durchbrochen von einem scharfen Schrei. Langsam wurden die Geräusche lauter.

»Was geht da vor?«, raunte David dem Mann neben sich zu. Doch der schüttelte nur den Kopf und schielte ängstlich zum Wachtposten an der Tür hinüber. Nicht zu Unrecht, denn Davids Worte waren nicht unbemerkt geblieben. Ein scharfer Schmerz in der Flanke schnitt ihm jedes weitere Wort ab. Ein weiterer Wächter, der hinter den Gefangenen auf- und ablief, hatte ihm einen Tritt versetzt. Er verstand zwar den begleitenden Wortschwall nicht, wohl aber die Bedeutung des Trittes. Etwa eine Viertelstunde später traten drei Männer in die Tür vom Nebenraum. Zwei waren breit gebaute Seldschuken, deren Anblick allein jeden Widerstand erstickte. Vor ihnen her ging ein kleinerer Mann mit einem schwarzen Turban, grauem Bart und kalten Augen. Doch was David vor Schreck erstarren ließ, war nicht sein Blick, sondern sein Kaftan, der von der Hüfte abwärts völlig mit Blut besudelt war. In der Rechten hielt er zudem ein mit dickem Blut verklebtes scharfes Messer.

»Ich will Moslem werden! Ich will Moslem werden«, schrie der Mann neben David hysterisch. Ein stämmiger Bauer, der sicherlich nicht oft weinte, doch nun liefen ihm die Tränen an den Wangen herab. Die beiden Hünen traten hinter ihn, packten ihn an den Schultern und stellten ihn auf die Füße. Der so schaurig mit Blut besudelte Graubart kniete vor ihm nieder, riss ihm die Hose auf, griff nach seinem Glied und setzte ein von halb geronnenem Blut ganz schmieriges Messer an. Der Bauer zuckte zusammen und der Schnitt ging daneben. Viel zu tief. Mit meckerndem Lachen hob der Turbanträger das abgetrennte Glied hoch, während sich der arme Kerl heulend zusammenkrümmte und das Blut zu seinen Füßen eine rasch wachsende Pfütze bildete. Auch David schrie auf, angewidert und voller Furcht. Doch schon ließen die Kerle ihr Opfer los und packten stattdessen Davids Schultern. Mit grober Gewalt rissen sie ihn auf die Füße. Der widerwärtige kleine Kerl mit dem Messer warf seine grausige Trophäe achtlos auf den Boden, hockte sich vor David und riss auch ihm den Hosenbund auf. David glaubte, ohnmächtig zu werden, als die mit warmem Blut beschmierte Hand sein Geschlecht griff. Doch da stieß der Kerl einen überraschten Ruf aus, es folgte ein Schwall unverständlicher Worte. Die beiden Handlanger ließen David einfach fallen und traten an ihr nächstes Opfer heran. Es dauerte einen Augenblick, bis David wieder ganz Herr seiner Sinne war und verstand. Als Jude war er bereits beschnitten. Er hockte sich hin, kämpfte mit der Übelkeit, erbrach sich aber schließlich auf die eigenen Beine. Was waren das für Menschen, die ihre zum Heil der Menschen gedachten medizinischen Kenntnisse zu solchen Grausamkeiten einsetzten? Glaubten sie, Gott so zu gefallen? Ganz bestimmt nicht jenem Gott, dem Israel mit diesem Brauch den Bund bezeugte!

Auria

Jerusalem, Oktober 1096

Die Seereise mit der Sant'Andrea führte Auria und ihre Zofe südlich an Cypern vorbei, bis sie schließlich den Hafen von Jaffa in der Levante erreichten. Das Land befand sich unter ihrer Herrschaft, seitdem die Seldschuken es vor nunmehr fünfundzwanzig Jahren den fatimidischen Kalifen entrissen hatten. Die harsche Behandlung aller Ungläubigen, und das betraf nicht nur griechische und lateinische Christen, sondern auch Juden und jene Muslime, die sich Schiiten nannten, also den Glauben des Ägyptischen Kalifen teilten, war überhaupt einer der Auslöser für die Kreuzzugspredigten gewesen. Doch wie üblich fand der Handel Wege auch in die Paläste der Seldschuken-Emire und der lockende Profit öffnete Türen, die den einfachen Pilgern verschlossen blieben.

Im Hafen von Jaffa wurde die gesamte Ladung in das Zollhaus verbracht. Unter lautem Gefeilsche und Geschimpfe hatte man die Waren taxiert, wobei etwa der zehnte Teil derselben spurlos verschwand. Matteo fluchte wie ein Amalfitanischer Fischer aus den Gassen am Meer, aber es half nichts. Auria und ihre Zofe blieben zum Glück unbehelligt und schlossen sich einer Karawane nach Jerusalem an. Trotz der späten Zeit im Jahr war es heiß und trocken. Solange sie noch am Meer entlang nach Süden zogen, machte eine frische Brise die Reise erträglich, doch als der steinige Weg schließlich nach Osten auf das Judäische Hochland zu abzweigte, wurde es fast unerträglich. Auria hockte zudem in einer Art Sänfte, die mit Netzen gegen Blicke von außen geschützt wurde, hoch auf einem schwankenden Maultier. Hätte sie wenigstens reiten dürfen – aber das kam in diesem Land offenbar nicht infrage. Auch ihr Begleiter und Beschützer, ein junger Mönch aus Montecassino namens Antonius, konnte daran nichts ändern. Umso glücklicher war sie, als sie schließlich über einem breiten ansteigenden Hügel die Mauern der Heiligen Stadt erblickten.

»Wir sind am Ziel«, jubelte Laura, der man aufgrund ihres Alters immerhin die Blicknetze um die Sänfte erspart hatte. »Die Heilige Stadt, wo die Tore wie Edelsteine glänzen und in der lauter Gottesfurcht und Friede herrscht!«

Auria bezweifelte diese Einschätzung, zumal ihr die Vorstellung eines Lebens in »lauter Gottesfurcht und Frieden« irgendwie auch nicht recht behagen wollte. Dennoch spähte sie neugierig hinaus. »Igitt!«, rief sie erschrocken. »Was ist denn das?« Sie hatte einen Leprakranken am Wegesrand entdeckt, in dessen Gesicht die Nase fehlte. Aus sicherer Entfernung reckten nun mehrere Aussätzige ihre verkrüppelten Gliedmaßen empor, um Almosen heischend.

»Das sind die Aussätzigen aus dem Lazarett«, kommentierte Antonius, der die Reise schon öfter gemacht hatte. »Die armenischen Brüder haben hier vor den Toren ein Hospiz für sie errichtet, das dem heiligen Lazarus geweiht ist. Man nennt es daher das ›Lazarett‹. Auch sie werden von gütigen Amalfitanern und anderen italienischen Kaufleuten unterstützt, ihr Rektor ist ein Landsmann von dir aus Bari«, erklärte Antonius. »Ein gewisser

Johannes Amorusius.« Auria hielt sich ein Tuch vor den Mund, während sie an dem schmucklosen Gebäude vorbei auf die Stadtmauer zuhielten.

Schon vor dem Tor nahm das Gedränge zu und wurde schließlich zu einem unentwirrbaren Knäul aus Farben, Rufen und Schimpfen in fremden Sprachen, Kamelen, Schafen und noch tausend Dingen. Zum ersten Mal in den zwei Wochen ihrer Landreise war Auria herzlich froh über das Netz, was sie vor der Außenwelt beschützte. Doch Antonius schaffte es schließlich, sie zu lotsen. Hinter dem Tor traten die Häuser zurück und bildeten einen Platz. Zur Rechten reckten sich mächtige Quader in den Himmel.

»Der Davidsturm«, erklärte Antonius, offenbar hatte er ihre Gedanken trotz des Netzes, dass sie vor Blicken schützte richtig erraten. »Hier müssen wir die Tiere zurücklassen. In den Gassen des Bazars kommen wir zu dieser Tageszeit nur zu Fuß weiter.«

Sie ließen Tiere und Sänfte mit einigen Knechten zurück folgten zu Fuß einer Straße, die in gerader Linie den Berg hinab nach Osten führte. Bald schlossen sich steinerne Bögen über der Straße, deren beide Seiten dicht von Händlern besetzt waren, die mit lauter Stimme mannigfaltige Waren anpriesen. Doch Antonius schaffte es, sie unbeschadet weiterzuziehen. Schließlich bog er nach links ein und führte sie unter einem weiteren gewaltigen Steinbogen hindurch.

»Der Muristan«, erklärte er. »Das lateinische Viertel. Gleich sind wir da.« Auria sah zu ihrer Linken zwei Kirchengebäude.

»Ist das die Kirche mit dem Grab des Heilands?«, fragte sie und war selbst von dem heiligen Schauer überrascht, der sie durchlief.

»Nein, das sind unsere beiden Kirchen St. Maria Latina und St. Maria Magdalena. Die Grabeskirche wirst du aber sicher noch zu sehen bekommen«, entgegnete er aufmunternd und hielt stracks auf die größere der beiden Kirchen zu. »Das Männerspital wird von St. Maria mitversorgt, die Frauen von St. Magdalena, wo du unter den Schwestern und durch die Oberin Agnes, einer ehemaligen Matrone aus Rom, sehr herzliche Aufnahme finden wirst. Aber zuerst wollen wir deinen Vater begrüßen!« Er trat nicht in die Kirche ein, sondern steuerte ein Gebäude etwas weiter die Straße hinab zur Rechten an. »Das ist das Männerhospital.«

Ein Mann in der schwarzen Kutte der Benediktiner öffnete auf ihr Klopfen, und noch bevor Antonius etwas sagen konnte, fiel dieser ihm freudig um den Hals. »Antonius, du bist wieder da!« Eilig winkte er die kleine Gesellschaft hinein.

Als Erstes fiel Auria die Ruhe auf, die von diesem Ort ausging. Sie befanden sich in einem Innenhof, der mit einigen Palmen und Sträuchern begrünt war. In einer Ecke befand sich sogar ein Brunnen. Als Nächstes erkannte sie wohlgeordnete Kräuterbeete. Wie in einem Kloster in Italien! Die Tür schlug hinter ihnen zu und sperrte das hektische Treiben der Straßen aus. Das also war ihr neues Zuhause. Sie hätte es schlechter treffen können! Doch ein Ruf riss sie aus ihren Gedanken. »Auria!«

Sie fuhr herum. Ihr Vater Giordano lief, so schnell ihn die krummen Beine trugen, auf sie zu. Der schwarze Mantel der Spitalbrüder flatterte hinter ihm her.

David

Ikonium, Oktober 1096

Von Weitem erblickte David bereits den großen Hügel, um den sich die Stadt ausbreitete. »Ist das endlich unser Ziel?«, fragte er Heinrich, der apathisch neben ihm her schlurfte. Sie hatten sich im Sklavenzug wiedergetroffen. Unbarmherzig hatten die Seldschuken sie nach Süden getrieben. Der Durst war ihr ständiger Begleiter und der Staub der Straße legte sich als klebrige Schicht über die rissigen Lippen und trockenen Schleimhäute. David war sich bewusst, dass es für die ehemaligen Christen noch viel schlimmer sein musste. Bei jedem Schritt scheuerte die Kleidung an den wunden Gliedern der frisch Beschnittenen. Diejenigen, welche von Wundfieber und Durst entkräftet stürzten, erledigten die unbarmherzigen Reiter am Ende der traurigen Karawane mit einem Lanzenstich. Heinrich blickte nun doch noch auf, blieb aber stumm. Langsam wuchs der Hügel, der sich unnatürlich aus der Landschaft erhob, und David konnte Einzelheiten erkennen. Der Hügel war von einer Mauer umgeben und an der Nordseite, wo er am steilsten abfiel, ragte eine alte Kirche empor, oder war es eine Moschee? Schließlich erreichten sie die Stadt. Eine alte Mauer, deren schwarze Steine von Reihen roter Ziegel unterbrochen wurde, schützte auch die zu Füßen des Hügels liegende Stadt. Die Straßen waren voller Menschen. Einige blieben stehen und betrachteten die einziehenden Gestalten voller Mitleid, andere schauten fort oder machten Witze.

Man scheuchte sie in eine große Baracke nahe einem leer stehenden Markt. Erschöpft legte sich David zu Boden, doch ihm blieb keine Erholung vergönnt. Einer der Anführer zeigte mit seiner Peitsche auf ihn und rief etwas in seiner unverständlichen Sprache. Doch David hatte inzwischen gelernt, auf jeden Wink der Bewacher zu reagieren. Er erhob sich, so rasch es seine schmerzenden Glieder zuließen, und trat vor. Der Mann suchte noch einige andere aus, die einen noch nicht vollständig erschöpften Eindruck machten. Ein weiterer Aufseher drückte jedem von ihnen zwei Ledereimer in die Hände. David atmete auf. Sie sollten Wasser holen. Das war nicht nur besser als eine Bestrafung, es würde ihm auch ermöglichen, als einer der Ersten seinen Durst zu löschen. So schritt er willig hinter einem der Seldschuken wieder aus der Stadt hinaus. Doch sie mussten nicht lange laufen. Am Fuße des Hügels, der ihm schon von Weitem aufgefallen war, erblickte er sogar frisches Grün. Dorthin führte der Krieger sie.

»Sebil«, erklärte er barsch und zeigte auf einen kleinen achteckigen Pavillon. Und tatsächlich fand sich hier ein Brunnen.

Offenbar durften alle, Stadtbewohner wie Reisende, hier Wasser schöpfen. Geduldig wartete David, bis die Männer vor ihm ihren Durst gelöscht und ihre Eimer gefüllt hatten. Der Seldschuke ließ sie gewähren. Auch David setzte seinen Eimer sogleich an die Lippen, als er endlich an der Reihe war. Das Gefühl des frischen Wassers im Mund war herrlich. Etliches lief ihm über das Gesicht und rann in sein staubiges Gewand, aber das kümmerte ihn nicht. Doch schon packte ihn jemand grob am Arm. Der Nächste war an der Reihe. Rasch füllte er beide Eimer und trat zur Seite.

David

Ikonium, Oktober 1096

Am Morgen darauf stellte David fest, dass der freie Platz vor der Baracke, die ihnen als Unterkunft gedient hatte, tatsächlich ein Markt war. Doch die Ware, die dort feilgeboten wurde, waren Menschen – er selbst und die übrigen unglücklichen Überlebenden des Volkskreuzzugs. Ein mittelgroßer Mann blieb vor David stehen und musterte ihn mit aufmerksamem Blick. Etwas in seinen Augen ließ David Hoffnung fassen. Anders als bei den übrigen Käufern, die sich bereits den ganzen Morgen um die Sklaven gedrängt hatten, ihnen mit den Fingern in den Mund fuhren, um den Zustand der Zähne zu überprüfen und dann unter den Schurz griffen, um die Muskeln der Beine zu betasten oder den Heilungszustand der Beschnittenen abzuschätzen, strahlten diese Augen etwas wie menschliche Wärme aus. David verstand kein Wort von dem, was der Mann, der einen schmalen weißen Turban und einen einfachen grauen Wollmantel trug, sagte. Doch der versuchte es erneut. Offensichtlich in einer anderen Sprache. Wieder schüttelte David den Kopf. Der Fremde strich sich mit der Rechten über den sorgfältig gestutzten Bart und wechselte in eine dritte Sprache, die David ebenfalls nicht verstand. Er selbst sprach Deutsch, Latein und Hebräisch, aber all das half ihm hier wenig. Doch unversehens wechselte der Mann in letztere Sprache. Er hatte einen merkwürdigen Akzent, den David nie zuvor vernommen hatte, aber es war eindeutig Hebräisch.

»Was machst du hier unter den Christen?«, fragte er. David war so erstaunt, dass er zunächst nur mit großen Augen glotzte und nichts erwiderte. Der Mann seufzte und wollte sich gerade abwenden. Mit aufsteigender Panik fragte er: »Du sprichst Hebräisch, Herr?« Das war endlich jemand, mit dem er sich verständigen konnte. Er durfte ihn nicht gehen lassen! Unter keinen Umständen wollte er wieder in den stinkenden Schuppen zurück, wo einen jeden Augenblick die Peitsche des Aufsehers treffen konnte! Der Mann wandte sich wieder ihm zu und seine Augen leuchteten zufrieden auf.

»Woher weißt du, dass ich nicht zu den Christen gehöre?«, fragte David. Der Fremde wies auf Davids Gewand.

»Kein Blut an den Beinkleidern«, erklärte er. »Aber ich frage mich, was für ein merkwürdiger Moslem du bist, der kein Arabisch, Persisch oder Türkisch spricht, sondern lediglich Hebräisch?«

Davids Gedanken überschlugen sich. Wenn doch nur dieser Mann ihn kaufte! Alles war besser als zu bleiben, auf dem Markt und in der Baracke. Aber wenn er ihm nun bekannte, dass er gar kein Moslem war, dann würde er ihn vielleicht stehen lassen? Doch seiner Intuition folgend, entschied er sich für die Wahrheit. »Ich bin Jude, Herr. Ich *war* Jude, Herr«, verbesserte er sich.

Der Fremde strich wieder über seinen Bart. Das schien eine Angewohnheit von ihm zu sein. »Habe ich mir doch gedacht. Und wie bist du an diesen traurigen Ort gekommen?«

»Ich komme von weit weg, die Kreuzfahrer haben meine Familie und meine Gemeinde überfallen. Mich haben sie, als ich verletzt war, für einen der ihren gehalten und mitgenommen. Und nun büße ich mit ihnen für ihre Sünden.«

»Sie haben deine Leute überfallen, bevor sie hier in das Reich Sultan Arslans eingefallen sind?«, vergewisserte sich der Fremde. »Bist du ein Grieche aus Konstantinopel? Deine Aussprache klingt mir fremd, als kämest du von weiter her.«

»So ist es, Herr«, bestätigte David. »Ich komme aus Magenza, im Reich König Heinrichs. Aber der weilt in Italien und konnte uns nicht schützen.«

»Nun, du sprichst immerhin eine Sprache, die ich verstehe. Und ich benötige einen Gehilfen. Sag, welches Handwerk hast du gelernt?«

David errötete. »Kein Handwerk, Herr. Ich war in der Talmudschule und habe lesen und schreiben gelernt. Und etwas über die Heilkunde.«

Die Züge des Fremden hellten sich auf. »Lesen und schreiben ist gut. Und Heilkunde ist sogar noch besser. Ich bin Arzt. Es gibt hier eine Darüssifa, ein Haus, das Sultan Arslan einrichten ließ, um Kranke und Arme zu pflegen.« Er betrachtete David wohlwollend. »Bei mir kannst du sogar etwas lernen. Über die Medizin und über den wahren Glauben.« David traute seinen Ohren nicht. Sollte sich sein Schicksal endlich zum Guten wenden? Hatte Gott ihn doch nicht vergessen?

Rasch wurden sich der Fremde und der Anführer der Sklaventreiber einig. Zufrieden kam er zu David zurück. »Die große Zahl an Sklaven drückte die Preise«, lachte er. »Du gehörst nun zu mir. Und merke dir gleich: Ich erwarte absolute Disziplin und dass du immer die Wahrheit sagst. Wie gerade eben, als du mir verraten hast, dass du ein Jude bist.« Er blickte David streng an und nickte zur Bekräftigung noch einmal. »Wie heißt du eigentlich?«, fragte er dann in milderem Ton.

»David«, antwortete der.

»Dann will ich dich Davud nennen. Das ist derselbe Name auf Persisch, meiner Muttersprache. Ich heiße Bahram.« Er nahm David am Arm und führte ihn vom Markt weg in Richtung des

Hügels im Stadtzentrum. »Das ist das Zentrum von Ikonion. Kilidsch Arslan hat hier eine Külliye gestiftet. Dazu gehört neben der Darüssifa, also dem Haus zum Pflegen von Kranken und Armen, auch eine Armenküche, die man Imaret nennt. Und ein Badehaus, das Hamman heißt«, erklärte Bahram. »Das werden wir aufsuchen, wenn ich auf dem Markt ein paar neue Kleider für dich gekauft habe.« Er zog David weiter. »Das ist das Brunnenhaus.«

David nickte. »Das Sebil, nicht wahr?«, fragte er, sich an den Vortag erinnernd.

Bahram nickte freudig. »Du lernst schnell. All diese Einrichtungen gehören zur Külliye, doch deren Herzstück ist die Moschee. Die Eflatun-Cami. Die Külliye erstreckt sich über fast die Hälfte des Alâeddin genannten Hügels hier«, er wies mit der Hand den Hang hinauf zu der griechisch anmutenden Basilika, die David bereits bei ihrer Ankunft bemerkt hatte. »Den Hügel haben die Menschen vor Hunderten von Jahren aufgeschüttet, um den Göttern näher zu sein«, behauptete Bahram weiter. »Und nun sind dort auch die Koranschule und die höhere Schule, Mektep und Medrese, untergebracht. Kilidsch Arslan hat in seiner Weisheit dafür gesorgt, dass man hier nun vor den Einen, den wahren Gott treten kann! Und er hat Gelehrte aus Persien geholt, um sein Volk zu unterrichten. Ich selbst stamme aus Bagdad«, er schaute versonnen den Hügel hinauf. »Genau wie der große Dschuneid.« Er lächelte, als er Davids fragenden Gesichtsausdruck sah. »Von dem erzähle ich dir später einmal. Nun gehen wir auf den Markt. Der liegt hier gleich zu Füßen des Alâeddin.« Auf dem Markt kaufte Bahram neben einfachen Kleidern auch ein paar Nahrungsmittel. Davids Hunger erstaunte ihn sichtlich. »Hat man euch armen Seelen dann gar nicht zu essen gegeben?«, rief er aus. »Wie sollt ihr denn den Gott erkennen? Gott ist schließlich die Liebe, und unser Ziel ist die Vereinigung mit ihm und die Übergabe unseres Willens an den Willen Gottes!« David horchte auf. Der erste Teil hätte fast von Rabbi ben Ezer kommen können.

»Das ist es, was ihr über den einen Gott lehrt?«, fragte er erstaunt. Doch Bahram winkte ab. »Ich will dir später davon erzählen, wenn wir in der Tabhane sind.«

Zunächst führte er seinen neuen Sklaven in den Hammam und erst nachdem David gebadet und die neuen Kleider empfangen hatte führte er ihn in die Tabhane. Das war ein Gästehaus für reisende Mönche, soweit David verstand. Sein neuer Herr nannte sie Sufis und schien ebenfalls zu ihnen zu gehören. »Bereits al-Dschuneid, der Begründer unseres Ordens, Gott habe ihn selig, lehrte, dass man die Geheimnisse des Glaubens nicht offen aussprechen soll«, erklärte er David in der Stille seiner Kammer. »Sein Schüler al-Halladsch wurde in Bagdad der Ketzerei angeklagt, und die Fatwa der Rechtsgelehrten forderte seinen Tod. Man hat ihm eine Krone aufgesetzt, halb totgeschlagen und an ein Kreuz gehängt, bis er gestorben ist! Er war zwar zu weit gegangen, denn er behauptete von sich selbst, er sei die Wahrheit, und das steht nur Gott zu, ja, es ist einer seiner heiligen Namen. Aber er ist nicht der Einzige geblieben, der für seinen Glauben mit dem Leben bezahlt hat. Das ist auch der Grund, warum ich Bagdad verlassen habe. Und Sultan Arslan empfängt persische Gelehrte mit offenen Armen!«

Auria

Jerusalem, Dezember 1096

Die Arbeit im Heiligen Land unterschied sich nicht wesentlich von jener, die Auria bereits in dem Konvent von Galata kennengelernt hatte. Doch anders als dort, wo die Kranken oft zu zweit oder dritt in einem Bett lagen, lag hier sowohl in dem großen Männer- als auch dem etwas kleineren Frauensaal meist nur ein Patient in einem Bett. Auria staunte über diesen Luxus für die Kranken, aber sie sah noch andere Zeugnisse davon, mit welcher Hingabe man sich hier den Kranken zuwandte. Sie half meist im Männersaal aus, was ihr Mutter Agnes erlaubte, damit sie nun nach Jahren der Trennung in der Nähe ihres Vaters wäre.

Doch viel gemeinsame Zeit blieb ihnen trotzdem nicht vergönnt. Die Spitalbruderschaft und die dienenden Schwestern von St. Maria Magdalena kümmerten sich um alle Belange der Kranken. Sie mussten gewaschen und bekocht werden. Wunden mussten verbunden und manchmal auch chirurgisch versorgt werden. Dazu gab es einen Eingriffsraum.

»Was macht ihr dort drin?«, fragte Auria neugierig ihren Vater, den sie davor antraf. Giordano rief, anstelle zu antworten, einen weiteren Bruder herbei. »Das ist Bertrand«, stellte er ihn vor. »Eigentlich ein Ritter aus der Auvergne.«

Bertrand lachte auf. »Ja, in meinem letzten Leben war ich Ritter. Genauso wie Marcello.« Den fröhlichen Provenzalen hatte Auria bereits kennengelernt. Nun wusste sie auch, warum die beiden meist zusammensteckten. Die zwei Ritter die der Welt entsagt hatten fühlten sich natürlich zueinander gezogen.

»Sei doch so gut und erkläre meinem Töchterchen, was hier drin geschieht. Aber nicht zu ausführlich, du weißt ja, junge Mädchen sind zart besaitet.«

Auria schnaufte empört. »Ich habe bereits in Konstantinopel Verwundete gepflegt. Da habe ich jede nur erdenkliche Verletzung gesehen!«, prahlte sie. Von ihren sonstigen Abenteuern in der Hauptstadt hatte sie wohlweislich nicht berichtet und auch Laura schien bisher den Mund gehalten zu haben.

»Wir nähen Wunden, spalten Eiterbeulen, amputieren auch verletzte Arme oder Beine, wenn es nötig ist«, erklärte Bertrand. »Manchmal gibt es auch Splitter oder Pfeile zu extrahieren. Und Bruder Danolo kann sogar den Star stechen«, erklärte er. »Und Zähne ziehen wir auch.«

Auria musste bei dieser Aufzählung nun doch schlucken, nahm sich aber zusammen und lächelte den Ritter dankbar an. »Darf ich einmal dabei helfen?«

Der Ritter zog die Stirn kraus und blickte unschlüssig zu Aurias Vater hinüber. »Ja, also ich weiß nicht«, begann er.

Giordano schüttelte den Kopf. »Nein, das ist wirklich nichts für ein junges Mädchen, das Blut und die Schreie der Patienten. Das reicht wirklich, wenn du sie von draußen hörst.« Halb enttäuscht, halb erleichtert senkte Auria den Blick. Sie sträubte sich gegen die Bevormundung, aber das Leid der Menschen erschreckte sie auch und sie war sich nicht sicher, ob sie dem Anblick eines durchs Fleisch schneidenden Messers gewachsen wäre.

»Ich werde dir trotzdem erst einmal den Rest unseres Hospitals zeigen«, erklärte Bertrand gut gelaunt. Nacheinander führte er sie vorbei am Männersaal, der an der breiten Seite des Kreuzgangs zu ebener Erde lag. Ein eigenes Infirmarium zur Pflege der kranken Brüder, wie in der kleinen Benediktinerabtei in Galata, gab es nicht. Die kranken Brüder wurden bis zu drei Tagen in der eigenen Zelle gepflegt, spätestens dann kamen sie zu den erkrankten Armen und Pilgern und erhielten dieselbe Pflege wie diese. So war das Hospital gleichzeitig Infirmarium, hospitale pauperum, also Armenspital, und Xenodochium, eine Pilger- und Fremdenherberge, in einem. An den beiden anderen Hofseiten befanden sich das Refektorium der Brüder, eine Apotheke und eben jener Eingriffsraum, von dem aus ihre Besichtigung den Ausgang genommen hatte.

»Wir haben zwei Ärzte hier. Der eine ist Bruder Danolo, ein Benediktiner aus Salerno. Der andere arbeitet gegen Lohn für uns. Meister Platearius, der ebenfalls an der *civitas salernitatis*, der hoch gerühmten Medizinischen Schule des Klosters Montecassino, studiert hat«, erklärte Marcello stolz. Dazu gab es eine Küche, deren Rückwand an die Kirche Santa Maria Latina stieß.

Besonders wies Bertrand sie auf die bunten Fresken in den Krankensälen hin. »Die hat Bruder Dudon gemalt«, erklärte er stolz. Die Kunstwerke konnten sich zwar nicht mit denen in der Kathedrale von Amalfi messen, aber sie gaben dem tristen Krankensaal doch ein fröhlicheres Aussehen. Und noch etwas fiel Auria gleich auf: Bei aller Arbeit und Mühe gab es einen Unterschied zu Santa Andrea in Galata. Die Männer und die wenigen Frauen von St. Magdalena bildeten eine große Gemeinschaft, in der der Geist ihres Meisters Gerhards, des »servus et minister hospitalis« – Sklave und Diener des Spitals, wie er sich selbst stets bescheiden nannte –, herrschte. Auria fühlte sich gleich aufgenommen in diese Gemeinschaft. Die Brüder strahlten eine überlegene Ruhe und gleichzeitig doch eine Nähe aus, die die junge Frau tief beeindruckten.

David

Ikonium, Januar 1097

Das war außergewöhnlich. David hatte in den letzten Monaten, die er im Dienste Meister Bahrams stand, in der Darüssifa fast täglich Kranke gesehen. Dabei war ihm schon einiges Staunenswertes untergekommen, aber noch nie ein solch riesiger Kopf! Die Eltern trugen den Knaben von vielleicht eineinhalb oder zwei Jahren, denn selbst laufen konnte er offenbar nicht. Seine Gliedmaßen waren normal ausgebildet, aber allein das Gewicht des Kopfes musste verhindern, dass das Kind auf eigenen Füßen stehen könnte. Rasch lief David zur Tabhane hinüber, wohin sich der Meister zur Mittagsruhe zurückzog. Anders als Persisch, verstand David noch nicht genügend Türkisch, um mit den Eltern zu sprechen. Wie erwartet, fand er Bahram in seinem Raum in der Sufiherberge.

»Ein großer Kopf, sagst du?« Bahram stand umständlich von seiner Liege auf. »Hast du schon einmal etwas vom Wasserkopf gehört?«, fragte er, während er sich den Turban band. David nickte eifrig. Bahram hatte es sich zur Gewohnheit gemacht, seinen Sklaven wie einen Schüler zu prüfen.

»Schon«, erklärte David eifrig. »Der große Hippokrates hat davon geschrieben, glaube ich. Der Kopf füllt sich mit Wasser und wird daher größer? Aber welcher Körpersaft es bewirkt, das habe ich vergessen.« Er schaute so bedrückt, dass Bahram lachen musste.

»So weit, so gut. Aber hier hilft ohnehin kein Aderlass. Abu al-Quasim Khalaf ibn al-Abbas al-Zaharawi, ein großer Arzt, der vor nicht allzu langer Zeit in al-Andalus lebte, ein Araber, kein Perser«, fügte er hinzu und schaute dabei so, als würden ihn seine eigenen Worte überraschen. »Jedenfalls hat er neben seinen umfangreichen Arbeiten zur Kauterisation, also dem Ausbrennen, von Wunden empfohlen, beim Wasserkopf durch eine Punktion das Wasser abzulassen. Und zwar dort, wo über der Stirn die vier Schädelknochen ein Loch lassen. Das geht natürlich nur bei Kindern. Wie alt, sagtest du, sei der Knabe?«

»Vielleicht zwei Jahre«, erklärte David. »Nun, dann sollte es mir gelingen. Man darf nur nicht genau in der Mitte punktieren, denn dort findet man Blut statt Wasser.« David schaute ihn mit offenem Mund an.

»Du meinst, je nachdem, wo man den Kopf punktiert, kommt entweder Wasser oder Blut heraus?«, fragte er wissbegierig.

»Ja«, bestätigte Bahram. »Und wenn ich alles richtig mache, wirst du in wenigen Augenblicken zumindest das Wasser sehen«, versprach er und stieß die Tür zur Darüssifa auf. Der Vater des Kranken sprang auf, ergriff sofort die Hand des Arztes und verbeugte sich tief. Nicht ohne einen Schwall für David unverständlicher Worte auszustoßen. Bahram ließ es über sich ergehen und wartete, bis der Fremde ausgeredet hatte. Dann gab er ein paar scharfe Sätze von sich, die David ebenfalls nicht verstand. Aber die Mutter des Knaben, die am anderen Ende des Raumes mit dem Kleinen auf den Knien hockte, begann zu wimmern. David schloss daraus, dass sein Herr über die Notwendigkeit eines Eingriffs gesprochen hatte. Doch es blieb ihm nicht viel Zeit, denn Bahram wandte sich auf Persisch an ihn. »Bring mir ein Bündel sauberes Schilfrohr und mein chirurgisches Besteck!«, befahl er.

David schluckte. Er hatte bisher schon verschiedenen Eingriffen beigewohnt, meist Wunden, die der Arzt fachkundig säuberte und vernähte, aber noch keinen am Kopf. Rasch lief er, das Geforderte zu besorgen. Als er zurückkehrte, lag das Kind bereits auf einem Tisch auf einem sauberen Leinentuch. Weitere Tücher lagen bereit, um Blutungen, oder was auch immer zum Vorschein kommen mochte, aufzunehmen und zu stillen.

»Vor allem ist es bei jedem Eingriff entscheidend, schnell zu sein«, erklärte Bahram. »Deshalb ist es von höchster Wichtigkeit, alles so vorzubereiten, dass einem nachher nichts fehlt. Zweitens benötigt der Chirurg einen Gehilfen, der ihm alles Benötigte sofort in die Hand legt.« David machte große Augen. Außer den verzweifelten Eltern und ihm befand sich niemand mehr im Raum. Würde der Meister ihn auch bei diesem heiklen Eingriff assistieren lassen?

Bahram band sich seine Lederschürzte um, die er allgemein bei chirurgischen Eingriffen trug, um seine Kleider nicht mit dem Blut der Patienten zu besudeln. Er wusch sich die Hände in einer Schale mit warmem Wasser. Eine Angewohnheit, die David von rituellen Waschungen vor religiösen Handlungen kannte. Doch es erschien ihm auch hier angemessen. Ein Eingriff, der das Leben des Patienten kosten konnte, war zwar vielleicht keine heilige, aber doch eine sehr würdevolle Handlung. Bahram richtete seinen Blick auf den Patienten.

»Wie lange geht das schon so?«, fragte er, was David zu seiner Freude zumindest vom Sinn her verstand. Doch die Ernüchterung folgte sogleich. Vom Rest der Anamnese, da sie auf Türkisch geführt wurde, verstand er nur einzelne Worte. Offensichtlich hatte das Kind zunächst normal laufen gelernt, es dann aber wieder verlernt. Vor Monaten bereits, doch das Problem schien sich in den letzten Tagen zu einer akuten Krisis gesteigert zu haben. Das Kind klagte zuerst über Kopfschmerzen und übergab sich, dann vor zwei Tagen hörte es gänzlich auf zu essen und fiel in eine Art unruhigen Schlaf.

»Siehst du die Augen?«, wandte sich Bahram wieder auf Persisch an David. Der zuckte zusammen, blickte dann aber wie geheißen auf den Knaben. Da das Kind die Augen geschlossen hielt, hob er ihm vorsichtig die Lider. Wieder erschrak er. Die Pupillen standen nicht, wie bei allen anderen Menschen, in der Mitte der Augen, sondern am unteren Rand, gerade so wie die aufgehende Sonne am Horizont. Fragend blickte er zu seinem Meister. Der nickte.

»Das habe ich erwartet«, kommentierte er. »Nun halte den Kopf des Knaben fest. Du musst ihn unbedingt ruhig halten, egal ob der Kleine zappelt oder versucht aufzustehen, damit der Strohhalm nicht zu früh aus der Wunde rutscht, bevor genügend Wasser abgeflossen ist«, erklärte Bahram eindringlich. Der Vater nickte entschlossen, doch die arme Mutter brach wieder in Wehklagen aus. Wortlos übernahm David ihren Platz und drückte den Kopf des Kindes vorsichtig, aber bestimmt auf die Tischplatte. Bahram betastete sein Operationsgebiet.

»Die Knochen stehen weit auseinander«, kommentierte er. »Vermutlich können sie sich nicht schließen, weil der Kopf so schnell wächst.« David hörte ihm mit offenem Mund zu. Dann griff der Meister ein sehr scharfes Rasiermesser. David hielt die Luft an. Wollte er mit der großen Klinge schneiden? Doch der Chirurgus setzte das Messer an und rasierte eine etwa handtellergroße Stelle am Kopf.

»Damit ich sehe, was ich tue«, erklärte er auf Persisch. »Und nun beginne ich«, bemerkte er ins Türkische wechselnd. Er legte das Rasiermesser zur Seite und griff ein feines Stilett. Damit stach er in der Mitte der rasierten Stelle, etwas rechts von der Mittellinie, in die Haut. Es blutete, doch die Wunde war klein und die Blutung hielt sich in Grenzen.

»Tupfe das Blut mit dem Leinentuch hier weg«, befahl Bahram. David griff gehorsam mit der Linken nach dem Tuch, die Rechte drückte weiter den Kopf auf den Tisch. Doch das Kind leistete nur schwache Gegenwehr. Bahram setzte das Messer neu an und stach tiefer. Dann warf er das Messer in die Schale zurück und griff einen langen glatten Strohhalm, den er zuvor ausgesucht hatte. Den stach er nun senkrecht in das Loch und schob ihn langsam in die Tiefe. Mit angehaltenem Atem starrte David auf das Ende des Halms. Bahram schnaufte und die Mutter schluchzte auf, aber gerade in dem Augenblick ergoss sich ein Strahl klarer Flüssigkeit durch den Halm.

»Schnell, nimm das Harnglas und fange ein wenig von dem Wasser auf!«, befahl Bahram. David griff das bereitstehende Glas und hielt es unter den Strahl. Er füllte es nahezu vollständig, bevor der Wasserfluss an Kraft abnahm. Schließlich ging er in ein langsames Tröpfeln über. Bahram wartete noch einige Augenblicke, dann zog er den Schilfhalm zurück und warf ihn achtlos auf den Boden. Er griff ein Tuch und drückte es auf die Wunde.

»So, noch eine Naht, und alles ist überstanden«, erklärte er beschwichtigend in Richtung der Mutter. Doch David achtete nicht auf sie. Die Veränderung, die mit dem Kind vor sich ging, beanspruchte seine ganze Aufmerksamkeit. Bisher hatte es lediglich apathisch auf dem Rücken gelegen und wenig Widerstand geleistet, aber nun wurde es wacher, von Augenblick zu Augenblick! Und er hatte bei dem Eingriff helfen dürfen. Stolz und Dankbarkeit gegen seinen Meister ergriffen ihn wie eine Woge.

»Reich mir das Harnglas mit dem Wasser«, forderte Bahram ihn auf. Die Flüssigkeit war wasserklar. Vorsichtig roch er erst daran und probierte sie dann. »Süß«, erklärte er. »Ganz wie Abu al-Quasim es geschrieben hat.« David sah ihm ehrfürchtig zu. »Jetzt sollte es besser mit dem Knaben werden«, wandte er sich zuversichtlich an die Eltern. Tatsächlich konnte das Kind bereits eine Stunde nach dem Eingriff wieder trinken und schluckte den ihm gefütterten Brei. Die Mutter war überglücklich und überhäufte Bahram wie auch David mit Dankesbekundungen.

Am nächsten Morgen sah David früh nach dem kleinen Patienten, der sich mit seinen Eltern immer noch in der Darüssifa befand. Es ging dem Knaben immer noch besser als vor dem Eingriff, doch David bemerkte, dass das Haar um die Punktionsstelle verklebt war. Die Mutter zeigte ihm daraufhin auch das Lager – in der Decke hatten sich deutliche Flüssigkeitsränder abgezeichnet. Offensichtlich war in der Nacht weiteres Wasser aus der Wunde ausgetreten. David lief sogleich zu Bahram und berichtete ihm seine Beobachtung.

Der wiegte das Haupt. »Vielleicht hat die einmalige Entleerung nicht ausgereicht«, meinte er zweifelnd. »Darüber hat Abu al-Quasim nichts geschrieben.« Doch den Tag über zeigte sich der junge Patient weiterhin gebessert.

Das Fieber kam erst am Folgetag. David war diesmal sehr früh dran und weckte die Eltern mit seinem Besuch. Doch das Kind selbst wurde nicht recht wach. Erst als er versuchte, den Kopf des Knaben anzuheben, stöhnte dieser laut und riss die Augen auf. Der Hals aber blieb steif und die Stirn war von Fieber erhitzt. Sofort lief er in die Tabhane hinüber und weckte seinen Meister. Mit einem Fluch, ein äußerst seltenes Ereignis bei dem sonst so sanften Sufi, sprang der aus dem Bett und warf sich hastig den Mantel über. »Seit wann geht das so?«, fragte er während des Laufens.

Doch David konnte es nicht sagen. »Als ich gerade hinüber in die Darüssifa ging, um nach unserem Patienten zu sehen, fand ich ihn so«, erklärte er stockend.

Als sie ankamen, hatte sich wieder Flüssigkeit aus der Einstichstelle am Kopf entleert. Doch diesmal war es eine trübe Brühe, die zu allem Überfluss auch noch übel roch. Wenige Stunden später schnappte das Kind stöhnend nach Luft. Der Nacken war inzwischen so steif, dass es nur auf dem Hinterkopf und dem Gesäß lag und sich der Rücken dazwischen wie eine Brücke spannte.

Bevor die Sonne unterging, war der kleine Patient verstorben.

Auria

Jerusalem, Februar 1097

Pantaleone war nicht der einzige Spender«, erklärte ihr Bruder Auger, ein stämmiger Amalfitaner. Er war so etwas wie der Cellerar, der Kellermeister und Verwalter des Spitals. »Dankbare Pilger und um ihre Seele besorgte Kaufherren«, hierbei machte er mit der Hand die Geste des Münzenzählens und hob vielsagend die Brauen, »haben dem Spital eigene Ländereien geschenkt, nicht nur bei Amalfi, sondern auch in der Provence, und von unserem Bruderhaus in Antiochia hast du sicher auch bereits gehört. So kommt es, dass das Spital bereits zur Zeit des letzten Meisters Anzelinus weitgehend auf eigenen Füßen steht. Die Benediktiner von St. Maria halten hier nur noch die Gottesdienste.«

»Es sind auch etliche Provenzalen unter den Brüdern, wie ich bemerkt habe?« warf Auria ein. Ihre Zunge war jener der Genuesen nicht unähnlich, hatte aber eine andere Melodie.

»In der Tat. Selbst unser neuer Meister, Gerhard Sasso, kommt aus Martiques in der Provence. Aber das soll man ihm nicht vorhalten. Er ist ein wahrer Heiliger!« Auria hatte den Vorsteher des Spitals natürlich schon kennengelernt, wobei sie heute zum ersten Mal etwas über seine Geschichte erfuhr. Er selbst nannte sich stets nur Bruder Gerhard, kleidete sich in den gleichen schlichten schwarzen Mantel wie alle dienenden Brüder und sprach nie über sich oder seine eigenen Wünsche. »Ich will dir später mehr erzählen. Gleich beginnt die heilige Messe.«

Sie eilten in den großen Saal des Spitals, wo sich gemäß der Consuetudines, der nur mündlich überlieferten Regel des Hospitals, alle Brüder am Sonntag versammelten, um gemeinsam die Messe zu feiern. Die Regel lehnte sich an jener des heiligen Augustinus an, wie es ja auch die Augustiner Chorherren gewesen waren, die zuerst von St. Ruf bei Avignon aus Nächstenliebe und die Errichtung von Armenhospitälern predigten und die Idee dann in alle Länder Europas getragen hatten. Damit war die im Hospital herrschende Regel etwas milder als die in St. Maria geltende Benediktinerregel. Sie erlaubte es jenen Kranken, die zu schwach waren, um für den Gottesdienst aufzustehen, in ihren Betten zu bleiben.

Als Auria in den Krankensaal kam, war der Priester noch nicht eingetroffen.

»Hilfst du dabei, diese Kranken mit den bunten Decken für das Hochamt vorzubereiten?«, bat Auger. Willig nahm Auria eines der kostbaren Tücher und deckte es vorsichtig über einen alten Araber, der von seinem blutigen Husten verzehrt wurde. Der Alte nickte dankbar. »Niemand sollte wegen des fehlenden festlichen Gewandes vom Hochzeitsmahl des Herrn verbannt werden«, erklärte Auger. »Auch die nicht, die zur Messe nicht aufstehen können. Der Evangelist Matthäus berichtet uns in einem Gleichnis nämlich davon, dass ein Gast beim großen Hochzeitsmahl des Herrn vor die Tür geworfen wird, weil er kein festliches Gewand anhat.« Auria hatte diese Geschichte noch nicht gehört und wollte nachfragen, doch da erschien der Priester. Freudig erkannte sie ihren ehemaligen Beschützer Antonius wieder und winkte. Doch der junge Mönch bemerkte es nicht und wandte sich mit ernster Miene dem Altar zu, der in einer kleinen Kapelle untergebracht war, die am Kopfende an den Krankensaal anschloss. Kapelle und Altar waren St. Johannis geweiht.

»Nicht dem Täufer, sondern dem Almosengeber, dem Patriarchen von Alexandria, der sein ganzes Vermögen als Almosen an die Armen verteilte und auch sonst viele Wunder tat«, hatte Bruder Bertrand ihr bereits beim ersten Rundgang durch das Spital erklärt. »Da auch wir den Armen dienen haben die ersten Brüder ihm diesen Altar geweiht. Von ihm stammte auch die Sitte, die Armen mit ›meine Herren‹ anzusprechen, wie es sich auch Meister Gerhard zu eigen gemacht hat.«

Auria folgte dem Gottesdienst nur mit halbem Ohr. Der Tag war anstrengend gewesen, angefüllt mit Waschen und Füttern Bedürftiger. Der Umstand, dass sich ein Brunnen im Hof befand, erwies sich dabei als ein wahrer Segen, so musste sie nicht auf die lauten Gassen hinaus, um das notwendige Wasser zu schöpfen. Über diese Gedanken verrann die Zeit und plötzlich standen die Männer und Frauen um sie herum auf. Hastig folgte Auria ihrem Beispiel. Wie jeden Abend begannen sie das gemeinsame Gebet: »Seignor malades, proies por la pais ...« *Ihr Herren Kranken, betet für den Frieden.*

Es folgten Bitten für die Früchte der Erde, für das Hospital und seine Wohltäter und es schloss mit der Bitte, die Herren Kranken mögen auch für jene beten, die sie pflegten. Zu sehen, wie selbst die Schwächsten unter ihren bunten Decken die letzte Bitte murmelnd wiederholten, ließ Auria immer andächtig erschauern. Sie war sich nicht sicher, ob sie das wirklich verdiente. Aber die Bitten der Kranken, die durch ihr Leiden geläutert waren, wurde vor Christi himmlischem Thron sicherlich eher gehört als ihre eigenen.

Jene, die sich auf den eigenen Beinen halten konnten, folgten nun dem Priester zur Prozession. Antonius besprengte diejenigen, die nicht aufstehen konnten, mit Weihwasser. »Im Namen des allmächtigen Gottes und der heiligen Maria und des heiligen Johannes und der heiligen Armen«, verkündete er dabei.

Mit warmer Dankbarkeit sammelte Auria nach dem Gottesdienst die teuren Decken wieder ein. Dann bekamen die Kranken ihr Essen ausgeteilt. Sonntags gab es sogar etwas Fleisch in einer kräftigen Brühe. Die Brüder und Schwestern versammelten sich stets erst im Refektorium, um ihr eigenes Mahl von irdenen Tellern einzunehmen, nachdem den Herren Kranken auf silbernem Geschirr aufgewartet worden war.

David

Ikonium, März 1097

Was hast du bereits über das Wechselfieber gelernt?«, fragte Bahram streng. David überlegte. Einen Fall von Wechselfieber hatte er in Ikonium noch nicht gesehen. Es war wahrscheinlich noch zu kalt, denn er wusste, dass diese fürchterliche Krankheit regelmäßig im Frühjahr und Sommer unter den Kaiserlichen Heeren in Rom wütete.

»Ich habe gehört, dass es durch abgestandenes Wasser aus den Sümpfen verursacht wird, wenn das Wetter warm wird. Hippokrates lehrte, dass dieses Zuviel an Wärme und Feuchtigkeit ein Ungleichgewicht der Säfte bewirkt, sodass das Blut überwiegt und der Mensch Fieber bekommt. Und er sagt, das Dreitagefieber sei schlimmer als das Viertagefieber. Die Römer hielten es eher für eine Folge schlechter Luft und nennen es daher Malaria. Marcus Terentius Varro schließlich vertrat eine sehr merkwürdige Theorie: Er behauptete, das Fieber würde durch winzige, vom Auge nicht zu erkennende Tiere verursacht, die man mit der Luft einatmet.«

Bahram nickte zufrieden. »Es gelingt dir gut, das, was du zu Hause gelernt hast, und das Neue, das du hier siehst, zusammenzubringen«, lobte er. »Wir haben gerade eine junge Frau eingeliefert bekommen. Birgül heißt sie.« David blickte ihn verwundert an. Was war daran so außergewöhnlich? Neue Patienten kamen schließlich jeden Tag und die Hälfte waren Frauen. »Sie ist die

Tochter eines hohen Beamten bei Hofe«, fügte Bahram hinzu, als er Davids Blick bemerkte. Der nickte.

»Dann spricht sie wenigstens Persisch«, stellte er mit einem schiefen Grinsen fest. Die Muttersprache seines Herrn war auch die Hofsprache Sultan Arslans und in der Külliye wurde ebenfalls meist Persisch gesprochen. Bahram war nicht der einzige Gelehrte in Ikonium. David beherrschte diese Sprache immer noch sehr viel besser als das Türkisch der Seledschukischen Herrscherschicht und der übrigen oghusischen und turkmenischen Reiternomaden, auf die Sultan Arslan seine Herrschaft stützte. Die überwiegend christlich-orthodoxe Bevölkerung sprach hingegen Griechisch, mit dem er inzwischen auch leidlich zurechtkam.

»Das stimmt«, bestätigte Bahram. »Aber das hilft nicht, wenn ich sie nicht untersuchen darf. Der Vater ist Richter und sehr streng. Ein strikter Anhänger der malikitischen Rechtsschule, wie Kadi Abū 'Umar ibn Yūsuf, der al-Halladsch damals in Bagdad mit seiner Fatwa der Irrlehre und Lästerung bezichtigte und ihn damit zum Tode verurteilte!« David schluckte. Die Untersuchung höher gestellter Patientinnen war immer ein Problem, aber die Position und Haltung des Vaters war mehr als ernst zu nehmen. »Du verstehst sicherlich, wie wichtig es ist, dass ich sie behandeln kann, denn sie ist mit dem Hause des Sultans verwandt und ihr Vater hat großen Einfluss«, setzte Bahram nach. Er blickte sich kurz um, als ob er sich vergewissern wollte, dass sich sonst niemand im Raum befand, doch sie waren alleine. »Der Kadi beobachtet uns Sufis stets mit großem Misstrauen und argwöhnt überall Blasphemie. Wenn wir ihr nicht helfen können …« Er ließ den Satz unvollendet.

David schluckte und musste an das Schicksal des unglücklichen al-Halladsch denken. »Kann ich denn etwas tun?«, fragte er schüchtern.

Bahram nickte grimmig. »Wenn es sich um Wechselfieber handelt, wie ich vermute, dann gibt es eine geheime Behandlungsmethode, die manchmal wirkt. So Gott will.« Er machte eine Pause. »Aber wenn es nicht das Fieber ist, dann kann diese Behandlung den Körper weiter schwächen, und ich wage nicht zu denken, was uns dann bevorsteht. Wir sind schließlich nur Fremdlinge hier. Du genauso wie ich.«

»Aber was kann ich da beitragen?«, fragte David stirnrunzelnd.

»Du wirst dich als Frau verkleiden und sie untersuchen. Dafür kannst du uns nicht nur aus dieser misslichen Lage befreien, sondern du wirst auch die geheime Behandlung des Wechselfiebers erlernen und ich werde dich hinfort nicht mehr als meinen Diener, sondern als meinen Schüler annehmen.«

David wurde heiß. Das war mehr, als er zu hoffen gewagt hätte! Das war das, was er sich eigentlich wünschte. »Aber wenn dieser strenge Vater Verdacht schöpft oder mich erwischt?«, fragte er trotzdem.

Bahram schüttelte energisch den Kopf. »Das wird er nicht. Und ich wüsste nicht, wem ich sonst vertrauen könnte und wer ausreichend Verständnis für die notwendigen Dinge hat! Dich habe ich in den letzten Monaten bereits viel gelehrt und du bist mir ein überaus vielversprechender Schüler.« David errötete über das Kompliment. Doch Bahram ließ ihm keine Zeit zur Erwiderung. »Am besten, du versteckst dich in der Tabhale, bis ich auf dem Markt Frauenkleider für dich gekauft habe. Da kommt es uns entgegen, dass du wegen all der Arbeit hier in der Stadt nicht oft gesehen wurdest. Dich wird schon niemand erkennen.«

Wohl war David bei der Sache ganz und gar nicht. Doch auch er musste gestehen, dass die Person, die ihm aus der Wasserschale entgegenblickte, wie eine züchtig verhüllte Magd aussah. »Du kommst aus Konstantinopel, daher dein merkwürdiger Akzent, und eigentlich musst du überhaupt nicht reden. Das übernehme ich von hinter dem Wandschirm«, instruierte ihn Bahram.

Als David wenig später das Untersuchungszimmer betrat, lief ein großer Mann mit schwarzem Bart und einem prächtigen weißen Turban ungeduldig auf und ab. Kadi Ibrahim ibn Seldschuq. Die Kranke befand sich bereits hinter einem Wandschirm aus blickfestem Stoff. Bahram schob ihn ohne Weiteres direkt an dem Schirm vorbei. Dort lag die Patientin in eine Unzahl von Decken gehüllt auf einem Diwan. Aus großen, fiebrig glänzenden Augen blickte sie ihm entgegen. David starrte aus gleichfalls aufgerissenen Augen zurück. Auf diesen Anblick war er nicht vorbereitet. Auch jetzt, wo ihre Wangen vom Fieber gerötet und eingefallen waren, war sie noch eine Schönheit. Ihr schwarzes Haar klebte verschwitzt um das ebenmäßige Gesicht. Leidend und gleichzeitig hoffnungsvoll blickte sie ihm entgegen, doch David war nicht in der Lage, sich zu bewegen. Gebannt starrte er das Mädchen an.

»Ist die Stirn feucht? Und ist sie kalt oder warm?«, erklang Bahrams Stimme ungeduldig hinter dem Wandschirm.

David schluckte, nahm seinen Mut zusammen und nickte dem Mädchen zu, das etwa in seinem Alter sein musste. »Heiß und schweißnass«, erklärte er heiser, ohne sie berührt zu haben. Wie ich selbst, fügte er noch in Gedanken hinzu.

»Dann sieh dir ihre Nägel und die Haut der Hände an. Ist sie ausgetrocknet?«

David ergriff zögernd die zarte Hand, die das Mädchen ihm entgegenstreckte. Mit Gewalt konzentrierte er sich auf seine Aufgabe. Es galt, sie zu retten. In Gedanken war das Mädchen seiner Träume immer blond gewesen, doch daran kamen David nun Zweifel. Hatte Gott überhaupt ein herrlicheres Geschöpf gemacht als dieses Mädchen? Er versuchte, eine Hautfalte von ihrem Handrücken abzuheben, wie er es bei seinem Herrn bereits Hunderte Male gesehen hatte. Doch die Haut zog sich sofort wieder straff, nachdem er sie losgelassen hatte. »Nicht trocken«, kommentierte er.

»Dann lege ihr das Ohr an die Brust, damit du den Herzschlag besser hörst. Und dabei fühlst du den Puls am Handgelenk«, befahl der Arzt von jenseits des Schirms.

Das junge Mädchen schob bereitwillig die Decken zur Seite und hob das Obergewand. Davids Atem stockte, als sie ihre Brust entblößte. So hatte er noch keine junge Frau gesehen. Er war froh, dass der Schleier den größten Teil seines Gesichtes bedeckte und er so weite Kleider trug. Wie befohlen, legte er dann das Ohr an die linke Brust, die sich warm und weich anfühlte. Zuerst war er nicht sicher, ob er neben dem eigenen rauschenden Blut überhaupt etwas hörte, doch das Herz der jungen Patientin schlug schnell und hämmerte förmlich gegen den Brustkorb. Der Puls dagegen war fliegend und leicht. Er rief seine Beobachtungen in Richtung des Wandschirms.

»Und jetzt nimm mein Harnglas und lass sie hineinurinieren. Probieren werde ich aber selbst, Davu …«, er unterbrach sich im letzten Moment. David überkam schon wieder eine Hitzewelle, allerdings ganz anders als gerade noch. Doch der gestrenge Vater war zu aufgeregt, um Verdacht zu schöpfen. David lief rasch zum Wandschirm und holte das Harnglas. Doch als er sich umwandte, trafen seine Blicke kurz auf die des Mädchens. Ein flaues Gefühl machte sich in seiner Magengegend breit. Hatte sie die Charade durchschaut? Ohne etwas zu sagen, hielt er ihr das Harnglas hin. Sie hatte die Brüste noch nicht wieder bedeckt und löste nun auch noch das Beinkleid. David blickte verschämt weg. Er war sicher mehr als nur rot im Gesicht. Doch schließlich reichte sie ihm das halb gefüllte Glas. Der Urin roch sauber und er erkannte keine Trübung. Aber das müsste der Meister beurteilen. Mit einer eigenartigen Mischung von Gefühlen flüchtete er sich hinter den Wandschirm, übergab das Glas und verließ mit bescheiden gesenktem Kopf den Raum. Der Vater beachtete ihn nicht.

»Das hast du gut gemacht!«, lobte ihn Bahram, als er wenig später in sein Zimmer trat. »Sei so gut und zieh dich wieder normal an, dann geh in die Apotheke und besorge mir einjährigen Beifuß«, befahl er. »Ich will einen Sud kochen. Ich bin mir ziemlich sicher, dass sie das dreitägige Wechselfieber hat. Gott steh uns bei, wenn das in diesem Jahr schon so früh anfängt!«

»Für mich ist der größte Gelehrte der Chirurg Susruta«, erklärte Bahram, als er wenig später damit begann, den Trank anzurühren.

»Er lebte vor vielen Hundert Jahren im fernen Indien, noch jenseits von Persien. Aber der Gelehrte Hakim Yahya ibn Barmak hat seine Werke ins Persische übersetzt und ich durfte die Texte in Bagdad studieren, bevor ich von dort fortging.« Kurz trübte sich sein Blick, doch gleich strafften sich seine Züge wieder. »Susruta hat zwar hauptsächlich Operationen beschrieben, von denen wir heute nur noch träumen können, aber er hat sich auch mit der Königin der Krankheiten befasst. Seiner Ansicht nach gehört sie zu den fünf Krankheiten, die durch den Stich bestimmter Mücken übertragen werden. Und genau wie Susruta selbst kommt auch diese Königin der Krankheit aus dem Osten. Aus der Sphäre des Jupiter, des Königs der römischen Götter und der Planeten. Ganz wie es sich für eine Königin anschickt. Die Mücken leben in der Luft im Element des Ostens, und so haben sowohl Hippokrates als auch Varro nicht ganz Unrecht. Durch den Stich gelangt sie dann ins Blut, das, wie du weißt, ebenfalls zum Reich des Jupiters gehört. Dazu passt auch, dass die Krankheit gemeinhin im Frühling und Sommer aufzutreten pflegt, bei feuchtwarmem Wetter. Und sie löst das Fieber aus, was zweifelsfrei eine feuchte und heiße Krankheit darstellt. Du weißt doch um die göttliche Ordnung?«

»Die Ordnung der vier?«, fragte David.

Bahram nickte. »Die vier Säfte, die Himmelsrichtungen, die Jahreszeiten …«

»Der vierte Buchstabe des hebräischen Alphabets heißt ›Daleth‹«, warf David ein. »Das bedeutet auch Tür, die Tür zwischen Himmel und Erde. Es ist auch die Zahl der Weltreiche, wie sie der Prophet Daniel beschreibt.«

»Das stimmt. Und vier waren die ersten Kalifen, Abu Bakr, Umar, Utmân und Ali. Selbst die Christen wissen um die Bedeutung der göttlichen Vollkommenheit. Sie haben vier Evangelien, die ihrer Meinung nach den Propheten Jesus von Nazareth erst zusammen vollkommen beschreiben. Aber wie dem auch sei. Auch die Heilung der Krankheit kommt aus dem Osten. Am östlichen Ende der Erde, in einem Land, das man ›Chang an‹ nennt, verwendet man eine Tinktur aus dem einjährigen Beifuß zur Behandlung der Königin der Krankheiten. Wir werden sehen, ob es hilft. Und beten.«

Ja, ich werde beten, stimmte ihm David in Gedanken zu. Vielleicht hatte Gott seine Kinder doch noch nicht verlassen? – Die Existenz eines Geschöpfs wie Birgül ließ eigentlich keinen anderen Schluss zu, und auch sein Glück mit Meister Bahram – er sah hier Dinge und lernte Geheimnisse der Medizin, von denen in Magenza auch die Lehrer und Klosterbrüder nichts wussten!

Nachdem der Sud bereitet war, schlüpfte David wieder in seine Verkleidung. Dann brachte er Birgül die frisch gebraute Tinktur. Sie schluckte das bittere Zeug herunter, unterbrochen von Hustenanfällen, aber doch tapfer und willig. Und wie schon oft bei anderen Kranken, blieb es an David, die Nacht über bei ihr zu wachen. Wenigstens zog sich der Kadi bald zurück und ließ die Kranke mit ihrer neuen Pflegerin allein.

Wenn das Mittel wirkte, hatte Bahram prophezeit, würde das Fieber in der Mitte der Nacht sinken. Doch danach sah es leider nicht aus. Birgül war am frühen Abend in eine Art fiebriger Trance verfallen und murmelte im Fieberwahn unverständliche Dinge. Wild warf sie sich von einer zur anderen Seite. David versuchte, sie zu beruhigen. Behutsam tupfte er ihr den Schweiß von der Stirn. Plötzlich traf ihr Blick wieder auf seinen. Einen Augenblick, der voller Klarheit schien, versanken ihre Blicke ineinander, dann trübte sich ihr Blick wieder und sie wandte sich stöhnend ab. Er feuchtete seinen Lappen neu an und kühlte ihre Stirn. Täuschte er sich, oder war ihre Temperatur gestiegen? Er musste Bahram benachrichtigen! Doch konnte er das Mädchen, das sich wieder wild wälzte, alleine lassen? Warum konnte der Meister nicht mit ihm wachen? Wieso musste er die Verantwortung alleine tragen? Vor Angst, Wut und Selbstmitleid kamen ihm fast die Tränen. Ein Stöhnen des Mädchens brachte ihn dazu, sich wieder zusammenzureißen. Was brachte das Gejammer? Zudem hatte er allen Grund, seinem Herrn von Herzen dankbar zu sein. Und was sollte er schon tun? Mehr als den Sud bereiten konnte er auch nicht. Sanft drückte David das Mädchen aufs Lager zurück. »Scht«, machte er. »Es wird alles gut werden. Ich bin bei dir und passe auf«, murmelte er und wunderte sich selbst, woher er die Zuversicht in seiner Stimme nahm.

Plötzlich schrak David auf. Wo war er? Erst langsam kehrte seine Erinnerung zurück. Er hatte sich kurz gesetzt und musste eingeschlafen sein! Doch was war mit der Patientin? Die Öllampe war ausgebrannt und er stand auf, um sie neu zu befüllen. Doch irgendetwas war anders als vorher. Da fiel es ihm ein. Die Schlafende wälzte sich nicht mehr.

»Birgül!«, rief er. Die Öllampe fiel scheppernd zu Boden. Mit zwei Sprüngen war er am Bett des Mädchens. Sie lag still mit geschlossenen Augen. Sie ist tot!, schoss es ihm durch den Kopf. Dieses wunderbare Geschöpf! Die Kreuzfahrer mochten ihr Leid verdient haben, aber dieses wunderbare, unschuldige Geschöpf? Gott, warum? Was würde der Vater nun mit ihm anstellen? Doch da öffnete sie plötzlich die Augen. David stockte der Atem. »Dank sei IHM«, entfuhr es ihm. Sie blickte ihn verständnislos an. In seiner Aufregung hatte er hebräisch gesprochen. Behutsam legte er ihr die Hand auf die Stirn. Sie war feucht, aber deutlich kühler. »Du musst ruhen«, flüsterte er auf Persisch. »Dann wird alles gut.«

David

Ikonium, April 1097

Seitdem Bahram Birgül aus der Darüssifa entlassen hatte, war das Leben ohne Farbe, ohne Freude. Falls Bahram allerdings etwas von der trüben Stimmung seines Schülers bemerkt hatte, schwieg er dazu. Er hatte auch keinen Grund zu klagen, denn

David flüchtete sich in die Arbeit und das Lernen. Bahram unterstützte ihn, wo er konnte, und ließ David inzwischen einfache Fälle alleine behandeln. David berichtete seinem Meister dann erst nach Sonnenuntergang, was er empfohlen hatte, wenn die noch wartenden Patienten sich für die Nacht zurückzogen, um am nächsten Morgen weiter vorne in der Schlange der Rat und Linderung Suchenden zu stehen. Doch eines Abends, nachdem sie besonders viele Patienten gesehen hatten, legte ihm der ältere Arzt die Hand auf die Schulter. »Nun sollte es ruhiger werden in Ikonium.«

David blickte sich überrascht um, er hatte diese vertrauliche Geste nicht erwartet. »Warum das?«, fragte er. Die heiße Jahreszeit begann doch erst, und mit ihr die Saison für das Wechselfieber und zahlreiche andere Seuchen.

»Weil Kilidsch Arslan gegen Ghazi den Danischmenden zieht.«

»Gegen wen?«, fragte David verwirrt. »Muss er sich denn nicht gegen das Kreuzfahrerheer verteidigen?«

Bahram schüttelte den Kopf. »Er fürchtet die militärischen Fähigkeiten deiner Landsleute nach den Siegen bei Nicäa nicht mehr besonders«, erklärte er mit gehobenen Brauen.

David schluckte. »Aber das waren doch nur Bauern! Ein wilder Haufen Taugenichtse!«

Bahram kräuselte die Stirn.

»Das waren Leute, die nicht mehr vom Krieg verstanden als ich. Aber nun kommen echte Ritter und der Sultan wird es schwer haben, gegen die zu bestehen. Er sollte sie einfach nach Jerusalem ziehen lassen. Das ist ihr eigentliches Ziel«, rief David.

Bahram seufzte. »Was sie suchen, werden sie weder in Jerusalem finden noch in Mekka, sondern nur in sich selbst.«

David blickte ihn mit großen Augen an. Flüchtig musste er wieder an Rabbi ben Ezer denken. Dann kam ihm ein anderer Gedanke. »Wo siedeln denn diese Danischmenden?«, wollte er wissen. »Und werden auch die Seldschukenführer aus Ikonium mit dem Sultan ziehen?«

»Im Osten von hier«, erklärte Bahram. »Und wenn der Sultan selbst in den Krieg zieht, dann folgen ihm alle hohen Würdenträger des Reiches. Die Seldschuken stammen von wilden Reitern ab, und die einzelnen Stämme wohnten immer verstreut in der Steppe, aber für den Krieg vereinigen sie sich.« David überlegte kurz, ob er es wagen sollte, weiter zu fragen. Eigentlich interessierte ihn nur, ob auch Kadi Ibrahim in den Krieg ziehen würde. Doch er entschied sich dagegen. Das würde er schon selbst herausfinden.

Wenige Tage später, an einem Freitag, an dem die Bewohner der Külliye wie alle Seldschuken und übrigen frommen Anhänger des Propheten Mohammed ruhten, schlenderte David durch die Gassen von Ikonium. Diese waren trotz des Freitags belebt, denn die meisten Bewohner hier waren griechische Christen. David wusste längst, wo sich das Haus des Kadis befand, und tatsächlich lag das große, von einer Mauer geschützte Anwesen auffällig ruhig da. Darauf hatte David gehofft, auch wenn er keine genaue Vorstellung davon hatte, wie es ihm nützen sollte. Es war einfach so, dass es ihn zu Birgül zog wie eine Motte zur Flamme. Vielleicht gelang es ihm so, unbemerkt Kontakt zu ihr aufzunehmen? Er hatte Birgül noch einmal auf dem Markt gesehen – von Weitem nur, aber sie hatte ihn in seinen Männerkleidern natürlich nicht erkannt. Doch wenigstens schien sie vollständig genesen zu sein, soweit ihr züchtiger Schleier das beurteilen ließ.

Kurz entschlossen bog er in eine Gasse, die ihn zur Rückseite des Anwesens bringen musste. Dort drückte er sich in den Schatten der Mauer. Sein Herz schlug laut und er wusste nicht, ob es die Furcht war, entdeckt zu werden, oder die Vorfreude auf ein Wiedersehen mit Birgül. Er lauschte einige Atemzüge lang angespannt, konnte aber keinen Laut von jenseits der Mauer vernehmen. Wie von selbst begannen seine Hände die Mauer nach Rissen und Vorsprüngen abzutasten. Es hatte in Magenza kaum eine Mauer gegeben, die er nicht zusammen mit seinem Freund Marcus erklommen hätte. Er fand den gesuchten Halt und stemmte sich mit dem rechten Fuß auf einen kleinen Steinvorsprung ab. Die Mauer war nicht hoch und der nächste Zug brachte seine Hand an die Mauerkrone. Schon hockte er oben auf. Er starrte einen Augenblick in das vor ihm liegende Anwesen hinab. Der Kadi hatte offensichtlich Perser mit der Anlage betraut.

Es handelte sich um einen Paradaidha. Ein persisches Wort, wie Bahram ihm nicht ohne Stolz erklärt hatte, das sowohl im Hebräischen Pardes wie im Deutschen Paradies nachklang und einen geschützten Garten bezeichnete, wie ihn eben nur die Perser anzulegen vermochten. Von einem Brunnen in der Mitte zogen sich vier Bachläufe zu den Seiten des Anwesens, wo das Wasser offenbar unterirdisch gesammelt wurde, denn außerhalb der Mauer war von diesen Bächen nichts zu sehen. David sprang auf das weiche Gras und federte den Sprung mit den Beinen ab. Der Boden verschluckte fast jeden Laut. Vorsichtig schlich er zu einem der Bäume. Doch ein gefährliches Knurren ließ ihn erstarren. Seine Nackenhaare stellten sich auf. Hunde! Schon erklang lautes Bellen. David sprang zurück zur Mauer. Innen war sie bedauerlicherweise verputzt und viel glatter als auf der Außenseite. Das Gebell wurde lauter und er glaubte, die Sprünge der Tiere zu vernehmen – großer Tiere, wie es klang. Verzweifelt lief er an der Mauer entlang. Es konnte nur noch Augenblicke dauern, bis ihn die Hunde zu fassen bekamen! Da versperrte ihm eine weitere Mauer den Weg. Er hatte die Ecke des Anwesens erreicht. Kurz musste er daran denken, was das Schicksal wohl damit bezweckte, ihn ausgerechnet in einem Paradies, noch dazu in nächster Nähe zu Gottes himmlischstem Geschöpf, von wilden Höllenhunden zerreißen zu lassen. Mit einer verzweifelten Kraftanstrengung sprang er ab und bekam die Mauerkrone zu fassen. Seine Finger krallten sich um die scharfen Steine. Kleine Mörtelbrocken rieselten ihm in die Augen, aber er nahm nochmals alle Kräfte zusammen und zog sich hoch. Keinen Augenblick zu früh konnte er das Krachen der zuschnappenden Kiefer unter ihm hören. Er nahm sich nicht die Zeit, einen Blick auf die Bestien hinabzuwerfen, sondern sprang sofort auf der anderen Seite in die Gasse hinab. Jenseits der Mauer mischten sich nun auch menschliche Stimmen in das Gebell. David lehnte sich schwer atmend an die schützende Mauer. Die Stimmen hätten ihn nicht mehr retten können. Er brauchte zwei, drei Atemzüge, um sich wieder unter Kontrolle zu bekommen. Rasch sah er sich um. Niemand hatte ihn gesehen. Rasch lief er los und verschwand drei Ecken später in der geschäftigen Griechenstadt.

Auria

Muristan, Mai 1097

Das Lateinische Viertel lag direkt südlich der Kirche vom Heiligen Grab, die nach den Zerstörungen durch den Fatimidenkalifen al-Hakim und dem nur teilweisen Wiederaufbau nun auch noch die Spuren der Seldschukischen Eroberung vor einem Viertel Jahrhundert aufwies. Niemand hatte sich getraut, die alte Basilika vor der »Anastasis«, also der nach dem Griechischen Wort für »Auferstehung« genannten Rotunde, zu erneuern. Der Streit zwischen Griechen und Lateinern trug zusätzlich dazu bei, dass man sich nicht auf gemeinsame Maßnahmen einigen konnte. Pantaleone hatte ihr noch in Galata erzählt, dass sich bereits vor fast einem halben Jahrhundert der päpstliche Legat Humbert de Silva Candida und der Patriarch von Konstaninopel, Michael I., gegenseitig exkommuniziert hatten. Doch ganz so schlecht stand es auch wieder nicht. Zum einen betraf das nur den Legat, nicht Papst Leo IX. selbst, und zum anderen war die Exkommunikation inzwischen stumpf geworden wie ein allzu oft genutztes, abgewetztes Schwert. Auch der deutsche und der französische König waren derzeit mit dem Kirchenbann belegt.

Zu der kleinen Hagios-Ioannis-Kirche, nur wenige Schritte im Süden von St. Maria Latina gelegen, hatten die Hospitalbrüder sogar ein sehr gutes Verhältnis aufgebaut. Auch die streng befolgte Regel, dass im Hospital auf dem Muristan neben katholischen auch orthodoxe Christen, und überhaupt alle Männer und Frauen, auch Muslime und Juden, ohne Bezahlung behandelt wurden, hatte geholfen, das Vertrauen der griechischen Mönche zu gewinnen. So kam es, dass die Gemeinschaft des Amalfitanischen Hospitals eine besondere Bindung zu Hagios Ioannis, oder St. Johannis oder einfach dem heiligen Johannes, entwickelte, dessen Haupt die heiligste Reliquie eben dieser Kirche darstellte. Dessen Schutz konnten auch die Amalfitaner gut gebrauchen, denn wie sie bald feststellen mussten, zogen die dunklen Wolken des Krieges am Horizont herauf und warfen ihre Schatten auf die Heilige Stadt.

»Wir werden Krieg bekommen«, behauptete Ritter Marcello denn auch mit finsterer Miene, als die Bruderschaft des Spitals eines Abends noch ohne ihren Meister im Refektorium versammelt war. »Die Flotte der Fatimiden hat die gesamte Küste von Askalon bis herauf nach Byblos eingenommen. Unser Emir Sökmen un Ilghazi fürchtet, sie werden auch Jerusalem angreifen. Aber wichtiger noch ist: Ein christliches Heer soll auf dem Weg nach Jerusalem sein. Händler berichten, der Papst habe es losgeschickt, um dem Kaiser in Konstantinopel zu helfen.«

»Konstantinopel ist weit weg. Und ich habe gehört, dieses Heer sei bereits geschlagen worden«, widersprach Bertrand seinem ritterlichen Freund. »Und doch werden die Seldschuken unruhig. Sökmen hat trotz der Bedrohung durch die Fatimiden eine Reiterabteilung nach Norden gesandt. Vielleicht ist doch mehr dran an diesen Gerüchten!« Bruder Marcello und Bertrand hatten, wie Auria inzwischen wusste, auch in ihrem früheren Leben bereits manche Schlacht gemeinsam bestanden. »Ich habe die Kreuzfahrer in Konstantinopel gesehen«, mischte sich Auria in die Unterhaltung, was ihr einen schockierten Blick von Laura eintrug.

»Still«, zischte die. Es war nicht schicklich für ein junges Mädchen, bei solch einer Zusammenkunft zu sprechen.

Doch Bertrand blickte sie neugierig an. »Und was hast du gesehen?«, wollte er wissen. Alle Augen richteten sich auf sie.

Auria errötete. »Wir haben ein Heer durch Galata ziehen sehen, aber die Seldschuken haben es geschlagen.«

Sofort erhob sich aufgeregtes Getuschel. Doch Marcello war noch nicht zufrieden. »Ruhe, Brüder«, rief er die Hospitalgemeinde zur Ordnung. »Was hast du noch gesehen?«

»Ich war bei General Boutoumites.« Laura schnaufte bei der Nennung dieses Namens vernehmlich. Noch hatte niemand in Jerusalem von dem nächtlichen Abenteuer Aurias erfahren und das sollte auch so bleiben. »General Boutoumites hat mir einen Brief gezeigt«, fuhr Auria dennoch fort. »Darin kündigt Hugo von Vermandois, Bruder des Königs von Franken, an, dass er mit einem starken Heer ebenfalls am Kreuzzug teilnehmen will.«

»Ha«, rief Bertrand. »Da wollen wir mal sehen, ob die Seldschuken mit den Rittern genauso leicht fertig werden wie mit den Bauern!« Er schlug sich mit der Faust in die flache Linke.

»Ich habe noch gehört …«, begann Marcello, doch in dem Moment kam Bruder Gerhard in das Refektorium. Sein Blick wanderte mit hochgezogenen Brauen von einem Ritter zum anderen, woraufhin beide demütig den Blick senkten. »Ich gehe dann, um mich um die Verteilung des Mittagessens zu kümmern. Kannst du dich um frisches Wasser kümmern, Bertrand?«, schlug Marcello vor. Eiligen Schrittes verließen die beiden Ritter den Speisesaal. Gerhards Züge zeigten kurz ein Lächeln, als er ihnen nachsah, doch das schien außer Auria niemand zu bemerken.

»Es bringt den Menschen nicht weiter, über das Wenn und Vielleicht zu disputieren«, erklärte der Meister an niemanden speziell gerichtet. »Lass uns lieber anpacken, was vor uns liegt.« Gelassen blickte er in die Runde der noch versammelten Menschen. »Und du, Mädchen, magst du Bruder Marcello helfen?«, wandte er sich an Auria. Sie knickste und verließ ebenfalls den Raum. In der Küche traf sie Marcello.

»Wisst ihr vielleicht noch mehr von dem Heer?«, fragte sie neugierig.

»Hm, vielleicht«, brummte der bärtige Provenzale. Sie schlug die Augen auf und der alternde Ritter seufzte. »Also gut. Ich kann dir ja doch nichts verheimlichen. Aber erzähle es nicht herum, auch nicht deinem Vater. Du hast ja gesehen, was der Meister von solchem Gerede hält, und ich weiß selbst nicht, wie viel Wahres daran ist. Also die geschlagene Armee, die du gesehen hast, soll nur ein Bauernhaufen gewesen sein. Die Ritter und Kriegsknechte kamen später und man sagt, dass sie den Sultan zweimal geschlagen haben und inzwischen vor Antiochia stehen. Der Emir von Aleppo hat bereits seine Truppen nach Norden geschickt. Vielleicht wird Jerusalem bald befreit!«

David

Ikonium, 17. Mai 1097

Sultan Arslan hat die Belagerung von Melitene abgebrochen«, rief Mika aufgeregt.

Mika war ein Junge, der in der Küche der Darüssifa arbeitete. Wie David ein Sklave, allerdings ein griechischer. Mit zunehmenden Sprachkenntnissen hatten sich die beiden kennengelernt.

»Nicäa hat Boten geschickt, die um Hilfe bitten, weil die Stadt von den Römern und ihren Söldnern bedroht wird!«

David benötigte einen Augenblick, um zu verstehen, wen der Junge meinte. »Die Kreuzfahrer!«, rief er dann. »Sie belagern Nicäa?«

Die Ritter hatten den Bosporus überschritten.

David

Ikonium, 23. Mai 1097

»Die Kreuzfahrer haben erst eine Vorausabteilung und dann das gesamte Heer des Sultans geschlagen! Das war vor drei Tagen und Nicäa ist ihnen nun ausgeliefert«, berichtete der Krieger matt. Er saß vor David auf der Bank, während der ihm einen frischen Verband anlegte. Gerade erst hatte er mit fest zusammengebissenen Kiefern, aber ohne ein Wort des Schmerzes ausgeharrt, während ihm Bahram mit einem glühenden Eisen eine schwärende Armwunde kauterisierte. David musste die Tapferkeit des Seldschuken bewundern. Das rote heiße Eisen hatte gedampft und eine schwarz verbrannte Spur in seinem Fleisch hinterlassen.

»Du hast Glück, dass du so schnell hierhergekommen bist«, erklärte Bahram ungerührt. »Ich hoffe, der Wundbrand breitet sich nun nicht weiter aus.« Andere waren in schlechterem Zustand. Die gesamte Darüssifa und eigentlich auch der gesamte Komplex auf dem Alâeddin-Hügel war vollgestopft mit Verwundeten. Dabei hatten die schlimmsten Fälle Ikonium gar nicht erst erreicht. »Wir werden etwa jeden Dritten wegen Wundbrand verlieren«, prophezeite Bahram, als sich Arzt und Schüler auf den Weg zu ihrem nächsten Kranken machten. Der lag bleich und stöhnend auf einer Trage. Doch am erschreckendsten war seine unnatürlich steife Haltung mit nach hinten gerecktem Kopf und durchgedrücktem Rücken, sodass die Schultern kaum noch das Lager berührten. David fuhr bei dem Anblick erschrocken zurück. »Der Wundstarrkrampf«, flüsterte Bahram seinem Lehrling ins Ohr. »Lass uns weitergehen, diesem können wir nicht mehr helfen.«

Die folgenden Tage und schlaflosen Nächte vergingen wie in einer Trance. David schuftete ohne Unterlass, nur übertroffen von seinem Meister. Ein ums andere Mal schlief er über der Arbeit ein.

Doch mit jedem Tag näherte sich die Situation der düsteren Prognose des erfahrenen Arztes. Von insgesamt zweihundertsiebzehn Verwundeten, die sie auf dem Alâeddin-Hügel untergebracht hatten, nicht nur in der Darüssifa, sondern auch im Moscheegarten, der Moschee selbst und der Koranschule, lebten nach fünf Tagen noch einhundertachtundsiebzig.

»Wir hatten in der Nacht wieder fünf Tote«, berichtete David niedergeschlagen nach der morgendlichen Runde.

Bahram ritzte seufzend fünf weitere Striche in sein Wachstäfelchen. »Bald muss ich ein zweites nehmen«, bemerkte er unglücklich.

»Ich verstehe nicht, wieso manchmal starke Männer mit kleineren Wunden versterben, während ihre schwer verwundeten Kameraden leben?«, fragte David. »Der Erste mit dem Starrkrampf vor fünf Tagen war auch so ein Fall. Ein Lanzenstich an der Hüfte, eigentlich nur eine Schramme. Etwas, womit andere nach drei Tagen wieder herumlaufen!«

Bahram wiegte den Kopf. »Der Wille Allahs ist unergründlich. Aber das sollte uns nicht davon abhalten, unser Bestes zu geben, um das Leid der Verletzten zu lindern.« Doch sie gönnten sich ohnehin nur die allernotwendigsten Pausen, und so taten es viele der Bewohner von Ikonium, die jeden Tag freiwillig zum Helfen auf den Alâeddin-Hügel strebten. Jedenfalls hatte David noch nie in seinem Leben so viel zu tun gehabt. Er säuberte und nähte Wunden, schnitt Pfeilspitzen und Knochenfragmente heraus, labte die fiebernden mit Wasser und legte ihnen feuchte Tücher auf. Oft musste er auch Bahram helfen, zerstörte Gliedmaßen zu amputieren.

»Auch hier gilt es, schnell zu sein. Je schneller du arbeitest, desto besser die Aussichten, dass sie leben!«, schärfte der Lehrer ihm immer wieder ein und bald war David selbst nur um weniges langsamer als sein Meister. Die Geschwindigkeit hatte auch den Vorteil, dass man das oft markerschütternde Geschrei der armen Teufel nur kürzer ertragen musste. Nicht alle waren so tapfer wie der Krieger, der beim Kauterisieren seines Armes keinen Laut geäußert hatte. Außer ein wenig Wein oder dem Kauen der Blüten eines Krautes, welches Bahram »Haschisch« nannte, gab es wenig, um die Schmerzen der grausamen Eingriffe zu lindern.

Doch es kam noch schlimmer als vorhergesehen, am neunzehnten Tag überholte Bahrams Strichliste seine eigene düstere Prophezeiung. »Achtundsiebzig Tote!«, stöhnte der Arzt.

David sah ihn an. Bleich und mit dunklen Ringen unter den Augen wirkte er auf ihn, als würde der Meister bald selbst zu den Toten gehören! Doch vermutlich sah auch er nicht besser aus. Er räusperte sich. »Wann wird das zu Ende gehen?«, fragte er.

Der Meister sah ihn an. »Es wird immer Kriege geben, bis alle Menschen die Erleuchtung erreichen und die Gedankenfinsternis hinter sich lassen. Doch ich fürchte, das wird noch dauern.«

»Ich meine, wie lange nach der Verwundung geht das Sterben weiter?«, präzisierte David seine Frage. Wieder wiegte Bahram den Kopf.

»Eigentlich sollte es bereits deutlich besser geworden sein, aber immer und immer mehr Tote! Ich verstehe das auch nicht.« Niedergeschlagen ließ er das Haupt auf seine Wachstafel sinken.

Auria

Juni 1097, Muristan

Ich habe zu meiner großen Freude gehört, dass du dich inzwischen gut in der Gemeinschaft und im Dienst im Spital eingewöhnt hast«, erklärte Mutter Agnes. Laura hatte Auria den Wunsch der Vorsteherhin des Frauenspitals übermittelt, mit ihr zu sprechen.

»Ja, Mutter«, Auria senkte demütig das Haupt.

»Das ist gut so. Du hast deinen Vater sicherlich sehr vermisst über die lange Zeit eurer Trennung.« Auria wartete. Agnes hatte sie sicherlich nicht einbestellt, nur um ihr das zu sagen. Und tatsächlich begann sie nach einer kurzen Pause von Neuem: »Dann wirst du ab sofort deinen Platz hier im Frauensaal und in der Gemeinschaft der Damen einnehmen.«

»Aber ich fühle mich wohl bei den Männern und Vater …«, begann Auria. Doch da traf sie ein Stoß von Lauras Ellenbogen. Erschrocken sog sie die Luft ein.

»Wie ich schon sagte, das ist schön«, bestätigte Agnes. »Aber auf Dauer ist das kein Platz für ein junges Mädchen. Schon alleine um die Brüder nicht in Versuchung zu führen. Ab sofort bleibst du hier bei uns.« Auria schossen die Tränen in die Augen, weniger aus Trauer als aus machtloser Wut. Wieso musste man ihr immer alles, was sie sich wünschte, verbieten?

»Erinnerst du dich nicht mehr, was dir in Konstantinopel beinahe widerfahren ist, als du dich gegen jede Vernunft mit diesem Venezianer getroffen hast?«, zischte Laura, kaum dass sie das Zimmer der Leiterin verlassen hatten. »Reiß dich zusammen, in Gottes Augen macht es schließlich keinen Unterschied, ob du hilfsbedürftige Frauen oder Männer pflegst.«

»Das meine ich auch nicht«, widersprach Auria lahm. Die Gesellschaft der Männer, insbesondere Bertrands und Marcellos, war nur viel lustiger als die der strengen Schwestern! Dann war da natürlich ihr Vater, der zwar nicht viel sprach, aber dessen Nähe sie tatsächlich vermisst hatte, und nicht zuletzt Meister Gerhard, von dem ging etwas Besonderes aus, das spürte sie, auch wenn er erst wenige Male mit ihr gesprochen hatte.

David

Ikonium, Juni 1097

»Wir haben drei Tage keinen Toten gehabt!«, rief David. »Vielleicht ist es vorbei?«

Bahram nickte. »So Gott will.«

Doch die Ruhe währte nicht lange. Wenige Tage später befiel eine große Unruhe die gesamte Stadt. Es dauerte nicht lange, bis David den Grund dafür erfuhr.

»Nicäa ist gefallen!«, berichtete ein Fremder, der in die Darüssifa gekommen war, um unter den Patienten nach einem Verwandten zu suchen. »Nur wenige sind wie ich aus der Stadt entkommen. Auch die Familie des Sultans ist in der Hand der Romanier!«

»Was ist denn geschehen?«, drängte der sonst immer ruhige Bahram. Und auch David hielt den Atem an.

»Die fränkischen Söldner sind zusammen mit General Taikios und den Peltasten des Kaisers gegen den Gonatasturm angestürmt. Sie haben einen hölzernen Turm gebaut, um die Mauer zu übersteigen, und versuchten sogar, die Fundamente der Mauer zu untergraben. Doch währenddessen schaffte General Boutomites mit seinen leichten Turkopolen eine Flotte über die Landenge auf den Izniksee und schnitt uns so die Versorgungswege ab. Heimlich nahm er dann mit dem Stadtkommandanten Verhandlungen auf und sie einigten sich, die Stadt den Romaniern zu übergeben, damit die Familie des Sultans nicht in die Hände der grausamen Franken fällt.« Er atmete tief durch.

»Und?« drängte David. »Was geschah dann?«

»Boutomites griff zum Schein vom See her an, während die Franken die Landseite berannten. Dann haben sie die Seetore geöffnet. Das ist am 19. Juni gewesen. Die um ihre Beute geprellten Franken haben getobt.«

»Was wird nun geschehen?«, wandte sich David an seinen Herrn, als sie kurz darauf wieder alleine waren. »Wird der Sultan die Franken nun unbehelligt nach Jerusalem ziehen lassen?«

Doch Bahram schüttelte den Kopf. »Das glaube ich kaum. Die Seldschuken sind ein wildes Kriegervolk und die übrigen Stämme der Oghusen erst recht. Wenn der Sultan nicht siegreich ist, werden sie bald einen neuen wählen, und davor hat Arslan mehr Angst als vor den Franken.« Tatsächlich machten bald Gerüchte die Runde. Von einem neuen Heer war die Rede und von einem Bündnis mit den Danischmenden, gegen die der Sultan gerade noch vor Melitene gekämpft hatte.

»Die Gläubigen schließen sich gegen die Eindringlinge zusammen. Auch Hassan von Kapadokien und sogar persische Söldner sollen sich dem Heer des Sultans angeschlossen haben«, wusste Mika, der Küchenjunge, zu berichten. David konnte von der Höhe des Alâeddin-Hügels aus das Heerlager des Sultans sehen, welches sich direkt vor der Stadt sammelte. Offensichtlich war Ikonien nach dem Fall von Nicäa die neue Hauptstadt des Sultans. In der Ebene glühten nachts Hunderte von Kochfeuern. Und das obwohl die Perser und Kapadokier noch gar nicht beim Heer eingetroffen sein konnten. Es würde nicht leicht werden für die Ritter, zumal neueste Gerüchte besagten, dass sie sich in mehrere Gruppen aufteilen mussten, da Sultan Kilidsch Arslan alle Vorräte und Felder auf ihrer Marschroute hatte verbrennen lassen und so nirgends ausreichend Lebensmittel und Futter für das ganze Heer aufzutreiben waren.

Ansaldo

Marmarameer, September 1097

Die Sonne schien schräg in das vom milden Südwind geblähte viereckige Vorwindsegel. Der Himmel war fast wolkenfrei, was für diese Zeit des Jahres fast einem Wunder gleichkam. Die weiße Flagge mit dem Roten Kreuz der Republik Genua flatterte stolz über Ansaldo im Wind. Sie hatten die Meerenge der Dardanellen am frühen Morgen des Vortages rudernd durchquert und die Nacht im Windschatten einer kleinen Insel geankert. Nun blitzte seit dem Morgen das türkisfarbene Wasser des Marmarameers zu beiden Seiten des Schiffes. Eigentlich war es ein herrlicher

Tag zum Segeln und noch vor wenigen Monaten hätte dieser Eindruck Ansaldos Herz voll und ganz erfüllt. Doch nun schien darin nur noch Platz für Giulietta zu sein. Er stieß einen tiefen Seufzer aus und steuerte die San Matteo mit einer leichten Ruderbewegung nach Lee. Das Luvliek des Rahsegels hatte begonnen zu zucken, oder zu killen, wie der Seemann sagte. Wenn der Wind hielt, könnten sie vielleicht noch heute Konstantinopel erreichen. Wenig später ertönte vom Bug her auch schon der Ruf: »Land voraus!« Ansaldo blickte mit zusammengekniffenen Augen zum Horizont. Tatsächlich erkannte er bald einen grau-grünen Streifen. Dann tauchten etwa im Osten die ersten Umrisse einer Stadt auf. Ansaldo jubelte innerlich. Er hatte den richtigen Kurs getroffen. Die Stadt lag nun in Lee von ihnen, in der Richtung, in die der Wind blies also. Das bedeutete, dass er die Stadt mit einem einzigen Schlag erreichen könnte, ohne aufzukreuzen oder gar das viereckige Segel gegen das dreieckige Lateinersegel eintauschen zu müssen, was immer eine Plackerei war. Behutsam steuerte er die Galera weiter nach Lee und betrachtete einen Augenblick das Segel. Doch dann entschied er, dass es sich nicht lohnen würde, die Stellung nachzujustieren, und er konzentrierte sich wieder auf das Ziel. Die Umrisse der Stadt wurden rasch klarer und größer: ein unübersehbarer Berg weißer rechteckiger Behausungen. Bald konnte er zum Meer hin auch einen breiten rotbraunen Streifen unterscheiden. Das mussten die berühmten Mauern sein, die schon manchen Feind abgewiesen hatten.

»Sieh nur die Kuppel«, staunte Antonio, der neben seinen Magister getreten war. Ansaldo musste nur einen Augenblick suchen, dann entdeckte er sie ebenfalls. Die Kirche der göttlichen Weisheit war sogar vom Meer her zu erkennen. Es war fast, als flöge die Stadt dem Schiff entgegen und nicht umgekehrt. Bald konnten sie die Türme in der mächtigen Seemauer unterscheiden.

»Der alte Giovanni hat gesagt, der Kaiserliche Hafen läge im Süden, also direkt vor uns«, wandte sich Ansaldo nun seinerseits an den Vetter und Kameraden.

»Ich kann die Einfahrt noch nicht erkennen«, bekannte der. »Wenn wir sie nicht finden, dann können wir auch im Norden in den Handelshafen am Goldenen Horn segeln«, schlug er vor.

Ansaldo nickte. Giovanni war ein alter Seebär und Händler, der sicherlich schon ein dutzend Mal die Fahrt nach Konstantinopel bestanden hatte. Aber nun war er zu betagt, um sich der Compagnia anzuschließen.

»Ich wollte schon immer einmal Konstantinopel sehen«, gestand Ansaldo. »Ein großes Glück, dass die Brüder uns ausgewählt haben, dort in Erfahrung zu bringen, wo sich das Heer der Kreuzfahrer gerade befindet.«

»Weil wir auf der San Matteo schon eine eingespielte Besatzung haben und schneller sind«, lachte Antonio. Und er hatte gut lachen, denn die Enge an Bord einer Galera und der Gestank so vieler Menschen machten längere Aufenthalte auf See für jeden zu einer zermürbenden Angelegenheit.

»Ja«, bestätigte sein Freund. »Und die letzten Nachrichten waren sehr ermutigend.«

»Erzähl noch einmal, was dir die Amalfitaner berichtet haben!«, bat der sonst oft griesgrämige Pietro, der soeben hinzutrat.

Ansaldo nickte gnädig. »Na gut. Noch im Mai haben die Kreuzfahrerheer mit der Belagerung Nicäas begonnen. Und die Seldschuken schickten eine Armee, um sie zu entsetzen. Die wurde von ihrem Sultan, Kilidsch Arslan, selbst geführt.«

»Doch dem war der einfache Sieg über die Bauernhorde des Volkskreuzzugs zu Kopfe gestiegen!«, unterbrach Antonio begeistert.

»Ja, er erlebte eine böse Überraschung«, bestätigte Ansaldo. »Er wurde geschlagen und entkam selbst nur mit knapper Not. Daraufhin hat Tatikios, der General des Griechenkaisers, heimlich mit den Seldschuken in der Stadt die Übergabe von Nicäa verhandelt und seine Peltasten, heimlich mit Booten in die Stadt gebracht. Balduin und die anderen Kreuzfahrer sollen getobt haben, weil sie so die Stadt nicht plündern konnten, aber Nicäa ist wieder in christlichen Händen.«

»Ha, und wo wurde Kilidsch noch mal geschlagen?« Antonio trat vor Aufregung von einem Bein aufs andere.

»Bei Doryläum, am 1. Juli. Und das geschah so: Nach der Eroberung von Nicäa erkannten Balduin, Bohemund, Raimund und die anderen Anführer der Kreuzfahrer, dass sie beim Marsch durch Asia Minor nicht gut verpflegt werden könnten. Übrigens der Grund, warum wir hier sind. Aber jedenfalls beschlossen sie, in zwei getrennten Kolonnen zu marschieren, um das Heer einfacher versorgen zu können. Aber die Seldschuken hatten noch nicht aufgegeben. Kilidsch Arslan lockte die erste Abteilung, die der Normannen unter Bohemund, in eine schmale Schlucht, umzingelte sie und ließ dann aus dem Hinterhalt seine Bogenschützen auf sie schießen. Und die können ihren Bogen mit den Füßen halten und so mit beiden Armen die Sehne ziehen. Damit schießen sie viel weiter als unsere Bögen und Armbrüste.«

»Das hatte ich noch nicht gehört«, staunte Pietro. »Wie machen sie das?«

»Ich weiß es auch nicht so genau«, lenkte Ansaldo ein. »Ich glaube, sie legen sich auf den Rücken, heben die Beine an, den Bogen fest in die Fußsohlen gepresst und ziehen mit den Armen. Natürlich sind das keine gezielten Schüsse, sondern sie überschütten ihre Feinde von Ferne mit einer Pfeilwolke.«

Pietro schüttelte den Kopf. »Im Morgenland ist alles anders.«

»Aber Gottfried, der die zweite Abteilung mit den fränkischen Rittern anführte, bekam durch einen Botenreiter die missliche Lage der ersten Kolonne gemeldet. Und außerdem befand sich General Tatikios mit seinen Turkopolen bei ihm, der die Taktiken der Seldschuken kannte. Da trieb Gottfried seine Leute zum Äußersten an, und sie kamen rechtzeitig, um dem Sultan eine weitere Niederlage zu bereiten.«

»Hurra«, schloss Pietro trocken.

»Aber nun müssen wir das Segel bergen und die Ruder fertig machen«, wandte sich Ansaldo wieder der Aufgabe zu, die vor ihnen lag. Die Mauer ragte nun unübersehbar hoch aus dem Wasser und erstreckte sich beinahe endlos in beide Richtungen.

»Ist das dort vielleicht ein Zeichen, um die Einfahrt zu markieren?«, rief Antonio, der besonders scharfe Augen hatte. Ansaldos Blick folgte seiner ausgestreckten Hand. Tatsächlich brannte dort auf einem der Türme ein Feuer. Vielleicht verbarg sich dahinter die Einfahrt. »Segel ein! Ruder raus!«, rief er für die gesamte Besatzung hörbar über das Deck. Sofort machte sich ein Teil der Männer daran, das Segel aus dem Wind zu drehen und am Fall herab aufs Deck zu lassen. Dort empfingen es sechs andere und banden es sofort mit den Zeisingen, kurzen Schnüren, die für diesen Zweck bereitlagen, zusammen. Inzwischen war deutlich sichtbar, dass sich zwischen dem Turm mit Leuchtfeuer und der eigentlichen Seemauer eine breite Einfahrt befand. Doch sie wurde noch von einer dicken Eisenkette verschlossen. Sobald sie in Rufweite der Hafenbefestigung kamen, schrie ein Mann in griechischer Sprache zu ihnen hinüber.

»Wir sind Kreuzfahrer aus Genua und wollen uns dem Zug nach Jerusalem anschließen!«, rief Ansaldo in Latein zurück. Es dauerte einen Augenblick, dann antwortete eine andere Stimme ebenfalls in Latein: »Seid uns willkommen, Genuesen.« Mit lautem Rattern und Platschen senkte sich die Kette in das schmutzig braune Wasser der Hafeneinfahrt und ließ die San Matteo passieren.

David

Ikonium, Juli 1097

Es war ein Alptraum, der sich wiederholte. Der gesamte Alâed-din-Hügel hallte von dem Stöhnen und Schreien verwundeter Krieger wider. Der Sultan hatte die erste Abteilung der Kreuzfahrer bei den Ruinen der verlassenen Griechenstadt von Dorylaion am Thymbres am 1. Juli in einen Hinterhalt gelockt und umzingelt. Doch obwohl der Tag vorteilhaft begann, endete er in einer Katastrophe. Die zweite Abteilung überfiel das Lager der Seldschuken und die gepanzerten Ritter erwiesen sich als ein überlegener Gegner, sie ließen sich mit den Pfeilen der leichten Reiterkrieger kaum verletzten.

David schnitt gerade eine schwärende Wunde aus, als Mika ihn am Ärmel zupfte. »Meister Bahram braucht dich. Du musst sofort zu ihm kommen, hat er gesagt.«

David führte seinen Eingriff so gut es ging zu Ende. Zum Glück blutete die Wunde nur mäßig, vermutlich weil sie schon mehrere Tage alt war. Mit wenigen Stichen nähte er die Wunde zu und drückte ein Stück Leinentuch darauf. »Kannst du das hier fest auf die Wunde drücken?«, fragte er den Küchenjungen. Der wurde sichtlich bleich, nickte aber. Wie die vielen freiwilligen Helfer aus der Stadt, hatte auch Mika nach der Schlacht um Nicäa einige Erfahrung in der Wundpflege gemacht.

David wischte die Hände an seinem bereits blutigen Kittel ab und lief in die Richtung, die ihm Mika gewiesen hatte. In der Darüssifa fand er schließlich den Meister über einen Patienten in prächtiger, aber mit getrocknetem Blut besudelter Kleidung gebeugt. »Der Schädel ist gebrochen, und der eingedrückte Knochen drückt nun auf das Gehirn«, erklärte Bahram anstelle einer Begrüßung.

»Eingedrückt?«, fragte David unsicher. »Es sieht mir eher so aus, als sei der Kopf hier größer als normal?«

»Das ist die geschwollene Kopfhaut, du Dummkopf«, schimpfte Bahram. David biss sich auf die Lippe. So angespannt hatte er den Meister seit der Behandlung von Birgül nicht mehr erlebt.

»Komm her und taste die Wunde ab. Du kannst die Kante des Knochens spüren. Wie oft soll ich dir noch sagen, dass man nicht auf den ersten Blick urteilen darf, sondern mit allen Sinnen arbeiten muss, wenn man die richtige Diagnose stellen will?« Davids Knie wurden weich. Die Kopfwunde war ein hässlicher Riss. Haare und Blut klebten darin, doch auch um den Mund klebte Blut. Er überwand Ekel und Furcht und legte den Finger in die hässliche Risswunde, die sich über Stirn und Scheitel des Mannes zog. Die Wundränder waren bereits glitschig und klebrig, doch dann konnte er im Wundgrund tatsächlich die scharfe Bruchkante des Schädels spüren. Kein Zweifel, die Knochenfragmente waren nach innen gedrückt worden. Er nickte blass und sein Meister setzte seine Erläuterungen fort. »Er hat Krampfanfälle. Zuckt wild und lässt unter sich. Einmal hat er sich in die eigene Zunge gebissen.« David nickte. Das erklärte das Blut um den Mund. »Nach jedem Anfall ist er für einige Zeit bewusstlos. Das ist zweifelsfrei die beste Zeit für eine Operation«, setzte Bahram seine Erläuterungen fort. »Der große Muhamad ibn Zakariya al-Razi hat gelehrt, dass man diese Knochenstücke entfernen soll.« David riss die Augen auf und starrte seinen Meister ungläubig an. »Was ist nun schon wieder?«, fragte Bahram mit zusammengezogenen Brauen.

David schluckte. »Ich, ich …«, stammelte er.

»Heraus mit der Sprache, was hast du?«, insistierte Bahram.

David schluckte. »Das letzte Mal, als wir am Kopf operiert haben, ist es nicht gut gegangen«, flüsterte er und blickte sich furchtsam nach den Begleitern des verwundeten Paschas um, die sich in dem engen Raum drängten. »Das Kind mit dem Wasserkopf …«

Doch Bahram wischte den Einwand mit der Hand beiseite. »Die Chirurgie ist ein gefährliches Handwerk. Du musst lernen, mit Rückschlägen fertig zu werden, wenn du einmal selbst Arzt werden willst. Außerdem war Abu al-Quasim Araber. Muhamad ibn Zakariya al-Razi dagegen Perser!«

David hatte seine Zweifel, ob das einen so großen Unterschied machte, hielt aber den Mund, denn er hatte bereits bemerkt, dass Bahram seine persischen Landsleute stets sehr viel höher achtete als die Araber. Bahram befahl den Männern, den verwundeten Pascha auf den Operationstisch zu legen und festzuhalten. David suchte saubere Tücher, Wasser und die Instrumente des Arztes zusammen. »Auch das Kauterisationseisen«, forderte Bahram.

Es handelte sich um ein am einen Ende mit einem Holzgriff versehenes, am anderen Ende flach auslaufendes Eisenstück, das im Ofen erhitzt wurde und mit dem man blutende Stellen veröden konnte. So hatte es Abu al-Quasim beschrieben. Der Araber. Hoffentlich funktionierte das besser als die Punktion des Wasserkopfes. David bereitete alles vor wie geheißen, dann stellte er sich neben seinen Meister und hielt den Kopf des Verwundeten, sodass die Wunde nach oben zeigte. Ohne zu zögern, griff Bahram ein Messer und schnitt in der Platzwunde bis auf den Knochen herab. Der Patient stöhnte, doch Bahram achtete nicht darauf. Er warf das Messer in die Schale, die David dafür bereitgestellt hatte, und griff ein breites Raspatorium. Damit begann er, die Kopfschwarte vom Knochen abzuschieben. Es machte ein hässlich schabendes Geräusch und mit einem Mal bäumte sich der Verwundete auf. Doch David drückte den Kopf mit aller Kraft auf den Tisch und es gelang ihm, die Wunde so vor dem Chirurgen zu halten. Der stieß ein anerkennendes Brummen aus, ließ sich aber nicht in seiner Arbeit aufhalten. »Denke immer daran, je schneller, desto besser das Ergebnis! Und stopf Tücher zwischen die Wundränder. Gegen die Blutung und um die Wunde offen zu halten«, erklärte er, während er die Bruchränder mit dem Raspatorium freilegte.

Nun konnte auch David sehen, dass sich ein etwa pflaumengroßes Loch im Knochen befand. Darin waren mehrere Bruchstücke nach innen gedrückt und die schartigen Ränder so verkeilt, dass sie sich nicht herauslösen ließen. »Es fließt kein Wasser«, bemerkte David und tupfte das dafür umso reichlicher fließende Blut mit einem Lappen beiseite.

Bahram nickte. »Al-Razi behauptet, dass das die Überlebenschancen steigert.« David notierte diese Information in seinem

Gedächtnis. Bei dem Kind mit dem Wasserkopf war wiederholt Wasser ausgetreten. Ob da das Problem gelegen hatte?

»Gib mir das Kauterisationseisen«, forderte Bahram. Und David nahm das Instrument vorsichtig am Holzgriff aus dem Kohlebecken. Bahram übernahm es, sorgfältig darauf achtend, nicht an das heiße Metall zu greifen. Dann drückte er die rot glühende Spitze auf eine Stelle vor dem Ohr, von der ein dünner Blutstrahl pulsierend in die Höhe schoss. Es zischte und roch nach verbranntem Fleisch, aber die spritzende Blutung war tatsächlich versiegt.

»Warum umstichst du die Blutung nicht?«, wollte David wissen, der seinen Meister auch schon dabei beobachtet hatte, dass er blutende Wunden mit einem Stich aus Seide oder Rosshaar stillte.

»So geht es schneller, und die Geschwindigkeit ist entscheidend.« David rollte die Augen. Der Meister wiederholte diesen Satz bei jedem Eingriff mindestens dreimal. Bahram griff derweil einen Bohrer und setzte ihn neben dem Loch an.

»Wozu das?«, fragte David erstaunt.

»Die Knochenstücke sind verkeilt. Ich werde versuchen, von hier mit einem Elevatorium darunterzukommen und sie von innen herauszuhebeln. Ganz so hat al-Razi es beschrieben.«

»Du hast diesen Eingriff noch nie selbst durchgeführt?«, fragte David erbleichend.

»Ich habe mehrfach darüber gelesen«, schnauzte ihn sein Lehrer an. »Das genügt.« Er setzte den Bohrer ab und prüfte mit einem dünnen Metallstift, ob er bereits durch den Schädel gedrungen war. Zufrieden grunzend griff er einen kräftigen Eisenstab mit flach geschmiedetem Ende, das Elevatorium. »So, jetzt kommt es darauf an, die Knochenstücke herauszubekommen, ohne die Hirnhaut zu verletzten.« Vorsichtig schob er das Elevatorium unter den Knochenstücken hin und her, um sie von der Hirnhaut zu lösen. Dann hebelte er mit dem Instrument an einem der Fragmente. Mit einem Knirschen löste es sich und sprang auf den

Boden. David hielt den Atem an, doch weiterhin floss kein Wasser aus der Wunde. Bahram setzte sein Werk konzentriert fort, bis er alle losen Fragmente entfernt hatte. Darunter zeigte sich einen derbe bläulich-graue Haut. »Die Hirnhaut«, erklärte der Chirurg zufrieden. »Nun müssen wir die Wunde säubern und vernähen.«

»Das kann ich übernehmen«, bot sich David mit klopfendem Herzen an. Bahram musterte ihn kritisch. Dann nickte er. »Gut, nimm ein kräftiges Rosshaar.« David nickte. Mit zitternden Fingern griff er nach der gebogenen Nadel und dem Rosshaar. Fünfundzwanzig Stiche und drei Schweifhaare eines edlen Araberpferdes später hatte er die Wunde verschlossen. Bahram, der sich inzwischen die Hände in einer Schale mit warmem Wasser gewaschen hatte, nickte anerkennend. »Nun hilft nur noch beten«, erklärte er den beiden Begleitern des Paschas. »Und ihr müsst ihm reichlich kräftige Brühe einflößen. Am besten rührt ihr auch ein paar Eier hinein. Er benötigt Ruhe und kräftige Nahrung, und wenn Gott will und kein Wundbrand auftritt, dann kann er es überleben.«

Nun erst fand David Zeit, die Männer näher zu mustern. Er erstarrte, als er unter ihnen Kadi Ibrahim ibn Seldschuq erkannte.

Ansaldo

Konstantinopel, Oktober 1097

Sieh nur!«, staunte Antonio und wies in den Hafen hinein. »Der ganze Hafen ist nur ein Vorwerk, die eigentliche Stadtmauer ist hier genauso hoch wie draußen!«

»Und seht dort!«, wies Pietro in den hinteren Teil des Hafens. »Dromonen«, flüsterte er beinahe andächtig. Tatsächlich lagen drei der langen schlanken Kriegsschiffe, deren Namen so viel wie »Renner« bedeutete, im Hafenbecken vor Anker. Doch Ansaldo wusste, es war nicht die Geschwindigkeit, die dem alten Seemann

Respekt einflößte. Es waren die in Drachenköpfen montierten Bronzerohre am Bug. Die Siphone, aus denen das unlöschbare griechische Feuer geschleudert werden konnte. Ihn schauderte. Der Sage nach hatte ein Engel das Geheimnis Kaiser Konstantin offenbart. Und seither wurde es von den Romaniern eifersüchtig behütet. Angeblich wurde ein General, der die Zusammensetzung des Feuers gegen Geld den Arabern verraten wollte, zur Strafe von himmlischem Feuer verzehrt. Doch schon nahm etwas anderes seine Aufmerksamkeit in Anspruch. Ein Mann rief und winkte vom Ufer herüber. Offensichtlich wollte er der San Matteo einen Ankerplatz zuweisen.

»Er will, dass wir bis ans Ufer fahren«, wunderte sich Ansaldo. »Anscheinend ist das Wasser bis zu der Hafenmauer hin tief genug für ein Schiff!«

»Das vereinfacht das Beladen unheimlich«, bestätigte Pietro. In Genua musste man mit Booten zu den auf Reede ankernden Schiffen hinausrudern und für Reparaturen und im Winter die Fahrzeuge mit großen Mühen auf den Strand ziehen.

»Ruder halt!«, befahl Ansaldo und steuerte die Galera geschickt an einer der ankernden Dromonen vorbei. »Drei halbe Schläge zurück!« Die Geschwindigkeit der San Matteo verlangsamte sich und sie glitt sanft auf die Stelle am Ufer zu, an der der Hafenmeister und einige Knechte ihre Ankunft erwarteten. »Steuerbordruder ein!« Ansaldo führte die Galera ans Ufer wie sonst an ein feindliches Schiff. Innerlich schickte er ein Dankgebet an den heiligen Matteo, dass die Mannschaft dieses Manöver so gut beherrschte. Einige an der Hafenmole zerbrochene Riemen hätten den Eindruck dieser diplomatischen Mission sicherlich deutlich gemindert. »Werft ihnen die Bugleine zu und belegt sie!«, rief er nach vorn. Die romanischen Hafenknechte fingen das Tau geschickt auf und wickelten es sofort zweimal um einen dicken Steinpoller. Ein Ruck lief durch die San Matteo, als die nun als Vorspring dienende Leine unter Spannung kam. »Heckleine über und belegen!«, befahl Ansaldo. Dann ließ er das Ruder fahren und trat an die Reling. Die Griechen verstanden ihr Handwerk. Sie zogen das Heck des Schiffes zur mit Hanfkörben gepolsterten Kaimauer und belegten schließlich auch die Achterleine.

»Willkommen in Konstantinopel«, rief der Hafenmeister und trat dazu.

»Ich danke euch!«, antwortete Ansaldo. »Wir kommen von der Flotte der Compagnia von Genua, um die Kreuzfahrer bei der Rückeroberung der christlichen Länder an diesem Rande des Meeres zu unterstützen!«

»Wo ist eure Flotte?«, fragte der Hafenmeister und blickte zum Hafenturm empor. Doch kein neues Signal meldete ihm die übrigen Schiffe.

»Wir sind allein nach Konstantinopel gekommen, um den Aufenthaltsort des Heeres zu erfahren. Die Flotte liegt draußen bei den Dodecanes.«

Der Hafenmeister nickte. »Und wie groß ist eure Flotte?« Ansaldo atmete tief ein. Eigentlich wollten doch sie Erkundigungen einziehen, aber wo er als Gast in einen fremden Hafen kam, war es nur natürlich, dass der Hafenmeister alle Neuigkeiten erfahren wollte.

»Zwölf Galera und ein kleineres Begleitschiff«, erklärte er, nicht ohne Stolz auf die Größe der Seestreitmacht seiner Heimatstadt.

Der Hafenmeister nickte. Wenn er beeindruckt war, so zeigte er es nicht. »Ich habe um Weisung zum Palast geschickt, wie wir mit euch verfahren sollen. Bitte bleibt noch auf dem Schiff, bis ich Antwort erhalte.«

Ansaldo zog die Stirn kraus. Das war unter Verbündeten eine ziemliche Unhöflichkeit. Doch dann seufzte er ergeben und nickte. Er kannte die Sitten von Konstantinopel nicht.

Doch die Genuesen mussten nicht allzu lange warten. Schon bald ertönte vom Seetor her Rufen und Fußgetrappel. Ein blonder Hüne und ein bereits ergrauter Mann, dessen mächtiges

Kreuz aber immer noch die einstmalige Stärke verriet, kamen schnellen Schrittes auf die San Matteo zu. Ihre prächtigen Rüstungen blitzen in der untergehenden Sonne. Einen Augenblick später standen die Männer an der Pier.

»Ich bin Edgar Ætheling, der Anführer der Warägergarde«, stellte sich der Blonde vor. »Der Basileus schickt mich, damit ich mich persönlich um Euer Wohlergehen kümmere.«

Ansaldo nickte. Der Anführer der kaiserlichen Leibwache schien angemessen, um sie willkommen zu heißen. »Mein Name ist Ansaldo Doria«, stellt er sich selbst vor. »Consul der Compagnia und bevollmächtigter Abgesandter der Republik Genua.«

»Willkommen in der Kaiserstadt. Bitte kommt an Land. Da wir nicht mit eurem Besuch gerechnet haben, wird es noch einen Augenblick dauern, bis ich deinen Männern ihre Quartiere anweisen kann, denn ihr müsst von der langen Seereise erschöpft sein.« Das war eine erfreuliche Überraschung, denn normalerweise blieb die Mannschaft eines Schiffes im Hafen an Bord und übernachtete an Deck. Im Sommer geschützt durch ein Sonnensegel, welches vom Mast bis zum Heck gespannt wurde. Doch Edgar Ætheling hielt Wort und schon bald marschierte die Mannschaft der San Matteo, immerhin knapp hundert Mann, durch das Seetor, welches die einzige Verbindung von dem schmalen Kaibereich ins Innere der Stadt darstellte. Hinter dem Tor lag eine Wachstube mit einer starken Besatzung, doch Edgar Ætheling war anscheinend allgemein bekannt und niemand wagte es, die Autorität des blonden Hünen infrage zu stellen. Bald erreichten sie einen mächtigen Ziegelbau. »Dies ist eine unserer Seekasernen, die gerade leer steht, weil die Flotte in Pontus operiert. Ihr könnt es euch im Erdgeschoss bequem machen. Decken und Schlafstellen werdet ihr bereits vorfinden. Nahrungsmittel und Brennholz wird euch gebracht. Bitte entschuldigt mich für einen Augenblick.«

Ansaldo nickte. Die Organisation der Romanischen Flotte hatte ihn beeindruckt. »Los, Männer, ihr habt gehört, was er gesagt hat. Aber seht zu, dass nichts zu Bruch geht. Wir sind hier Gäste«, wandte er sich, wieder in den ligurischen Dialekt seiner Heimatstadt verfallend, an seine Leute. »Ich will, dass die Familie Doria stolz auf euch sein kann!«

David

Ikonium, Juli 1097

Ist gut, Sufi.« Der strenge Richter bemühte sich, freundlich zu sprechen, aber die Augen Ibrahim ibn Seldschuqs waren schmale Schlitze. »Ich denke, wir brauchen deine Hilfe nun nicht mehr. Meine Angehörigen werden die Pflege des Wesirs übernehmen. Wenn ich dich benötige, lasse ich es dich wissen.« David hatte er überhaupt nicht beachtet und der schlüpfte rasch zur Tür hinaus. Besonders dankbar für die Heiligung seiner Tochter schien der Kadi nicht zu sein. Doch das brachte David auf einen Gedanken. Der Kadi ließ den verwundeten Wesir von seiner eigenen Familie pflegen? Dann würde vielleicht auch Birgül herkommen? Direkt zu ihm in die Darüssifa! Er hatte sich mühsam damit abgefunden, dass sie im Hause des Kadis für ihn unerreichbar war, und die Erinnerung an sie mit Gewalt verdrängt, doch mit einem Schlag war die Sehnsucht und das Verlangen wieder da. Mit der gleichen brennenden Intensität wie vor zwei Wochen, als ihn in Ibrahims Garten fast die Bluthunde zerfleischt hätten.

»Meister«, wandte er sich einige Stunden später an Bahram. »Ich muss immerzu an das Kind mit dem Wasserkopf denken. Sollten wir nicht lieber nach dem Kranken sehen?«

Der nickte bekümmert. »Allerdings befindet er sich noch in einem sehr gefährdeten Zustand. Mir wäre auch wohler, wenn ich mich selbst regelmäßig von seinem Zustand überzeugen könnte.«

»Wie wäre es, wenn ich ihm morgens, mittags und am Abend einen Stärkungstrunk bringe? Kräftige Brühe, wie du sie immer für Kranke empfiehlst. Wir müssen dem Kadi ja nicht verraten, dass sie keine geheimen Zutaten enthält?«

»Das ist eine ausgezeichnete Idee, Davud. Du wirst für mich wieder Augen und Ohren sein und mir von jeder Veränderung seines Zustands berichten, damit ich das richtige Heilmittel bereiten kann.« Oder damit wir noch schnell die Stadt verlassen können, fügte David in Gedanken hinzu, hielt aber den Mund. Das Wichtigste war, dass er so eine Gelegenheit hätte herauszufinden, ob sich Birgül wirklich unter den Pflegerinnen des Wesirs befand.

Als er später mit einem Topf voll frisch bereiteter Brühe zurückkehrte, ließ man ihn ohne größere Schwierigkeiten in das Krankenzimmer. Der Kadi hatte sich zurückgezogen und es befanden sich mehrere tief verschleierte Frauen und zwei ältere Männer im Raum. Schnell schweifte Davids Blick über die versammelten Frauen und blieb an einer schlanken Gestalt kleben. Sie war es! Er erkannte Birgül trotz der Verschleierung sofort. Und ihre Augen sahen ihn aufmerksam an. Ihm wurde heiß. Rasch wandte er sich ab und kniete vor dem Kranken nieder.

»Setzt ihn auf und haltet ihn in der Position«, befahl David. Er war sich nicht sicher, ob die Autorität des Arztes hier reichte, und noch viel weniger, ob man auch ihn als solchen anerkennen würde. Doch die beiden Männer gehorchten schweigend und zogen den Verwundeten von seinem Lager hoch. David war erleichtert. Das vereinfachte alles. Vermutlich waren sie sehr froh, dass er trotz der großspurigen Worte Ibrahims wiedergekommen war. Sie hatten sicherlich keine Erfahrung mit der Pflege von Kopfverletzten. Nun, er auch nur wenig, aber das brauchte ja niemand zu wissen. Vorsichtig löffelte er die noch lauwarme Brühe in den Mund des Wesirs und überzeugte sich, dass der Kranke trotz seines verwirrten Zustandes auch wirklich schluckte, indem er ihm die linke Hand an den Hals legte. »Legt ihn nun auf die Seite«, befahl er, sobald er glaubte, der Wesir habe genug geschluckt. »Ich werde heute Abend wiederkommen und erneut die mit speziellen Heilkräutern gekochte Brühe bringen. Wenn vorher etwas passiert, lasst mich sofort rufen«, befahl er streng und verließ den Raum. Er widerstand der Versuchung, nochmals in Birgüls Richtung zu schauen.

Ansaldo

Kriegshafen von Konstantinopel, Oktober 1097

Bereits eine Stunde später kam Edgar zusammen mit seinem grauhaarigen Begleiter und einer ganzen Gruppe von Trägern zurück. »Das Brot war vor einer Stunde noch im Ofen«, prahlte der Waräger und der Duft bestätigte seine Worte. »Dazu Fleisch und Wein. Der Basileus will, dass es euch an nichts mangelt!«

»Dank dir und dem mächtigen Kaiser«, nickte Ansaldo. »Pietro, sieh zu, dass die Sachen gerecht verteilt werden«, befahl er dem alten Seebären. »Setzt euch doch noch eine Weile zu uns. Ihr könntet mir etwas von den Bräuchen bei Hofe erzählen«, wandte sich Ansaldo nun wieder an den Hünen.

Der wiegte den Kopf. »Gerne trinke ich mit dir und höre mir an, was es draußen in der Welt Neues gibt. Aber lass uns lieber in eine der Schänken gehen, wo Wein und Speisen noch besser sind.«

Ansaldo überlegte einen Augenblick. Konnte er die Männer alleine lassen? Und bestand für ihn oder seine Mission eine Gefahr? Dann gab er sich einen Ruck. Ein Mann wie Edgar Ætheling stand zu seinem Wort. Hier deutete nichts auf falsches Spiel. »Pietro, du übernimmst hier. Antonio, du kommst mit«, befahl er knapp.

Edgar führte sie vorbei an anderen Wohn- oder Kasernenblöcken die Straße hinauf. Der Weg schien ziemlich weit und Ansaldos rechtes Knie meldete sich wieder einmal mit einem schmerzhaften Stechen, doch er ließ sich nichts anmerken, und endlich wurde die Gegend belebter. Gastwirte priesen laut die Vorzüge ihrer Speisen und die Güte ihres Weines an. Aber Edgar ließ sich von ihnen nicht verführen, sondern marschierte zielstrebig weiter. Schließlich erreichten sie ihr Ziel, eine weiß getünchte Taberna. Die Tür stand einladend offen und von innen drang leise Musik an ihr Ohr. »Hier wollen wir hin«, kommentierte Edgar Ætheling.

»Der beste Wein im ganzen Hafen«, bestätigte sein Begleiter mit einem zufriedenen Grunzen. Das erste Mal, dass er überhaupt etwas gesagt hatte. Drinnen nahm sie sofort eine Schankmagd in einem frischen weißen Kleid in Empfang und führte sie, nachdem sie einige Worte mit dem blonden Hünen gewechselt hatte, durch den vollen Schankraum. Vorbei an einem Vorhang, hinter dem Ansaldo die Küche vermutete, denn ihm entströmten eine betörende Anzahl verführerischer Aromen. Nun ging es eine Leiter hinauf, was Ansaldos Knie wieder zu Protesten reizte. Er nahm die Stufen mit dem linken Bein voran und hoffte inständig, dass es niemandem auffiel. Doch oben angekommen, vergaß er die Mühsal. Zu seiner Überraschung ging es hinaus auf eine Terrasse, zu deren Füßen sich Tausende Lichter ausbreiteten. Ein traumhafter Anblick. Ansaldo staunte mit offenem Mund.

»Hier habt ihr den besten Blick über Konstantinopel«, prahlte Edgar und zeigte ihnen mit einer ausladenden Geste das Panorama. Ansaldo folgte der Geste und stieß einen überraschten Laut aus. Hier blickten sie über die Dächer hinweg auf einen silbern im Mondlicht glitzernden Meeresarm. In dem Hafen zu ihren Füßen drängten sich noch mehr Schiffe als in jenem, in welchem die San Matteo vor Anker lag. Doch hinter dem Meeresarm ging die Stadt weiter. Hunderte von Lichtern schimmerten von weißgetünchten Hauswänden zurück.

»Das Goldene Horn mit dem Handelshafen und der Händlerstadt Galata dort drüben. Da sitzen auch eure venezianischen Vettern«, erklärte Edgar stolz.

»Solange es keine Pisaner sind«, warf Antonio ein und erntete dafür einen warnenden Blick von seinem Capitan.

Doch Edgar lachte. »Setzt euch. Der Wirt bringt gleich Decken und Kohlebecken. Die Einheimischen hier mögen zu dieser Jahreszeit nicht mehr an der frischen Luft sitzen, aber im Vergleich zu meiner Heimat ist das der reinste Sommer.« Zusammen mit dem Wirt und einem Begleiter, die die versprochenen Kohlebecken trugen, brachte das Serviermädchen mit dem weißen Kleid eine Amphore und vier Tonbecher. »Auf unsere gemeinsamen Abenteuer!«, rief Edgar Ætheling. Ansaldo wunderte sich über den Trinkspruch, stieß aber gerne an. Der Wein duftete herrlich, die Sterne und die Lichter der Stadt wetteiferten in ihrem Funkeln und von unten stieg angenehm die Wärme der Kohlebecken auf. Auch in Genua musste das Klima besser sein als in den nördlichen Gefilden der Waräger, schloss er. Nach dem ersten Schluck wechselte Edgar Ætheling rasch einige griechische Worte mit dem Wirt, die Ansaldo nicht verstand. Wie viele Sprachen beherrschte der so barbarisch aussehende Waräger eigentlich?

»Woher kommt ihr Waräger?«, fragte er neugierig. »Vom Nordrand des Pontus?«

Der Hüne lachte trocken. »Die echten Waräger schon. Aber wir sind Sachsen. Wir kommen aus Engaland.«

»Wo liegt denn das?«, fragte Ansaldo verwundert.

»Weit jenseits der Säulen des Herakles im Norden. In meiner Heimat bin ich ein König. Ætheling ist kein Name. So wird der rechtmäßige Thronerbe von Wessex genannt.«

»Von Wessex? Ich dachte Engaland?« Ansaldo war verwirrt.

»Die Herrscher von Wessex herrschen über ganz Engaland. Und der Witan, also der Kronrat, hat mich zum nächsten König bestimmt.«

»Aber was machst du dann hier?«, wunderte sich Ansaldo.

»Wilhelm der Bastard hat mein Land erobert. Er und seine Normannen.«

»Normannen?«, warf Antonio ein. »Wie Guiskards Männer, die Sizilien und den Süden erobert haben?«

»Ja, genau die«, bestätigte Edgar. »Ich habe gegen sie gekämpft, nachdem Harold, unser letzter rechtmäßiger König, gefallen war, aber damals war ich noch sehr jung. Dann habe ich es nochmals von Eoferwic aus versucht, mit Unterstützung der Dänen, doch die haben mich hängen lassen und ich musste zu meiner Schwester Margarethe fliehen, die mit Malcolm, dem König von Schottland, verheiratet ist. Und nun bin ich hier in Konstantinopel.« Ansaldo kannte nicht die Hälfte der erwähnten Orte und Völker, aber dass es sich bei Edgar um einen Königssohn im Exil handelte, hatte er verstanden. Eine tragische Geschichte. »Etliche von König Harolds Hauskarls, die ihre Knie nach der Katastrophe von Hastings nicht vor dem Bastard beugen wollten, sind schon vor mir hierhergekommen und dienen in der Leibgarde des Kaisers. Wie Ordulf hier. Er kann die Reihe seiner Vorfahren bis zu dem großen Häuptling zurückverfolgen, der bereits zusammen mit Hengist nach Britannien kam. Und nun wird er in der Fremde unter Fremden sein Leben beschließen. Es ist eine Schande.« Erschöpft von der langen Rede leerte er seinen Tonbecher mit einem einzigen Zug. »Doch genug von unserem Unglück. Morgen werde ich dich zum Palast des Basilcus bringen, und du wirst staunen, welche Pracht dort herrscht. Ich habe auch gestaunt!«

Zu Beginn ihres Gesprächs hatte der Wirt einen Tontopf mit einem Teigfladen verschlossen und dann in ein Kohlefeuer gestellt. Nun nahm er ihn mit einer Zange aus der Glut. Sein herbeigeeilter Knecht schlug mit einem Holzstab auf eine Rille am Boden des Tongefäßes, woraufhin der Boden entlang der Rille abbrach. »Wäre es nicht einfacher, den inzwischen teils verkohlten Teig von der Öffnung abzureißen?«, fragte Ansaldo erstaunt. Doch Edgar zuckte nur die Schultern. »Das machen sie immer so, aber auf den Inhalt kommt es an!« Der Meister trat mit dem Topf, dessen aufgeschlagenem Boden ein herrlicher

Duft entströmte, heran. Er stürzte den Inhalt auf einen breiten Brotfladen, den die Schankmagd bereits in der Mitte des Tisches platziert hatte. Der betörende Duft von Fleisch, Kräutern und Gemüse verstärkte sich und ließ Ansaldo das Wasser im Munde zusammenlaufen. »Greift zu«, forderte Edgar seine Gäste auf.

David

Ikonium, Juli 1097

David erwachte schlagartig. Jemand hatte ihn am Arm gerüttelt. »Der kranke Wesir braucht dich!« Es war einer der Küchenjungen. David rieb sich den Schlaf aus den Augen. »Weiß der Meister Bescheid?«, fragte er. Doch Bahrams Atemzüge waren tief und ruhig wie die eines Schlafenden.

»Nein, nein. Die Frau hat mir ausdrücklich aufgetragen, den Gehilfen des Hakims zu rufen.« David rieb sich den Schlaf aus den Augen. Der Gehilfe des Arztes, damit musste tatsächlich er gemeint sein. Verwundert hob David die Füße vom Lager und streifte sich sein Obergewand über. »Ist gut, ich komme«, murmelte er mürrisch. »Du kannst dich wieder schlafen legen.«

Noch immer schlaftrunken und rätselnd machte er sich auf den Weg zur Darüssifa hinüber. Er war ihn bereits so oft gegangen, dass er kein Licht benötigte. Doch bevor er das Gebäude erreichte, sprach ihn eine Frauenstimme von der Seite an. »Danke, dass du gekommen bist.«

David fuhr zusammen. Er hatte die vermummte Gestalt hinter dem Rosenbusch gar nicht wahrgenommen. Verwirrt blickte er sie an, konnte aber außer den sie verhüllenden Tüchern nichts entdecken. War das etwa Birgül?, schoss es ihm durch den Kopf. Ihm wurde bewusst, dass er Birgüls Stimme nie gehört hatte, sie also auch nicht daran erkennen konnte.

»Wer bist du?«, fragte er auf einmal hellwach.

»Das könnte ich viel eher dich fragen«, kam es scharf zurück.

»Doch ich glaube, ich kenne dich bereits.« David erstarrte. »Du bist Birgül, die Tochter Kadi Ibrahims?« fragte er heiser.

»Ich dachte, zumindest du könntest mich inzwischen problemlos erkennen?«, kam die Antwort.

Davids Herz wollte ihm aus dem Halse springen. »Ich kann alles erklären«, stammelte er.

»Dann habe ich also recht? Du warst meine Pflegerin, als ich selbst hier krank lag, und so hast du mich bereits entblößt gesehen?«, fragte sie.

David wurde es heiß. Er wackelte unschlüssig mit dem Kopf.

»Du musst es mir sagen«, forderte sie nun eher drängend als verärgert.

»Ja, also ... ich musste dich für Meister Bahram untersuchen ...«

»Hat er mich etwa auch gesehen?«, fragte sie schrill.

»Nein, nein, deshalb war es ja nötig, dass ich für ihn einsprang!«, versuchte David sie zu besänftigen.

Sie schaute ihm einen Atemzug lang direkt in die Augen und David hatte keine Ahnung, was sie als Nächstes tun würde. Er fühlte das Bedürfnis, den Blick abzuwenden, hielt dem ihren aber doch stand.

»Dann musst du mich heiraten«, erklärte sie schließlich bestimmt.

David verschluckte sich und hustete. Dann nickte er eifrig. »Ja, genau. Ganz bestimmt!«

Unvermittelt hob sie den Schleier. »Küss mich«, forderte sie und diesmal reagierte er sofort.

»Wir können hier nicht zusammenbleiben. Die Magd kann jeden Augenblick kommen, um zu sehen, wo ich bleibe«, erklärte sie, sobald sie wieder zu Atem kam.

»Komm mit«, flüsterte er und ergriff ihre Hand. Hier kannte er sich aus und trotz der vielen Verwundeten gab es im Moscheegarten ruhige Plätze, wo sie ungestört wären.

Doch sie lehnte ab. »Nein, nein. Ich muss zurück. Lass uns morgen um Mitternacht wieder hier treffen!«

Ansaldo

Konstantinopel, Oktober 1097

Am Morgen des Folgetages stellte sich Edgar wieder ein. »Leider wird euch der Palast erst morgen früh empfangen«, erklärte er mit einem entschuldigenden Schulterzucken. »Heute stehen noch unaufschiebbare Angelegenheiten an. Das Quartier war zu eurer Zufriedenheit, hoffe ich?«

»Die Männer hatten keinen Mangel an Fleisch, Brot und Wein«, bestätigte Ansaldo. »Habt Dank. Und ich habe schon seit Monaten nicht mehr so gut gegessen.«

»Wenn du magst, würde ich dir und Antonio die Wunder von Konstantinopel zeigen, während ihr auf die Audienz wartet.«

Und Wunder waren es tatsächlich. Das Hippodrom, die Pferderennbahn, mochte Tausende Besucher fassen. Besonders gefielen Ansaldo vier bronzene Pferde über dem Eingang. Sie wirkten so echt, dass er jeden Augenblick erwartete, ihr Wiehern und das Stampfen der Hufe zu hören. Doch das größte Wunder war für ihn etwas anderes. Edgar führte sie über einen offenen Platz auf die gewaltige Kuppel zu, die sie bereits vom Meer aus gesehen hatten: die Kirche der göttlichen Weisheit. Sie betraten den Raum durch ein von Mosaiken eingefasstes Marmorportal und Ansaldo schaute staunend hinauf zur Kuppel, die fast im Himmel zu schweben schien. Aber der Architekt hatte hier einen Trick angewandt: Der eigentliche Hauptraum lag erst hinter dem nächsten Durchgang und die wahre Kuppel war noch um ein vielfaches höher! Sie verschlug Ansaldo fast den Atem.

»Als Kaiser Justinian zum ersten Mal diese Kirche betrat, soll er ausgerufen haben: ›Salomo, ich habe dich übertroffen!‹«, erklärte

Edgar schmunzelnd. Er kannte den Effekt, den dieser Anblick auf Besucher hatte, offenbar bereits.

»Und er hatte recht«, flüsterte Ansaldo ehrfurchtsvoll. Ein Kranz kleiner Fenster unter der gewaltigen Kuppel ließ die Sonnenstrahlen in den Raum fallen und brachte die Abertausende von vergoldeten Mosaiksteinen zum Funkeln. Alles war Glanz, alles war groß.

David

Ikonium, Juli 1097

Und wie geht es unserem Patienten?«, fragte Bahram am Morgen. David schrak auf. Er war zwar in der Darüssifa, aber nicht bei dem Wesir gewesen.

»Oh, ganz gut, denke ich«, behauptete er leichthin. »Er hat die Brühe geschluckt, die ich ihm brachte.« Bahrams Blick ruhte einen Moment auf ihm.

»Du solltest dir deine Patienten stets genau anschauen. Das wichtigste Buch zum Lesen ist der Mensch«, behauptete er dann. »Und das gilt sowohl für die Medizin als auch für die göttlichen Geheimnisse. Denn wir sind schließlich seine höchsten Geschöpfe.«

»Nach seinem Bilde geschaffen«, behauptete David, ohne nachzudenken.

Bahram sog die Luft scharf ein. »Dafür, dass er einen der Namen Gottes für sich selbst benutzte, wurde al-Halladsch gekreuzigt, wie du weißt!« David schaute sich erschrocken um. Doch sie waren allein in ihrer Kammer.

»Und doch hast du selbst gesagt, dass das Universum die sichtbare Gestalt Gottes sei!«, hielt er entgegen.

Bahram nickte. »Das ist offensichtlich. Und gerade darum kannst du im Herzen eines Menschen mehr lernen als aus Büchern und auch nur im Herzen eine Verbindung zu Gott finden. Bete mit dem Herzen, nicht mit den Knien. Rituelle Gebete machen keinen Menschen besser. Aber das sollten wir Kadi Ibrahim lieber nicht zu erklären versuchen.«

Der Tag verging unglaublich langsam und David fieberte der Nacht und dem nächsten Treffen mit Birgül entgegen. Während der Visiten sah er sie nur einmal, als er mittags die Brühe zum Wesir brachte. Immerhin ging es dem Patienten nun sichtlich besser. Birgül hingegen war so züchtig verschleiert, dass er sie nur an den Augen erkannte, und er wagte es selbstverständlich nicht, ein Wort an sie zu richten. Endlich rief der Muezzin die gläubigen Muslime zum Abendgebet, welches Bahram trotz seiner zuvor geäußerten geringen Meinung von rituellen Gebeten stets gewissenhaft verrichtete. David folgte ihm darin, ohne freilich für sich genau zu definieren, welchem Gott seine Gebete galten. Doch diese Frage ließ ihn heute kalt, sein Herz war allein von Birgül erfüllt.

Die Nacht war mondlos, ein Umstand, der David bei seinem heimlichen Ausflug entgegenkam. Langsam wurde es still auf dem Alâeddin-Hügel. Aus der griechischen Stadt klangen noch vereinzelt Laute, ein Lachen hier, ein unverständlicher Ruf dort oder das Bellen eines Hundes. Doch die alte Akropolis von Ikonium lag in tiefem Schweigen. Es war noch lange vor Mitternacht, doch David hielt nichts mehr in seiner Kammer. Langsam und vorsichtig stand er auf und schlüpfte in sein Obergewand. Er wartete, doch Bahrams Atemzüge blieben ruhig und gleichmäßig. Er schlich sich aus dem Zimmer und suchte den Ort mit den Rosenbüschen, wo Birgül ihn in der Nacht zuvor erwartet hatte. Eine Katze fühlte sich durch ihn gestört und maunzte ärgerlich, doch sonst blieb alles ruhig. David suchte sich einen Platz hinter einem der Büsche, wo er nicht sofort von einem zufällig vorbeikommenden Bewohner der Külliye bemerkt werden konnte, und wartete. Er betrachtete den Sternenhimmel. Ob

Bahram aus ihm lesen konnte? Der Sufi wusste auf fast alles eine Antwort. Morgen würde David ihn fragen. Plötzlich schrak er auf. Er musste eingenickt sein. Verwirrt sah er sich um und es dauerte einen Augenblick, bis er sich zurechtfand. Er hatte von Jerusalem geträumt und von einem Massaker. Oder hatte er die Erlebnisse in Magenza mit der Zukunft vermischt? Er schüttelte sich und stand auf. Er war nun in Ikonium und Jerusalem lag ebenso weit weg wie ehedem. Seine Glieder fühlten sich klamm und kalt an. Wo blieb Birgül? Er blickte sich suchend um. Noch immer war alles ruhig und keine Spur von ihr zu sehen. Sein Blick suchte den Osthimmel ab. Da stand er, der Morgenstern. Die Dämmerung konnte nur noch ein oder zwei Stunden entfernt sein! Hatte er Birgül schlafend verpasst? War sie, als sie ihn nicht fand, unverrichteter Dinge zurückgekehrt? Er musste sie unbedingt sprechen! Doch zuerst musste er sehen, dass er wieder in seine Kammer kam, bevor der Muezzin zum Frühgebet rief!

Der nächste Morgen brachte keine Gelegenheit, mit Birgül ein Wort zu tauschen. Sie befand sich nicht einmal im Zimmer des Wesirs, der nun die meiste Zeit über wach war und den eintretenden David mit seinem Blick fixierte.

»Hat er gut geschlafen?«, erkundigte sich David bei einem der anwesenden Diener.

Der nickte. »Ja, Herr, es geht ihm jeden Tag besser. Allah sei gepriesen. Er kann sicherlich bald in das Haus Kadi Ibrahims gebracht werden, dann seid ihr die Sorge um ihn los.« David runzelte die Stirn. Bevor es so weit käme, musste er unbedingt einen Weg finden, Nachrichten mit Birgül auszutauschen. Eine Hausangestellte des Kadis wäre die beste Botin. Doch er selbst besaß nichts, um eine zu bestechen! Und wie sollte er sich ihr nähern, ohne zu riskieren, dass ihr Geheimnis verraten wurde? Er zermarterte sich den Morgen über vergeblich das Hirn. Doch das Problem löste sich von selbst, als ihm am Mittag auf seinem Weg zur Krankenvisite an der Stelle zwischen den Rosenbüschen eine verschleierte Frau entgegentrat. Sein Herz tat einen Sprung, doch da erkannte er, dass es nicht Birgül war. Die Enttäuschung traf ihn wie ein körperlicher Schlag, doch er fasste sich.

»Meine Herrin konnte sich letzte Nacht nicht von ihren Pflichten lösen, aber wenn du heute Nacht wiederkommst, wirst du nicht vergeblich warten.« Damit drehte sie sich um.

»Halt, sag mir doch, wie du heißt und wie ich dich finden kann«, rief er ihr verhalten nach.

Sie drehte sich noch einmal um. »Du musst heute Nacht wieder hierherkommen. Das ist alles, was du wissen musst. Der Rest tut nichts zur Sache. Und nun komm, damit die Brühe für den Wesir nicht abkühlt.«

Wohl oder übel musste sich David damit zufriedengeben. Bedauerlicherweise traf er in dem Krankenzimmer wieder nicht auf die Angebetete, doch er tröstete sich mit dem Gedanken, dass sie, wenn sie nachts wachen sollte, tags vermutlich schlief.

Wieder fasste er sich in Geduld und erwartete den Abend. Er beschloss, diesmal nicht so früh zu kommen, damit er nicht noch einmal auf dem Posten einschlief. Eine feine Mondsichel stand über der Hauptmoschee von Ikonium, die bereits Kirche und Heidentempel gewesen war. In dem spärlichen Licht begab er sich an seinen Platz zwischen den Rosen. Plötzlich raschelte es hinter ihm. Er wollte herumfahren, doch da traf ihn ein Schlag auf den Kopf. Es dauerte einen Augenblick, bis der Schmerz einsetzte, und ebenso lange fragte sich David, was ihm gerade passiert war. Gleichzeitig mit der Erkenntnis, dass ihn ein Schlag getroffen hatte, packten ihn starke Hände an seinen beiden Armen.

»So, du wolltest wohl zu einem Stelldichein mit einer frei geborenen Tochter, Sklave?« Ein hämisch grinsendes Gesicht erschien ebenso plötzlich zwischen den Rosenbüschen, wie ihn der Schlag getroffen hatte. Man hatte ihn erwischt! Doch wo war Birgül? Hatte man sie etwa auch gefangen? Die Sorge um sie verschlug ihm einen Augenblick den Atem. Doch kaum wollte er wieder Luft holen, traf ihn ein Schlag in die Magengrube, der sofort wieder sämtliche Luft aus seinen Lungen stieß. Mit einem Röcheln sackte David zusammen, und hätten nicht die Männer seine Arme gehalten, wäre er gestürzt. »Wer glaubst du, das du bist, dir so etwas auch nur einzubilden?« Das gerade noch hämisch grinsende Gesicht befand sich nur noch einen Fingerbreit vor seinem und zischte bösartig. »Schafft ihn weg und sperrt ihn ein. Morgen werden wir Kadi Ibrahim zeigen, was wir gefangen haben!«

Angst um Birgül und sich selbst, Schmerzen und zwei Nächte ohne Schlaf lähmten Davids Gedanken. Er hatte doch noch gar nichts verbrochen? Oder wussten sie auch um seine Rolle bei Birgüls Krankheit? Was für eine Strafe konnte er erwarten? Die Tatsache, dass Bahram ihn wie einen Schüler anstelle eines Sklaven behandelte, schützte ihn sicherlich nicht davor, wie ein Sklave bestraft zu werden. Ein Ungläubiger noch dazu! Wenn Kadi Ibrahim das herausfand, waren seine Tage gezählt. Und was war überhaupt mit Bahram? Hatte er seinen Meister mit seinem egoistischen Verhalten gleich mit verraten? Würde auch ihm der Prozess gemacht? Wenn man die Wahrheit über die Behandlung Birgüls herausfand, mit Sicherheit. Wie hatte er das außer Acht lassen können? In seiner Selbstsucht hatte er womöglich nicht nur Birgül, sondern auch noch seinen guten Meister ins Verderben gerissen. Doch das Schlimmste war die Ungewissheit. Durch ein Loch in der Tür erkannte er, dass er sich wieder in dem Schuppen beim Sklavenmarkt befand, den er schon von seiner Ankunft her kannte. Die Sonne schien, aber mehr konnte er nicht erkennen. Er hatte jegliches Zeitgefühl verloren. Doch irgendwann scharrte es an der Tür. Jemand schob den Riegel zurück. Gleich darauf schaute er in dasselbe Gesicht, das ihn bereits in der Nacht hämisch angegrinst hatte.

»Hier, dein Essen«, erklärte der Kerl und stellte David eine Schüssel mit einer Art Brei auf den Boden. »Dazu etwas Wasser, denn man wird dich doch noch brauchen.«

David starrte ihn mit offenem Mund an. »Man vergibt mir?«, stammelte er ungläubig.

Da war es wieder, das gehässige Grinsen. »Mehr noch. Du bekommst eine Aufgabe, die dir gefallen wird.« David blickte ihn furchtsam an.

»Na gut, ich will es dir verraten. Kadi Ibrahim wollte dich auf der Stelle töten lassen, aber dein Herr Bahram hat sich vor ihm auf den Boden geworfen und ihn an die Rettung seiner Tochter vor einigen Monaten und an die Rettung des Wesirs erinnert. Der Kadi musste zustimmen, dass er dafür verdient, einen Wunsch erfüllt zu bekommen. Und er bat um dein Leben.« Vor Dankbarkeit liefen David die Tränen über die Wangen. Doch der grobe Kerl lachte wieder. »Er hat aber versäumt, um deine Freiheit zu bitten. Und um deine Unversehrtheit. Daher hat der Kadi in seiner Weisheit beschlossen, dass du, wo dein Begehr so unstillbar nach seiner Tochter lechzt, ihr von nun an dienen darfst.« David schaute erstaunt auf. Was sollte das bedeuten? »Allerdings muss vorher ein kleiner Umstand geregelt werden. Oder sollte ich lieber sagen, abgeschnitten?« Er grinste bösartig und David fühlte, wie sich sein Magen krampfhaft zusammenzog. »Ganz recht«, nickte der Fremde. »Man wird dich entmannen und du darfst Birgül als Eunuch dienen. Dein Leben lang!« Immer noch lachend schlug er die Tür zum Gefängnis wieder zu.

Ansaldo

Konstantinopel, Oktober 1097

Wieder war es Edgar, der die beiden Genuesen am Morgen an der Kaserne abholte. »Heute geht es nun zum Palast.

Vielleicht erzähle ich euch noch ein paar Dinge zum Basileus. Sein Name ist Alexios Komnenos. Er stammt aus einer adligen Familie, aber nicht vom letzten Basileus ab, sondern war General und eroberte schließlich Konstantinopel. Durch die Heirat mit Irene aus der Familie Dukai sicherte er sich die Unterstützung des Hochadels, auch weil er den zuvor abgesetzten Konstantin Dukas Porphyrogennetos als Mitkaiser eingesetzt hat, und seinen älteren Bruder Isaak hat er zum Sebastokrator ernannt. Wir haben also eigentlich drei Kaiser. Aber Alexios hält die Fäden in der Hand. Aber wahrscheinlich werdet ihr nur Taikios treffen, seinen General. Er ist eine Zeit lang mit den Kreuzfahrern mitgezogen. Zu ihm müsst ihr zwei Dinge wissen: Seine Nase hat er im Kampf verloren, nicht als Strafe für ein Verbrechen. Und er ist, anders als die übrigen hohen Beamten, die nicht aus der Familie des Kaisers kommen, kein Eunuch. Vielleicht weil er mit dem Alexios zusammen aufgewachsen ist. Jedenfalls ist er sehr eitel und ihr solltet euch bezüglich dieser zwei Dinge keine Fehler erlauben.«

Er machte eine unsichere Handbewegung. Inzwischen hatten sie die erste Pforte des Palastes erreicht. Wieder befand sich im Tor eine starke Wachmannschaft, doch wie am Hafen ließ man Edgar Ætheling ungehindert ein.

Rechter Hand erhob sich eine große Kirche, die, wenn Ansaldo und Antonio nicht am Vortag die Hagia Sophia besucht hätten, ihnen sicherlich als Wunder erschienen wäre. »Die Hagia Irena, die Kirche des göttlichen Friedens«, erklärte Edgar knapp.

Sie schritten auf das zweite Tor zu. Hier hielten blonde Hünen Wache, die ganz wie Edgar gekleidet und mit runden Schilden und langen Schwertern bewaffnet waren. Edgar begrüßte sie in einer fremden Sprache. Dann wandte er sich an die beiden Genuesen. »Jetzt müsst ihr die Waffen ablegen«, erklärte er. »Arnulf und Hugh werden sie treu bewachen.«

Im nächsten Hof spendeten große Bäume Schatten und an den Mauern zogen sich Säulenhallen entlang. Zielstrebig schritt

Edgar auf eine der Hallen, direkt neben dem dritten Tor zu. »Dort ist der Audienzsaal. In den dritten Hof dürfen nur Familienmitglieder und persönliche Freunde des Basileus und wir, seine Leibwachen.«

Edgar führte sie in eine riesige, mit Marmor ausgekleidete Halle. Hier warteten bereits etliche Romanier, aber der Tracht nach zu urteilen auch fremde Händler. Unter ihnen einige, die Ansaldo mit einiger Sicherheit für Italiener hielt.

»Venezianer, oder?«, flüsterte Antonio denn auch. Ansaldo nickte. »Denen hat der Kaiser ja für ihre Unterstützung im Kampf gegen Robert Guiskard und seine Normannen einige Privilegien eingeräumt.« Ansaldo spürte ihre misstrauischen Blicke. Kein Wunder. Es wäre ihnen bestimmt alles andere als recht, wenn sie ihre Privilegien mit den Genuesen teilen müssten! Doch Edgar führte sie ungeachtet der Wartenden direkt auf eine breite eherne Tür zu.

»Verneigt euch, wenn ihr vor den General tretet«, empfahl er flüsternd. »Er ist wie gesagt ziemlich eitel.« Schon öffneten die Wachtposten die schweren Bronzetüren und die Genuesen folgten dem Angelsachsen in den Audienzsaal. Wie empfohlen, verbeugten sie sich am Eingang tief. Erst dann hatte Ansaldo Zeit, den Mann, der auf einem um eine Stufe erhöhten Thron in einer Apsis am anderen Ende des Raumes saß, in Augenschein zu nehmen. Neben ihm stand ein weiterer Thron, nochmals drei Stufen höher und genau in der Mitte der Apsis, aber der war leer. Sie würden also wohl zuerst mit dem General vorliebnehmen müssen. Es war gut, dass Edgar sie gewarnt hatte. Denn der vielleicht vierzig Jahre alte schlanke Mann trug eine Nase aus Gold, die sich irritierend von seiner dunklen Haut abhob. So vorbereitet gelang es Ansaldo, eine gleichgültige Miene zu bewahren.

Der drahtige Mann mit der goldenen Nase winkte sie heran. »Willkommen in Konstantinopel, Genueser«, begrüßte er sie mit dickem griechischem Akzent, aber in Latein. »Ihr seid hier, um euch nach dem Schicksal der Kreuzfahrer zu erkundigen? Ich hoffe, ihr habt bessere Manieren als sie!« Ansaldos Erstaunen musste an seinen Zügen ablesbar sein, denn der General lachte trocken. »Wir mussten einige von ihnen mit Gewalt davon abhalten, unsere Stadt zu plündern. Und dann haben sie unserem Basileus einen Vasalleneid geleistet und geschworen, alle eroberten Gebiete unter seine Kontrolle zu stellen. Doch kaum haben sie zwei Schlachten gewonnen, haben sie vergessen, wem sie dienen, und ein Mordkomplott gegen mich, den Vertreter ihres Herrn, geschmiedet! Ausgerechnet der Normanne Bohemund, dessen Vater Robert ich selbst Dyrrhachion entrissen habe, hat mich gewarnt!«

Das waren eine Menge Neuigkeiten, die Ansaldo erst sortieren musste. Seine Gedanken rasten. Ob es wirklich ein Komplott gegeben hatte? Oder hatte Bohemund sich des lästigen Romaniers entledigen wollen? Und er sollte dem Kaiser von Konstantinopel einen Eid geschworen haben? Gerade der Normanne, dessen Vater davon geträumt hatte, Konstantinopel zu erobern? Und wo waren die Kreuzfahrer nun?

»Wo ist denn diese Ungeheuerlichkeit geschehen?«, fragte Asaldo, seine ehrliche Entrüstung herauskehrend.

»Ich habe die Kreuzfahrer bis kurz vor Antiochia geführt. Allerdings gab es schon vorher Streit unter ihnen und einer, Balduin von Boulogne, verließ in Kilikien wütend das Heer, um sich ein eigenes Reich in Edessa zu erobern.«

Antiochia also. Das war die Information, auf die die Flotte der Compagnia wartete. »Und ihr habt sie dort vor Antiochia gelassen?«, vergewisserte er sich. »Wann war das? Und muss nicht jemand den Basileus vertreten, um seinen Anspruch auf die Stadt geltend zu machen?«

Taikios machte eine wegwerfende Handbewegung. »Sie können die Mauern von Antiochia ohne Belagerungsmaschinen nicht überwinden. Und wenn der Hunger sie nicht erledigt, dann werden es die Beys aus Mosul und Aleppo tun. Die bisherigen Siege waren das Glück von unbelehrbaren Barbaren, aber das wird sie nicht ewig tragen!«

Ansaldo schluckte. Wenn es so um das Heer Gottes stand, war es höchste Zeit, dass die Flotte der Compagnia mit den dringend benötigten Nahrungsmitteln zu den Kreuzfahrern stieß.

»Und ihr wollt die Kreuzfahrer retten? Mit einem Schiff?«, wandte sich der General nun mit nur schwer zu überhörendem Hohn an Ansaldo.

»Unsere Flotte liegt bei den Dodecanes bereit«, erklärte der steif.

»Dann könnt ihr vielleicht wenigstens einige Überlebende retten«, versetzte Taikios. »Immerhin verdanken wir ihnen die Eroberung von Nicäa. Aber die Franken sind zu stolz und zu halsstarrig. Sie werden niemals Erfolg haben.« Damit war eigentlich alles gesagt. Ansaldo überlegte, ob er den General noch auf eine Genuesische Handelsniederlassung in Konstantinopel ansprechen sollte, entschied sich aber dagegen. So tauschten sie noch einige höflichere Floskeln aus, dann war Ansaldo entlassen.

Erst später fiel ihm auf, dass von ihm niemand einen Lehenseid verlangt hatte. Offenbar schätzten die Romanier die Bedeutung von Genua noch geringer ein als die der ritterlichen Kreuzfahrer! Einerseits vereinfachte das Ansaldos Aufgabe, andererseits kränkte diese Missachtung seinen Bürgerstolz.

»Was hast du erwartet?«, fragte Edgar ihn beim Verlassen des Palastes begütigend. »Taikios ist ein großer Feldherr, aber dass er vom Heer der Kreuzfahrer fliehen musste, hat seinen Stolz verletzt. Das wird er nicht einfach verzeihen. Aber Basileus Alexios denkt weiter. Er hält sich stets alle Möglichkeiten offen. Du wirst sehen, er hat die Kreuzfahrer sicherlich noch nicht aufgegeben.«

David

Ikonium, September 1097

David wartete in seiner Zelle auf die schreckliche Prozedur, die ihm bevorstand. Einen Moment tröstete er sich damit, dass offenbar weder Meister Bahram noch Birgül in ernste Schwierigkeiten geraten waren, dann versank er wieder in tiefe Verzweiflung. Draußen ging die Sonne unter, doch die Stadt kam nicht zur Ruhe. Entweder befand sich der Alâeddin-Hügel doch so weit über der Stadt, dass man dort die übliche Unruhe gar nicht mitbekam, oder es geschah etwas, das die Einwohner am Schlafen hinderte. Es wurde Morgen und die hektische Betriebsamkeit steigerte sich noch, bis vielleicht gegen Mittag wieder Ruhe einkehrte. Niemand hatte sich bisher um David gekümmert oder ihm auch nur Essen oder Wasser gebracht. Zitternd kauerte er in der hintersten Ecke seines kleinen Loches und horchte auf jeden Schritt, der sich seinem Verließ näherte. Doch nichts geschah. Erst am Nachmittag erhob sich wieder Lärm über der Stadt. Rufe, Schreie, Waffenklirren. Nur wenig später flog die Tür zu Davids Gefängnis auf. Doch nicht der verhasste Diener des Kadis stand dort. Nein, ein Mann in Eisenrüstung mit blondem Bart und blauen Augen. Er war offenbar genauso erstaunt wie David und rief seinen Kameraden etwa zu. David begriff den Sinn und wunderte sich einen Augenblick, wieso er den Fremden verstand. Der Mann sprach offensichtlich kein Persisch, aber Türkisch konnte es auch nicht sein. Da fiel es ihm wie Schuppen von den Augen. Der Mann sprach eine Art Latein, ein Kreuzfahrer!

»Ich gehörte zur Armee von Peter dem Einsiedler!«, schrie er ebenfalls auf Latein.

Der Mann drehte sich zurück. »Du gehörst zu den Bauern, die mit Peter gezogen sind?«, fragte er noch erstaunter als beim

Anblick des Gefangenen. »Das lässt sich leicht überprüfen, denn Peter zieht nun mit Herrn Gottfried.«

Immer noch völlig verwirrt kroch David aus dem Loch. »Herr Gottfried?«, fragte er.

»Gottfried von Bouillon, unser Herzog«, bestätigte der Mann. »Ich werde dich zu ihm bringen, aber erst zeigst du uns, wo die Türken ihre Reichtümer verstecken!«

David überlegte einen Augenblick. Dann fiel es ihm ein. »Ich weiß ein Haus, da werdet ihr reichlich Beute finden. Kommt mit!« Er führte die zehn Lothringer die Straße entlang zu dem ihm wohl bekannten Anwesen. »Hier wohnt der Kadi Ibrahim«, erklärte er. »Der Hund hat mit seinen lästerlichen Reden gegen die Gottesmutter und den Herrn Christus sogar die Mohammedaner erbleichen lassen!«, behauptete er.

Mit einem Wutschrei trat der Anführer der Männer die Tür zum Hof ein. Wütendes Hundegebell antwortete. Doch da klirrte Eisen und das Bellen ging in Jaulen über, bevor es ganz verstummte. Ein alter Diener trat ihnen entgegen und starb unter einem Hieb desselben Schwertes, welches die Hunde zum Schweigen gebracht hatte. David biss sich auf die Lippe. Das hatte er nicht gewollt, der Mann hatte ihm nichts getan. Doch es zeigte sich, dass der Kadi mit seiner Familie und überhaupt allen Seldschukischen Würdenträgern beim Herannahen von Gottfrieds Rittern aus der Stadt geflohen waren. Allerdings in solcher Eile, dass die Goldgier der Lothringer gestillt wurde. Zufrieden klopfte Boso, der Mann mit dem wilden rotblonden Bart, der David aus seinem Verlies befreit hatte, auf seine Schulter. »Gut gemacht. Jetzt erkenne ich auch ohne Peter, dass du ein rechter Christ bist!«

David atmete erleichtert auf, auch wenn ihm dieses Kompliment nach allem Erlebten mehr als zweifelhaft erschien. Birgül war fort, doch so, wie die Lothringer gewütet hatten, war das sicherlich besser, vielleicht eine Fügung Gottes. »Ihr zieht weiter nach Jerusalem?«, fragte er schüchtern.

»Deus lo vult!«, rief der Anführer und seine Männer wiederholten den Ruf mit erhobenen Fäusten.

»Deus lo vult«, bestätigte David mit weichen Knien. Also doch Jerusalem. Oder sollte er Birgül suchen? Mit Sicherheit nicht! Wo sie sich befand, war auch der Vater nicht weit und er war dem grausamen Schicksal der Kastration gerade erst um Haaresbreite entgangen. Der Gedanke allein ließ sich seine Eingeweide schmerzhaft zusammenziehen. Hatte sie ihn verraten? Nein, das konnte und wollte er nicht glauben. Und Meister Bahram? Vielleicht befand er sich noch in der Stadt und benötigte seine Hilfe? Doch ein Blick an sich hinab, so wie er aus dem Gefängnis gezogen worden war, mit den Kleidern eines Seldschuken, zeigte ihm, dass er selbst den Schutz der Lothringer benötigte! Und Bahram war ein vorsichtiger und erfahrener Wanderer. Vermutlich war der Sufi längst entwichen, wie seinerzeit aus Bagdad. Mit den Seldschuken, oder auch alleine. Mit einem Kopf voll widerstreitender Gefühle und Gedanken folgte David seinen Rettern zum Lager der Franken.

Ansaldo

Vor St. Simeon, November 1097

Wir können hier nicht ewig bleiben«, schimpfte Pietro. Die Galeras der Compagnia lagen beigedreht in der kurzen harten Dünung. »Wenn der Wind noch weiter auffrischt, dann wird die Lage brenzlig.« Er blickte nach Lee zur Küste hinüber. »Bei dem böigen Wind können wir aber auch nicht einfach auf die ungekannte Küste zusegeln.« Er spuckte verächtlich in die See.

»Aber das Kreuzfahrerheer lagert dort irgendwo vor Antiochia«, warf Ansaldo ein. »Und General Taikios hat berichtet, das Heer hungert. Wir müssen unseren Brüdern so rasch wie möglich zu Hilfe kommen. Vielleicht bringt Primo uns bald neue Nachricht.«

»Wir müssen schleunigst sehen, dass wir in einen gescheiten Hafen kommen«, widersprach Pietro.

»Nein, wir warten weiter auf Primo. Die Dorias sind bestimmt nicht die ersten Genuesen, die sich wegen etwas Wind in die Hosen machen!« Er blickte mit zusammengekniffenen Augen zu den übrigen Schiffen hinüber. Noch lagen alle zwölf Galeras beisammen, doch insgeheim musste er Pietro recht geben. Wenn erst die Dunkelheit hereinbrach, konnten sie bestimmt keinen Hafen mehr finden. Primo di Castello, der jüngere Embriacho-Bruder, war mit der kleinen Galeota vorausgesegelt, um die Küste zu erkunden. Ihr Ziel war St. Simeon, der Hafen von Antiochia an der Einmündung des Orontes ins Meer. Doch wie lange wollten sie auf seine Rückkehr warten? Etwa eine halbe Stunde später war der Wind noch mehr aufgefrischt und es wurde zunehmend klar, dass selbst das offene Meer in der Nacht für die niedrigbordigen Galeras gefährlich wäre. Bereits jetzt rollte die schlanke Galera fürchterlich und nur der Wind von Backbord verhinderte, dass der Gestank von Erbrochenem ihnen den Atem raubte. Etwa ein Viertel der Männer war seekrank. Ansaldo fing einen weiteren Blick Pietros auf. Er räusperte sich und entschloss sich zu handeln.

»Alle Mann klar zum Manöver!«, befahl er. »Wir segeln zur Küste.« Ansaldo blickte hinauf zum Mast. Er hatte bereits vor dem Beidrehen das zweite Reff in das sonst große Lateinersegel einbinden lassen, doch auch unter dem Druck des gekürzten Segels bog sich der Mast bedenklich. »Pietro, nimm dir das Backbordruder. Ich allein kann die San Matteo bei dem Wind kaum halten«, befahl er. »Antonio, gib den anderen Zeichen, dass wir absegeln. Nach Antiochia!«

»Deus lo vult«, entgegnete der mit einem Grinsen auf den Lippen. Ansaldo drehte sich um, während die San Matteo vor den Wind drehte und Fahrt aufnahm. Der scharfe Bug schnitt in die Wellen und die Gischt spritzte zu beiden Seiten hoch auf. Eins nach dem anderen folgten die übrigen Schiffe auf dem Kurs der San Matteo. Offensichtlich erkannten auch sie den Ernst der Lage. Kein Wunder, es galt *Mare clausum,* sie befanden sich schon in der für die Schifffahrt gefährlichen Zeit des Jahres.

»Antonio, sieh zu, dass jemand die Tiefe lotet und ausruft!«, befahl Ansaldo nach vorn. »Und macht die Ruder fertig!« Die Küste kam nun mit großer Geschwindigkeit näher. Bald erkannte Ansaldo einen weißen Streifen. Die Brandung! Gefährlich, aber der weiße Streifen erlaubte ihm auch, Lücken und Einfahrten zu erkennen, denn dort brachen sich die Seen nicht. »Holt das Segel dichter!«, schrie er und steuerte die San Matteo weiter nach Luv. »Wir folgen der Küstenlinie so lange es geht nach Norden«, rief er Pietro zu. Primo war mit der kleinen Galeota nach Süden gesegelt und hatte die Hafeneinfahrt offensichtlich noch nicht gefunden. Die San Matteo lag nun so schräg, dass immer wieder Wellen in Steuerbord über die Reling schwappten. Auch Ansaldo war inzwischen vollständig durchnässt. »Alle Mann nach Luv«, schrie er und hoffte, die Mannschaft würde ein Gegengewicht zum Druck im Segel bilden und das Schiff stabilisieren. Aber bald reichte auch das nicht mehr aus.

»Wir müssen abfallen«, schrie Pietro ihm zu.

»Oder das Segel wegnehmen und rudern«, antwortete Ansaldo.

»Nimm das Segel bloß nicht weg, die Galera schwankt dann von einer zur anderen Seite wie ein Korken«, warnte Pietro. »Du kannst es aber weiter auffieren, sodass es nur noch den halben Wind bekommt!«, riet der alte Seebär.

Ansaldo nickte dankbar. »Ruder einlegen«, rief er. »Fertig zum Anrudern!« Dass sein Befehl Gehör fand, obwohl das Schiff noch so schräg lag, dass die Backbordruder kaum das Wasser erreichten, zeigte, wie erfahren die Mannschaft war, und erfüllte Ansaldo mit Stolz. »Antonio, fier die Großschot. Recht so.« Die San Matteo richtete sich sofort auf, als der Druck auf das Segel nachließ, doch gab es dem Schiff noch genug Stabilität, um seinen Kurs zu halten. »Jetzt anrudern«, befahl Ansaldo seinem Schlagmann. Wenig später erschien eine Lücke im weißen Streifen der Gischt, der die Uferlinie kennzeichnete. »Da ist eine Einfahrt!«, schrie Antonio und zeigte schräg voraus genau auf die Lücke. Ansaldo kniff die Augen zusammen. Tatsächlich.

»Eine Flussmündung?«, fragte er Pietro.

Doch der zuckte nur die Achseln. »Alles ist bei dem Wetter besser als die offene See.«

Ansaldo drückte die Ruderpinne vorsichtig von sich weg, und das Schiff fiel etwas nach Steuerbord ab.

»Ein Dorf!«, rief Antonio von vorn. »Hinter der Einmündung liegt ein Dorf!« Tatsächlich erkannte nun auch Ansaldo einige Hütten.

»Wo ein Dorf ist, wird auch ein Hafen oder zumindest ein sicherer Ankergrund sein«, stimmte Pietro zu.

»Wie tief?«, schrie Ansaldo nach vorn zu dem Mann mit dem Steinlot.

»Noch über dreißig Ellen«, kam die Antwort.

»Ich brauche die Tiefe jetzt ständig. In Flussmündungen liegen oft Sandbänke«, rief er. Doch er sah die erste Untiefe an der Bewegung des Wassers darüber, noch bevor der Mann am Lot das Ansteigen des Meeresgrunds bemerkte. »Im Norden der Mündung scheint das Wasser tiefer zu sein?!«, wandte er sich an Pietro.

Der nickte. »Scheint mir auch so. Versuchen wir, da durchzukommen!« Ansaldo hielt den Kurs, bis sie fast querab zu der tiefen Rinne lagen, dann stieß er die Pinne kraftvoll vor und das Schiff drehte vor den Wind. Nun richtete sich die San Matteo vollends auf. »Segel runter!«, schrie Ansaldo und sofort lösten zwei der Männer das Fall und ließen die Spiere mit dem Lateinersegel herab. Zehn weitere nahmen das wild schlagende Tuch in Empfang und drückten es in den Schiffsrumpf. Kaum hatten sie die Einfahrt in die Flussmündung passiert, wurde das Wasser ruhiger.

»Dort liegen Fischerboote am Strand!«, rief Antonio.

»Ja«, bestätigte Ansaldo. »Davor ist sicherlich der beste Ankerplatz.«

Und mit dem letzten Tageslicht glitt die Flotte der Compagnia in die sichere Bucht.

David

Feldlager Gottfrieds von Bouillon vor Antiochia, November 1097

Zwei Monate war David nun mit Gottfrieds Lothringern gezogen. Die Seldschuken hatten offenbar die Lust daran verloren, sich mit den schwer gepanzerten Rittern anzulegen, denn sie waren unbehelligt bis unter die Mauern von Antiochia gekommen. Doch diese setzten dem Vormarsch der Kreuzfahrer ein vorläufiges Ende.

»Mit Gottes Hilfe werden wir auch diese Mauern übersteigen!«, prahlte Boso.

»Nicht so hoch wie die Mauern Konstantinopels«, bestätigte David und blickte mit zusammengekniffenen Augen hinauf an den langen grauen Mauern, die in regelmäßigen Abständen von roten Backsteinbändern durchzogen wurden. »Aber höher als jene von Nicäa oder Ikonium.« Nicht zu sprechen von denen von Magenza oder Semlin, die er selbst einst bestiegen hatte. »Und dann müssen wir etwas zu essen finden«, ein Thema, welches unter den Kreuzfahrern inzwischen den größten Teil jedes Gespräches einnahm. Die Seldschuken hatten zwar keinen offenen Angriff mehr gewagt, aber sie hatten die Felder entlang der Marschroute der Kreuzfahrer verbrannt und die Vorräte der Dörfer geplündert. Das alles ließ David einer langen Belagerung mit Sorge und Angst entgegensehen. Dies würde zweifellos wieder mit einem Massaker und Plünderungen, entweder der Stadt oder des Feldlagers, enden. Dazu kam eine weitere Erkenntnis: Er war frei. Zum ersten Mal in seinem Leben gänzlich frei! Er hatte niemandem die Treue geschworen, keine Angehörigen, um die er sich kümmern oder auf deren Rat er hören musste. Er konnte gehen wohin und tun was er wollte. Unter Christen und Muslimen wusste er sich inzwischen wie einer der ihren zu bewegen. So war in ihm ein kühner Plan gereift. Er würde das Heerlager verlassen und alleine weiterziehen. Die Vorstellung ließ ihn schwindeln. Vielleicht gelänge es ihm, Bagdad zu erreichen? Jenes geheimnisvolle Zentrum der Gelehrsamkeit, wo Meister Bahram seine Kunst studiert hatte und von dem er stets mit Wehmut sprach! Vielleicht könnte auch er sein Wissen und Können dort vervollkommnen? Er war kein Sufi und müsste keine Verfolgung fürchten. Er würde sich anpassen und seinen eigenen Glauben geheim halten, ganz wie die Brüder in Radasponda! Aber war nicht sogar die berühmte Talmudschule von Pumbedita nach Bagdad verlegt worden? Er erinnerte sich, dass sie vor der Zeit des großen Gerschom ben Judah, der »Leuchte des Exils«, der Magenza zum Zentrum des Judentums in ganz Europa machte, die wichtigste jüdische Anstalt überhaupt gewesen war. Vielleicht traf er in Bagdad auch Glaubensbrüder, die ihm helfen würden, Wissen und Kunst zu erlangen?

Doch da begannen schon die Probleme. Er hatte mehrere Männer vorsichtig nach Bagdad gefragt, aber es stellte sich heraus, dass niemand eine wirkliche Ahnung hatte, wo die Stadt zu finden sei. Genauso wenig wie Jerusalem im Übrigen. Aber nach Davids Erfahrung lagen die meisten bedeutenden Städte an einem großen Fluss oder dem Meer. Der Orontes jedenfalls war zu klein, als dass ein Zentrum wie Bagdad an seinem Oberlauf liegen könnte, und unter Antiochia kam nur noch der kleine Hafen St. Simeon, an dem sich nun die Genuesen festgesetzt hatten. Nein, er hatte sich vorgenommen, einfach der Küste des Meeres zu folgen, bis er entweder auf Bagdad selbst oder, was wahrscheinlicher war, die Einmündung eines großen Flusses stoßen würde, der ihn nach Bagdad brachte. Immerhin war unter den spärlichen Dingen, die Bahram von Bagdad erzählt hatte, niemals das Meer vorgekommen. Doch darüber konnte sich David später den Kopf zerbrechen, zunächst war es wichtig, von Antiochia fortzukommen, ohne unterwegs zu verhungern. Wenn erst der Winter begann, würde es immer schwieriger werden. Die Nachschublinien aus Italien und Konstantinopel über das Meer hinweg waren bereits unterbrochen und wer würde, während er selbst hungerte, einem Bettler etwas zu essen geben. Vielleicht konnte er sich im Bereich Konfrontationslinie zwischen Kreuzfahrern und Seldschuken als Wundarzt etwas verdienen? David beschloss, den Morgen des zwölften Novembers für seinen Aufbruch zu nutzen. Er wusste aus Magenza, dass die Christen am Vorabend ein großes Fest zu Ehren des heiligen Martin feierten. Zumindest in Magenza, wo selbst der Dom diesem Manne geweiht war. Nach diesem Mahl begann mit der üblichen Katerstimmung nach einem Fest die kleine Fastenzeit, die bis zum Fest der Geburt des Christi dauerte. Aber dann wäre David bereits über alle Berge.

Tatsächlich irrte David nicht. Gottfried ließ für den Abend mehr Speisen auftragen als die gesamte Woche zuvor. Immer wenn er einen Augenblick unbeobachtet war, ließ er unauffällig eigene Bissen in seinem Gewand verschwinden. Vorräte für die Reise. Als er wieder ein Stück Brot im Hosenbund verschwinden ließ, schlug ihm auf einmal jemand auf die Schulter. David erstarrte und wagte es kaum, sich umzudrehen. »Das ist mal ein rechter Schmaus!« Es war Bosos Stimme. Erleichtert mimte David Kauen und Schlucken, obwohl der Bissen ja gar nicht in seinem Mund gelandet war. »Ganz recht, und wenn wir erst Antiochia eingenommen haben, gibt es ein noch viel größeres Fest!«

»Deus lo vult!«, gröhlte der bereits stark angetrunkene Lothringer. Und die Männer in seiner Umgebung nahmen den Schlachtruf sofort auf. David nutzte den Augenblick, um sich ein Stück gesalzenen Fisch in das Obergewand zu schieben.

Am nächsten Morgen verließ er mit seinen wenigen Habseligkeiten, die aus einem Mantel sowie einem kleinen Beutel mit Messer, Löffel und einigen Silberstücken bestanden, die er bei der Plünderung von Ikonien von den Gottfrieds dankbaren Mannen bekommen hatte, das Lager und machte sich auf den Weg zum Orontes. Der Wachtposten am Lagertor sah ihn fragend an. »Kleidung waschen. Ich möchte mich für die Fastenzeit reinigen.« Der Mann sah ihn verwundert an, und David fiel siedend heiß ein, dass es bei den Christen nicht üblich war, sich vor religiösen Festen oder Fastenzeiten zu waschen. Doch der Posten hatte offenbar am Vortag auch seine Ration Wein abbekommen, denn er nickte nur müde und senkte den Blick wieder stumpf auf den Boden. David folgte dem Lauf des Orontes und erreichte, noch bevor der Vormittag halb vergangen war, den kleinen Ort St. Simeon. Die Schiffe der Genueser, viel größer als alle Schiffe, die er in der Heimat auf dem Rhein jemals gesehen hatte, lagen friedlich auf den Strand gezogen. Er vermied es, in die Stadt hineinzugehen, und wandte sich direkt nach Süden. Glücklicherweise lag Gottfrieds Heerlager bereits südlich des Orontes, was es ihm ersparte, den kalten Fluss bei einer Furt zu durchwaten. Noch am Abend erreichte er Laodicea, den äußersten Posten der Kreuzfahrer. Südlich davon herrschten noch immer die Seldschuken. Er hatte sich in seinen Mantel gewickelt und verbrachte eine unruhige Nacht in einem leeren Schafstall. Beim ersten Morgengrauen machte er sich wieder auf.

Auch den Namen des nächsten bedeutenden Ortes hatte er bereits erfahren – Gabala, etwa zwei Tagesmärsche weiter. Tatsächlich sah er nach der angegebenen Zeit die mächtige Ruine des römischen Theaters, die ihm als Erkennungszeichen der Stadt genannt worden war. Er näherte sich der Stadt mit einem flauen Gefühl in der Magengrube näherte. Bis hierhin war er wohlbehalten gekommen, doch Gabala wurde noch von den Seldschuken kontrolliert. Wer wusste, ob nicht vielleicht Kadi Ibrahim gerade hier Zuflucht gesucht hatte? Aus der Umgebung von Magenza kannte David die Reste eines Römischen Theaters, doch das war viel kleiner und in einen Hang gebaut, jenes von Gabala war gemauert und ragte wie eine Burg über die Stadt. David konnte es bereits von Weitem erkennen.

Ansaldo

St. Simeon, November 1097

Die Flotte verbrachte die Nacht vor Anker. Am nächsten Morgen setzte eine Abteilung, der auch Ansaldo angehörte, an Land. Doch noch bevor sie das Ufer erreichten, trat ihnen eine Abordnung der Dorfbewohner entgegen, angeführt von einem schwarz gekleideten Mann mit einem großen Holzkreuz um den Hals.

»Ein christlicher Priester!«, staunte Ansaldo.

»Wieso denn nicht?«, wollte Antonio wissen. »Da steht doch auch eine Kirche.«

Ansaldo nickte. »Ich dachte, es wäre vielleicht eine Moschee.« Am Ufer wurden sie mit freundlichen Gesten und vielen griechischen Worten empfangen. Lediglich die Augen der Männer verrieten ihre Angst vor den Fremden. »Kann jemand hier Griechisch?«, rief Ansaldo zu den anderen Booten hinüber.

»Ihr seid auch Lateiner?«, fragte da der Geistliche. »Ich verstehe eure Sprache, wir hielten euch für Männer des Kaisers in Konstantinopel, Herr.«

»Wir gehören zu den Kreuzfahrern, die aus dem Westen gekommen sind, um das Land von den Heiden zu befreien«, erklärte Ansaldo.

»Ihr gehört zu den Männern vor Antiochia, Herr?«, fragte der Priester.

»Ja, oder auch nein«, entgegnete Ansaldo. »Wir sind Genuesen und bringen diesen Männern Nahrungsmittel.« Der griechische Mönch wandte sich um und rief seinen Begleitern etwas in seiner eigenen Sprache zu, was diese sehr zu erleichtern schien. »Was hast du ihnen gesagt?«, fragte Ansaldo irritiert, »fürchtet ihr euch vor dem Kaiser?«

Der Priester lachte. »Nein, aber wenn ihr Nahrungsmittel für das Heer bringt, werdet ihr ihnen nicht das Wenige wegnehmen, was sie zum Essen haben. Es sind arme Fischer, müsst ihr wissen, Herr.«

Ansaldo nickte. »Habt ihr Pferde? Wir müssen schleunigst Kontakt zu den Kreuzfahrern aufnehmen.«

»Das lässt sich einrichten, Herr.« Bereits kurz darauf ging der erste Bote, begleitet von einem ortskundigen Führer, nach Antiochia ab.

»Führe uns in die Kirche. Wir wollen Gott für unsere sichere Überfahrt und Ankunft vor Antiochia danken«, forderte Ansaldo den Priester auf.

Der nickte. »Der Herr sei gelobt!«

»Wieso heißt ein Ort im Heidenland eigentlich nach einem Heiligen, St. Simeon?«, wollte Antonio wissen, als sie ihre Gebete beendet hatten.

»Weil der heilige Simeon hier die letzten fünfundvierzig Jahre seines Lebens verbrachte«, erklärte der Priester und schlug ein Kreuz.

»Hier in diesem trostlosen Dorf?«, fragte Antonio überrascht.

»Nein, auf einer zehn Mann hohen Säule. Dort, wo sie stand, gab es mal ein großes Kloster, in dem auch ich gelebt habe. Viele Pilger kamen zu uns, aber die Türken haben es vor vielen Jahren zerstört.«

»Er hat auf einer Säule gelebt?«, fragte Antonio staunend. »Das muss aber doch sehr eng sein, schlimmer als auf einer Galera …«

Doch die Rückkehr Pietros unterbrach die beiden. »Wir haben Nachricht aus Antiochia erhalten. Die Kreuzfahrer belagern tatsächlich die Stadt.«

»Deus lo vult«, rief Antonio begeistert. »Und wir haben Nachricht von Primo di Castello und der Galeota. Aber das kann er euch am besten selbst erzählen.« Pietro trat zur Seite und tatsächlich erschien der junge Embriacho in der Tür. Ansaldo atmetete erleichtert auf. »Ich habe mir schon Sorgen um euch gemacht«, begrüßte er den etwa gleichaltrigen Embriacho-Spross.

»Bei dem Sturm!« Primo verzog das Gesicht. »Ja, wir verdanken unser Überleben allein dem Heiligen Nikolaus und vielleicht auch dem Heiligen Paulus, der ja selbst etliche Mal Schiffbruch erlitten hat!«

»Deus lo vult«, fiel Antonio ein, aber ein Blick Ansaldos brachte ihn zum Schweigen. »Was ist euch denn zugestoßen?«, fragte er.

»Wir sind der Küste nach Süden gefolgt und haben den Hafen verpasst, den du zum Glück und aus Gottes Gnade später gefunden hast. Der Sturm hat unsere kleine Galeota schließlich an den Strand geworfen. Wir haben versucht, sie höher aufs Ufer zu ziehen, um sie zu retten, doch die Wellen waren so mächtig, dass wir schließlich aufgaben, froh, uns selbst ans trockene Ufer zu retten!«

Ansaldo nickte. »Hätte uns Gott nicht geleitet, wäre die ganze Flotte ins Verderben gestürzt.« Er musste an die Warnung Adalberto Malaspinas denken, damals bei dem ersten Treffen der Consuln der Compagnia in seinem Palast. Doch seine Gedanken blieben nicht lange bei dem Familienoberhaupt. Die Tochter Giulietta beflügelte seine Gedanken weiterhin deutlich stärker. Er spürte ein heftiges Sehnen in seiner Brust, fast wie körperliche Schmerzen. Es dauerte einen Augenblick, bis er sich wieder in der Gewalt hatte. Er atmete tief durch. »Wann brechen wir nach Antiochia auf?«, fragte er.

Doch die Frage beantwortete sich bald von selbst. Noch vor Mittag traf ein Zug von vierzig oder fünfzig Reitern ein. Okzitanische Ritter. Ihr Anführer stellte sich den versammelten Consuln als Girard Graf von Rosselló vor. »Willkommen, Brüder, euch schickt der Himmel! Wir haben genügend Männer, aber die Nahrungsmittel sind knapp.«

»Deus lo vult, Graf!«, antwortete Guglielmo Embriacho stellvertretend für alle. »Wie steht es um Antiochia?«

»Unser Anführer Raimund von Toulouse wollte die Stadt stürmen«, berichtete Girard bitter. »Aber Bohemund konnte Bischof Adhemar und Gottfried davon überzeugen, eine Belagerung zu beginnen.« Er spuckte aus. »Die Mauern der Stadt sind hoch und stark. Und dann gibt es noch eine Zitadelle oben am Mons Silpius. Ihr werdet es bald selbst sehen.« Er zeigte in Richtung der Stadt, wo sich das Gebirge dunkel am Horizont erhob. »Bohemund lagert im Nordosten der Stadt am St.-Pauls-Tor, Raimund blockiert das Hundstor im Westen davon, Gottfried belagert mit seinen Franken das Herzogstor am Orontes. Aber das St.-Georgs-Tor wird nicht belagert, wir haben zu wenige Männer, um die gesamte Stadt einzukreisen. Und keine Belagerungsmaschinen.«

»Aber dann können die Eingeschlossenen sich doch mit Nahrung versorgen? Was bringt die Belagerung dann?«, fragte Ansaldo erstaunt.

Der Graf blickte ihn ernst an. »In der Tat. Da liegt das Problem. Aber komm. Wir haben Pferde für euch dabei, lasst uns zur Stadt reiten!« Ansaldo spürte etwas wie Erleichterung, dass sie nicht zur Stadt laufen sollten. Nicht, dass seine Ausdauer schlecht gewesen wäre, aber das vermaledeite Knie machte ihm Sorgen.

Vom Lager der Okzitaner aus, das, wie Girard erklärt hatte, dem Hundstor gegenüberlag, konnte Ansaldo die Stadtmauer überblicken. Mindestens hundert Türme schützten die Stadt. Selbst Konstantinopel war nicht besser verteidigt. Vor dem Tor hatten die Okzitaner einen Wall aufgeworfen, aber um ihn mit einer Palisade zu krönen, fehlte es ihnen an Holz. Die Genueser und vor allem die Hoffnung auf Nahrungsmittel hatten im Lager lauten Jubel ausgelöst.

Auch Graf Raimund fand sich ein und begrüßte die Neuankömmlinge. »Gott schickt euch zur rechten Zeit«, erklärte er freundlich. Sein rechtes Auge wurde von einer Lederbinde verdeckt und er war älter, als Ansaldo ihn sich vorgestellt hatte. Es hieß, er habe das Auge auf einer früheren Pilgerfahrt nach Jerusalem verloren. Doch nach der knappen Begrüßung verschwand der Graf wieder und Ansaldo erkannte bald, dass mit ihren Hilfsgütern nur der ärgste Hunger gestillt werden konnte. »Schickt euch der Kaiser aus Konstantinopel keine Verstärkung?«, wandte er sich an Girard. Der spuckte wieder. Offenbar eine Gewohnheit von ihm.

»Als wir nach dem zweiten Sieg über Sultan Kilidsch nach Osten marschierten, begleitete uns General Taikios mit seinen Turkopolen. Er riet, nicht direkt auf Antiochia zu marschieren, sondern erst die Umgebung zu erobern, um den Nachschub zu sichern. Aber Bohemund und Gottfried setzten sich durch, denn sie trauten Taikios ohnehin nicht, seitdem er in Nicäa eine geheime Absprache mit den Seldschuken traf, sodass sie die Stadt nur dem Kaiser übergaben, uns aber nicht hineinließen. Und dann hat sich auch Balduin von Boulogne mit seinem Bruder Gottfried zerstritten und ist mit seinen Männern nach Osten auf Edessa marschiert. Dort hat er es irgendwie geschafft, sich von Graf Thoros, einem Griechen, der die Herrschaft innehat, als Sohn und Erben einsetzen zu lassen. Wahrscheinlich hat er ihm mit Krieg gedroht. Taikios tobte jedenfalls, dass das ein Bruch des Lehnseides sei, den wir alle Kaiser Alexios geschworen haben. Und daraufhin ist auch er mit seinen Truppen aus dem Lager aufgebrochen und nach Konstantinopel zurückmarschiert. Und ich glaube, der Normanne, Bohemund meine ich, ist daran auch nicht ganz unschuldig. Er hat noch gehörig Öl ins Feuer gegossen. Ich sage dir, der kocht seine eigene Suppe! Jedenfalls ist uns seither lediglich Graf Konstantin von Kleinarmenien treu geblieben und schickt regelmäßig Lebensmittel. Doch ich fürchte, der Hunger in unserem Heer ist schlimmer als unter den Männern von Yaghi-Siyan in der Stadt!«

Doch trotz Girards düsterer Einschätzung der Lage kam noch mehr Hilfe. Mitte November traf Tankred, ein Neffe Bohemunds, mit neuen Truppen aus Sizilien ein. Damit verstärkte er natürlich das normannische Lager, was nicht zur Entlastung des schwelenden Konflikts zwischen Gottfried und Bohemund beitrug. Aber auch der Patriarch Johannes von Jerusalem, der sich auf Cypern im Exil befand, schickte Schiffe mit Lebensmitteln nach St. Simeon, von wo die Genuesen den Weitertransport nach Aleppo organisierten. Ansaldo war wieder mit von der Partie und führte den Zug. Es galt, wachsam zu bleiben, denn trotz der Übermacht der Kreuzfahrer kam es immer wieder zu Ausfällen, und Yaghi-Siyan versuchte, den Nachschub der Franken seinerseits zu stören. So wunderte es Ansaldo nicht, dass ihnen auf halbem Wege christliche Ritter entgegenkamen. Die Sonne, die gerade jetzt ein Fenster durch die grauen Wolken gefunden hatte, blitzte auf ihren eisernen Helmen und Lanzenspitzen. Ansaldo kannte die Wappen auf Schildern und Waffenröcken nicht – Lilien und Adler. Und tatsächlich musste er feststellen, dass die Fremden den Dialekt der Franken sprachen, der seiner ligurischen Muttersprache weniger ähnelte als das provenzalische Okzitanisch oder jenes aus der Auvergne. »Wir bringen Lebensmittel von Patriarch Johannes aus Zypern«, rief Ansaldo den Rittern entgegen, ohne ihren Anführer genau verstanden zu haben.

»Das ist gut«, antwortete der Vorderste. Erleichtert registrierte er, dass er beim genauen Hinhören doch das meiste mitbekam. »Eure Freunde aus dem Süden haben schon ihre Pferde aufgefressen, deshalb holen wir euch auch ab!« Seine Gefährten antworteten mit gehässigem Lachen. Die guten Beziehungen der Genuesen zu den Okzitanern waren den Franken wohl übel aufgefallen. »Wir benötigen dringend Nachschub. Herzog Gottfried ist erkrankt und kann kaum etwas bei sich behalten. Er braucht dringend eine kräftigende Brühe.«

»Gottfried von Bouillon?«, fragte Ansaldo erschrocken. Der Herzog war ein großer und kräftiger Mann mit vollem blondem

Bart und Haar. Das Urbild eines fränkischen Ritters. Es war kaum vorstellbar, dass Krankheiten solch einem Mann etwas anhaben konnten. Doch dann musste er an sein eigenes Leid mit dem Knie denken und nickte stumm.

»Ja, und Bohemund und Robert von Flandern sind mit zwanzigtausend Mann nach Süden aufgebrochen, um Lebensmittel heranzuschaffen.«

Wenig später erreichten die Genuesen zusammen mit ihrer fränkischen Eskorte das Lager Gottfrieds am Westufer des Orontes. Eine Bootsbrücke führte hinüber zum Herzogstor. Im Lager war es seltsam ruhig und Ansaldo fragte sich, ob das daran lag, dass viele Männer nach Süden gezogen waren, oder ob bereits so viele Männer und Pferde von Krankheit und Hunger in die Zelte verbannt oder ganz dahingerafft waren. Nachdem die Franken sorgfältig überprüft hatten, dass Ansaldo und seine Leute den ihnen zustehenden Anteil an Lebensmitteln abgeladen hatten, zogen sie weiter zum Lager der Okzitaner.

Girard begrüßte sie dort mit der üblichen Herzlichkeit. »Das ist typisch für die Franken«, erklärte er kopfschüttelnd, als ihm Ansaldo von der Begebenheit erzählt hatte. »Gottfried misstraut inzwischen auch Graf Raimund, obwohl doch Bohemund derjenige ist, der ständig nur an seinen eigenen Vorteil denkt. Er hat gefordert, dass derjenige, dessen Männer zuerst in Antiochia eindringen, die Stadt zum Besitz erhalten soll. Gottfried ist strikt dagegen, weil er, wie alle anderen, Kaiser Alexios einen Lehenseid geschworen hat, und auch Adhemar von Monteil, der Bischof und Vertreter des Papstes, will von solch einem Handel nichts wissen. Der Papst hofft auf eine Wiedervereinigung der Kirche und will die Griechen daher nicht verärgern, aber Gottfried fürchtet nun, Raimund oder Bohemund wollten die Stadt für sich selbst haben.«

Da die Sonne nun im Winter schon tief stand, man schrieb bereits den 29. Dezember, beschloss Ansaldo, mit seinen fünfzig

Getreuen die Nacht im Lager Raimunds zu bleiben und erst am nächsten Morgen nach St. Simeon zurückzukehren. Das Wetter war ohnehin trübe, nass und kalt und lud nicht zum Reisen ein. Ganz außergewöhnlich für die Gegend, wie ihm der Priester in St. Simeon versichert hatte. Die Wachtfeuer brannten niedrig und der Qualm zog durch das Lager, was sowohl an der Knappheit an gutem Brennmaterial als auch an dem drückenden feuchten Wetter lag. Ansaldo und Girard teilten sich etwas sauren Wein, einen der letzten Schläuche im Lager der Okzitaner. »Verdammt miese Lage«, klagte der Graf von Rosselló.

»Früher oder später wird Verstärkung eintreffen«, versuchte Ansaldo ihn aufzumuntern.

»Ja, es fragt sich nur, für welche Seite«, versetzte Girard. Als hätte er damit ein Signal gegeben, ertönte auf einmal von Süden her Lärm. »Das kommt vom St.-Georgs-Tor her!«, rief Girard und war schon auf den Beinen. »Knappe, meine Rüstung!« Schon eilte der junge Mann herbei. Er trug den schweren, gepolsterten Waffenrock, der mit Flachs oder Heu gestopft die Wucht von Schlägen abmildern sollte. Man trug ihn zu diesem Zweck unter dem Kettenhemd. Dann kamen das Schwertgehänge und die gepolsterte Lederhaube, der Schädelschutz. Sie polsterte nicht nur den Schädel, sondern verhinderte, dass sich das Haar beim Überstülpen des Kettenhemdes darin verfing. »Rost«, blaffte Girard erbost, als der Knappe das Kettenhemd brachte, hatte aber keine Zeit, weiter darauf einzugehen. Schon stülpte ihm der Knappe als Nächstes die Haubark genannte Kettenkapuze über und setzte ihm den aus einem einzigen Eisenstück geschmiedeten Helm auf. Nur der Nasenschutz war angesetzt. Girard schnürte den Riemen unter dem Kinn fest und schob sein Schwert durch ein dafür gelassenes Loch im Kettenhemd in die Schwertscheide. Er zog dicke Handschuhe an, deren Rücken aus hart gekochtem, die Griffseite aber aus weichem Leder bestanden. »Meinen Schild«, rief er und endlich war der Ritter zum Kampf gerüstet.

Ansaldo, der keinen Knappen hatte, kämpfte immer noch darum, in sein leichteres Panzerhemd zu kommen. Auf den Schiffen zählte Beweglichkeit mehr als der Schutz der Rüstung und so fasste in seinem Hemd ein Ring in jeweils nur vier andere, wohingegen der Ritter ein Kettenhemd mit sechs Ringen in einem trug. »Zu den Pferden?«, fragte Ansaldo unsicher. Er war den Kampf hoch zu Ross nicht gewohnt.

Doch Girard schüttelte den Kopf. »Wir kämpfen zu Fuß.«

Ansaldos Genuesen liefen gemeinsam mit Girards Rittern und Sergeanten in Richtung des Lärms. »Was ist hier los?«, fragte er einen Knappen, der ihnen entgegeneilte.

»Die Sarazenen sind aus der Stadt ausgefallen und haben das Lager angegriffen«, rief der atemlos.

»Und Graf Raimund?«, wollte Girard wissen, doch die blanken Augen des Jungen verrieten nur Furcht und Entsetzen. Er hatte offenbar keine Ahnung, wo sich der Anführer befand. Girard ließ ihn laufen. »Na dann mal los«, schnaufte er. »Schilder hoch.« Die Ritter formten geübt mit ihren schweren tropfenförmigen Schilden einen Wall und stapften voran. Ansaldo und seine Männer, die nicht genau wussten, wo ihr Platz war, fielen etwas zurück.

»Wohin sollen wir gehen?«, fragte Antonio seinen Capitano. Ansaldo dachte kurz nach. Die Ritter würden keine Unterstützung brauchen, aber vielleicht könnte es ihnen gelingen, den Feind zu umgehen und ihnen den Rückzug zum Georgstor abzuschneiden? »Mir nach zum Fluss!«, befahl er und die Genuesen folgten ihm tapfer. Der Kampfeslärm rechts von ihnen schwoll weiter an, doch vor ihnen schien alles ruhig. Bald konnte Ansaldo das Rauschen des Orontes vor sich vernehmen. Sie stiegen über den Erdwall, der das Lager hier begrenzte.

»Nicht näher an den Fluss, Capitano«, warnte einer von Ansaldos Männern. »Hier ist der Boden sumpfig.« Ansaldo nickte und schwenkte nach Westen. Kurz schoss ihm die Frage durch den Kopf, woher der Mann das wohl wusste. Wahrscheinlich hatte er sich hier mit einer der Huren aus dem Lager getroffen, die Ansaldo unter den Augen des erhofften Schwiegervaters noch strenger mied als sonst. Wobei Adalberto selbst in dieser Hinsicht wenig fromm und vorbildlich auftrat. Er schüttelte den Kopf. Giulietta zumindest war sicher treu, oder? Er verdrängte den Gedanken mit Gewalt und spähte in die Dunkelheit. Vor ihnen, schräg rechts, waren nun Gestalten zu erkennen. Das mussten die Antiochier sein. Noch ein-, zweihundert Schritte und sie befänden sich in ihrem Rücken. Doch plötzlich geriet die dunkle Masse der Männer in Bewegung.

»Sie ziehen sich zurück!«, rief Ansaldo überrascht. »Los, wir müssen versuchen, mit ihnen zum Tor zu gelangen!« Er rannte los und hoffte, dass ihm seine Männer folgen würden. Doch in der Aufregung vergas er die Warnung Luccas. Der Boden wurde feucht und bald klebte er bei jedem Schritt schmatzend an Ansaldos Lederschuhen. Zu allem Überfluss meldete sich auch das verletzte Knie. Hilflos musste er mit ansehen, wie rechts von ihm immer mehr der Feinde an ihnen vorbeirannten und das rettende St.-Georgs-Tor erreichten. »Verdammte Scheiße«, fluchte er, aber es war zu spät. Sie würden das Tor nicht vor den Feinden erreichen. Ansaldo kämpfte sich noch einige Schritte durch den tiefer werdenden zähen Schlamm. Dann musste er erschöpft und nach Luft ringend innehalten. Zu allem Überfluss schmerzten nun beide Knie. Er blickte sich wieder um. Raimunds Ritter hatten den Feind zurückgedrängt, doch offenbar hatten die schwer gerüsteten Okzitaner auf eine Verfolgung verzichtet und nicht versucht, das Tor zu erstürmen. »Wir kehren zum Lager um«, entschied er bitter. Sie hatten keinen einzigen Schwertstreich gegeben und Raimund konnte sein misslungenes Manöver leicht für Feigheit halten. Doch als sie ins Lager zurückkehrten, hörten sie keine Vorwürfe. Die Männer waren von der gerade durchlittenen Gefahr noch viel zu angespannt und riefen wild durcheinander. Endlich traf er auf Girard. »Ich wollte ihnen den Rückzug abschneiden, aber wir sind am Fluss im Sumpf stecken geblieben«, berichtete er. »Wie ist es euch ergangen?«

Der Graf blickte kurz auf die schlammverkrusteten Stiefel der Genuesen und lachte trocken. »Auch nicht viel besser. Wir konnten sie aufhalten. Weil wir uns die Zeit genommen haben, uns ordentlich zu rüsten. Aber sie sind uns in ihren leichten Kaftanen einfach davongelaufen. Ohne Pferde hatten wir keine Chance, sie einzuholen!«

Der folgende Morgen brachte keine Erholung. Kaum war die Sonne aufgegangen, ließ sich ein unheimliches Grummeln hören, so laut, dass es auch die tiefsten Schläfer weckte. Ansaldo fuhr von seinem Lager hoch. So etwas hatte er erst einmal gehört, aber das war auf See vor Sizilien in der Nähe des feuerspeienden Berges Stromboli gewesen! Und plötzlich klirrte Eisen, die Hunde jaulten und Pferde stampften und das Zelt schien zu beben. Eine Zeltstange fiel um. Es dauerte einen Augenblick, bis Ansaldo verstand, was vor sich ging: Die Erde bebte! Mit einem erschrockenen Schrei sprang er aus dem Zelt. Doch da war der Spuk auch schon vorbei. Ansaldo starrte zu den Mauern Antiochias hinauf. Doch die standen fest wie eh und je. Ihnen hatte das Beben nichts anzuhaben vermocht.

David

Tripolis, November 1097

Wie heißt der nächste Ort in dieser Richtung?«, fragte David einen von zwei Männern, von deren Gespräch er auf dem Markt einige persische Brocken aufgeschnappt hatte. Sie musterten den Jungen in seinem schmutzigen Mantel von Kopf bis Fuß. Schließlich ließ sich einer von ihnen zu einer Antwort herab. »Du kommst nicht von hier«, stellte er fest.

David schüttelte den Kopf. »Ich bin aus Ikonium entkommen, bevor die Franken kamen«, erklärte er in der Hoffnung, so Sympathien zu wecken.

»Ikonium!«, rief der ältere der beiden nun tatsächlich. »Das muss schrecklich gewesen sein. Aber an der Küste von hier nach Süden zu steht es nicht besser! Die verfluchten Schiiten haben Jerusalem eingenommen. Diese Partei Alis ist noch schlimmer als die Christen, sage ich dir und ihre verfluchten Mameluken möge der Teufel holen!« David hob die Brauen. Die Schiiten waren ein Problem, welches er sich nicht zu eigen machen würde. Nach seiner bisherigen Erfahrung gab es überall gute und schlechte Menschen. Da machten weder lateinische und orthodoxe Christen noch Sunniten oder Schiiten einen Unterschied. Wenn er recht überlegte, hatten lediglich die Sufis eine rühmliche Ausnahme gemacht, aber vermutlich auch nur, weil er erst einen Einzigen richtig kennengelernt hatte. Nein, er glaubte nicht, dass diese Schiiten schlechter oder besser wären. »Mameluken?«, fragte er trotzdem neugierig. Von denen hatte er noch nichts gehört. »Wer sind die?«

»Sklaven«, erklärte der jüngere Mann verächtlich. »Sie werden als Kinder nach Kairo verkauft und lernen dort Reiten, Bogenschießen und Fechten, bis man sie für die Schiiten in den Krieg schickt.«

David nickte verstehend. Eigentlich interessierten ihn weder die Schiiten noch diese Mameluken. »Ich will nach Bagdad«, erklärte er.

»Bagdad?« Der Ältere zog die Brauen hoch. »Da musst du nicht nach Süden, sondern ins Landesinnere. Ich habe gehört, dass morgen eine Karawane nach Damaskus aufbricht. Der solltest du dich anschließen. In diesen unsicheren Zeiten sollte sich niemand alleine weiter aufs Land wagen, als man von der Stadtmauer aus sehen kann!«

»Was willst du in Bagdad?«, fragte der Jüngere der beiden Männer.

»Ich möchte dort die Medizin studieren.«

»Bist du denn Hakim?«, wollte der Ältere mit neuem Interesse wissen.

»Ja«, bestätigte David und fühlte sich erröten. »Das heißt, meine Ausbildung ist noch nicht abgeschlossen.«

»Ich kenne einen Händler, der mit der Karawane ziehen wird. Abdallah heißt er, ein ehrlicher Kaufmann. Ihm kannst du dich vielleicht anschließen«, schlug der ältere Gesprächspartner vor.

»Und du kommst aus Ikonium?«, wollte Ali wissen. Er war Treiber und hatte bereits am Vorabend, den David zwischen Gepäck und Kamelen in der Karawanserei von Tripolis verbrachte, das einfache Nachtmahl mit ihm geteilt.

»Noch weiter aus dem Westen«, erklärte David.

»Hast du Konstantinopel gesehen?«, fragte der junge Mann.

»Ja«, erklärte David knapp.

Er musste vorsichtig sein. Immerhin hielten ihn alle für einen guten Moslem und der Kaufmann Abdallah hatte sich bereit erklärt, ihn mit nach Damaskus zu nehmen, wenn er im Gegenzug seinen Kameltreibern half.

»Ist es noch größer als Damaskus?«, fragte Ali weiter.

David lachte. »Ich habe keine Ahnung, denn Damaskus kenne ich noch nicht.«

Ali nickte zufrieden. »Damaskus ist die schönste Stadt der Welt«, erklärte er so stolz, als würde sie ihm gehören. »Das hat der Prophet gesagt.«

»Wie lange sind wir unterwegs, bis wir dorthin gelangen?«, fragte David.

»Nicht lange, drei bis vier Tage bloß«, erklärte Ali bereitwillig.

»Und von dort nach Bagdad?«, wollte David wissen.

Doch Ali zuckte die Schultern. »Da bin ich noch nie gewesen.«

Gegen Mittag rasteten sie auf einer Anhöhe. Jetzt im November war das Land überwiegend grün und zwischen dem Buschwerk standen auch einige mächtige Bäume. »Zedern«, erklärte Ali auf Davids Frage hin. »Es gibt kein besseres Holz.«

David überlegte kurz, ob das wohl auch der Prophet gesagt hatte. Doch am späten Nachmittag, als die Sonne sich bereits im Westen auf die Hügel herabsenkte, erscholl plötzlich ein gellender Ruf. David, der, vom langen Marsch ermüdet, nur auf den Weg vor sich geschaut hatte, blickte erschrocken auf. »Die Assassinen!«, schrie Ali und zeigte auf eine Staubwolke, die sich von schräg hinter ihnen näherte »Rette sich, wer kann!« Nun erkannte auch David einzelne Reiter. Die Männer der Karawane, Treiber und Kaufleute, ließen Gepäck und Tiere stehen und rannten davon. Auch die Herren gaben ihren Pferden die Sporen. David stand starr, zu überrascht, um zu reagieren. Außerdem erschien es ihm sinnlos, den Reitern entkommen zu wollen. Sie waren schon viel zu nah dran. »Nizar!«, erscholl ihr Schlachtruf. David sank als Zeichen, dass er keinen Widerstand leisten würde, auf die Knie und hob die Hände. Doch die Reiter beachteten ihn zuerst gar nicht, sondern machten sich daran, die wild gewordenen Lastkamele einzufangen.

Dann endlich rief ihm jemand etwas zu, was David aber nicht verstand. »Ich will tun, was ihr verlangt, aber ich verstehe nur Persisch!«, rief er angstvoll.

Ein großer Mann auf einem verschwitzten Schimmel hielt direkt vor ihm. »Du sprichst nur Persisch?«, fragte er. »Woher kommst du?«

»Aus Konstantinopel«, behauptete David furchtsam. Der Mann sah nicht so aus, als könnte man ihn ungestraft belügen. Außerdem hatten diese Assassinen eine türkische Karawane überfallen, da erschien es David besser, sich als Fremder zu erkennen zu geben. »Aus Konstantinopel!«

Der Mann mit schwarzem Bart und Turban schien beeindruckt. Er strich sich durch den Bart. »Ich bringen dich zum Rufer«, entschied er dann. In einer unverständlichen Sprache rief er einem seiner Männer etwas zu. Der brachte daraufhin eines der erbeuteten Pferde. »Steig auf, aber versuch nicht zu fliehen. Unsere Pfeile sind schneller als jedes Pferd und verfehlen ihr Ziel nie!«

David schluckte. »Ich kann gar nicht reiten«, gestand er kleinlaut. Der Fremde blickte ihn mit weit aufgerissenen Augen an. Dann lachte er schallend. »Du kannst nicht reiten, Römer?« Er lachte immer noch und schüttelte den Kopf. Dann wurde er wieder ernst und rief etwas in seiner Sprache. »Malik wird dich mit auf sein Pferd nehmen.«

Ein zweistündiger Ritt brachte sie schließlich zu einem steinigen Bergrücken, auf dem eine Burg thronte. Am Tor zügelte der schwarze Anführer sein Ross. »Willkommen in Nimrod, dem Hort der Nizariten«, rief er David spöttisch zu, als der vorbeizog. Vom ungewohnten Sitzen auf dem Pferderücken war sein Hintern wund. Hinter dem Tor befand sich eine Art Burghof und David ließ sich wie ein Sack aus dem Sattel gleiten. Das Gesäß brannte wie Feuer und er konnte kaum geradestehen. Dennoch sah er sich um. Alle liefen beschäftigt durcheinander. Die Tiere wurden versorgt und die Beute abgeladen. David betrachtete alles mit einer Mischung aus Furcht und Faszination. »Der Rufer will dich sehen«, sprach ihn ein junger Mann im schlichten Gewand an. David schluckte. Wer war dieser geheimnisvolle Rufer? Der Fremde führte ihn durch einen dunklen, in den Fels gehauenen Gang ins Innere der Burg. Schließlich hielt er vor einer Holztür und klopfte respektvoll. Auf einen kurzen Befehl hin traten sie ein. Der Führer verbeugte sich tief und David tat es ihm gleich.

»Richte dich auf, Junge«, befahl eine sonore Stimme auf Persisch. »Man hat mir gesagt, dass du aus Konstantinopel kommst? Bist du ein Christ?«, fragte der geheimnisvolle Rufer. David erhob sich wie befohlen. Der Mann vor ihm war vielleicht vierzig Jahre alt und hatte an den Schläfen ergrautes Haar. Sein fein geschnittenes Gesicht mit der langen Nase wurde von einem sorgfältig gestutzten schwarzen Bart eingerahmt. Dunkle Augen blickten David forschend, aber nicht feindselig an.

David schluckte. »Nein, Herr«, gestand er. »Ich bin Jude.«

Der Meister nickte. »Immerhin Anhänger eines geschriebenen Gesetzes. Und des einen. Ich hoffe ohnehin, dass ich dich zur Wahrheit führen kann. Dafür bin ich schließlich Rufer.« Sein Blick ruhte einen Moment auf David. »Doch an den Sitzungen der Weisheit kannst du erst teilnehmen, wenn du ein geweihter Fajadin wirst!«

»Sitzungen der Weisheit?«, fragte David verständnislos.

»Wir halten sie, im Unterschied zu den Uneingeweihten, die ihre Gottesdienste Freitag, Samstag oder Sonntag feiern, am Donnerstag ab«, erklärte der Rufer. »Wir sind die Einzigen, die dem wahren Imam, dem Anführer aller Gläubigen, die Treue halten. Und in den Sitzungen der Weisheit wird die wahre und geheime Auslegung des heiligen Korans verkündet, wie die wahren Imame sie lehrten. Die große Wahrheit über den Einzigen, den Wahren!« David war verwirrt. Sprach er von diesem Imam oder von Gott?

»Wer ist der wahre Anführer aller Gläubigen?«, fragte er verständnislos.

»Nizar war der wahre Kalif und Imam, aber der Schuft al-Afdal Schahanschah in Kairo hat ihn ermorden lassen. Er spielt sich in Kairo als Wesir auf, aber eigentlich stammt er von einem Mameluken ab«, erklärte der Meister verächtlich.

»Einem Mameluken?«, fragte David erstaunt. »Man hat mir gesagt, das seien Sklaven?«

»Ja genau, Sklaven«, lachte der Rufer bitter. Dann wurde seine Miene wieder ernst. »Kriegssklaven. Nach ihrer Ausbildung können sie in Ägypten hohe Ämter erreichen. Doch al-Afdal reichte das nicht. Er besaß die Unverfrorenheit, sich zum ›obersten Rufer‹ zu erklären. Eine Blasphemie, aber nicht seine letzte! Nach dem Tod des Kalifen al-Mustansir hat er es gewagt, den rechtmäßigen

Thronfolger und Imam Nizar abzusetzen und später im Kerker in Kairo heimlich zu erdrosseln. Das ist nun bereits zwei Jahre her und noch immer ungesühnt. Anstelle des wahren Imams hat er den jüngeren Bruder Nizars, al-Mustali, zum Kalifen ernannt und mit seiner eigenen Schwester verheiratet! Aber ich sage dir, Allah wird uns Nizariten zum Sieg über die elenden Mustaliten von Kairo verhelfen! Die sind schlimmer als die Sunniten und Zwölferschiiten zusammen.«

David staunte. Unter den Muslimen gab es offenbar noch mehr Streit über Meinungen als unter den Rabbis. »Wer sind diese Zwölferschiiten?«, fragte er. Wenn er sich sicher bis Bagdad durchschlagen wollte, musste er es vermeiden, zwischen die Mühlsteine der einzelnen Glaubensrichtungen zu geraten.

Der Rufer rollte die Augen. »Du musst noch viel lernen, bis du in die geheimen Wahrheiten des Koran eingeführt werden kannst. Die Zwölfer erkennen nicht an, dass der unfehlbare Imam Dschafer as-Sadiq seinen Sohn Ismael zum Nachfolger ernannt hat, und haben nach seinem Tod dessen jüngeren Bruder Musa zum Imam gemacht. In Wirklichkeit wurden die wahren Geheimnisse von Ismael aber bereits zuvor an seinen Sohn Ismael weitergegeben und so fort bis in unsere Zeit!«

David nickte. Die Geschichte schien sich zu wiederholen. »Und Wesir al-Afdal hat die gesamte Küste hinunter bis Ägypten eingenommen?«, lenkte er das Gespräch wieder auf aktuelle Probleme. »Hat er auch Bagdad eingenommen?«

»Bagdad?«, fragte der Meister verdutzt. »Nein, das liegt nicht an dieser Küste, sondern am Euphrat jenseits der großen Wüste. Dort herrscht al-Musthazhir, der Ursupator des Kalifenthrons aus dem Hause der Abbassiden.« Er spreizte zum Zeichen seiner Abscheu die Finger. »Der ist eine Spielfigur in der Hand der Seldschuken!«

»Die Seldschuken?«, fragte David erschrocken. »Herrschen die auch über Bagdad?« Hoffentlich befand sich Kadi Ibrahim nicht gerade dort. Aber zuerst saß er ohnehin gefangen auf der Burg der Nizariten, oder Assassinen, wie die Männer der Karawane sie genannt hatten.

Ansaldo

St. Simeon, Januar 1098

Wenige Tage später, Ansaldo befand sich wieder bei der Flotte der Genuesen in St. Simeon, traf Nachricht von dem ausgesandten Heer ein. »Bohemund und Robert von Flandern sind zurückgekehrt«, kam Antonio aufgeregt angerannt.

»Und haben sie Lebensmittel gefunden?«, war Ansaldos erste Frage. Inzwischen wurden selbst in St. Simeon die Vorräte knapp und er litt wie alle Hunger.

»Nein, sie sind auf ein Heer getroffen, das von Süden kam, um Antiochia zu entsetzen. Duqaq von Damaskus führte es heran. Sie haben ihn in die Flucht geschlagen, konnten aber kaum etwas Essbares erbeuten.«

Sorgenvoll blickte Ansaldo auf das raue Meer hinaus. Das Wetter ließ weiterhin keine sichere Überfahrt nach Zypern, Konstantinopel oder gar Genua zu. Man munkelte sogar, dass im Lager vor Antiochia nicht nur Pferde, sondern auch gefallene Türken gegessen worden seien. Die Zahl der Todesopfer stieg jeden Tag. Nicht die Kämpfe, nein, Kälte, Hunger und Krankheit setzten den Kreuzfahrern zu. Andere, wie Balduin von Boulogne, verließen das Lager und verschwanden auf Nimmerwiedersehen.

»Sogar der Einsiedler ist abgehauen!«, berichtete Girard, als er eines Morgens seinerseits ans Meer kam, um Ansaldo zu besuchen.

»Der Einsiedler?«, fragte der verständnislos.

»Peter der Einsiedler. Der den Volkskreuzzug nach Anatolien geführt hatte. Er war aber bei der Vernichtung der Bauern gerade in Konstantinopel, angeblich um Verstärkung zu holen, und schloss sich dann dem Ritterheer an.« Der Graf spuckte wieder, wie es seine Angewohnheit war.

Ansaldo schluckte. »Den halten doch etliche für einen Heiligen?«

»Ja, aber jetzt ist er desertiert und Tankards Leute haben ihn an den Ohren zurück zum Lager geschleift.« Girard lachte herzhaft und Ansaldo musste bei der Vorstellung mit einstimmen.

Ansaldo

St. Simeon, März 1098

An der Situation vor Antiochia veränderte sich in den nächsten Monaten nichts, außer dass Hunger und Krankheit sowohl in als auch außerhalb der Stadt wüteten. Die Feldzugsaison war noch nicht angebrochen und das Gleiche galt für die Seefahrt. Doch eines Morgens erklang die kleine Glocke der Kirche von St. Simeon. Ansaldo fuhr aus dem Schlaf hoch. So früh am Morgen musste das etwas zu bedeuten haben. Reflexartig griff er nach dem Kettenhemd – eine feste Angewohnheit, seit er den Ausfall Yaghi-Siyans miterlebt hatte. Der zweite Griff ging zum Schwert und schon stürmte er aus der kleinen Fischerkate, in der er Quartier genommen hatte. Draußen riefen und liefen die Genuesen wild durcheinander. Schon kam auch Antonio heraus. Er schlief ganz ungeniert im Hause einer nicht ganz jungen, aber doch noch sehr ansehnlichen Fischerwitwe, deren Mann kürzlich auf See geblieben war. Ansaldo warf ihm einen neidischen Blick zu. Ob sich seine Enthaltsamkeit wirklich lohnte? Doch wenn er an Giulietta dachte, wurde ihm warm ums Her. Ganz bestimmt lohnte es sich, auf sie zu warten! Er schüttelte den Kopf, um sich zu konzentrieren. Doch bei all dem Laufen und Rennen um sie her dauerte es einen Augenblick, bis er herausgefunden hatte, dass die Aufregung nicht an der Land-, sondern an der Seeseite des Ortes ihren Ursprung hatte.

»Sie werden doch nicht unsere Schiffe angreifen?«, rief er zu Antonio, rannte aber in Richtung Flussufer, bevor der eine Antwort geben konnte. Wenn die Türken ihre Schiffe in Brand steckten, säßen sie in dieser Ödenei fest! Doch kein Rauch stieg vom Hafen auf und als er endlich das Flussufer erreichte, lagen die zwölf Galeras friedlich am Strand. Er atmete auf. Dann griff er einen Mann, der gerade in Richtung Stadt vorbeilief, am Ärmel. »Was ist die Ursache für den Aufruhr?«, wollte er wissen. Der so unsanft Gestoppte wollte sich gerade mit einem Fluch losreißen, erkannte aber doch noch den Consul. Er stand stramm. »Schiffe, Herr! Sie nähern sich von See der Mündung des Orontes.« Schon lief er weiter.

»Was für Schiffe denn?«, fragte Antonio atemlos, der inzwischen zu seinem Capitano aufgeschlossen und die Antwort mit angehört hatte.

»Was weiß ich?«, fragte Ansaldo gereizt. »Es können die Ägypter sein. Die haben eine große Flotte?«

»Oder die Pisaner!«, warf Antonio ein.

»Gott behüte«, rief Ansaldo erschrocken. »Da könntest du recht haben.« Die Pisaner waren eine Pest, noch schlimmer als die Flotte des Kalifen aus Ägypten. Beide rannten zum Strand hinab, an dem sich lange Wellen brachen. Gischt wehte ihnen schon von Weitem ins Gesicht.

»Zumindest verstehen die was von Seefahrt, wenn sie bei dem Wetter auf die Küste zusegeln!«, rief Antonio.

»Oder sie verstehen gerade nichts davon und laufen gleich auf, das würde zu den Pisaner Tölpeln passen!« Insgeheim fürchtete er allerdings, dass kein Pisaner Capitano so dämlich wäre, das Schicksal Primo di Castellos zu teilen. Doch der Vergleich war ungerecht. Damals war der Wind noch wesentlich stärker gewesen und die Dämmerung brach an. Egal, endlich hatte er von der letzten Düne freien Blick auf das Meer. Ja, da kamen Schiffe, sechs oder sieben.

Allerdings handelte es sich um bauchige Segelschiffe, keine Galeras. So viel konnte man bereits erkennen. »Nachschub«, behauptete er überzeugt. »Ich weiß nur nicht woher.« Endlich waren die Schiffe so dicht heran, dass Ansaldo einen langen Wimpel vom Mast des vordersten Schiffes wehen sah. »Kannst du erkennen, was das ist?«, wandte er sich an Antonio. Doch der schüttelte den Kopf. »Ein Drachen, glaube ich. Diese Flagge habe ich noch nie gesehen!«

»Lass uns ein Feuer entzünden, damit sie die Einfahrt in die Flussmündung finden!«, schlug Ansaldo vor. Dann wandte er sich um und gab den herumstehenden Genuesen entsprechende Befehle. Bald stieg vom Nordufer der Flussmündung Rauch auf. »Im Norden ist das Wasser am tiefsten, da können sie durchfahren.« Ansaldo kniff kritisch die Augen zusammen. »Die Dickschiffe liegen tief im Wasser. Sie scheinen schwer beladen zu sein.« Wenig später fielen die Anker der fremden Schiffe mit lautem Platschen in die kleine Bucht von St. Simeon. Die viereckigen Rahsegel fielen fast gleichzeitig in sich zusammen. Ansaldo stand bereits am Flussufer und nickte anerkennend. »Bringt mich mit dem Boot rüber zu dem vordersten Schiff«, befahl er einer Gruppe von Dorias, die das Ankermanöver mit dem kritischen Blick geübter Seeleute und den üblichen Vorbehalten der Galera-Besatzungen gegenüber Seglern betrachtet hatten. Bald schoss das Boot auf das fremde Schiff zu. »Gott zum Gruß!«, rief Ansaldo auf Latein. »Wer seid ihr und was ist eure Ladung?«

Doch anstelle einer Antwort erscholl zuerst ein dröhnendes Lachen. »Bist du das etwa, Ansaldo? Der Genuese?« Wieder das Lachen und nun erkannte auch der Angesprochene, wen er vor sich hatte.

»Edgar Ætheling. Anführer der Warägergarde!«, rief er freudig zurück »Ist der Drache etwa dein Wappen?«

»Das ist der Drachen von Wessex«, antwortete der Hüne stolz und schüttelte seine blonde Mähne.

»Was führt dich hierher an diesen gottverlassenen Ort?«, wiederholte Ansaldo seine Eingangsfrage.

»Nicht ganz verlassen, denn wir kommen euch ja zu Hilfe. Wir bringen Holz für den Bau von Belagerungsmaschinen und Lebensmittel!«

»Da kommt ihr nicht zu früh! Hat der Kaiser seine Lehnpflichtigen doch nicht ganz vergessen?«, lachte Ansaldo. »Komm erst einmal hier hoch, den besten Wein trinken wir allein zur Erinnerung an alte Zeiten. Für die Kreuzfahrer reicht auch das billigere Zeug.«

Trotz der Einladung begannen Angelsachsen und Genuesen sofort mit dem Entladen der Schiffe. »Ich reite am besten gleich nach Antiochia, um den Herren die Ankunft der Hilfsgüter zu melden!«, verabschiedete sich Ansaldo. »Aber behalte den Wein hier, den trinken wir, wenn die Ladung beim Heer angekommen ist.«

Wenig später trieb er sein Pferd im schnellen Trab den Weg am Orontes entlang. Er wäre gerne galoppiert, doch das konnte er dem abgemagerten Tier nicht zumuten. Jedenfalls nicht, wenn er noch darauf zurückreiten wollte. Wieder fingen ihn die wachsamen Normannen ab. »Consul Doria«, grüßte der Ritter, der sie anführte, respektvoll. »Was bringt dich ins Lager?«

»Gute Nachricht!«, rief Ansaldo. »Nachschub aus Konstantinopel ist im Hafen eingetroffen!«

»Aus Konstantinopel?«, fragte der Ritter und sein gerade noch offenes Gesicht verzog sich misstrauisch. »Komm mit zu Bohemund. Er muss Bescheid wissen.«

»Sag du ihm Bescheid, ich bringe die Nachricht weiter zu Raimund von Toulouse«, erklärte er.

»Das kann ich nicht zulassen. Bohemund muss entscheiden, wie es weitergeht!«

»Ich bin ein freier Mann, Consul der Compagnia von Genua, und ich lasse mir nichts befehlen.« Die beiden Männer funkelten sich an.

Schließlich senkte der Normanne den Blick. »Gut, das stimmt. Du hast keinen Lehnseid geschworen. Dann bitte ich dich also, die Nachricht Bohemund persönlich zu überbringen. Du kannst nachher weiter zu dem Einäugigen reiten.«

Ansaldo blickte sich um. Die acht Reiter hatten ihn umringt. Seine Chancen, ihnen zu entkommen, waren mehr als dürftig. Widerwillig nickte er. »Also gut. Führt mich zu Bohemund«, befahl er hochnäsig. Der Ritter nickte und übernahm die Führung des Trupps. Im Zentrum des normannischen Lagers standen bunte Zelte, die Unterkünfte des Sizilianischen Hochadels. Vor dem prächtigsten, welches mit goldenen Löwen geschmückt war, hielten sie an. Der Ritter wechselte einige Worte mit dem Wachhabenden vor dem Zelt, der daraufhin im Inneren verschwand. Sofort kam Bohemund heraus. Auch er war ein blonder Hüne, nicht viel kleiner als Edgar der Angelsachse. »Nachschub?«, fragte er und schielte aus zusammengekniffenen Augen zu Ansaldo hinauf, der immer noch im Sattel saß.

»Nachschub«, bestätigte Ansaldo ebenso unhöflich. »Edgar Ætheling, der Anführer der Warägergarde, hat ihn gebracht.«

Bohemunds Gesicht hellte sich auf. »Edgar, klingt nicht besonders griechisch. Woher kommt er?«

»Aus Wessex in Engaland.«

»Also ein Geschenk der Engaländer. Das ist gut. Dem Kaiser schulde ich nämlich nichts. Gar nichts«, er nickte nachdrücklich. »Bitte überbringe dem Engaländer meinen herzlichsten Dank. Ich werde ihm Männer entgegenschicken.«

»Ich werde deinen Dank und das Angebot, für sicheres Geleit zu sorgen, weitergeben. Aber zuerst muss ich noch zu Graf Raimund, um auch ihm die frohe Kunde zu überbringen.«

»Graf Raimund?« Das Gesicht Bohemunds nahm wieder den finsteren Ausdruck an wie eingangs. »Dem kann ich einen Boten senden.«

»Ich will es lieber selbst auf mich nehmen, denn darum hat mich Edgar Ætheling gebeten.« Das war eine Lüge. Edgar hatte mit keinem Wort einen der Anführer erwähnt. Vermutlich dachte er, wie der Papst und die gemeinen Fußsoldaten, dass der Anführer Adhemar von Monteil hieße, aber da waren die großen Adligen natürlich anderer Ansicht. Doch die Lüge wirkte. Offensichtlich wollte Bohemund nicht die Gunst des Angelsachsen verscherzen.

»Dann grüße auch Raimund von mir«, knurrte er mürrisch und damit war Ansaldo entlassen. Er zwang sich, das Lager im Schritt zu verlassen, dann trieb er aber sein armes Reittier doch in den Galopp. Glücklicherweise lag das Lager Raimunds nicht weit entfernt.

»Meldet mich sofort Graf Rosselló«, forderte er die Wache auf. »Ich habe eine wichtige Nachricht!«

Es dauerte etwa die Zeit, die man benötigt, drei Vaterunser aufzusagen, dann stand der Gesuchte schon vor ihm. »Wir haben die Aufregung im Lager der Normannen bemerkt. Was ist da los?«, fragte er anstelle einer Begrüßung.

»Nachschub aus Konstantinopel ist in St. Simeon eingetroffen. Lebensmittel und Holz für Belagerungsmaschinen. Die Normannen haben davon erfahren und wollten nicht, dass ich es auch Raimund melde.«

»Diese verdammten Kerle spielen wieder ein doppeltes Spiel«, empörte sich Girard. »Ich bringe dich zu Raimund. Und du«, damit wandte er sich an den Wachtposten, »such mir Raimund, den Bailiff und Stellvertreter des Grafen der Dauphiné und schick ihn ebenfalls zum Grafen. Wir müssen die Nachschubgüter sicher in unser Lager zu geleiten.«

Tatsächlich saß eine halbe Stunde später ein kleines Heer im Sattel. Graf Raimund von Toulouse und Markgraf der Provence führte den Trupp selbst. Doch sie kamen nur bis auf Höhe des Normannenlagers, denn dort stellte sich ihnen eine Abordnung Normannischer Fußsoldaten und Ritter in den Weg.

»Was soll das werden?«, rief Graf Raimund erbost. Sein eines gesundes Auge blitzte zornig.

Aus der Mitte der Normannen löste sich ein Reiter und kam den Okzitanern etwa einen Steinwurf entgegen. »Dasselbe könnte ich euch fragen, ihr seid hier immerhin vor unserem Lager!« antwortete der Reiter trotzig.

»Das ist Tankred von Tarent. Bohemunds Neffe«, flüsterte Girard Ansaldo zu, der neben ihm ritt.

»Wo ist Bohemund?«, fragte Graf Raimund zornig. »Ich rede mit keinem Geringeren!« Man konnte sehen, wie Tankred aufbrausen wollte, doch ein Ruf aus der Menge der Normannen ließ ihn schweigen.

Ein zweiter Reiter kam hervor. »Also, was willst du hier?« Diesmal war es Bohemund selbst.

Raimund lief rot an. »Gib den Weg frei. Wir müssen den Nachschub schützen.«

»Schützen vor uns?«, fragte Bohemund mit hohntriefender Stimme.

»Schützen vor den Türken natürlich«, rief Raimund aufgebracht.

Der Streit zog sich hin, während sich die Heere der Normannen und Okzitaner gerüstet gegenüberstanden.

Ansaldo schüttelte verzweifelt den Kopf. »Das kann doch nicht sein, dass sich die Christenheit hier gegenseitig die Köpfe einschlägt, während die Heiden hinter der Mauer frohlocken!«, rief er Girard zu.

Doch der winkte nur ab. »Den Normannen hätte man längst eine Lektion erteilen sollen.« Er starrte auf Raimund, der mit Bohemund zwischen den Reihen stand und heftig gestikulierte. Die Worte der Herren waren nun nicht mehr zu verstehen. »Das hätten wir längst tun sollen, bevor Tankred mit der Verstärkung eintraf!«, grummelte Girard weiter. Doch da erklang von rechts, jenseits der Stadt, ein Ruf. Ansaldo blickte in die Richtung und sah eine Gruppe von Reitern heransprengen. »Das ist Adhemar von Monteil«, rief Girard, als die Fremden näher kamen. Ansaldo schickte ein Dankesgebet zum Himmel. Der Bischof war der offizielle Anführer des Kreuzzugs. Vielleicht gelänge es ihm, den unseligen Streit zu schlichten. Schon parierte der wehrhafte Bischof sein Ross vor den beiden Anführern, die sich ihm zugewandt hatten.

»Während ihr euch gestritten habt, wer am meisten bekommt, hat Yaghi-Siyan einen Ausfall aus dem St.-Georgs-Tor geführt und den Zug mit dem Nachschub überfallen«, rief der Bischof so laut, dass es die Männer in beiden Heeren hören konnten. Ein Blick in die Gesichter der Umstehenden zeigte Ansaldo, dass er nicht der Einzige war, den diese Nachricht erschütterte. »Die Engaländer mussten fliehen und konnten zwar die Lebensmittel in Sicherheit bringen, aber das ganze Holz für die Belagerungsmaschinen hat Yaghi erbeutet!« Bischof Adhemar funkelte die beiden Heerführer zornig an. Die blickten wie ausgescholtene Knappen auf ihre Hände.

»Ist das ganze Holz verloren?«, fragte Raimund schüchtern.

»Es wäre, wenn alle so egoistisch wären wie ihr beiden!«, donnerte Adhemar. »Doch während ihr strittet, hat Gottfried von Bouillon sein Krankenlager wegen der drohenden Not verlassen und sein Heer herangeführt, um Yaghi die Beute wieder abzujagen.« Bohemund zog eine Grimasse, sodass Ansaldo sich nicht sicher war, ob es ihm vielleicht lieber gewesen wäre, das Holz wäre verloren, als dass es in die Hände eines seiner Mitstreiter fiel.

»Ist Edgar Ætheling wohlauf?«, rief Ansaldo in Sorge um den Freund dazwischen.

Der Bischof suchte ihn im Gedränge. »Ja, er konnte sich rechtzeitig zurückziehen. Er befindet sich nun bei Gottfried im Lager.«

Ansaldo nickte erleichtert. »Dann reite ich dorthin«, erklärte er Girard und löste sich aus den Reihen der Okzitaner.

Wenig später traf er im Lager der Franken tatsächlich auf den blonden Hünen. Sie umarmten einander. »Ja, ich dachte nicht, dass ich mich einmal freuen würde, einen Mann aus der Familie von Boulogne zu sehen. Und jetzt gleich zwei auf einmal.« Edgar lachte und Ansaldo schaute verständnislos zwischen ihm zu Gottfried und dessen älterem Bruder Eustach hinüber. »Ihr Vater Eustach II. Graf von Boulogne und Lens hat für Wilhelm den Bastard in der Schlacht von Hastings den rechten Flügel mit den fränkischen Söldnern befehligt. Damals, als der Bastard meine Heimat raubte!«, erklärte Edgar.

»Gottfrieds Vater hat für die Normannen in England gekämpft?« Ansaldo war verwirrt. Der fränkische Adel mischte sich auch überall ein! Selbst das stolze Genua war da keine Ausnahme.

»Ja, hat er«, bestätigte Eustach herantretend. »Aber der Bastard hat mich um mein Erbe in Engaland geprellt.«

»Vielleicht solltest du mal mit meiner Schwester sprechen. Sie ist mit König Malcolm von Schottland verheiratet und ihre Tochter Mary ist ein hübsches Kind. Den Segen des Onkel Edgars hättest du auf jeden Fall!« Edgar Ætheling machte mit der Hand eine obszöne Geste und lachte schallend. Gottfried blickte verlegen zur Seite, aber Eustach machte ein nachdenkliches Gesicht.

»Jedenfalls ist das Holz gerettet. Ich kann Raimund und Bohemund nicht verstehen. Für sie scheint der Kreuzzug so etwas wie ein Geschäft zu sein!«, schimpfte Gottfried empört.

»Es hat halt nicht jeder wie du all sein Habe verkauft, nur um der Sache Christi zu dienen«, spottete sein Bruder, doch es lag auch eine Spur Bewunderung in seiner Stimme.

»Lass uns lieber überlegen, wie wir die Materialien, die uns Edgar gebracht hat, verwenden«, entgegnete Gottfried.

»Dafür müssen wir zu Raimund und Bohemund. Wir können Antiochia nur einnehmen, wenn wir alle zusammenhalten«, entgegnete sein Bruder. »Du hast ja gesehen, dass der Streit zwischen den Führern beinahe zu einer Katastrophe geführt hätte. Aber ich glaube nicht, dass wir sie dazu bewegen können, hierherzukommen.«

Gottfried nickte. »Dann reiten wir eben zu ihnen.«

So stieg Ansaldo direkt wieder in den Sattel und ritt gemeinsam mit den Lothringern und Edgar zurück zum Lager Bohemunds.

Dort trafen sie zuerst auf Adhemar. »Ich hoffe, sie haben verstanden, wie gefährlich diese Einzelgänge sind«, begrüßte der die Franken.

»Ja, hoffentlich«, bestätigte Gottfried. »Ist Raimund denn noch hier? Wir müssen Kriegsrat halten!« Adhemar hatte seine Lektion wohl gründlich vorgetragen, denn bald darauf erschien der Graf von Toulouse und Markgraf der Provence. Auch Bohemund und Tankred waren zur Stelle. »Wir sollten das Holz nutzen, um ein Verteidigungswerk vor dem St.-Georgs-Tor zu errichten«, eröffnete Gottfried die Runde. Raimund nickte, doch Bohemunds Miene blieb düster. »Und wer soll das neue Werk besetzen?«, fragte er.

»Ich könnte das tun, Onkel«, meldete sich Tankred zu Wort. Bohemunds Miene hellte sich auf.

»Das stimmt. Deine Leute werden am St.-Pauls-Tor nicht unbedingt benötigt.« Raimund verzog das Gesicht. »Dann werden zwei Tore von den Normannen belagert!«

Doch Gottfried schüttelte unwillig den Kopf. »Wir müssen das St.-Georgs-Tor blockieren, sonst kommen immer neue Nahrungsmittel in die Stadt und wir werden sie niemals aushungern. Weißt du nicht, dass bald die Feldzugsaison beginnt? Die Türken werden Heere schicken, um Antiochia zu entsetzen, und wir müssen die Stadt um jeden Preis vor ihrem Eintreffen einnehmen. Wenn du, Raimund, keine Männer für das St.Georgs-Tor übrig hast, und ich habe sie auch nicht, dann soll in Gottes Namen Tankred das Tor bewachen.« In seiner Stimme schwang verhaltener Zorn mit.

Adhemar, der es bemerkte, hob beschwichtigend die Hände. »Das ist die einzige Lösung. So wollen wir es halten.«

Raimund fügte sich grummelnd der Entscheidung. »Aber auch wir benötigen Holz, um Türme zu bauen, die wir an die Mauer bringen können«, warf er trotzig ein.

»Edgar Ætheling hat genügend Material gebracht, dass alle Heere bekommen, was sie brauchen«, erklärte Adhemar begütigend und so war die Sache beschlossen.

David

Bergfeste der Assassinen, April 1098

Obwohl er inzwischen eine Ahnung hatte, wo Bagdad zu finden sei, stellte sich die Frage, wohin er sich wenden sollte, für David erst einmal nicht. Er war ein Gefangener auf der Burg der Assassinen. Auf der Festung durfte er sich weitgehend frei bewegen, ausgenommen waren einige Türen, die zu den Frauengemächern oder dem Ort der geheimnisvollen Versammlungen der Gläubigen führten. Sonst nahm er willig an den anfallenden Arbeiten teil und auch der Rufer beorderte ihn ein ums andere Mal zu sich. »Du musst wissen, dass es mit den Riten und religiösen Geboten vorbei sein wird, wenn die Endzeit anbricht und der wahre Imam aus dem Verborgenen hervortritt und sich zu erkennen gibt«, erklärte er. »Dann werden wir direkt seinem Wort folgen, und es gibt keine Juden, Christen, Sufis oder Sunniten mehr, sondern nur noch diejenigen, die den Willen Gottes und seines Imams erfüllen, und die, welche es nicht tun. Du kannst also einer von uns werden und wenn Endzeit anbricht, auf der Seite des Lichtes stehen!« Doch David blieb misstrauisch. Auch wenn ihm der Rufer und überhaupt die Art, wie die Nizariten alles teilten und als eingeschworene Gemeinschaft auf der Burg lebten, beeindruckten, so hatte er, seitdem er seine Heimatstadt Magenza verlassen hatte, bereits zu viele Männer gehört, die für sich in Anspruch nahmen, Gottes Willen zu kennen.

»Was willst du denn aus deinem Leben machen?«, fragte der Rufer, dessen Name Ali war. »Als Händler oder Krieger nach

Geld haschen? Willst du nicht lieber einem höheren Ziel dienen und dich in unsere Gemeinschaft einreihen?«

»Ich möchte Arzt werden«, erklärte David wahrheitsgemäß. »Ich konnte in meiner Heimat und auch in Ikonium in der Darüssifa bereits viel lernen, aber ich hoffte, in Bagdad die Heilkunst zur Vollendung zu bringen.«

Ali seufzte. »Du solltest es Allah überlassen zu entscheiden, wozu er dich benutzen will, nicht deinen Wünschen folgen. Hier, nimm etwas von diesen Kräutern, dann werde ich dir die Herrlichkeit zeigen, die dich erwartet, wenn du Allah dienst.«

David nahm die dargebotenen Blätter und stutzte. Er hatte die gezackten Blätter und Blüten bereits gesehen. Bahram hatte sie Verwundeten nach der Schlacht bei Doryläum zur Schmerzlinderung verabreicht, und sie waren tatsächlich in eine Art Trance gefallen und hatten die schrecklichen Operationen besser ausgehalten, als David es für möglich gehalten hätte. Wollte der Rufer ihn etwa unter dem Einfluss der Drogen ebenfalls irgendeinem Eingriff unterziehen? Eine kalte Hand schien nach Davids Herz zu greifen und plötzlich war die Erinnerung daran, was Richter Ibrahim mit ihm vorgehabt hatte, wieder lebendig.

Ali hob die Brauen. »Was ist, glaubst du, ich will dich vergiften?«

»Das Haschisch setzt man in Ikonium zum Betäuben von Wundschmerzen ein. Aber ich habe gar keine Schmerzen«, wehrte er ab.

Ali runzelte die Stirn. »So, du kennst die Pflanze? Aber sie ist nicht nur für Verwundete, musst du wissen. Manchmal erleichtert sie es auch Gesunden, Allahs Güte zu erleben. Und nun nimm es. Es wird dein Schaden nicht sein, oder hast du nicht gehört, wie uns die Händler der Karawane nannten? Assassinen oder arabisch al-Aschischiyyun – die Haschischleute. Ich will nur deine Wahrnehmung schärfen, damit du die Wahrheit erkennst!«

David war nicht überzeugt, doch was blieb ihm übrig? Die Tatsache, dass diese Leute selbst nach dem Kraut genannt wurden, konnte nur bedeuten, dass sie es auch selbst verzehrten. Er griff das dargebotene trockene Kraut und steckte es in den Mund. Es schmeckte wie trockenes Gras und er musste eine Weile darauf herumkauen, bevor er es schlucken konnte. Nichts passierte. Zumindest nicht sofort.

»So, und nun trinke noch dies hier. Du wirst dann schlafen, aber wenn du erwachst, werde ich dir einen Einblick in den dritten Himmel geben. Wohlgemerkt nur den dritten von sieben, aber du wirst erkennen, welche Herrlichkeit auf dich wartet, wenn du dich ganz Allah hingibst und die Weisungen seines Heiligen Imams erfüllst.«

David schluckte hart. Was sollten diese geheimnisvollen Reden bedeuten? Einerseits fürchtete er sich davor, vergiftet zu werden, andererseits war er auch neugierig. Er hatte schon bemerkt, wie bedingungslos die Assassinen ihrem Rufer folgten. Würde er nun den Grund für diesen blinden Gehorsam kennenlernen? Der Rufer bot ihm einen Becher, ohne zu drängen, aber wie würde er reagieren, wenn er sich weigerte? David zuckte leicht mit den Schultern. Er hatte keine Wahl. Er griff den Becher und leerte ihn mit einem Zug. Der Trank war mit Honig gesüßt, aber David schmeckte darunter eine bittere Note.

»Ahmed wird dich nun in den Raum der Erleuchtung bringen. Dort kann dein Körper ungestört ruhen, während dein Geist zu höheren Sphären steigt«, erklärte der Rufer. David folgte dem jungen Mann, der plötzlich im Raum stand. Er fühlte sich bereits dumpf und taumelig. Ahmed führte ihn durch eine Tür auf der Rückseite des Zimmers in einen Teil der Burg, den David noch nie betreten hatte. Die Tür führte in einen schlichten Raum mit einem einfachen, harten Holzgestell.

»Da kannst du dich hinlegen«, erklärte Ahmed. »Du wirst gleich einschlafen. Aber merke dir gut, was du erlebst. Schon zu Lebzeiten einen Blick in den Himmel werfen zu dürfen, ist eine Gnade, die nur wenigen Sterblichen zuteilwird.« Doch noch während er sprach, wurden Davids Lider so schwer wie Blei und er glitt in einen tiefen schwarzen Schlaf hinüber.

Ansaldo

St. Simeon, April 1098

Direkt nach der Ankunft der Verstärkungen aus Konstantinopel begannen die Normannen mit dem Bau einer Befestigung vor dem St.-Georgs-Tor, die von Tankreds Normannen besetzt wurde. Damit war endlich der letzte Zugang zur Stadt gesichert. In der belagerten Stadt zeigten sich bald die ersten Auswirkungen des Hungers, während sich die Ernährungssituation im Kreuzfahrerheer durch den hereinbrechenden Frühling zusehends besserte. Nicht nur Edgar Ætheling hatte Lebensmittel gebracht, auch Graf Konstantin von Kleinarmenien und Balduin, Gottfrieds jüngerer Bruder, der inzwischen seinen unerwartet oder zumindest unter verworrenen Umständen verstorbenen Adoptivvater Thoros als Graf von Edessa beerbt hatte, schickten Hilfe. Doch Anfang April geschah etwas Aufsehenerregendes.

Ansaldo befand sich wieder mit seinen Leuten in St. Simeon und die Consuln der Compagnia hatten sich zum Kriegsrat versammelt. »Hier sitzen wir wie die Fische auf dem Trockenen«, ergriff Guglielmo, der Anführer der Embriarchi-Familie, das Wort. »Unsere Stärke liegt auf dem Meer. An Land kommen die Ritter schon alleine zurecht.«

»Ja, wir sollten neuen Nachschub holen, nicht dass die Kreuzfahrer vergessen, wer ihnen zuerst Hilfe gebracht hat!«, pflichtete ihnen Geraldo Malaspina bei.

Doch sein Vater hob Ruhe gebietend die Hände. Er führt sich auf, als könne er uns allen Befehle erteilen, ärgerte sich Ansaldo, hielt aber um Giuliettas Willen den Mund. »Wenn wir hier abziehen, verlieren wir nicht nur St. Simeon als Hafen, sondern wir sind auch nicht dabei, wenn es dem Heer endlich gelingt, in die Stadt einzudringen. Das hieße, all unsere Anstrengungen wären umsonst und wir gingen leer aus.« Er breitete die Arme aus. »Schlimmer noch, wenn die Pisaner gerade in dem Moment mit zwei oder drei Schiffen vorbeikommen, heimsen sie unseren Ruhm und unsere Handelsprivilegien ein.« Diesmal erntete seine Ausführung empörte Rufe. Doch Adalberto ging nicht darauf ein, sondern sprach energisch weiter. »Die Seldschuken hungern und die Stadtbewohner murren gegen die Besatzung.«

Er hatte nicht unrecht, überlegte Ansaldo, andererseits waren auch Guglielmos Argumente nicht von der Hand zu weisen. »Wie wäre es, wenn wir uns aufteilen?«, schlug er vor. »Die Hälfte der Schiffe fährt zurück nach Genua und besorgt den Nachschub, während die andere Hälfte hier in St. Simeon bleibt und den Hafen und unsere Ansprüche verteidigt?«

Guglielmo nickte sofort, doch Adalberto zog die Stirn kraus. »Was willst du mit der Besatzung von nur sechs Schiffen ausrichten, also nach den Ausfällen vom letzten Winter vielleicht noch vier- oder fünfhundert Mann?«, fragte er verärgert über den Widerspruch.

»Den Hafen gegen einen Angriff von See her verteidigen«, entgegnete Ansaldo ruhig. »Die Einfahrt im Norden der Bucht ist so schmal, dass sie nur von einzelnen Schiffen passiert werden kann. Und von der Landseite her macht es wenig Unterschied, ob wir fünfhundert oder tausend Mann haben, wenn das Entsatzheer der Seldschuken anrückt.«

Guglielmo nickte energisch seine Zustimmung. »Es ist tatsächlich nicht einfach, in den Hafen zu gelangen, ein Wunder, dass du die Einfahrt damals im Sturm direkt gefunden hast!«

Ansaldo spürte, wie ihm bei dem unerwarteten Lob des Embriacho-Patriarchen die Röte ins Gesicht stieg. »Deus lo vult«, behauptete er und schielte zu Adalberto hinüber, dem aber weder

Bewunderung noch Anerkennung anzumerken waren. »Dann schlage ich vor, dass ihr Embriachi mit euren drei und den zwei Schiffen der Spinolas nach Genua aufbrecht. Wir Malaspinas werden mit Ansaldo Doria hierbleiben und unsere Interessen wahren«, lenkte er aber doch ein.

Damit war alles gesagt, doch beim Auseinandergehen hielt Adalberto Ansaldo zurück. »Auf ein Wort, Doria.« Ansaldos Puls raste, was wollte das Oberhaupt der Malaspina-Familie von ihm? Hatte er seine Gefühle für Giulietta erraten? Er fürchtete und hoffte es zugleich. »Du bist von uns am öftesten in Antiochia gewesen und hast den Kontakt zu den Kreuzfahrern aufrechterhalten.«

Ansaldo nickte. »Einer musste das tun.«

»Ja, ja«, nickte Adalberto. »Aber ich habe den Eindruck, dass du auf das falsche Pferd setzt.« Ansaldo sah ihn verständnislos an. »Du hältst dich meist zu Raimund von Toulouse und seinen Männern«, half Adalberto ihm auf die Sprünge.

»Das ist richtig, der Graf von Toulouse und Markgraf der Provence ist zusammen mit Fürst Bohemund von Tarent und Herzog Gottfried der ranghöchste Adlige im Heer«, erklärte Ansaldo etwas pikiert. Worauf wollte der alte Fuchs hinaus?

»Aber er stellt nicht die meisten Truppen«, entgegnete Adalberto.

Ansaldo überlegte kurz. »Seitdem Balduin von Boulogne mit seinen Männern nach Edessa geritten ist, war er der Mann mit der größten Hausmacht im Heer. Merkwürdig übrigens, dass dieser Thoros von Edessa so kurz nachdem er Balduin als seinen Sohn und Nachfolger bestimmt hat, verstarb, findest du nicht?«

Adalberto machte eine wegwerfende Geste. »Er hat ihn natürlich beseitigt.« Aber diese Ungerechtigkeit ging ihm offenbar nicht sehr nahe. »Jedenfalls war Raimund nur bis zur Ankunft Tankreds von Tarent der mächtigste Mann im Heer. Nun sind es die Normannen!«

»Das mag stimmen«, lenkte Ansaldo ein.

Geraldo nickte. »Ich möchte daher, dass du dich in Zukunft mehr zu Bohemund hältst. Er ist der starke Mann in Antiochia.

Mein Sohn Geraldo wird dich in sein Lager begleiten.« Er wartete nicht einmal, bis Ansaldo nickte, sondern drehte sich abrupt um und ließ ihn stehen.

Ansaldo klappte der Mund auf vor Erstaunen, dann stieg die Wut in ihm auf. Wie konnte der Kerl so einfach über seinen Kopf hinweg entscheiden und ihm auch noch fast unverhohlen Befehle erteilen? Doch ein Ruf von draußen entband ihn von der Entscheidung, wie er auf diese Unverschämtheit reagieren sollte. »Schiffe nähern sich von Süden«, hörte er und rannte schon hinaus. »Was ist los?«, fragte er den ersten besten Mann auf der Straße. »Es wurde Alarm gegeben, Herr. Es nähern sich Schiffe dem Hafen.«

Ansaldo lief weiter zum Hafen hinunter. Tatsächlich erkannte er zwei Segel, die sich von Süden, also entlang der levantinischen Küste näherten. Sein Blick glitt prüfend über das Meer. Die Wellen zeigten ihm, dass draußen ein mäßiger Westwind blies. Es würde noch zwei, höchstens drei Stunden dauern, bis die Fremden die Einfahrt zum Hafen erreichten. Doch sie sollten nicht auf die unbemannte und hilflos am Ufer liegende Flotte der Genuesen treffen. Er hielt einen Mann am Arm fest. »Lauf in den Ort und suche mir Antonio und Pietro Doria. Sie sollen sofort zum Hafen kommen.«

Er musste nicht lange warten, Antonio befand sich bereits am Hafen. »Wir müssen unsere Schiffe zu Wasser bringen«, rief er. »Trommle die Männer zusammen. Wir haben nur etwa eine Stunde Zeit!«

Bald war auch Pietro zur Stelle. »Die kommen von Süden, nicht aus der Richtung von Konstantinopel«, erklärte er ungefragt. »Vielleicht hat sie ein Sturm von Zypern aus an die Küste verschlagen?«, überlegte er. Doch dann schüttelte er gleich den Kopf. »Aber es gab keinen Sturm die letzten Tage. Die kommen nicht vom Patriarch Johannes.«

Ansaldo nickte. »Aber woher dann? Die Seldschuken sind keine Seeleute.«

»Nein, aber es gibt ja noch die Araber.«

»Die Ägypter?«, vergewisserte sich Ansaldo. »Immerhin besser als die Pisaner.«

»Stimmt. Italienische Galeras sind das nicht, sondern schwere Segler. Ich tippe auf Ägypten.« »Vom Fatimidischen Kalifen«, sinnierte Ansaldo. »Die haben Jerusalem doch vor fast dreißig Jahren an die Seldschuken verloren?«

»Ja, genau. Und seither ergeht es den christlichen Pilgern so schlecht«, pflichtete Pietro bei. Offenbar verstand er doch mehr als Seefahrt.

Die nächste Stunde verlief in hektischer Betriebsamkeit, aber noch bevor man die Flaggen der Fremden erkennen konnte, hatten die San Matteo und die San Lorenzo Wasser unter dem Kiel. Die zwei bauchigen Segler näherten sich indes ungerührt der schmalen Einfahrt in die Orontesmündung. »Es sind wirklich Araber«, konstatierte Pietro. »Die rundbauchigen Segler und die trapezförmigen Segel habe ich vor Sizilien oft genug gesehen.«

»Viel größer als die Schiffe der Mallorquinischen Piraten«, bemerkte Ansaldo kritisch.

»Wusstest du, dass die Flotte der Romanier gegen jeden ihrer Feinde eine unterschiedliche Taktik entwickelt hat? Für die Araber mit ihren schweren Schiffen, die Normannen mit ihren Langschiffen oder die Slaven mit ihren leichten Booten?«, fragte Pietro, während er beobachtete, wie das vordere und größere der Fahrzeuge den Bug auf die Mündung des Stroms und den kleinen Hafen von St. Simeon richtete.

»Und wie steht es mit genuesischen Galeras?«, schlug Ansaldo vor.

Pietro lachte. »Sicherlich auch das! Aber wir wollen hoffen, dass wir die nicht kennenlernen.«

»Anrudern, wir blockieren die Einfahrt«, befahl Ansaldo mit lauter Stimme.

»Die weiße Flagge der Kalifen von Ägypten«, rief Antonio.

»Also haben wir recht gehabt«, bemerkte Ansaldo in Richtung seines Co-Steuermanns Pietro.

Wenig später kamen die Ägypter auf Rufweite heran.

»Wie heißt der Kalif von Ägypten eigentlich?«, fragte Antonio.

»Al-Mustansir, der Schwarze?«, schlug Ansaldo vor.

»Ich glaube, der ist bereits verstorben«, widersprach Pietro. »Aber wir werden es bald erfahren.« Laut rief er dann zu dem sich nähernden Segler hinüber: »Wer seid ihr und was ist euer Begehr?« Er sprach Latein, und zunächst setzte auf dem fremden Schiff hektische Betriebsamkeit ein.

Schließlich trat ein Mann an den Bug und antwortete in derselben Sprache. »Al-Afdal Schahanschah, der Wesir in Ägypten, schickt uns mit Grüßen und Segenswünschen zu den tapferen Männern des Kaisers!«

»Männer des Kaisers?«, wunderte sich Antonio.

»Er hält uns für Söldner der Romanier«, erklärte Ansaldo. »Was begehrt ihr hier?«, rief er laut.

»Wir wollen euren Anführer sprechen und das alte Bündnis zwischen unseren Völkern erneuern«, kam die Antwort. »Gewährt uns Einlass in den Hafen, wir haben eine lange Reise hinter uns.«

Ansaldos Blicke suchten den Horizont ab, aber es waren tatsächlich nur zwei Segler. »Seid uns willkommen, Fremde!«, rief er. »Ruder zurück, wir geben die Einfahrt frei.« Die beiden Segler rauschten in die Bucht und ließen die Anker vor den noch an Land liegenden Galeras fallen. Ansaldo bugsierte die San Matteo längsseits neben den größeren Segler. »Mein Name ist Ansaldo, Consul der Compagnia von Genua«, stellte er sich vor. »Und wer bist du?«

»Mein Name ist Abu Mohammad«, erklärte der fremde Kapitän in gebrochenem Latein. »Sprecht ihr auch Griechisch?«

Ansaldo schüttelte den Kopf. »Aber ich werde jemanden auftreiben, der es tut«, versprach er. »Antonio, nimm das Beiboot und hole mir den Priester von St. Simeon her.«

Es dauerte etwa eine halbe Stunde, bis der Gesuchte zur Stelle war. »Bist du der Anführer des Christenheeres?«, ließ der arabische Kapitän fragen.

Ansaldo lachte und schüttelte den Kopf. »Nicht der oberste Anführer, aber ich werde dich zu ihm bringen, wenn das dein Begehr ist!« Vielleicht ergab sich hier eine Gelegenheit, sich bei Bohemund noch einmal besser einzuführen, denn das würde nötig werden, wenn er die Wünsche seines Schwiegervaters in spe erfüllen wollte!

Bald darauf waren sie an Land und Ansaldo organisierte unverzüglich Pferde, um den ägyptischen Kapitän und vier seiner Männer zu Bohemund zu bringen. Eine Stunde später saßen die Gesandten im Zelt des Normannenfürsten. »Hol den entlaufenen Priester«, wies Bohemund seinen Neffen Tankred an. »Peter den Einsiedler. Er spricht doch Arabisch!«

»Soll ich auch Adhemar und die anderen Anführer rufen lassen?«

Bohemund verzog das Gesicht. Dann blickte er zu Ansaldo hinüber. Der hob die Schultern. Bohemund nickte. »Ist wahrscheinlich besser so. Früher oder später wollen sie doch alles erfahren.« Tankred verließ das Zelt, um die Befehle auszuführen. Die Gäste wurden derweil mit Wein und Datteln bewirtet. »Holt die besten Stücke von der Beute des Seldschukenheeres, welches wir im Winter besiegt haben«, befahl Bohemund einem anderen Ritter. »Wir wollen unseren Gästen ein paar würdige Geschenke machen.«

Ansaldo war beeindruckt. Die oft so wüst erscheinenden Normannen hatten am Sizilianischen Hof doch einiges an Lebensart und Höflichkeit erworben. Wenig später kam Tankred mit dem Priester zurück. Peter war, wie sein Spitzname vermuten ließ, wie ein Einsiedler gekleidet. Sonst war er eher unauffällig und klein von Gestalt. Aber wer wäre zwischen Tankred und dessen Onkel nicht klein erschienen?

»Begrüße unsere Gäste in meinem Namen«, kam Bohemund gleich zur Sache. »Und sag ihnen, dass ich ihnen ein paar Geschenke überreichen möchte.« Fünf Diener trugen besonders schöne Stücke, die die Normannen Ende Dezember bei der Plünderung des Feldlagers Duqaqs von Damaskus erbeutet hatten, herein. Lederwaren, Kannen, Pokale und Dolche. Alles legten sie den Fatimidischen Gesandten zu Füßen.

Die Ägypter schienen hoch erfreut. »Habt Dank, edle Männer von Konstantinopel«, ließ der Kapitän, der sich Ansaldo als Abu Mohammad vorgestellt hatte, antworten. »Wir wollen das Bündnis mit dem Kaiser erneuern. Lasst uns gemeinsam die Seldschuken aus unseren Ländern verjagen. Danach soll wieder Friede und Eintracht zwischen Konstantinopel und Kairo herrschen, wie ehemals.«

»Im Kampf gegen die Seldschuken könnten sie uns von großer Hilfe sein!«, warf Tankred ein. Bohemund nickte. »Lass uns sehen, was sie dafür haben wollen!«

Doch bevor das Gespräch fortgesetzt werden konnte, erschienen Gottfried, Eustarch und Adhemar von Monteil. Die Vorstellung wiederholte sich, und noch ein weiteres Mal, als bald darauf Graf Raimund mit zwei Gefolgsleuten eintraf. Girard nickte Ansaldo freundlich zu, was Bohemund, der es bemerkte, mit einem Hochziehen der Brauen quittierte. Ansaldo wurde rot, sagte aber nichts. Doch die weiteren Verhandlungen enthoben Ansaldo von der Peinlichkeit, sich für eine Seite zu erklären.

»Al-Afdal Schahanschah, Wesir von Ägypten, hat mit seiner Flotte die Häfen bis Cäsarea eingenommen und wird Jerusalem von Süden und Westen in die Zange nehmen«, übersetzte der Einsiedler. »Daher wollen die Ägypter mit uns ein Bündnis gegen die Seldschuken schließen. Sie wollen die alten Grenzen zum Kaiserreich achten. Uns soll Syrien gehören und Palästina ihnen, ganz wie es vor Zeiten gewesen ist.«

»Und Jerusalem?«, fragte Bohemund, nachdem Peter den Vorschlag übersetzt hatte. »Was soll aus Jerusalem werden?«

»Jerusalem und Palästina gehörten uns, Syrien euch. Wir wollen nur, was uns nach dem Vertrag mit dem Kaiser zusteht.«

Gottfried schüttelte den Kopf. »Jerusalem ist unser Ziel. Dort litt unser Herr, dort wurde er gekreuzigt und begraben und dort wird er als König wieder erscheinen!«, rief er hitzig.

Peter hob in einer entschuldigenden Geste die Handflächen. »Ich übersetze doch nur, was der Araber sagt.«

»Vielleicht sollten wir zum Schein darauf eingehen?«, wandte Bohemund ein. »Zuerst müssen wir Antiochia erobern. Jerusalem ist noch weit weg. Vielleicht sollten wir erst einmal unsere Position hier sichern?«

»Der Kaiser soll die Eroberungen sichern, unser Ziel ist die Befreiung der Christen und Pilgerstädte im Heiligen Land«, widersprach auch Adhemar von Monteil und Gottfried nickte beifällig. Ansaldo blickte zu Raimund, dem dritten Großen in der Runde. Doch der strich sich nur mit der Hand nachdenklich durch den Bart. Es war nicht zu erkennen, welche Position er einnahm. Das Gespräch lief noch hin und her, doch Ansaldo war klar, dass Abu Mohammad, und wahrscheinlich auch sein Herr al-Afdal Schahanschah, der Wesir von Ägypten, die Kreuzfahrer für einfache Söldner des Kaisers in Konstantinopel hielten und der Kapitän nur die Befugnis hatte, den alten Vertrag zu erneuern.

Und so zogen die Fatimidischen Gesandten eine Woche später, überhäuft mit Geschenken und Höflichkeiten, aber ohne eine klare Vereinbarung wieder ab. Doch eine wichtige Nachricht hatten sie gebracht: Abu Mohammad hatte die Anführer der Kreuzfahrer davor gewarnt, dass sich die Emire Ridwan von Aleppo und Duqaq von Damaskus Kerboga von Mosul angeschlossen hatten und ihre Heere in Mossul sammelten. Angeblich über zweihunderttausend Mann. Aber nach Ansaldos Einschätzung war das kaum zu glauben. Doch auch wenn diese Zahl noch so übertrieben sein mochte, zog sich dort eine bedrohliche Übermacht zusammen. Das Kreuzfahrerheer zählte, dezimiert durch

Hunger, Krankheit und Desertion, inzwischen keine zwanzigtausend Menschen mehr, darunter höchstens viertausend Ritter.

David

Im dritten Himmel der Assassinen, April 1098

David erwachte, wenn auch nur halb. Träumte er? Er befand sich in einem prächtigen Raum, der nichts mit dem schlichten Ort gemein hatte, an dem er eingeschlafen war. Er lag auf weichen Kissen und seine Umgebung wurde von mehreren Öllampen in ein angenehmes Dämmerlicht getaucht. Bunte Teppiche bedeckten Boden und Wände und das Licht der Lampen brach sich und spiegelte sich von kristallenen Karaffen und silbernen Bechern wider, die auf einem kleinen runden Tisch mit einer ziselierten Bronzeplatte standen. David staunte. Er versuchte, den Nebel aus seinem Kopf zu verbannen, aber es gelang ihm nur teilweise. Da öffnete sich eine Tür an der Rückwand. Nur einen Spalt breit. Jemand schaute vorsichtig herein. Als die Person sah, dass er erwacht war, trat ein junges Mädchen lächelnd in den Raum. Davids Blick blieb an ihr hängen wie Eisen an einem Magnet. Zum Teil lag das an den nun ebenfalls im warmen Licht glänzenden Schmuckstücken und Perlen, die ihre Hüften und Brüste bedeckten, aber mehr noch am Fehlen jedes weiteren Kleidungsstücks. Er fühlte, wie ihm trotz der Schwere der Kopf heiß wurde.

»Magst du etwas trinken, Herr?«, fragte sie mit süßer Stimme und ergriff eine der Kristallkaraffen mit einer schweren dunklen Flüssigkeit. Sie goss den dunkelroten Wein anmutig in einen der silbernen Pokale. Sorgfältig stellte sie die Kristallkaraffe wieder an ihren Ort und kam mit wiegenden Hüften auf ihn zu, den Becher in den ausgestreckten Händen. Die Perlen ihres Lendenschurzes klickerten sanft. »Hier, nehmt das, mein Gebieter«, säuselte sie auf Persisch und reichte ihm den Becher. David führte ihn mechanisch an seine Lippen, den Blick fest auf die junge Frau geheftet. Sie streckte ihm den leicht gewölbten Bauch entgegen. Auch im Bauchnabel befand sich ein funkelnder Edelstein. David verschluckte sich fast an dem schweren, süßen Wein. Dann stellte er den Pokal ab und streckte die Hand vorsichtig nach dem Mädchen aus. Doch sie entwich ihm mit einem leisen Lachen.

»Soll ich dir etwas vorsingen?«, fragte sie und nahm eine Harfe von der Wand. David vermochte noch immer nichts zu sagen. Er krächzte unverständlich. Wenn das ein Traum war, dann ein verdammt guter! Er schluckte und nickte. Sie setzte sich auf einen Diwan und begann mit leichten Fingern über die Saiten zu huschen. Dann sang sie ein Lied, das David nicht verstand, doch sein Blick hing an jeder ihrer Bewegungen. Schließlich stellte sie das Instrument wieder ab und erhob sich. Langsam kam sie auf ihn zu. Er streckte wieder beide Hände aus und sie berührte seine Fingerkuppen mit den ihren, während sie ihn aus großen schwarzen Augen anblickte. Einen Moment blieb sie so stehen und David wagte kaum zu atmen, um den Traum nicht zu verscheuchen. Dann kam sie unendlich langsam näher, setzte sich auf die Kante von Davids weichem Lager, legte ihm einen Zeigefinger auf den Mund. David hielt die Luft an. In einer eleganten Bewegung zog sie das kurze Perlenhemd über den Kopf und David blickte gebannt auf ihre entblößten Brüste.

Ansaldo

Feldlager vor Antiochia, Mai 1098

Tatsächlich verdichteten sich die Gerüchte, dass sich ein großes Heer sammelte, um Antiochia zu entsetzen. Angeblich fanden sich nicht nur syrische, sondern auch Kämpfer aus

Persien und Mesopotamien ein. Und leider wurde die Zahl der Feinde ebenfalls nicht geringer. Einige Schätzungen beliefen sich sogar auf weit über zweihundertfünfzigtausend Mann! Im Heer der Kreuzfahrer machte sich Unruhe breit, und auch die Genuesen brachten ihre sechs noch in St. Simeon befindlichen Galeras zu Wasser. Edgar war mit seinen Schiffen bereits vor einigen Wochen wieder nach Konstantinopel aufgebrochen. Nicht ohne das Versprechen, bei Kaiser Alexios um die Entsendung von Verstärkungen zu bitten. Doch Ansaldo schätzte die Chancen gering ein, dass er sich überhaupt auf den Weg machte, und noch geringer, dass er rechtzeitig, das heißt noch vor Kerbogas Armee, Antiochia erreichen könnte.

Endlich Mitte Mai brachten Kaufleute die sichere Botschaft: »Kerbogas Armee ist von Mossul aufgebrochen. Doch sie marschieren zuerst auf Edessa. Kerboga sorgt sich, dass seine Verbündeten abspringen, sobald der wichtigste Feind, das Kreuzfahrerheer vor Antiochia, geschlagen ist. Daher möchte er zuerst noch Gottfrieds Bruder aus Edessa vertreiben«, berichtete Tankred seinem Onkel.

»Und vermutlich warten die Ägypter mit ihren eigenen Plänen im Heiligen Land, bis das Heer Kerbogas vor Antiochia, weit weg von Jerusalem steht«, knurrte der. »Wir hätten ihr Bündnisangebot nicht so voreilig ausschlagen sollen. Jetzt sind wir auf uns alleine gestellt. Gegen eine zehnfache Übermacht.« Ansaldo hielt sich inzwischen regelmäßig im Lager des Normannenfürsten auf. Girard Graf von Rosselló hatte er seit der Abreise der Fatimidischen Botschaft nicht mehr gesehen.

»Aber du führst doch etwas im Schilde, Onkel?«, fragte Tankred leise. »Ich sehe es in deinen Augen.« Bohemund grinste. Im Zelt waren nur die engsten Vertrauten versammelt. Umso stolzer war Ansaldo, dass er zu diesem auserlesenen Kreis zugelassen wurde. Was Bohemund nun seinem engsten Stab anvertraute, war allerdings auch nicht für alle Ohren bestimmt.

»Ich habe einen Armenier namens Firuz getroffen«, ließ er schließlich die Katze aus dem Sack. »Er befehligt einen Abschnitt der Stadtmauer. Genauer gesagt den Zwei-Schwestern-Turm.« Ansaldo horchte mit angehaltenem Atem. Konnte das wahr sein? Wie hatte Bohemund das fertiggebracht? Einer der Kommandeure der Verteidiger! Auch die übrigen Anwesenden waren verstummt. Man hätte einen Nagel zu Boden fallen hören. Alle hingen an Bohemunds Lippen. »Er ist bereit, uns in die Stadt zu lassen«, fuhr der fort. »Also mich mit einigen Getreuen«, präzisierte er sich. »Ich werde mit Gottfried und Raimund über den Vorschlag sprechen. Wer die Stadt zuerst betritt, soll ihr Herr werden!«

Wie auf ein Kommando begannen alle durcheinanderzureden. Endlich ergab sich eine Möglichkeit, wie man hinter die scheinbar uneinnehmbaren Mauern der Stadt gelangen könnte! Und es war wahrlich nicht zu früh dafür. Wenn die Kreuzfahrer Antiochia nicht vor dem Eintreffen Kerbogas nahmen, waren sie und das ganze Unternehmen verloren.

»Wie hat er das nur geschafft?«, staunte Tankred.

Bohemund zuckte die Schultern. »Deus lo vult«, behauptete er grinsend.

David

Burg Nimrod, Bergfeste der Assassinen, April 1098

David erwachte mit einem bohrenden Kopfschmerz. Vorsichtig öffnete er die Augen und blickte sich um. Er lag auf seinem harten Lager mitten in dem schlichten Raum hinter dem Zimmer des Rufers. Er stöhnte und schloss wieder die Augen. Der Traum war noch ganz lebendig. Ein zweiter Becher Wein hatte ihn wieder zurück in diese Kammer gebracht. Der bittere Beigeschmack lag ihm noch auf der Zunge. Er lauschte auf die Geräusche, die vom Burghof herüberdrangen. Der Lärm eines ganz normalen Tages, wie er inzwischen viele hier erlebt hatte. War er wirklich im dritten Himmel gewesen, wie der Rufer behauptet hatte? Es war ganz anders, als Rabbi ben Ezer ihn geschildert hatte. Aber eine himmlische Erfahrung war es doch gewesen. Weit besser als die Erzählungen des Rabbi. David stieg die Hitze ins Gesicht. Wer war das Mädchen gewesen? War sie ein Engel oder so etwas? Er hatte sie auf der Burg noch nie gesehen. Und würde er sie wiedersehen, wenn er tat, was der Rufer und dieser verborgene Imam von ihm verlangten? Er drückte die flache Hand auf seine pochende Stirn. Einen Versuch war es wert. Vorsichtig setzte er sich auf und massierte seine Schläfen mit beiden Händen. Das lenkte etwas von den Schmerzen ab. Doch er musste nicht lange warten. Bald kam Ahmed zurück. Er hatte wohl gehört, dass David erwacht war. »Da bist du wieder«, erklärte er. »Du hast drei Tage und Nächte geschlafen! Ich habe mir bereits Sorgen gemacht!«

»Drei Tage und Nächte?«, fragte David ungläubig. Er erinnerte sich lediglich an einen Abend.

Ahmed grinste. »Nun bist du wieder da. Und ich nehme an, du verstehst jetzt, dass die Leiden der hiesigen Welt nicht ins Gewicht fallen gegenüber der Herrlichkeit, die die treuen Diener des Imam erwartet?«

David nickte. »Du warst auch dort?«, wollte er wissen.

»Jeder von uns«, bestätigte Ahmed. »Und nun weißt du, warum jeder von uns darauf brennt, die Wünsche des Imam zu erfüllen, selbst wenn es unser Leben gilt. Was ist das schon gegen die kommende Herrlichkeit. Und als Sterbliche konnten wir erst den dritten Himmel sehen! Was wird uns im siebten erwarten?«

David überlegte kurz, ihm fiel aber keine überzeugende Antwort ein und so nickte er nur. »Was erwartet der Imam denn von mir?«

Wieder grinste Ahmed. »Rufer Ali hält große Stücke auf dich. Du bist Romanier, kennst die Sprache der Griechen und hast auch unter den Franken gelebt, die der Kaiser neuerdings als Söldner angeworben hat. Ali will, dass du unter ihnen sein Ohr wirst. Oder auch seine Faust.«

David blickte ihn verständnislos an. »Sein Ohr verstehe ich, aber seine Faust?«, fragte er.

Ahmed nickte. »Wenn sich die Franken gegen die heilige Gemeinde der Nizariten richten, kann es nötig werden, ihren Anführer zu beseitigen. Hiermit.« Er hielt einen Dolch mit einer dreieckigen Klinge hoch. »Das ist unsere Waffe. Du musst bereit sein, jedes Opfer zu bringen, das notwendig ist. Du bist nun einer der Fedaiyin. Wenn der Rufer befiehlt, weißt du, was du zu tun hast, und wirst umso schneller die Freuden des Himmels erleben.«

David blickte ihn erschrocken an. »Ich bin kein Krieger, ich bin Heiler, ein Hakim!«, rief er.

Ahmed sog die Luft ein. »Natürlich musst du noch lernen, damit umzugehen. Die Waffe des Gerechten inmitten einer Übermacht von Feinden. Ob du nun verderbtes Fleisch aus dem Körper schneidest oder einen verderbten Menschen aus der Masse, das ist das Gleiche. Es kommt auf das Ziel an, wofür du es tust!« Ahmed hielt ihm den Dolch hin und David griff zögernd zu.

Ansaldo

Antiochia, 1. Juni 1098

Die Lage spitzte sich gefährlich zu, als erste Gerüchte eintrafen, Kerboga habe die Belagerung Edessas abgebrochen und marschiere nun direkt auf Antiochia zu. Die Stimmung im Heer der Kreuzfahrer grenzte an Panik. »Weißt du, was Bohemund plant?«, wandte sich Ansaldo an Tankred.

Der junge Neffe des Normannenfürsten erschien ihm nahbarer. »Heute Abend werden sich die Anführer zum Kriegsrat versammeln. Wenn es dabei kein Ergebnis gibt, ziehen wir ab.«

»Du meinst, wenn die übrigen Anführer Bohemund nicht bestätigen, dass die Stadt dem gehören soll, der zuerst die Mauern übersteigt?«

»Ja, so ist es.« Ansaldos Magen krampfte sich zusammen. Zum Glück haben wir unsere Galeras, dachte er. Wie kann Bohemund die ganze Unternehmung und das Leben von zwanzigtausend Christen aufs Spiel setzen? Konnte das Gottes Wille sein? Und würde der treue Gottfried jemals zustimmen, die Stadt einem anderen als dem Kaiser in Konstantinopel zu übergeben? Immerhin hatten ihm alle Anführer die Treue geschworen.

Endlich, spät in der Nacht, kam Bohemund von der Besprechung zurück ins Normannenlager und ließ sofort seine Unterführer zu sich rufen. Die Stimmung im Zelt war gespenstisch. Nur wenige Kerzen erleuchteten das sonst so helle und farbenfrohe Zelt. Die Männer sahen einander mit betretenen, teils sogar furchtsamen Gesichtern an und wechselten geflüsterte Worte. Da trat Bohemund ein.

»Guten Abend, Brüder.« Er nickte ernst in die Runde. Die Versammelten warfen sich überraschte Blicke zu. Die herzliche Anrede ließ darauf schließen, dass er besondere Leistungen von ihnen erwartete. »Morgen wird sich unser Schicksal entscheiden. Einer der fränkischen Grafen, Stephan von Blois, wird morgen mit seinen Männern das Lager verlassen, um sich hinter den Mauern Konstantinopels zu verkriechen.« Er blickte streng in die Runde und alle verzogen spöttisch oder angewidert das Gesicht, auch wenn Ansaldo darauf gewettet hätte, dass nicht wenige sich am liebsten dem Franken angeschlossen hätten. »Und ich bin sicher, dass ihm nicht nur seine eigenen Männer folgen werden!«

Tankred, der wieder neben Ansaldo stand, sog scharf die Luft ein. Und auch die übrigen Männer, gestandene Ritter allesamt, wurden unruhig. Ansaldos Blick traf überall auf bleiche Gesichter, denen die Angst mehr oder weniger anzusehen war. Doch Bohemund tat ungerührt. »Und die Anführer haben meiner

Forderung zugestimmt: Wer Antiochia einnimmt, darf es behalten.« Nicht nur Ansaldo atmete auf. Zumindest an dieser Front herrschten nun klare Verhältnisse! »Zudem habe ich sichere Nachricht von dem Armenier Firuz. Wenn der Feigling Stephan morgen abzieht, verlassen auch wir unser Lager.«

»Aber warum …«, fuhr ein alter Jarl mit vernarbtem Gesicht hoch. Doch eine Handbewegung Bohemunds schnitt seinen Einwand ab. »Ruhig, Guillem, dein Schwert bekommt schon noch etwas zu tun. Wir verlassen also mit ihnen das Lager und tun, als würden wir fliehen, aber wir halten hinter der nächsten Hügelkuppe, außer Sichtweite der Mauern, an. Bei Mondaufgang wird uns Firuz eine Leiter vom Zwei-Schwestern-Turm herablassen. Ich werde mit sechzig Getreuen, ja, auch dir, Guillem, in die Stadt eindringen und dem Heer das St.-Georgs-Tor öffnen. Antiochia gehört uns.«

Tatsächlich verließ am Morgen des 2. Juni Stephan von Blois das Lager der Kreuzfahrer, verfolgt von Flüchen und Schmähungen, aber auch den sehnsüchtigen Blicken der Zurückgelassenen. »Los jetzt, wir folgen ihnen«, befahl Bohemund schließlich, als der Zug vorbei war. Wenn der Abmarsch Blois' schon für Unruhe gesorgt hatte, so brach beim Aufbruch der Normannen in den Lagern Raimunds und Gottfrieds lautes Geschrei aus. Das war unerwartet.

»Ich möchte jetzt nicht in der Haut Gottfrieds oder Raimunds dort stecken«, grinste Tankred. »Es wird bestimmt nicht einfach, die Männer zu beruhigen. Ich habe gehört, Kerbogas Heer stünde nur drei oder vier Tagesmärsche von hier entfernt.« Ansaldo blickte schuldbewusst zu den Okzitanern hinüber. Was Girard wohl dachte? Doch auch er war in der Nacht nicht untätig gewesen. Bohemund hatte angeboten, dass auch die Genuesen einen Teil der Truppe stellen durften, die mit ihm in die Stadt eindringen sollten. Weil er uns vertraut, oder möchte er sich vielleicht nur versichern, dass unsere Schiffe auf ihn warten, wenn es hart auf hart kommt?, fragte sich Ansaldo. Aber eigentlich war das egal. Sie durften dabei sein und das war eine große Ehre. Er hatte zehn Männer ausgesucht, auch Geraldo Malaspina würde dabei sein. Ein weiteres Entgegenkommen um Giuliettas willen. Hinter der flachen Hügelkette im Westen, die das Normannenheer vor den Blicken Yaghi-Siyans und seiner Getreuen verbarg, ließ Bohemund halten. »Hier lagern wir bis zum Einbruch der Dunkelheit.« Für Ansaldo ein sehr willkommener Befehl. Nicht, dass er sich erschöpft oder müde gefühlt hätte, aber sein Knie, offenbar nicht mehr an lange Fußmärsche gewöhnt, hatte sich wieder gemeldet. Er betastete die Schwellung und befand, dass es so schlimm nicht war. Das linke Bein war auch noch völlig in Ordnung. Doch danach wurde die Zeit lang und länger. Die Sonne brannte heiß vom Himmel und die wüste Gegend bot kaum Schatten. »Wenn das so weitergeht, verdursten wir, noch bevor wir in die Stadt eindringen können«, jammerte Geraldo. Endlich begann die Sonne zu sinken. Der Mond würde erst einige Stunden nach Einbruch der Dunkelheit aufgehen. Bis dahin war die Welt nur vom Licht der Millionen Sterne erhellt. Ansaldo wunderte sich ein ums andere Mal, wie kalt es in dieser Gegend werden konnte, sobald die Sonne verschwand. Endlich kam der Befehl, geflüstert von einer Gruppe zur nächsten weitergetragen. »Formiert euch hinter Bohemund. Die erste Gruppe geht gleich ab zum Zwei-Schwestern-Turm.«

Ansaldo rieb sich den Schlaf aus den Augen, der ihn trotz der Kälte beinahe übermannt hatte. Jetzt war er hellwach. »Sind alle bereit?«, flüsterte er Antonio ins Ohr. Sein Leutnant durfte natürlich nicht fehlen.

Doch der nickte. »Alles bereit.« Leise marschierte die Gruppe der zehn Genuesen zusammen mit fünfzig Normannischen Rittern den Weg zurück, den sie am Vormittag gekommen waren. Bald leuchteten vor ihnen die Lichter der Feldlager Raimunds und Gottfrieds. Nur das der Normannen lag düster und still. Auch aus der Stadt flackerten vereinzelt Lichter herüber, die aber, je näher sie kamen, desto mehr von der hohen Mauer verdeckt wurden.

»Wie sollen wir in der Dunkelheit den blöden Turm finden?«, fragte Geraldo. Ansaldo wusste es auch nicht, aber dazu hatte sich Bohemund sicherlich seine Gedanken gemacht. Tatsächlich leuchtete, als sie der Mauer näher kamen, im Süden ein Licht auf.

»Dort«, wies Ansaldo Geraldo den Weg. Schweigend marschierten sie weiter. »Haltet eure Waffen fest, dass nicht Eisen an Eisen schlägt«, kam eine Mahnung, von Mann zu Mann geraunt. Jetzt sind wir in Bogenschussweite der Mauer, dachte Ansaldo. Und nun könnte man uns mit Steinen bewerfen. Doch es prasselten keine Geschosse herab und alles blieb ruhig, von den Geräuschen der Schritte im Sand und einem gelegentlichen Klirren eines Kettenhemdes abgesehen. Die Mauer stand schwarz, schweigend und drohend über ihnen. Sechzig Mann gegen eine ganze Stadt. Entweder war Bohemund verrückt – oder der tapferste Mann, den Ansaldo kannte.

Endlich kamen sie unter dem Licht an. Von hier, am Fuße der Mauer, war das Licht selbst nicht zu sehen, nur der rötliche Wiederschein auf dem groben schwarzen Stein, der in unregelmäßigen Abständen von roten Bändern aus gebrannten Ziegeln unterbrochen wurde. Plötzlich entdeckte Ansaldo in dem tiefen Schatten, jenseits des rötlichen Lichtes, eine Bewegung. Kurz erstarrte er vor Schreck, doch als der Gegenstand wieder in den Lichtschein pendelte, erkannte Ansaldo eine lederne Leiter. Sie hing von der Mauerkrone herab. Ihn schauderte bei dem Gedanken, an diesem dünnen Lederriemen die zehn oder fünfzehn Mann hohe Mauer zu erklimmen. Doch dann gab er sich einen Ruck. Bei was für Stürmen war er bereits auf den Mast der San Matteo geklettert? Einem Genuesischen Seemann konnte diese Kletterei nichts anhaben. Wenn nur sein vermaledeites Knie nicht versagte. Es schmerzte schon fast den ganzen Weg zur Stadt zurück. Ungeduldig drängte er nach vorne. Lieber rasch loslegen, bevor es noch schlimmer wird oder mich der Mut verlässt, sagte er sich. Doch vor ihm griff bereits Bohemund nach der Leiter und dicht hinter ihm stand Guillem. Sein Blick verriet, dass er diesen Platz nicht freiwillig aufgeben würde. So begnügte sich Ansaldo, ihm zu helfen und die Leiter zu stabilisieren, während Bohemund bereits hoch über ihren Köpfen im Dunkel verschwand. Der alte Jarl folgte, erstaunlich leichtfüßig, und schon war Ansaldo an der Reihe. Er griff nach den Lederschnüren. Aber seine Hände waren Leinen und Taue gewohnt und diese waren wenigstens trocken. Die Sprossen wurden von quer eingeflochtenen Lederriemen gebildet, sodass sie sich unangenehm um den jeweils unteren Fuß wickelten. Aber Sprosse um Sprosse stieg er aufwärts. Immer mit dem linken Bein voran, auf dem er sich dann aufrichtete und den rechten Fuß nachzog. Das ging einigermaßen. Je höher er kam, desto mehr pendelte die Lederleiter, und die Knöchel seiner rechten Hand schrammten schmerzhaft über die Mauer. Ansaldo verbiss sich einen Schmerzensschrei und kletterte weiter. Zu allem Überfluss begann nun auch wieder das linke Knie zu protestieren. War er denn ein verdammter Krüppel? Er biss verärgert die Zähne zusammen. Endlich, nach einer gefühlten Ewigkeit, erkannte er vor sich die Zinnen. Zwei Hände griffen nach ihm und hievten ihn über die Brüstung. Er war in Antiochia! Es dauerte eine ganze Weile, bis die sechzig Mann die Mauer erstiegen hatten, aber keiner stürzte und auch die lederne Leiter hielt bis zum Ende durch. »Nun zum St.-Georgs-Tor. Ich hoffe nur, Tankred hat die Männer schon vor das Tor geführt.«

Schweigend folgten die Eindringlinge Bohemund über eine Treppe in die Stadt hinunter. Das Treppabsteigen fiel Ansaldo schwer, doch er hoffte, dass in der Dunkelheit niemand sein ungelenkes Humpeln bemerkte. »Keine Wachen zu sehen, scheinbar hat dieser Firuz Wort gehalten«, flüsterte Geraldo aufgeregt.

Ansaldo zischte nur: »Psst, das soll auch so bleiben!« Doch so viel Glück war ihnen nicht vergönnt. Aus dem oberen Stockwerk eines der Stadthäuser ertönte eine fragende Stimme, dann wildes Geschrei. Andere Fensterläden flogen auf und sofort herrschte um sie herum Rufen und Schreien, als wären die Teufel der Hölle entstiegen.

»Vorwärts zum Tor«, schrie Bohemund, nun alle Vorsicht in den Wind schlagend. Die Normannen rannten los und auch die Genuesen folgten ihrem Anführer. Vorne wurde das Geschrei wilder und Waffen klirrten. Der Zug stockte, doch gleich ging es weiter. Ansaldo fiel langsam zurück. Seine Knie weigerten sich einfach, schneller zu arbeiten. Er stieg über die Leichen einer Patrouille hinweg, die das Pech hatte, den Rittern als Erstes zu begegnen. An der nächsten Querstraße surrten plötzlich Pfeile. Vor Ansaldo wurde ein Mann in den Oberschenkel getroffen, schrie auf und fiel. Ansaldo sprang über ihn hinweg und lief den anderen nach, so schnell er konnte. Hinter ihnen klirrten nun auch Waffen, als die hintersten Normannen von herbeieilenden Verteidigern in Kämpfe verwickelt wurden. »Den Letzten beißen die Hunde«, rief ein junger Ritter Ansaldo mit einem schiefen Grinsen zu. Schon wieder stockte der Zug und diesmal traten die Häuser vor ihnen auseinander und bildeten einen großen Platz.

»Jetzt beißen sie auch vorne!«, rief Ansaldo dem Ritter zu, zog sein Schwert und stürzte voran. An der Spitze war Bohemund auf eine größere Gruppe von Feinden getroffen, die den Platz verteidigten. »Dort ist das St.-Georgs-Tor!«, rief der junge Normanne und schloss zu Ansaldo auf.

»Wir müssen versuchen, an den Feinden vorbei zum Tor zu gelangen. Gleich wimmelt es hier nur von Heiden!« Ansaldo schätzte den Abstand vielleicht zwei Steinwürfe entfernt, doch über den freien Platz würden sie nicht mehr kommen. Die Verteidiger sammelten sich in dichten Reihen. »Hier entlang!«, rief er dem Ritter zu und bog in die Seitengasse ein, die eigentlich vom Tor wegführte. Der junge Mann stutzte, folgte Ansaldo dann aber. »Du hast recht«, rief er atemlos. »Wir müssen sie umgehen.«

Sie folgten der schmalen Gasse und Ansaldo biss die Zähne zusammen. Die verdammten Knie durften jetzt nicht aufgeben! Zum Glück hielten die meisten Einwohner Fenster und Türen verschlossen und überließen es den Seldschuken, sich um die Fremden zu kümmern. Sie erreichten die nächste Kreuzung, ohne einem Menschen zu begegnen. Ansaldo zuckte zusammen, als er in der überdachten Gasse rechter Hand eine Bewegung sah. Doch es war nur eine Katze. Links führte die Gasse zurück zu dem Platz, von dem Kampflärm und das Geschrei herübertönten. »Weiter geradeaus«, entschied der junge Ritter und diesmal folgte Ansaldo ihm. Er konnte kaum mit ihm mithalten und verzog den Mund vor Schmerzen. »Wir müssen uns aber links halten, sonst kommen wir völlig von dem Tor ab!«, rief er dem Ritter nach. Auch um etwas Zeit zum Aufholen zu gewinnen. Die Straße war alles andere als aufgeräumt. Sie mussten sich unter tiefen Bögen ducken oder über den Unrat springen, was Ansaldos Knie inzwischen jedes Mal mit einer Welle von Schmerzen quittierte.

Plötzlich flog vor ihnen eine Tür auf und mehrere Männer traten hinaus. Seldschuken! Ansaldo erkannte sofort die spitzen Helme. Das Haus mochte ein Freudenhaus oder sonst etwas gewesen sein, in dem die Krieger den ersten Teil der Kämpfe verpasst hatten. Ansaldo schwankte zwischen dem Impuls umzudrehen oder anzugreifen, doch der Normanne nahm ihm die Entscheidung ab und stürzte sich, das Schwert voran, auf den Ersten der überrumpelten Seldschuken zu. Ansaldo folgte und hieb nach dem Mann, der am weitesten in die Straße getreten war. Er verfehlte ihn aber knapp und traf lediglich das Ohr, doch der Schrei des Getroffenen weckte seine Kameraden aus der Erstarrung. Gleich zwei Männer drangen auf Ansaldo ein und er musste ein paar Schritte zurückweichen. Er stieß an die Hauswand und parierte einen Säbelhieb mit knapper Not. Doch von See war er an beengte Platzverhältnisse im Kampf gewohnt. Er stieß den Knauf seines Schwertes einem seiner Bedränger ins Gesicht und duckte sich unter dem nächsten Hieb hindurch auf die freie Gasse. Über ihm, wo sich einen Augenblick zuvor sein Kopf befunden hatte, krachte ein Säbel gegen die Hauswand und schlug Funken. Diesen Hieb hätte weder Helm noch Kettenkapuze abgehalten. Er stieß seinen Ellenbogen in die Flanke des Gegners, der durch den Schlag an die Hauswand für einen Moment das Gleichgewicht verloren hatte. Mit einem Schrei stürzte er. Doch schon wieder drangen zwei Seldschuken mit wildem Schreien auf ihn ein. Wie viele mochten es sein, in die sie da gestolpert waren? Und wo war der junge Ritter? Ansaldo hatte keine Zeit, sich nach ihm umzusehen, wieder wehrte seine Klinge einen Säbel ab, doch ein weiterer Hieb traf seine linke Schulter. Ansaldo fühlte zuerst nur die Wucht des Schlages. War die Waffe durch das Kettenhemd gedrungen, oder hatte es den Hieb abgefangen? Einen Augenblick später setzte der helle Schmerz ein. Ansaldo stöhnte auf, biss dann aber die Zähne zusammen und stach nach dem vorderen der Angreifer. Ein weiterer Schlag traf ihn am Kopf. Für einen Augenblick drohten seine Sinne zu schwinden, die Welt wurde dunkler, doch verschwand nicht ganz. Mit Mühe wich er dem nächsten Hieb aus. Ein weiterer traf sein Schwert dicht über dem Heft und fegte ihm die Klinge aus der Hand. Ein taubes Gefühl breitete sich von der Rechten den Arm hinauf aus. Ein Kälteschauer durchzuckte ihn, dann merkte er, wie der Schweiß an seinem Gesicht herablief. Er taumelte auf wehen Knien zurück, während der vordere der Seldschuken triumphierend den Schwertarm hob. Das war also das Ende. Er würde Giulietta doch nicht wiedersehen.

»Deus lo vult«, rief er trotzig. Doch im nächsten Augenblick verschwand der Schwertarm des Seldschuken. Ansaldo verstand nicht sofort, was los war. Erst das sprudelnde Blut aus dem Stumpf zeigte ihm, was geschehen war. Der Normanne hatte seine Gegner überwunden und dem Angreifer von hinten den Arm abgeschlagen! Noch drei Hiebe und die Feinde waren erledigt. Ansaldo blickte den Normannen mit großen Augen an. Dann überkam ihn schlagartig Übelkeit und er erbrach sich im Schwall. Der junge Ritter wartete, dann griff er nach Ansaldos Schulter. Der Schmerz brachte ihn wieder zur Besinnung. Er blickte auf seine linke Schulter. Das Kettenhemd war intakt. Und er konnte die Finger zur Faust ballen. Doch als er den Arm vorsichtig hob, bemerkte er ein merkwürdiges Knirschen. Er spürte es eher als es zu hören. »Ich glaube, meine Schulter ist gebrochen«, ächzte er.

»Kannst du noch mitkommen?«, fragte der Normanne.

Ansaldo nickte. »Ich denke schon. Kannst du mir mein Schwert aufheben?«

Der Ritter bückte sich und reichte Ansaldo die Waffe. »Also los. Zum Tor, sonst geht es uns allen so!« Sie liefen so schnell sie konnten weiter. An der nächsten Kreuzung der Gassen wandte sich der Normanne nach links. Doch nach einer kurzen Weile kamen sie schon wieder an eine Kreuzung. »Wo lang?«, fragte der Normanne. Wenn sie falsch liefen, waren sie verloren. Die Seldschuken würden die letzten Eindringlinge gnadenlos jagen und umbringen. Ansaldo hob die Schultern, wieder flutete eine Welle Schmerzen durch seinen Körper. Er stöhnte und hob die Augen zum Himmel. Hatte Christus kein Erbarmen? Sie kämpften doch für ihn, für seine Ehre!

Plötzlich erkannte er, dass die Häuser vor ihnen an der Innenseite der Mauer standen. »Gleich sind wir da, dort ist die Stadtmauer«, rief er und zeigte mit der gesunden Rechten hoch zur Mauerkrone. »Wir müssen nur noch ein Stück nach links!« Er humpelte los. Der lauter werdende Kampfeslärm zeigte Ansaldo, dass sie sich wieder dem Tor näherten. Und plötzlich mündete die Gasse auf den großen Platz. Der Lärm kam von links, wo sich Bohemunds Männer mit den Seldschuken schlugen. Es lagen bereits etliche Erschlagene und Verwundete auf dem Boden, doch die Verteidiger erhielten ständig Verstärkungen und es war nur eine Frage der Zeit, bis Bohemund mit seinen Rittern überwältigt würde. Doch alle Augen schienen auf die Kämpfenden gerichtet. Das Tor lag frei vor ihnen. »Los! Jetzt oder nie!«, zischte Ansaldo. »Deus lo vult!«

Sie rannten die letzten Schritte zum Tor. Und der junge Normanne stemmte sich sofort mit der Schulter unter den Balken, der das Tor verschlossen hielt. Das Holz knirschte und hob sich, doch schon sackte es zurück in die Gabel. »Hilf mir!«, schrie der Ritter.

Ansaldo sah sich um. Man hatte sie bemerkt. Mehrere Männer rannten aus verschiedenen Richtungen auf sie zu. Er biss die Zähne zusammen und stemmte sich mit dem Nacken unter das Holz. Es knirschte, aber nicht nur der Balken, auch seine Schulter und die Knie drohten aufzugeben. Ansaldo wurde schwarz vor Augen. Er atmete tief durch. »Bei drei!«, stöhnte er. »Eins, zwei«, er sog ein weiteres Mal die Luft in seine Lungen, »drei!« Mit dem Ruf atmete er aus und stemmte sich gleichzeitig mit aller Kraft gegen den Schmerz und den Balken. Und der Balken gab nach. Es polterte und Ansaldo stürzte mit ihm zu Boden. Mit letzter Kraft kroch er in die Ecke. Doch über ihm schwangen die Torflügel auf. Die Angreifer hatten den Lärm gehört und sich von außen gegen das Tor geworfen. Eine Welle Normannen flutete den Platz, und hinter ihnen drängten Ritter zu Pferde nach und ergossen sich in die Gassen. Kampfeslärm, Schreie und Feuerschein brandeten auf und entfernten sich. Ansaldo glitt hinüber in einen Dämmerzustand, während Antiochia fiel.

David

Bergfeste der Assassinen, Juni 1098

Nach seinem Besuch im dritten Himmel war David zu einem Mitglied der Gemeinschaft geworden. Auch die donnerstäglichen Sitzungen der Weisheit durfte er nun besuchen. Hier saßen die Männer in langen Reihen, lauschten den Verheißungen des Rufers und kauten Haschisch. Ihm selbst kam das Ganze immer noch wie ein Traum vor. Lediglich die Übung im Umgang mit Waffen, insbesondere dem Dolch, zu welchem er sich nun jeden Nachmittag mit den übrigen Männern zusammenfand, war kein Traum, sondern harte Arbeit und oft genug schmerzhaft. David hatte noch nie zuvor eine Waffe geführt und nur selten ein Bedürfnis danach empfunden, doch wenn das der Weg in den Himmel war? Zwischendurch plagten ihn Zweifel. Der Weg, den der Rufer propagierte, war ein anderer, als ihn Rabbi ben Ezer oder auch Meister Bahram gelehrt hatten. Und wollte er nicht eigentlich Arzt werden und Menschen heilen, anstelle für eine Idee zu kämpfen und zu morden? Doch die harte Arbeit und der Rausch des Haschischs halfen diese Gedanken zu verdrängen. Bis eines Nachmittags plötzlich Ahmed, der offenbar der persönliche Diener des Rufers war, die martialischen Übungen unterbrach. »Die Lieblingsfrau unseres Rufers liegt in den Wehen. Aber sie kann nicht gebären. Du hast doch behauptet, du seist Hakim? Dann komm und sieh, ob du helfen kannst!« Ahmed starrte ihn aus schreckgeweiteten Augen an.

David blickte ihn verständnislos an. »Was ist denn passiert?«, fragte er.

Doch der junge Mann rannte bereits los. »Komm schnell!«, rief er über die Schulter und stürmte davon. David steckte den scharfen Dolch in den Gürtel und folgte ihm ins Innere der Burg. Wieder führte Ahmed ihn durch Türen und Gänge, von deren Existenz David nichts geahnt hatte, um schließlich vor einem Vorhang stehen zu bleiben. Vorsichtig schob er ihn zur Seite. Dann winkte er David. Der trat in das Krankenzimmer. Eine Frau, offensichtlich die bezeichnete Lieblingsfrau des Rufers, lag erschöpft auf einem Diwan. David trat zu ihr. Ihr Atem ging flach und Schweiß bedeckte ihre Stirn.

»Wie lange geht das schon so?«, wandte er sich an eine ebenfalls anwesende alte Frau. Vermutlich die Hebamme.

»Seit gestern Abend«, erklärte die. Eine junge Frau, wohl ihre Gehilfin, kauerte stumm in der Ecke und blickte ihn angstvoll an. »Zuerst lief alles normal, aber dann steckte das Kind fest«, ergänzte die Hebamme. David nickte. Er hatte nicht viel Erfahrung mit Geburten. Natürlich hatte er mit Meister Bahram darüber gesprochen, aber das war etwas, was die Frauen normalerweise unter sich selbst ausmachten. Er biss sich auf die Lippe. »Darf ich sie untersuchen?«, fragte er knapp. Die Alte wechselte einen Blick mit Ahmed, der aber offenbar nicht in der Lage war, eine Entscheidung zu treffen. Die Frau stöhnte.

»Du gehst raus und warnst uns, wenn jemand näher kommt«, forderte die Alte den jungen Araber barsch auf. Erleichtert verließ der den Raum. Dann wandte sie sich an David. »Tu, was du kannst. Ich bin mit meiner Kunst am Ende.«

David schluckte. Wo war er da schon wieder hineingeraten? Er hätte in Bagdad lernen sollen, wie man vorging, anstelle auf dem Burghof mit Dolch und Schwert herumzufuchteln! »ER stehe mir bei«, flüsterte er und atmete tief durch. Langsam wurde er ruhiger. Er trat vor und legte zuerst eine Hand auf die Stirn der Patientin. Sie war eiskalt. Das hatte er befürchtet. Dann wandte er sich dem gewölbten Bauch zu. Doch schon stockte er. Statt der gleichmäßigen rundlichen Wölbung gab es derer zwei! Er blickte die Hebamme erschrocken an. Doch die schaute ebenso ratlos wie er. David tastete nach dem Puls, mehr um überhaupt etwas zu tun, als weil es von Bedeutung gewesen wäre.

»Du kannst auch nicht helfen«, stellte die Alte resigniert fest. Hilflos ließ David die Hände sinken. Sie hatte recht. Wieso war er hier und verschwendete Zeit, ohne helfen zu können, anstelle zu lernen, wie man es richtig machte? Ihm stiegen Tränen in die Augen. »Sie ist tot«, jammerte da die Hebamme. David brauchte nicht nochmals nach ihrem Puls zu tasten, um es ebenfalls zu erkennen. Die gebrochenen Augen verrieten, dass der Todesengel stärker als der Arzt gewesen war. Vielleicht hätte ein echter Arzt helfen können, doch er war nur ein Lehrling, der seine Zeit mit Träumen vom dritten Himmel vergeudete! Aber da fiel ihm ein Gesetz aus dem Talmud ein, welches er bereits in der

Thoraschule in Magenza gelernt hatte: »Wenn eine Frau, die auf dem Gebärstuhl sitzt, stirbt, so bringt man selbst am Sabbath ein Messer, schneidet ihren Leib auf und holt das Kind heraus.« Der Satz war ihm im Gedächtnis geblieben. Es war schon vorgekommen, dass ein Kind noch lebte, während die Mutter starb. Der große Julius Cäsar sollte doch so zur Welt gekommen sein, erinnerte sich David. In der Regel starb das Kind vor der Mutter, wenn die Gifttropfen des Todesengels in ihren Körper drangen, weil es weniger Lebenskraft besaß als sie. Doch in Magenza hatte David von einem Fall gehört, wo das Kind noch gezuckt habe. Freilich war sich Rabbi ben Ezer, der davon erzählte, nicht sicher gewesen, ob es nicht wie das Zucken eines Eidechsenschwanzes zu deuten war, der sich auch noch bewegt, wenn er bereits vom Körper des Tieres getrennt war, doch eine Möglichkeit bestand, dass das Kind noch lebte. Jedenfalls musste man schnell handeln, wenn man das junge Leben retten wollte, weshalb die Maßnahme von den Alten ja ausdrücklich auch an einem Sabbat erlaubt wurde. Entweder er handelte jetzt, oder niemand würde handeln.

Ohne die Folgen weiter zu bedenken, schob David die vor Schreck und Angst erstarrte Hebamme zur Seite, zog den Assassinendolch aus dem Gürtel und führte einen kräftigen Schnitt quer über den gespannten Bauch der Toten. Die junge Gehilfin schrie auf und rannte hinaus, doch David hatte keine Zeit zu verlieren. Es blutete kaum, was ihm bestätigte, dass das Leben bereits aus ihr gewichen war. Doch zu seiner Überraschung fand er in der Bauchhöhle neben Blut und Wasser das Kind liegen, ohne zuvor die Gebärmutter eröffnet zu haben – sie war gerissen. Rasch hob David das Kind heraus, durchtrennte die Nabelschnur und reichte es der Hebamme, die sich gerade so weit von ihrem Schreck erholt hatte, dass sie das leblose Kind entgegennehmen konnte. Drehte es auf den Bauch und schlug auf den Rücken. Doch in dem Moment flog der Vorhang zur Seite und Rufer Ali stürmte in den Raum. Sein Gesicht war von Wut, Schmerz und Hass verzerrt. David fiel der Dolch aus der Hand, die auf einmal heftig zitterte. Dieser Mann wollte sein Blut. »Ich …«, stammelte er.

Doch im selben Moment ertönte hinter ihm ein schwacher Schrei. Der Rufer erstarrte. Sein Gesicht durchlief eine Reihe von extremen Veränderungen. David blickte ihm noch immer furchtsam entgegen, doch da wiederholte sich der Schrei. Der Schrei eines Kindes. Die Hebamme trat an David vorbei und reichte dem Rufer seinen Sohn. Er ergriff das Kind und drückte es an sich, während Tränen an seinen Wangen herabströmten. David bemerkte, dass er die ganze Zeit die Luft angehalten hatte, und atmete pfeifend aus. Er hatte das Leben des Kindes gerettet, und, so hoffte er inständig, damit auch sein eigenes und das der Hebamme.

Aber es dauerte noch eine Stunde, bis Rufer Ali David zu sich in seinen Amtsraum befahl. Voll unguter Vorahnung folgte David dem Führer. Es war wieder Ahmed, der ihn damals in den dritten Himmel geleitet hatte. Rufer Ali hatte sich gewaschen und saß gefasst auf seinem Richterstuhl. Er nickte David zu, atmete tief durch und kam gleich zur Sache, ohne irgendwelche Formalitäten. »Ich habe Allah gefragt, was ich mit dir tun soll, und ich bete inständig zu ihm, dass der Heilige Imam mein Tun billigt.« David wurde bleich. Was würde nun kommen? »Ich verbanne dich von unserer Burg und aus unserer Gemeinschaft. Ich danke dir für die Rettung meines Sohnes, aber du hast mit dem geweihten Dolch einer Toten den Leib geöffnet.« Er schluckte, von der Vorstellung sichtlich bewegt. »Du hast sie aufgeschnitten, und das macht dich unrein. Unrein für den Dienst für unseren Imam. Ich danke dir, aber wir haben keine Verwendung mehr für dich. Gehe in Frieden, nur geh.« Er winkte und wandte sich ab.

Wahrscheinlich damit niemand seine Tränen bemerkte, doch die störten David nicht. Er wagte es kaum, seinen Ohren zu trauen. Er war frei? Frei zu gehen, wohin er wollte? Die Nizariten würden ihn einfach gehen lassen? Und das, weil er das kalte Eisen des Dolches genutzt hatte, um Leben zu retten, anstelle es zu nehmen? Das klang nicht nach dem Gott, den Rabbi ben Ezer gepredigt hatte. Vielleicht sah der Erhabene doch auf seinen Weg? War der Himmel, den die Alten gepredigt hatten, am Ende doch der wahre und alles, was er hier erlebt hatte, nur Verblendung und Verführung?

Rufer Ali hatte ihm erlaubt, bis zum Morgen in der Bergfeste zu bleiben. Doch früh am Morgen, als die ersten Sonnenstrahlen gerade über die kahlen Berge im Osten brachen und die Wüste in ein Zerrbild aus langen Streifen von Schatten und Licht verwandelte, führte ihn Ahmed ans Tor. Das schwere alte Holz war mit einem großen Riegel gesichert, doch der alte Türhüter, der sich noch den Schlaf aus den Augen rieb, öffnete eine kleine Pforte in dem dunklen Durchgang. David schluckte. Dort wartete die Freiheit, aber er hatte wieder einmal keine Ahnung, was er damit anfangen sollte. Oder besser, wie er sein Ziel erreichen sollte. Bagdad und Pumbedita? War das überhaupt noch sein Ziel?

»Warte noch einen Augenblick.« Ahmeds Stimme rief ihn zurück aus seinen Gedanken. »Hier hast du Wegzehrung und einen Beutel mit Silber«, er drückte David einen Beutel in die Hand. Doch hatte der schlanke Diener des Rufers wirklich Tränen in den Augen? Ahmed schluckte. Dann schloss er den überraschten David in die Arme. »Wir wären gute Kameraden geworden«, seufzte er und David stiegen ebenfalls die Tränen der Rührung in die Augen. Er war sich nicht bewusst gewesen, dass ihn der verschlossene junge Araber so in sein Herz geschlossen hatte.

»Ja«, stammelte er und klopfte dem jungen Mann auf den Rücken. Dann trennten sie sich. Ahmed nickte noch einmal verlegen und David trat durch die Pforte. Blendendes Sonnenlicht umfloss ihn und er musste einen Augenblick innehalten, um seinen Augen Zeit zu geben, sich an die Helligkeit zu gewöhnen. Er atmete tief durch und machte sich auf den Weg nach Süden. Jenen, Weg auf dem er vor Monaten gekommen war, und immer noch der einzige Weg, den er außerhalb der Burgmauern kannte.

Ansaldo

Antiochia, 3. Juni 1098

Als Ansaldo erwachte, befand er sich in einem Haus. Zumindest sah er eine Balkendecke über sich. Einen Augenblick wusste er nicht, wo er sich befand und was passiert war. »Giulietta«, murmelte er benommen. Schmerzen brandeten durch seinen Kopf und die rechte Schulter. Er schloss wieder die Augen. Dann begann es ihm zu dämmern. Erschrocken riss er die Augen auf und fuhr mit der Rechten an seine Schulter. Die Hand stieß auf einen Verband.

»Schon wach?«, fragte ihn eine Stimme, der man Erleichterung anhörte. Ansaldo fuhr herum. Neben ihm stand der Normannische Ritter.

Mit einem Schlag kam die Erinnerung. »Wir …«, stammelte er, »… wir haben zusammen das Tor geöffnet.« Der Mann nickte. »Und du hast mir das Leben gerettet.«

Der Ritter lachte. »Und du uns allen, indem du die Idee mit der Umgehung hattest!«

»Aber ich erinnere mich nicht, wie du heißt.«

Wieder lachte der Ritter. »Wir haben uns auch noch nicht vorgestellt. Mein Name ist Drogo.« Er deutete eine höfische Verbeugung an.

»Ansaldo Doria aus Genua«, nickte der andere. »Was ist passiert, nachdem wir das Tor geöffnet haben?«, wollte er wissen.

»Wir haben die Kontrolle über die gesamte Stadt errungen. Naja, lediglich die Zitadelle befindet sich noch in der Hand der Seldschuken. Ihr Anführer Yaghi-Siyan ist geflohen, aber sein Sohn Schams ad-Daulah befehligt nun dort.«

»Und Yaghi-Siyan ist entkommen?«, fragte Ansaldo.

»Nein, wir haben ihn«, wusste Drogo. »Zumindest seinen Kopf.« Er grinste. »Armenische Holzfäller aus den Bergen haben ihn gebracht. Er hatte wohl seine eigene Feigheit erkannt und versucht, sich in sein Schwert zu stürzen. Die Holzfäller fanden ihn schwer verwundet und erlösten ihn aus seiner Qual.«

Ein weiterer Mann in einer blutverschmierten Schürze kam herein. »Ah, er ist erwacht«, stellte er müde fest.

»Der Arzt«, erklärte Drogo.

»Du hast dir lediglich das Schlüsselbein gebrochen«, erklärte der stämmige Mann. »Mehr Glück als viele andere. Die Haut ist geschlossen und so wird deine Wunde nicht brandig werden. Ich habe dir einen Verband angelegt. In wenigen Wochen wirst du wiederhergestellt sein.«

»Und was ist mit den Seldschuken, mit Kerboga und seinem Heer, meine ich?«, drängte Ansaldo. Drogo seufzte. Der Arzt warf ihm einen schwer zu deutenden Blick zu. »Ich muss mich um die anderen Verwundeten kümmern. Du brauchst meine Hilfe nicht mehr.« Damit zog er ab.

»Das Heer der Emire von Damaskus, Aleppo und Mossul steht nur noch eine oder zwei Tagesreisen entfernt.«

Ansaldo schluckte. »Und wir wollen Antiochia verteidigen?«, fragte er.

Drogo nickte. »Die Moral der Männer ist nicht die Beste. Bischof Adhemar von Monteil hat die Stadttore versperren lassen, diesmal damit niemand herauskommt und es Stephan von Blois gleichtut.«

»Ist die Lage so ernst?«, fragte Ansaldo. »Sollte Gott uns den Sieg und diese Stadt geschenkt haben, nur um uns hier verderben zu lassen?«

Drogo schüttelte den Kopf. »Die Wege des Herrn sind unergründlich.«

Am Nachmittag suchte auch Geraldo seinen Stadtgenossen auf. »Du hast das Beste verpasst«, sagte der mit einem halb bedauernden Grinsen.

»Ich denke, ich habe meinen Teil zu unserem Sieg beigetragen«, entgegnete Ansaldo kühl.

Geraldo wurde rot. »Das bezweifelt ja niemand«, beschwichtigte er. »Ich meine die Zeit, nachdem die Stadt in unserer Hand war. Die Frauen …«

Ansaldo blickte ihn fest an. »Was soll mit den Frauen sein?«

»Naja, die gehören ja den Siegern. Und du weißt doch, das Töten erweckt im Manne den Wunsch, neues Leben zu schenken. Ich habe jedenfalls reichlich Gebrauch von meinem Recht gemacht«, nun grinste er anzüglich und zeigte Ansaldo drei Finger. Ansaldo musste an die Schreie denken, die ihm in seinem Dämmerzustand hinter dem St.-Georgs-Tor Alpträume beschert hatten. Auch Frauen hatten geschrien und geweint.

»Das hebe ich mir lieber für meine Ehefrau auf. Eine, die es wert ist!«, entgegnete er angewidert. Vielleicht würde auch dieser Widerling ihn verstehen, wenn er in Genua um die Hand seiner Schwester anhielt.

Doch das war nicht das Einzige, was Ansaldo verpasst hatte. Gegen Abend kam Drogo wieder in das Spital. »Kommst du wieder auf die Beine?«, fragte er. Ansaldo atmete tief ein, nickte dann aber tapfer. »Das ist gut!«, erklärte Drogo. »Bohemund möchte dich sehen.«

Ansaldo blickte überrascht auf. »Wo ist er?«, fragte er.

»Er hat den Palast irgendeines Emirs bezogen«, erklärte Drogo mit einem Schulterzucken. »Den Palast von Yaghi-Siyan hat sich Raimund unter den Nagel gerissen, während wir noch gegen die Seldschuken kämpften.« Drogo verzog das Gesicht zu einer säuerlichen Grimasse. Während sie bald darauf durch die Gassen von Antiochia schritten, berichtete der junge Ritter weiter. »Nach dem Fall der Stadt haben Bohemund und auch die anderen Anführer zahlreichen Knappen die Schwertleite erteilt. Es war ein prächtiger Anblick, all die jungen stolzen Ritter zu sehen.«

Ansaldo schnaufte, ihm fehlte die Luft für viele Worte. »Muss herrlich gewesen sein«, antwortete er knapp. Drogo sah ihn belustigt an. »Du wolltest ja lieber schlafen …«

Bald erreichten sie das kunstvoll aus rotem Porphyr und weißem Marmor gearbeitete Tor des von Bohemund besetzten Palastes. Die Normannischen Sergeanten, die dort Wache hielten, ließen sie aber ohne Weiteres durch den Spitzbogen in den Innenhof. Dort herrschte trotz der späten Stunde noch ein reges Treiben. Pferde wurden versorgt, in einer Ecke saßen Männer um ein Kochfeuer und geschäftige Mägde liefen von einem Ende zum anderen, ohne dass Ansaldo erfassen konnte, was genau sie taten. Zielstrebig führte Drogo ihn auf den Eingang des Gebäudes zu, welches wohl die große Halle beherbergte. Diesmal hielt sie ein vierschrötiger Normanne an. »Was ist euer Begehr?«, fragte er. Die Frage klang trotz der höflichen Worte barsch.

»Mein Name ist Drogo und der Fürst von Tarent und Antiochia wünscht diesen Mann hier zu sehen. Ansaldo aus Genua.«

Der alte Kämpe entblößte eine große Zahnlücke zu einer Art Grinsen. »Von dir habe ich gehört. Und von Herrn Ansaldo ebenfalls. Ihr habt uns die Tür zur Stadt aufgemacht. Da will ich euch gerne die Höflichkeit erwidern!« Mit einem meckernden Lachen trat er zur Seite.

Auch Drogo grinste. »Du siehst, du bist eine Berühmtheit!« Tatsächlich fühlte sich Ansaldo mehr geschmeichelt, als er zugegeben hätte. Schon traten sie herein. Vor der Rückwand des Raumes erkannte Ansaldo eine Art improvisierten Thron. Darauf saß natürlich Bohemund. Der »Fürst von Tarent und Antiochia«, wie er sich offenbar bereits nannte. Respektvoll traten sie näher.

Bohemund bemerkte sie und nickte gütig. »Drogo und unser genuesischer Kaufmann!«, rief er. Beide angesprochenen, verneigten sich. »Du hast unser Siegesmahl verpasst«, bemerkte Bohemund, lächelte dabei aber gut gelaunt.

»Nicht freiwillig«, entgegnete Ansaldo leicht verärgert. Mussten ihm alle vorhalten, dass er verwundet worden war?

Doch Bohemund lachte über die verdrossene Antwort. »Du hattest gute Gründe, wie mir gesagt wurde. Aber manche Dinge darf man nicht verpassen. Drogo!« Der Angesprochene trat respektvoll zurück. Leicht verwirrt stand Ansaldo allein vor dem Thron. »Warte einen Augenblick«, raunte Drogo von hinten. Auf einen Wink Bohemunds kam einer der Knappen gelaufen und übergab dem Fürsten ein Schwert mit Scheide und Gurt. Der nickte, räusperte sich und stand auf. In der Halle verstummten die Gespräche.

»Ansaldo von Genua, du hast dich in der Schlacht um Antiochia tapfer geschlagen und mir und unserem Herrn Christus treu gedient«, sprach der Normanne lauter als eigentlich nötig. »Dafür erhebe ich dich in den Stand eines Ritters. Nimm dies Schwert und führe es in Zukunft immer, um die Sache Christi zu verteidigen. Er trat die Stufen vor dem Thron herunter und umgürtete den sprachlosen Ansaldo mit dem Schwert. »Auf Sporen verzichten wir heute, weil es ohnehin nicht genügend Pferde in Antiochia gibt«, erklärte der Fürst mit einem schiefen Grinsen. Dann klopfte er Ansaldo mit beiden Händen auf die Schultern. Ein scharfer Schmerz zuckte von der verwundeten rechten Schulter durch seinen Körper, aber Ansaldo biss die Zähne zusammen und ließ sich nichts anmerken. »Ich werde weiterhin auf deine Treue zählen!«, ermahnte der Fürst und endlich erinnerte sich Ansaldo an seine Manieren.

So rasch seine steifen Beine und die schmerzende Schulter erlaubten, sank er vor dem Fürsten auf das Knie. »Mein Herr Bohemund«, sprach er und drückte einen Kuss auf die Hand des Normannen.

Der nickte gnädig. »Erhebe dich, Ritter Ansaldo.« Und unter dem Jubel des versammelten Hofstaats kam der junge Ritter auf die Beine. Drogo trat auf ihn zu und umarmte ihn.

»Bruder!«, rief er überschwänglich.

Zwei Tage später war von der feierlichen Stimmung nichts mehr übrig. Ansaldo beobachtete von der Mauerkrone den Anmarsch der Seldschukenarmee. Zuerst waren einzelne Reiter zu erkennen. Dann eine immense Staubwolke am Horizont. Die Spottworte, die die Männer auf der Mauer den Reitern zugeworfen hatten, versiegten, als die Wolke näher kam und sich ihr Ende doch nicht vom Horizont löste. Tausende und Abertausende von Kriegern marschierten auf. Mit blitzenden Rüstungen und Helmen, bunten Turbanen oder einfachen Kaftanen. Geordnet nach Reitern, Lanzenreitern, leichten Turkopolen mit ihren Wurfspießen und wendigen Ponys, Bogenschützen und Schwertkämpfern. Ständig marschierten neue Völkerschaften heran. »Siehe, die Horden von Gog und Magog haben sich gegen die Heiligen erhoben«, heulte ein Mann in einer einfachen Priesterkutte.

»Wer ist das?«, fragte Ansaldo.

Tankred, dem er sich wieder angeschlossen hatte, zuckte die Achseln. »Irgendein Fanatiker.« Doch Drogo, dessen Ansehen wie das von Ansaldo durch das Öffnen des St.-Georgs-Tores erheblich gewonnen hatte, fragte einen der Männer, die um den merkwürdigen Geistlichen standen.

»Das ist Peter Bartholomäus«, erklärte einer. »Er hatte schon viele Visionen«, erklärte der Mann begeistert. »Ich habe sie aufgezeichnet, denn wie Josua die Eroberung Jerichos für spätere Geschlechter aufschrieb, schreibe ich die Chronik dieses Kreuzzugs der tapferen Franken, die Gesta Francorum!«

Drogo kam zurück. »Einer von Gottfrieds Männern«, erklärte er abschätzig, während die »Horden von Gog und Magog« vor der Stadt daran gingen, ihr Lager aufzuschlagen.

Auria

Jerusalem, Juni 1098

Bereits seit über einem Jahr lebte Auria nun in der Gemeinschaft der Hospitalschwestern. Und bei allen Vorurteilen, die sie gegenüber dem zurückgezogenen Leben der Heiligen gehabt hatte, musste sie zugeben, dass es eine gesegnete Zeit war. Die Regeln für die Krankenschwestern und pflegenden Brüder waren bei Weitem nicht so streng, wie sie gefürchtet hatte, und sie konnte oft ihren Vater und die Brüder auf der anderen Seite der schmalen Gasse besuchen. Vielen Menschen konnten sie helfen und die Liebe, mit der Meister Gerhard für die »Herren Kranken« brannte, war ansteckend. Auch Auria konnte sich dem nicht entziehen. Doch als sie einmal mehr im Anschluss an eine sonntägliche Messe im Refektorium des Männerhauses blieb, war es wieder Ritter Marcello, der mit seinen Ankündigungen die Gemeinschaft aus dem stillen, aber geschäftigen Alltag riss.

»Verzeih, Meister, ich weiß, wie sehr du unnützes Geschwätz verabscheust«, ergriff er das Wort. »Aber ich glaube, nun wird es ernst. Al-Afdal Schahanschah, der Wesir von Ägypten, ist selbst bei seinem Heer in Askalon eingetroffen. Das kann nur bedeuten, dass er nun auf Jerusalem marschiert!« Alle schwiegen betroffen.

Meister Gerhard fasste sich zuerst. »Auf dieser Erde währt keine Friedenszeit ewig. Das werden wir erst erleben, wenn unser Herr wieder kommt und von Jerusalem aus sein ewiges Reich aufrichtet«, erklärte er seufzend. »Doch wenn es so ist, wie du sagst, und ich zweifle nicht an deinen Worten, Bruder Marcello, dann sollten wir uns darauf vorbereiten, dass wir bald viele Verletzte versorgen und hungrige Münder stopfen müssen.«

Ansaldo

Antiochia, 7. Juni 1098

Die Türken sind die ganze Nacht über aktiv gewesen. Ich glaube, sie werden heute angreifen!« Die Müdigkeit stand Drogo ins Gesicht geschrieben. Er hatte die Nacht auf der Mauer gewacht, während Tankred darauf bestand, dass Ansaldo sich wegen seiner Verwundung ausruhte. Die Kreuzfahrer hatten sich in der Stadt genauso verteilt wie bei der Belagerung vor ihren Mauern. Bohemund, der sich inzwischen gemäß der Absprache unter den Heerführern am Vorabend der Eroberung, aber unter Bruch seines Lehnseides gegenüber Kaiser Alexios, selbst zum Grafen von Antiochia ernannt hatte, hielt das St.-Pauls-Tor im Nordosten. Bischof Adhemar hatte währenddessen in einem Versuch, den Kaiser zu besänftigen, den auf Cypern weilenden Apostolischen Patriarchen in Abwesenheit wieder in sein Amt eingesetzt. Da ein Großteil der Bewohner Antiochias, auch nach zwölf Jahren Seldschukischer Herrschaft, Christen waren, hatte ersteres durchaus Zustimmung erfahren. Die letzte Maßnahme hingegen wurde mit Misstrauen beäugt, hatten die meist Armenischen oder die etwas kleinere, nach ihrem Gründer Bischof Jacob Baradaeus von Edessa, »Jacobiten« genannte, syrische Gemeinde doch jahrhundertelang unter der Strenge und Intoleranz der von Konstantinopel geführten Staatskirche gelitten. Die Lage blieb also auch innerhalb der Mauern gespannt, als im Osten über der noch immer von den Seldschuken besetzen Zitadelle auf dem Mons Silpius das erste Grau des Tages erschien. Noch war der Morgenstern nicht verblasst. Ein kühler Wind wehte von den kahlen Bergen in Richtung Meer. Drogo rieb sich den Schlaf aus den Augen.

»Diese Mauern haben uns monatelang abgehalten und wir konnten sie nur durch Verrat nehmen. Zuvor haben auch die Seldschuken sie den Romaniern nur durch Verrat abgenommen. Sie werden auch dem Sturm Kerbogas trotzen«, behauptete Ansaldo und versuchte, möglichst viel Zuversicht in seine Stimme zu legen.

Drogo klopfte auf die Steine, welche die Römer vor endlosen Zeiten so kunstvoll und mächtig ineinandergefügt hatten. »So Gott will«, murmelte er.

»Deus lo vult«, bekräftigte Ansaldo und fühlte seine eigene Zuversicht wachsen. »Deus lo vult.«

Der Sturm begann etwa eine Stunde nach Sonnenaufgang. Die Seldschuken und ihre Verbündeten verließen in langen Kolonnen ihr Feldlager im Norden der Stadt. »Sieht so aus, als würden sie gleichzeitig das St.-Pauls-Tor und Raimund am Hundstor angreifen«, behauptete Ansaldo und blickte den Feinden missmutig entgegen.

»Aber sie besitzen keine Belagerungsmaschinen«, stellte Drogo fachmännisch fest. »So werden wir sie zurückschlagen.« Er straffte sich. »Bogenschützen«, rief er dann laut. Die Bogner und Armbrüster machten ihre Waffen bereit. Auch Drogo selbst hatte eine Armbrust ergriffen. »Ihr schießt die erste Salve, sobald sie in Reichweite kommen«, erklärte Drogo seinen Männern. »Drei oder vier Schuss, dann werden sie die Leitern an die Mauer legen.« Ansaldo blickte zweifelnd auf die langen Holzleitern, welche die fremdländisch gerüsteten Krieger mit sich trugen, und dankte im Stillen seinem Gott, dass er heute auf dieser Seite der Mauer stand.

»Pfeile los!«, gellte von Raimunds Seite der Befehl über die Mauer. Auch die ersten Normannen ließen ihre Pfeile fliegen.

»Noch nicht!«, schrie Drogo wütend. »Hier sind sie noch viel zu weit weg!« Doch dann kamen sie auch an das St.-Pauls-Tor heran und das Seldschukische Kriegsgeschrei übertönte alle Befehle der Okzitaner.

»Bolzen los«, dröhnte nun Bohemunds Stimme vom Tor herüber. Der Graf von Antiochia war offensichtlich nicht bereit, sich seine Beute leicht wieder abjagen zu lassen. Die Normannen schossen ihre Pfeile und Ansaldo musste die Kaltblütigkeit der Armbrustschützen bewundern. Sie traten hinter den Zinnen hervor in die Schießscharten, zielten ruhig und lösten ihren Bolzen. Noch bevor der sein Ziel erreichte standen sie schon wieder hinter den Zinnen und spannten die Armbrust. »Jetzt auch die Bogenschützen«, schrie Drogo. Die Reichweite der Bögen war geringer als die einer Armbrust, aber man konnte sie bedeutend schneller nachladen. Ansaldo konnte wegen seines gebrochenen Schlüsselbeins weder die eine noch die andere Waffe führen. Er hielt einen langen Spieß in der Linken und hatte sich das Schwert um die rechte Hüfte gegürtet. Sonst hielt er sich in Deckung. Nicht zu früh, denn plötzlich zischte der erste Pfeil über die Brüstung und mit einem Schlag folgen ihm Hunderte. Die Seldschuken konnten erst aus noch kürzerer Distanz schießen, da sie aus der Ebene zur Mauerkrone hinauf-, nicht hinabzielen mussten. Kurz darauf ertönte hinter Ansaldo ein Knirschen. Er fuhr herum und sah über den Zinnen die Spitze einer Leiter.

»Armbrüste weg. Nehmt Schwerter und Speere!«, schrie er. Die Leitern krachten nun fast gleichzeitig an mehreren Stellen gegen die Brüstung, während die türkischen Bogenschützen ihre Anstrengungen noch intensivierten, um die Normannen davon abzuhalten, die Leitern von der Mauer zu stoßen. Die ersten Schreie getroffener Verteidiger vermengten sich mit dem Heulen der Feinde. »Das heiße Öl!«, klang Bohemunds Stimme herüber. Drüben am Tor hatten die Normannen mehre Töpfe mit siedendem Öl auf dem Feuer. Mit langen Zangen griffen die Normannen die dampfenden Gefäße und schütteten den Inhalt die Leitern hinab. Gellende Schreie, die sogar das Kriegsgeschrei der Seldschuken übertönten, zeigten an, dass die kochende Flüssigkeit ihr Ziel nicht verfehlte.

»Helft mir mit den Leitern, jetzt«, gellte Drogos Stimme auf. Er hatte den Moment erkannt, da die Seldschukischen Bogner von dem Geschehen um das Tor herum abgelenkt waren. Mehrere Männer folgen seinem Befehl, sprangen vor und es gelang ihnen, drei der Leitern mit langen Gabeln von der Mauer abzustoßen. Die bereits in schwindelnder Höhe befindlichen Türken und Perser und Mesopotamier stießen gellende Schreie aus, als sie fielen. Doch schon krachten neue Leitern an die Brüstung und mit wildem Geheul sprangen die ersten Feinde auf den Wehrgang. Ansaldo wirbelte herum und rammte den Spieß durch den Leib eines Angreifers. Er ließ den Schaft fahren und riss das Schwert heraus. Doch er war es nicht gewohnt, ohne Schild und mit der Linken zu kämpfen. Glücklicherweise reckte ein Normanne seinen tropfenförmigen Schild hoch und fing den Gegenstoß für ihn ab. Gemeinsam drängten sie den Feind an die Mauer und hieben auf ihn ein. Der Seldschuke verteidigte sich geschickt, doch plötzlich schrie er auf und ließ seinen Säbel fallen. Ansaldo stieß einen überraschten Ruf aus, als der Gegner plötzlich in sich zusammensackte. Ein Pfeil seiner eigenen Leute hatte ihn in den Rücken getroffen. Doch es blieb keine Zeit zum Nachdenken. Noch befanden sich Feinde auf der Mauer. Um die beiden letzten noch stehenden Leitern in diesem Abschnitt der Mauer hatten die Türken auf dem Wehrgang eine Art Brückenkopf gebildet. Acht oder neun riesige Männer, denn die waren es, die man zuerst hinaufschickte, deckten mit ihren Schilden die Nachkommenden. Das hatte auch sein Gutes: Die Bogenschützen der Seldschuken hatten erkannt, dass sie nun auch ihre eigenen Leute gefährdeten und schossen nicht mehr hierher. Doch die Normannen standen wie gebannt um die Hünen vor ihnen.

»Wir müssen sie hinunterwerfen!«, schrie Drogo und warf sich furchtlos auf die Feinde. Das löste die Starre der Verteidiger und sie drangen mit neuer Wut auf den Feind ein. Ansaldo war mitten darunter. Ein wildes Hauen und Stechen setzte ein. Ansaldo spürte einen Stoß in der Magengegend, der ihm die Luft aus den Lungen presste, doch er behielt das Gleichgewicht und nutzte geistesgegenwärtig die Lücke, die sich auftat, als sein Gegner zum neuen Stoß ausholte. Er stieß sein eigenes Schwert in die Achselhöhle vor sich, die der Seldschukische Schuppenpanzer freiließ. Heißes Blut quoll über seine Linke und der Feind taumelte mit einem Röcheln zurück. Augenblicke später erreichten die ersten Normannen die beiden so hartnäckig verteidigten Leitern und stießen sie um. Weitere Augenblicke später war die Mauer frei. Ansaldo konnte es kaum fassen. Zumindest was ihn betraf, war das eher wegen des festeren Kettenhemdes als wegen überlegener Tapferkeit gelungen.

»Du magst ja schnell sein, aber ohne deinen rechten Arm und ohne Schild brauchst du einen guten Schutz«, hatte Drogo am Morgen behauptet und einen Knappen kurzerhand angewiesen, Ansaldo Panzerhemd und Haubark eines verstorbenen Normannen überzustülpen. »Wenn du schon trotz deiner Verwundung unbedingt mit auf der Mauer stehen willst, dann nur ordentlich gerüstet«, hatte der Freund entschieden. »Endlich siehst du auch aus wie ein ordentlicher Ritter«, hatte er noch gescherzt. Das Hemd war schwer und unbeweglich. Drogo hatte ihm zeigen müssen, wie man einen Teil des Gewichtes durch einen stramm gespannten Gürtel von den Schultern auf die Hüften verlagern konnte. Insbesondere bei seiner gebrochenen Schulter war das notwendig. Doch als Ansaldo nun seine Magengegend betrachtete, konnte er kaum erkennen, wo der Stoß getroffen hatte. Drei Ringe waren verbeult, aber der Schmied hatte sie so fest vernietet, dass keiner aufgerissen war. Und jeder Ring wurde von sechs weiteren gehalten. Ob sein eigenes leichteres Hemd, geschmiedet für den Kampf an Bord, ihm auch so treu gedient hätte? Doch als die Aufregung des Kampfes verflog, merkte Ansaldo, wie ihm selbst die wenigen Schritte mit dem schweren Hemd in die Knie gegangen waren. Als er später die Leiter vom Wehrgang hinabsteigen wollte, um etwas Suppe zu fassen, waren seine Beine so steif, dass er fast nicht hinunterkam.

Schließlich hatte auch Kerboga ein Einsehen und brach den Angriff ab. Zwei Tage leckten die Angreifer ihre Wunden, dann kam wieder Bewegung in das Lager der Feinde. Doch diesmal setzten sie nicht zum Sturm an, sondern schlossen einen Belagerungsring um die Stadt, deren Lebensmittelvorräte von der vorhergehenden Belagerung fast aufgezehrt waren. »Immerhin kann Adhemar nun die Männer abziehen, die die Tore von innen bewachen«, bemerkte Ansaldo am Abend mit schiefem Grinsen.

Sie konnten nun vom St.-Pauls-Tor die weite Runde der Wachtfeuer sehen, die die Stadt umschlossen. »Nun kommt auch kein Deserteur mehr hinaus.«

»Ja, dieser Franke, Stephan von Blois, war der Letzte«, bestätigte Drogo. »Doch ob das den Mut der Männer hebt, da habe ich so meine Zweifel!«

Guido, ein weiterer Ritter aus Bohemunds Gefolge, nickte ernst. Seit seiner Schwertleite hatten die Normannischen Ritter Ansaldo endgültig als einen der ihren akzeptiert und behandelten ihn mit einer selbstverständlichen Kameradschaft, die Ansaldo noch immer mit Stolz erfüllte. »Wir haben bereits die ersten Krankheitsfälle in der Stadt. Wenn kein Wunder geschieht, wird Antiochia zu unser aller Grab.«

Ein Wunder, dachte Ansaldo. War es nicht ein Wunder, dass sie gerademal zwei Tage vor dem Eintreffen Kerbogas die Stadt eingenommen hatten? Doch wie oft durften sie auf ein Wunder hoffen? Würde diese Stadt tatsächlich ihrer aller Grab werden? Und Giulietta? Sie verlöre nicht nur den Freund, sondern auch noch ihren Bruder. Was inzwischen aus den übrigen Genuesen in St. Simeon geworden war, darüber ließ sich nur spekulieren. Hoffentlich waren sie so klug gewesen, rechtzeitig übers Meer zu entfliehen. Nach allem, was er wusste, waren die Seldschuken keine großen Seefahrer. Mit diesen trüben Gedanken begab er sich in sein Quartier. Das Leiternsteigen ging wieder etwas besser, wenn er darauf achtete, sich beim Aufstehen und Setzen und wann immer sonst möglich mit dem heilen Arm abzustützen.

Am nächsten Morgen traf er zuerst auf Guido, der ihm aufgeregt entgegenlief. »Weißt du noch, was ich gestern gesagt habe?«, fragte er.

Ansaldo blickte ihn erstaunt an. »Dass Antiochia unser aller Grab würde?«

»Ja.« Guido machte eine ungeduldige Handbewegung. »Wenn nicht ein Wunder geschieht.« Hastig lief Ansaldo zu einer Schießscharte in der Mauer, doch sofort wurde seine aufkeimende Hoffnung enttäuscht. »Die Seldschuken sind noch da«, kommentierte er trocken.

»Ja, aber der Apostel Andreas ist einem Mönch erschienen. Und er hat ihm verraten, dass sich die heilige Lanze in der Stadt befindet! Stell dir nur vor: Mit der Macht dieser Reliquie werden wir die Türken vertreiben!«

Ansaldo schluckte. »Welcher Mönch?«, fragte er heiser.

»Der Fanatiker von neulich, Peter Bartholomäus.« Drogo, der zu den beiden getreten war, glaubte ganz offensichtlich nicht an die Vision. Doch das Gerücht flößte etlichen Männern neuen Mut ein. Am Folgetag trat ein weiter Mönch, ein Provenzale namens Stephan von Valence auf. Ihm waren Jesus und Maria erschienen, um vom bevorstehenden Sieg der Kreuzfahrer zu berichten. Tagsüber versammelte Bohemund seine Anführer in einer Wachstube am St.-Pauls-Tor.

»Was hältst du von diesem Peter Bartholomäus?«, fragte ihn sein Neffe Tankred gleich zu Beginn. Bohemund machte eine wegwerfende Handbewegung. »Nicht viel. Und auch Adhemar von Monteil glaubt nicht daran, denn Kaiser Alexios hat ihm in Konstantinopel die heilige Lanze gezeigt. Aber Raimund ist ganz Feuer und Flamme.« Er schüttelte den Kopf. »Vielleicht ist das Gerücht aber nützlich. Es hebt die Moral der Männer. Raimund jedenfalls hatte bis gestern noch von Unterwerfung gefaselt. Das ist nun wenigstens vorbei.« Ansaldo und Drogo sahen einander bedeutungsvoll an. So weit war es also schon gekommen. Selbst der Graf von Toulouse und Markgraf der Provence trug sich mit Gedanken ans Aufgeben.

»Aber Gottfried ist standhaft?«, fragte ein Baron.

Bohemund nickte. »Der ist ja selbst so ein Fanatiker!« Eine peinliche Stille trat ein. Doch Bohemund schien das nicht zu stören. Schließlich hob er die Hände. »Ich habe noch etwas Wichtiges erfahren: Firuz der Armenier hat gute Kontakte. Auch in das

Lager der Seldschuken hinein. Er hat mir berichtet, dass Streit zwischen den Emiren ausgebrochen ist. Ridwan von Aleppo und Duqaq von Damaskus haben damit gedroht, das Heer zu verlassen.«

»Wieso denn das?«, rief Tankred aufgeregt.

Bohemund hob die Hände. »Nicht so laut. Niemand außer uns darf davon erfahren. Sie sind uneinig über das weitere Vorgehen. Die beiden Emire wollen nicht das Ende einer Belagerung abwarten, sondern rasch zurückkehren. Auch der erfolglose Versuch, Gottfrieds Brüderchen aus Edessa zu vertreiben, hat sie entzweit und ihrer Meinung nach viel zu viel Zeit verschlungen. Es geht nämlich das Gerücht um, dass die Ägypter in Palästina endlich zu den Waffen gegriffen haben!«

»Jerusalem!«, rief Tankred aufgeregt, doch als er Bohemunds Blick bemerkte, legte er verlegen die Hand vor den Mund. »Ja, der Kalif von Kairo marschiert auf Jerusalem. Oder besser al-Afdal Schahanschah, sein Wesir.« Ansaldo konnte nur darüber staunen, was Bohemund alles in Erfahrung gebracht hatte, obwohl er doch, wie sie alle hier in Antiochia, von einem mehr als zehnmal so starken Heer eingeschlossen wurde. Doch würde das am Ende reichen, um zu verhindern, dass Antiochia zu ihrer aller Grab wurde?

Die nächsten Tage verliefen ereignislos, abgesehen von Hunger und Krankheit, die weiter um sich griffen. Allerdings tat die Ruhe Ansaldo gut. Seine Knie waren wieder fast vollständig abgeschwollen und auch der Arm tat kaum noch weh. Doch in der Nacht vom 14. auf den 15. Juni wurde ein Meteorit beobachtet, der mit einem breiten Feuerschweif über dem Feldlager Kerbogas niederging.

»Was brauchen wir weitere Zeichen, ihr Kleingläubigen!«, rief Peter Bartholomäus der Mönch. Viele nahmen den Ruf auf und die Stadt wurde von einem erwartungsvollen Fieber gepackt. Als am Mittag dann Raimund von Toulouse, Raimund von Auilers und Wilhelm von Orange verkündeten, sie würden nun in der Hauptkirche von Antiochia in St. Peter nach der Lanze graben, wie der Heilige Andreas es Peter Bartholomäus aufgetragen hatte, liefen die Männer aus allen Teilen der Stadt zusammen. Einige musste man sogar mit scharfen Drohungen davon abhalten, ihre Posten auf der Mauer zu verlassen. Auch Ansaldo lief zu dem altehrwürdigen Gotteshaus, dessen prächtiger Mosaikboden nun mit Hacken und Schaufeln achtlos umgegraben wurde. In der Kirche, die mit etlichen Kerzen erhellt wurde, sodass Ansaldo schon fürchtete, sie könne abbrennen, drängten sich die Menschen. Plötzlich gewahrte Ansaldo auch Geraldo Malaspina, den er seit ihrem kurzen Wortwechsel nach dem Fall Antiochias nicht mehr gesehen hatte. Er bahnte sich einen Weg durch die Menge. »Ach, Doria!«, rief der sogar fast erfreut. »Wie ich sehe, hast du deine Verwundung überlebt.«

»Allerdings. Und wo bist du gewesen, ich dachte, dein Vater hätte auch dich zu den Normannen geschickt?«

Geraldo grinste und winkte ab. »Auf der Mauer stehen und Leitern umwerfen, das liegt mir nicht. Ich war in der Stadt. Du weißt doch, dass ich hier einige Bekanntschaften habe!« Er grinste wieder anzüglich. Ansaldo wusste nicht, was er sagen sollte. Während er gemeinsam mit den Rittern und Knechten der Kreuzfahrer sein Leben riskierte, hurte der blöde Bock in der Stadt herum. Er atmete tief durch. Giulietta war es wert, ruhig zu bleiben.

»Haben sie denn schon etwas gefunden?«, wechselte er das Thema.

Geraldo schüttelte den Kopf, während in einem anderen Teil der Kathedrale von den Zuschauern spontan ein bekannter Choral angestimmt wurde. »Nein, aber hast du etwas aus St. Simeon gehört? Ich sehne mich langsam nach unseren Vorräten dort.«

»Falls Kerboga unsere Männer nicht von dort vertrieben hat«, entgegnete Ansaldo ernst.

Geraldo zuckte die Schultern. »Auf das Meer werden sie unsere Schiffe nicht verfolgen können. Vielleicht holen sie ja Hilfe aus Konstantinopel.«

Ansaldo dachte kurz nach. »Vielleicht«, murmelte er dann. Es brachte nichts, die Hoffnungen der anderen Männer zu verderben. Aber es war mehr als unwahrscheinlich. Die Feldzugsaison lief schon seit Monaten, und wenn Kaiser Alexios ihnen hätte zu Hilfe kommen wollen, dann wäre er längst eingetroffen. Und auch der gut informierte Bohemund hatte nichts davon verlauten lassen. Nein, sie standen auf sich alleine gestellt. Und auf Gottes Hilfe. Ansaldo schickte ein Stoßgebet an den Himmel – um Hilfe gegen die Ungläubigen und um Heilung seiner Wunden.

Vor der Kirche war es inzwischen dunkel geworden, und die Begeisterung der Kreuzfahrer, die sich anfangs immer wieder spontan in Gesängen geäußert hatte, war dahin. Jetzt klang nur noch das Klirren und Scheppern von Schaufeln und Hacken durch die von gespenstischen Schatten erfüllte Kirche. Viele Kerzen waren ausgebrannt und nicht ersetzt worden. Ansaldo hielt weiter an der Grube aus und wechselte nur gelegentlich die Stellung. Er hatte inzwischen bemerkt, dass langes Stehen seinen Knien genauso wenig guttat wie das Steigen von Treppen und Leitern oder das Tragen großer Gewichte. Gehen auf ebenem Untergrund bereitete ihm hingegen gar keine Beschwerden. Doch nicht nur seine Knie, sondern auch Arm und Mut der Anführer in der Grube schienen langsam zu erlahmen.

Raimund stützte sich schwer atmend auf seinen Spaten und wischte den Schweiß von der Stirn. »Ich glaube, hier finden wir sie nicht, die Heilige Lanze«, bekannte er bekümmert. Raimund von Auilers und Wilhelm von Orange hatten bereits vor ihm aufgegeben und standen wie Ansaldo am Rande des beachtlichen Lochs im Kirchenboden. Auch Graf Girard wartete. Er und Ansaldo hatten sich mit einem stummen Nicken begrüßt. Doch für

Ansaldo fühlte es sich immer noch wie ein Verrat an, dass er sich nun Bohemund angeschlossen hatte, ja sogar sein Ritter geworden war. Dabei kämpften sie doch alle gemeinsam zum Ruhme Gottes und der Befreiung der heiligen Stätten, oder etwa nicht? Plötzlich kam Bewegung in die Reihen der Gaffer am anderen Rand der Grube. Ein Mann in einer fleckigen Benediktinerkutte stieß die Menschen auseinander. Es dauerte einen Augenblick, bis Ansaldo ihn erkannte: Es war der Mönch mit den Visionen, Peter Bartholomäus! Behände sprang der in die Grube. Er hatte offensichtlich keine Knieprobleme, dachte Ansaldo neidisch.

»Gott ist mit den Standhaften!«, rief der Mönch. »Ihr sollt glauben, nicht immer nur Zeichen fordern. Selig sind die nicht sehen und doch glauben! Aber der Heilige Andreas hat mir offenbart, dass Gott Erbarmen mit eurem Kleinglauben hat und bereit ist, euch ein weiteres Zeichen zu schicken!« Mit offenem Mund lauschte der eben noch so erschöpfte Raimund. Doch ohne eine Antwort abzuwarten, beugte sich Peter Bartholomäus zum Boden, griff nach etwas und zog im nächsten Augenblick eine rostige Lanzenspitze aus dem Erdreich. »In diesem Zeichen werdet ihr siegen!«, rief er. Ansaldo, der die Bildung eines Genuesischen Patriziers genossen hatte, nickte überrascht. Der Mönch schwenkte in seinen Zitaten behände vom heiligen Johannesevangelium zu der Legende um Kaiser Konstantins Sieg an der Milvischen Brücke und offenbarte damit ein klassisches Wissen, welches er der zerlumpten Gestalt gar nicht zugetraut hätte! Und das, wo die Mehrheit der Priester der Franken und Normannen weder lesen noch schreiben konnte!

Doch wenn die einfachen Soldaten gehofft hatten, nach dem Fund der Heiligen Lanze würde sich etwas ändern, so wurden sie enttäuscht. Es sprach sich sogar herum, dass Raimund von Toulouse schwer erkrankt war und das Lager nicht mehr verlassen konnte. Endlich eine Woche später, am 23. Juni, war es wieder Peter Bartholomäus, der eine Vision hatte: »Fasten müsst ihr, für den Sieg. Der heilige Apostel hat mir offenbart, dass wir siegen werden über die Horden von Gog und Magog, die sich um diese Mauern versammelt haben, nachdem wir fünf Tage in Fasten und Gebet verbracht haben!«, rief er durch die Gassen der belagerten Stadt schreitend.

»Fünf Tage fasten?«, murmelte Drogo, als der Mönch durch das Quartier der Normannen kam. »Wir haben doch schon viel länger nichts Ordentliches mehr zu beißen bekommen …«

Ansaldo grinste. »Das wird uns immerhin einfacher fallen, als ein Festmahl zu bereiten!« Und so schnallten die Männer den Gürtel noch enger.

Am letzten Tag der Fastenfrist versammelten sich die Kriegsherren, außer Raimund, der immer noch nicht in der Lage war, das Bett zu verlassen. »Ich habe Peter den Einsiedler als Emissar zu Kerboga gesandt«, verkündete Bohemund. Aufgeregtes Rufen unterbrach ihn.

Auch Ansaldo war erstaunt: »Warum sendet er denn den Einsiedler zu Kerboga? Er weiß doch, dass es nur die völlige Unterwerfung oder eine Schlacht geben kann?«

»Er will Zeit gewinnen und den Gegner in Sicherheit wiegen. Der Streit zwischen den Emiren hat sich noch zugespitzt«, entgegnete Drogo hinter vorgehaltener Hand.

Es dauerte noch einen Moment, bis sich Bohemund wieder Gehör verschaffen konnte. »Es ist nicht meine Absicht zu verhandeln. Peter soll nur der Uneinigkeit im Lager Kerbogas Nahrung geben. Wenn Duqaq und Ridwan hören, dass eine Verhandlung möglich ist, wird das ihr Misstrauen gegen Kerbogas Führung nur noch verstärken.« Er schwieg einen Augenblick, aber diesmal plapperte niemand dazwischen. Alle hingen gespannt an seinem Mund. »Morgen ist die Fastenzeit, wie sie der Heilige Andreas durch Peter Bartholomäus verordnet hat, vorbei. Dann werde ich zum Tor hinausreiten und kämpfen. Und wer den Mut und Glauben dazu hat, soll mir folgen!«

Ansaldo

Antiochia, 28. Juni 1098

Als sich schließlich das Tor öffnete und die erste Kolonne unter der Führung von Bohemund selbst auf das Feld ritt, konnte sich Ansaldo vor Aufregung kaum an seinem Platz halten. Fast das gesamte Heer der Kreuzfahrer würde auf den Plan ziehen, lediglich zweihundert Mann blieben in der Stadt, um die Zitadelle, welche inzwischen von Kerbogas Gefolgsmann Ahmed ibn Merwan befehligt wurde, zu bewachen. Auch Ansaldo blieb zurück, weil ihn Bohemund mit seiner Verwundung partout nicht in den Kampf ziehen lassen wollte.

»Du wärst uns eher ein Hindernis, hier kannst du aber helfen, das Tor zu halten und unseren Rückzug zu decken, wenn es hart auf hart kommt«, hatte er befohlen. Wo Geraldo sich herumtrieb, konnte Ansaldo nur ahnen. Beim Heer war er jedenfalls nicht. Eine nach der anderen verließen die sechs Abteilungen, die Bohemund geformt hatte, das hohe Tor aus römischem Stein. Hinter dem Anführer ritt der Fahnenträger mit dem Banner, auf dem das Wappen Bohemunds prangte.

Die fünf hinteren Abteilungen wurden jeweils von Hugo von Vermandois und Robert von Flandern, die nächste von Gottfried von Bouillon, die nächste von Robert von der Normandie, die nächste von Adhemar von Monteil und die letzte von Tankred und Gaston IV. von Béarn geführt. Raimund von Auilers trug anstelle des erkrankten Raimund von Toulouse die Heilige Lanze. Trotz Hungerns und Fastens war es ein stolzer Anblick, wie die Ritter in Dreierreihen das Tor verließen und dann ausschwärmten, um hinter den nicht berittenen Reisigen ihre wiederum dreifach gestaffelten Reihen zu bilden. Kaum war Bohemund mit seinen Männern hinaus, begannen Kerbogas berittene Bogenschützen, sie mit einem Regen aus Pfeilen zu überschütten. All das machte aber auf die in Eisen gerüsteten Ritter wenig Eindruck. Die leichten Geschosse blieben in den Schilden stecken oder prallten am Panzer ab, während die Reisigen die wertvollen Destriere der Ritter mit ihren Schilden deckten. Eine größere Gefahr war die Sonne. Wenn sie erst einmal hoch am Himmel stand, waren die Temperaturen unter Helm, Haubark, Kettenhemd und dem mit Stroh oder Wolle gepolsterten Wams fast nicht mehr zu ertragen. Doch noch wehte eine leichte Brise von den Bergen herab. Nun waren auch Tankred und Gaston mit ihren Männern heraus und nahmen ihre Aufstellung ganz links. Sie hatten die gefährlichste Position inne, denn ihre Flanke wurde weder von einer weiteren Abteilung noch von dem Orontes geschützt. Ansaldo hatte von der Höhe der Mauer einen hervorragenden Blick auf das Geschehen. Plötzlich sah er, wie sich bei den Feinden Reiter formierten und geradewegs auf die Flanke der letzten Division zuhielten.

Ansaldos Hände umklammerten erschrocken an die Brustwehr. »Wir müssen Bohemund warnen, er kann die Reiter aus dem Sattel vielleicht gar nicht sehen!«, rief er. Doch wie sollten sie das tun? Die übrigen Männer auf der Mauer blickten gleichfalls gebannt in die Ebene hinab, aber keiner unternahm etwas. Doch da fiel auf einmal die letzte Reihe von Bohemunds Kolonne zurück, wendete und trabte in Richtung der gefährdeten Flanke. »Bohemund selbst führt sie«, schrie einer der Knappen auf der Mauer. Da erkannte auch Ansaldo die Fahne mit dem Wappen des Normannenfürsten an der Spitze der Abteilung. Als sie Gottfrieds Division passierten, schlossen sich ihnen weitere Reiter an, und auch von Adhemars Männern folgten einige. Sie hatten den Vorteil der kürzeren Linie, denn Bohemund musste seine neu gebildete siebte Division nur hinter den eigenen Männern vorbeiführen, während Kerbogas Reiterabteilung die gesamte nach außen gekrümmte Front der Kreuzfahrer passieren musste. So kamen die beiden Abteilungen fast gleichzeitig an. Bohemunds

Männer trieben ihre Rösser direkt aus dem Trab in den Galopp. Ein Wunder, dass die Tiere nach all den Strapazen überhaupt noch galoppieren konnten. Doch die Attacke traf die herantrabenden Reiter Kerbogas offensichtlich völlig unvorbereitet. Der Vorstoß trieb die an den bunten Waffenröcken erkennbaren Ritter bis weit in das Feld ihrer Gegner hinein. Ansaldo bekreuzigte sich. »Deus lo vult!«, murmelte er. Doch an Ruhe war nicht zu denken.

»Sie stecken das Gras in Brand!«, rief einer der Männer auf der Mauer. Ansaldos Blick fuhr herum. Tatsächlich, zwischen den Reihen der Türken und Kreuzfahrer loderten auf einmal Flammen auf. »Oh Gott, nein!«, stöhnte Ansaldo. »Die Pferde werden durchgehen und die Ritter in der Hitze umkommen!« Der Brand fraß sich mit rasender Geschwindigkeit auf das Heer der Europäer zu. »Sie sind verloren!«, jammerte einer der Männer auf dem Wehrgang. »Wieso fliehen sie nicht? Vielleicht können sie gedeckt vom Feuer das Tor erreichen!« Und tatsächlich kam Bewegung in die erste Kolonne. »Das sind Gottfrieds Mannen!«, schrie Ansaldo aufgeregt.

»Aber was machen sie?«, fragte der alte Knecht neben ihm. »Sie wenden nicht, sie reiten geradewegs auf das Feuer zu!« »Sind sie denn wahnsinnig!«, schrie jemand. Ansaldo konnte die Augen von dem Drama in der Ebene nicht abwenden. Gebannt starrte er Gottfrieds Division hinterher. Die Pferde gehorchten wie durch ein Wunder, aber das konnte sie wohl kaum retten. Doch da erreichten sie die Flammen. »Sie trampeln das Feuer aus«, röchelte der alte Knecht. Ansaldo fuhr herum. Er war totenbleich und klammerte sich gleichsam an die Zinnen. Doch die Franken ließen sich vom Feuer gar nicht aufhalten, sondern stießen mit der Wucht einer Galera bei Rammen in die türkischen Reihen. Nun hatten auch die übrigen Abteilungen erkannt, was vor sich ging. Adhemars und Roberts Fahnen setzten sich fast gleichzeitig in Bewegung. Dann folgten auch die übrigen Abteilungen. Ansaldos Kehle fühlte sich ausgedörrt an, als müsste er dem Feuer trotzen. Alle Abteilungen passierten das Feuer unbeschadet und warfen sich auf den Feind. Und nun breitete sich das Gemetzel auf ganzer Front aus. Doch die Reihen der Türken waren viel tiefer gestaffelt. »Wie sollen sie sich da nur durchhauen?«, jammerte jemand. Zu ihren Füßen verschwand die Fahne des Bischofs von le Puy im Gewühl.

»Das ist Adhemar!«, rief Ansaldo. »Ob er gefallen ist?« Niemand konnte ihm antworten, doch da geschah etwas Unerwartetes: »Die Türken wanken«, schrie der alte Knecht neben Ansaldo mit sich überschlagender Stimme. »Dort verlassen sie das Feld!«

»Das ist die Fahne von Duqaq von Damaskus«, pflichtete Ansaldo bei. Vom vielen Schreien war seine Stimme heiser. »Er verlässt die Schlacht!«

»Und dort drüben sinkt die Flagge Ridwans! Die Türken fliehen!« Ungläubig staunend betrachteten die Männer das Schauspiel zu ihren Füßen. »Deus lo vult!«, krächzte der Alte.

Auria

Jerusalem, 18. Juli 1098

Die Ägypter sind da!« Der Ruf hallte durch die Gassen und drang auch zu den im innigen Gebet versammelten Schwestern in St. Maria Magdalena. So war es tatsächlich geschehen. Die Feinde lagerten sich wieder einmal um die Heilige Stadt. »Es sind die Falschen«, jammerte Laura niedergeschlagen. Sie hatte bis zuletzt gehofft, dass es ein christliches Heer sein möge, welches Jerusalem als Erstes erreichte. Aber allem Vernehmen nach saß das christliche Heer vor Antiochia fest. »Ruhe«, forderte Agnes streng. »Vertraut auf den Herrn!«

Schuldbewusst senkte Laura das Haupt. Doch auch Auria gingen weltliche Gedanken durch den Kopf. Was würde aus dem

Spital und seinen Bewohnern, wenn die Ägypter in die Stadt eindrangen? »Vielleicht haben wir Glück im Unglück. Marcello hat behauptet, es sei al-Mustansir, der Vater des jetzigen Kalifen von Cairo gewesen, der den Amalfitanern einst die Erlaubnis zum Wiederaufbau des Hospitals gab«, flüsterte sie, ohne dabei den Kopf zu heben. Tatsächlich rief sie die bereits etwas schwerhörige Agnes diesmal nicht zur Ordnung.

Doch bereits zwei Tage später sah sie den alternden Ritter wieder. Er kam ins Frauenhospital, was alleine schon auf den Ernst der Lage hinwies. Und dann brachte Mutter Agnes ihn sogar noch mit ins Refektorium. »Bruder Marcello hat uns etwas zu sagen«, erklärte sie mit steinerner Miene.

Der lächelte und trat einen Schritt vor. »Kein Grund zur Sorge, meine Schwestern. Meister Gerhard und Cellerar Auger haben wohl vorgesorgt. Unsere Vorratskammern sind gut gefüllt und der Brunnen spendete auch diesen Sommer klares Wasser. Aber die Kämpfe fordern viele Verletzte. Wir müssen rund um die Uhr Pfeile extrahieren und Platzwunden nähen, die Schleudersteine geschlagen haben. Meister Gerhard schickt mich zu euch, um zu fragen, ob nicht die eine oder andere bereit wäre, bei der Pflege der Verletzten in St. Johannis auszuhelfen?« Aufgeregtes Getuschel erklang, das ein energisches »Ruhe«, von Mutter Agnes provozierte.

»Ich!«, rief Auria. »Darf ich bei Meister Gerhard und meinem Vater aushelfen?« Bescheiden senkte sie den Blick, als Agnes sich ihr zuwandte. Sie brannte darauf, gehen zu dürfen, doch sie wusste auch, dass sie sich dafür in Demut üben musste. Aber im Männer-Hospital war es nicht nur viel lustiger als bei den Frauen. Wenn die Feinde in Jerusalem eindrangen, fühlte sie sich dort auch viel sicherer. Möglicherweise trieben Agnes ähnliche Sorgen um, denn sie gab ohne Widerstand nach. Und so wechselte Auria tagsüber wieder in das St.-Johannis-Spital. Wie erhofft, gab es hier viel mehr Neuigkeiten zu erfahren.

»Einige der Krieger sind schwarz wie die Nacht«, erzählte Marcello eines Abends. Er hatte sich auf die Mauer begeben, »um nach dem Haus des Heiligen Lazarus zu sehen«, wie er behauptete. Doch Auria hegte den Verdacht, dass der alte Ritter genauso darauf brannte, die Linien von Angreifern und Verteidigern zu inspizieren wie nach dem Schicksal des Leprosoriums zu schauen, welches armenische Mönche vor der Stadtmauer unterhielten und das mit den Spitälern im Inneren der Stadt in Friedenszeiten in enger Verbindung stand.

»Wie die Sarazenen in Spanien?«, fragte Bertrand.

Doch Marcello schüttelte den Kopf. »Noch viel schwärzer!«

Auria schauderte. »Die Horden von Gog und Magog«, hauchte sie erschrocken.

Doch Bertrand lachte. »Ich wette, die können sterben wie alle anderen Männer auch.«

David

Juli 1098, Judäa

Die Ägypter unterwerfen das gesamte Land«, behauptete der bärtige Alte, dessen Namen sich David nicht merken konnte. »Du wirst nicht nach Jerusalem durchkommen.« David starrte in die kleine Flamme, die über dem Kameldunghaufen tanzte. War ihm nun auch der Weg nach Süden versperrt? Im Norden wütete der Krieg zwischen Seldschuken und Kreuzfahrern, im Osten, zwischen ihm und dem Ziel seiner Sehnsucht, Bagdad, lag die Wüste, die er niemals alleine durchqueren könnte. Im Westen lag das Meer, dessen Küste allerdings von den so gefürchteten Ägyptern gehalten wurde, und nun blockierten sie auch noch den Weg nach Süden zur Heiligen Stadt. Von diesen Schiiten erzählte man sich Schauergeschichten. Ihre Krieger sollten groß wie Bäume und so schwarz wie Kohle sein, sodass man im Dunkeln nur ihre Augen und gefletschten Zähne sehen konnte. Doch das waren nach Davids Erfahrung beides Übertreibungen. Es klang jedenfalls mehr nach Dämonen als nach Kriegern, welchen Glaubens auch immer. »Sind sie denn wirklich so schlimm, diese Schiiten?«, fragte er halb niedergeschlagen, halb zweifelnd. »Ihr handelt doch sicher auch mit ihnen?«

»Mir sind die Christen im Norden auf jeden Fall lieber als die Schiiten«, antwortete Haktan, der Sohn des Alten, bitter. David hatte die kleine Gruppe syrischer Kaufleute erst am Vortag getroffen und sich ihnen auf dem Weg nach Süden angeschlossen. Ihr Ziel hieß Ramla und David plante, von dort weiter nach Jerusalem zu gehen. Wo, wenn nicht dort, würde er noch Glaubensbrüder finden? Den Syrern hatte er natürlich weder von seinem wahren Glauben noch von der Zeit bei den Assassinen berichtet. Für sie war er ein reisender Schüler der Heilkunst und der Sufis.

Früh am nächsten Morgen setzten sie ihre Reise fort. Gefrühstückt würde erst später auf dem Marsch. »Es ist fast unmöglich, die faulen Viecher«, damit meinte er die zehn schwer beladenen Lastkamele der kleinen Karawane, »wieder in Gang zu bringen, wenn sie einmal rasten«, erklärte Haktan den merkwürdigen Brauch. Doch David war es einerlei. Er freute sich für den Augenblick an der Gesellschaft und dem Schutz, welche die kleine Reisegruppe ihm bot. Doch bereits in Nazareth, jener Stadt, in der der Heiland der Christen geboren sein sollte, wurden sie aufgehalten. »Weiter südlich ist es nicht sicher«, erklärte ihnen der Vorsteher der kleinen Karawanserei, eines von einer schwachen Lehmziegelmauer geschützten Hofes mit drei oder vier Wirtschafts- und Vorratsgebäuden. »Die Schiiten streifen bis hier herauf und klauen alles, was sie tragen können. Bereits dreimal wurden ihre Räuberbanden von der Stadtmauer aus gesehen.«

»Die Schiiten ziehen sicher von Askalon nach Jerusalem. Ramla liegt nicht auf ihrem Weg, aber es liegt nicht weit von ihrer

Route. Sollten wir lieber nach Osten ausweichen, um zu sehen, was sich in Erfahrung bringen lässt? Vielleicht nach Jericho?«, fragte Haktan am Abend seinen Vater.

Der Alte schüttelte den Kopf. »Was bringt uns das? Wir handeln weder mit Indigo noch mit Zucker und was gäbe es in Jericho sonst zu holen? Wir müssen nach Ramla, und ob wir in Jericho oder hier warten, bis die Lage sich beruhigt, ist einerlei. Wir werden hier warten, bis sich eine günstige Gelegenheit ergibt, weiterzureisen. Gebe Allah, dass es bald so weit ist.« David blickte zu dem Alten hinüber. Seine Miene verriet, dass es keine weiteren Verhandlungen zu dem Thema geben würde. Die Karawane zog nicht weiter. Einmal mehr verfluchte er die Zeit, die er bei den Nizariten vertrödelt hatte. Nein, er würde nicht untätig in diesem öden Kaff abwarten. »Was ist mit dir, Davud?«, riss ihn Haktans Stimme aus den Gedanken. Er nutzte auch hier jenen Namen, den ihm Meister Bahram gegeben hatte.

David seufzte. »Ich werde versuchen, nach Jerusalem zu gelangen. Hier gibt es für mich nichts zu lernen«, beschied er. Und so machte er sich früh am nächsten Morgen wieder auf den Weg. Ein einzelner Wanderer würde schon nicht die Aufmerksamkeit der Schiiten erregen. Der Vorsteher der Karawanserei hatte ihm den Weg nach Jericho beschrieben. »Von dort kannst du dem Wadi al Qelt durch die Judäische Wüste folgen. Das Tal führt direkt hinauf nach Jerusalem und selbst jetzt im Sommer gibt es dort Wasser. Außerdem kommst du so von Nordosten und hast die besten Chancen, den Schiiten auszuweichen.

Tatsächlich erreichte David am Morgen des zweiten Tages die Palmenstadt Jericho. Er war etwas enttäuscht von den Stadtmauern, die so gar nicht zu der mächtigen Mauer passen wollte, von der in der Geschichte seines Volkes die Rede war, aber er tröstete sich damit, dass die ursprüngliche Mauer ja auch eingestürzt war. Weiter enttäuschte ihn, dass es in dem recht unbedeutend wirkenden Ort zwar viele Christen, aber keine Juden gab. Zumindest keine, die er als Glaubensbrüder erkannt hätte. Auch sprach kaum jemand Persisch. Arabisch, das David trotz seiner Zeit bei den Assassinen nur unzulänglich beherrschte, war die Lingua franca der Oasenstadt. Schließlich fand er einen alten orthodoxen Priester, der Griechisch und sogar etwas Latein sprach. »Wenn du dich an den alten Wasserleitungen entlang hältst, kommst du zu dem Wadi Qelt«, wies er den Weg. »Dann gehst du immer bergauf, vorbei an den Ruinen des Klosters des Johannes von Theben, das die Perser zerstörten, und am Ende des Tages wirst du Jerusalem erreichen.«

David blieb die Nacht über in der Stadt, um am nächsten Morgen früh aufzubrechen. Er fand den Weg wie beschrieben. Zerbrochene Stücke einer alten Wasserleitung zogen an den immer steiler aufragenden Felswänden entlang. Die hohen Felsen wirkten bedrückend, aber sie schützten David vor der inzwischen heiß brennenden Sonne. Auch rann in der Mitte des Tals ein schmaler Wasserlauf, der zwar hier und dort zu versiegen drohte, doch immer wieder auch kleine Becken bildete, in denen David die Hände benetzen oder etwas Wasser zum Trinken schöpfen konnte. Schließlich fand er die Stelle des ehemaligen Klosters, dessen Ruinen wie Schwalbennester an der steilen Felswand des Wadi klebten. Als es gegen Abend kühler wurde, merkte David, wie die Felswände langsam an Höhe verloren. Er stieg hinauf nach Jerusalem. Und endlich, von einem Hügelkamm aus erblickte er die Heilige Stadt. »Nächstes Jahr in Jerusalem«, murmelte er den alten Abschiedsgruß der Juden in aller Welt. Von Emotionen übermannt, hielt er inne und setzte sich in den Schatten eines Felsbrockens und betrachtete das Panorama der Stadt. Doch plötzlich erstarrte er. Vor ihm in der Talsenke marschierte ein Trupp Männer. Sie waren groß und breit gebaut, aber was ihn vor allem erschreckte: Sie waren schwarz wie Kohlen. Ihm stockte der Atem. Die Dämonenkrieger der Schiiten! Zum Glück hatten sie ihn nicht entdeckt, da er reglos im Schatten des Felsens hockte. Aber das bedeutete, dass die Ägypter tatsächlich die Heilige Stadt erreicht hatten und sie belagerten! Was sollte er bloß machen? Doch die Entscheidung wurde ihm abgenommen. Als die schwarzen Männer verschwunden waren, rappelte sich David vorsichtig auf und schlich hinter den Felsen. Ein lauter Ruf ließ ihn erstarren. Hufgetrappel ertönte. David wandte sich langsam um. Zwei Reiter auf braunen Ponys kamen auf ihn zu getrabt. Der Vordere der beiden sprach ihn in einer fremden Sprache an.

»Ich verstehe euch nicht«, rief er mit bis zum Hals hinauf schlagendem Herzen.

»Du sprichst Persisch?«, fragte der Reiter und hielt sein Pony neben ihm.

David nickte. »Ich bin der Schüler eines Arztes aus Persien«, erklärte er in der Hoffnung, dass sein heilendes Gewerbe den Fremden milde stimmen möge.

»Ein Arzt?«, rief der Reiter denn auch und wechselte einige schnelle Worte in einer unbekannten Sprache mit seinem Kameraden. »Ärzte kann man in Kriegszeiten immer gebrauchen«, stellte er dann fest. »Was machst du hier?«

»Ich wollte nach eigentlich nach Bagdad um meine Ausbildung zu vervollständigen, aber nun hat es mich zunächst nach Jerusalem verschlagen«, berichtete David wahrheitsgemäß.

Der Fremde lachte. »Da musst du wohl noch so lange warten, bis wir es erobert haben!« Wenn ich dann noch lebe, soll es mir recht sein, dachte David, hielt aber den Mund. »Hier kannst du jedenfalls nicht bleiben«, beschloss der Fremde. »Am besten, du kommst mit zu unserem Regiment. Mein Name ist Tigran, ich bin einer der Emire des Juyushi-Regimentes und das ist Ashot, einer meiner besten Männer.« David nickte, ohne genau zu verstehen, wen er eigentlich vor sich hatte. Aber er war froh, so freundlich aufgenommen zu werden, und folgte den beiden Reitern willig. Sie hielten sich grob entlang der Nordmauer der Stadt, die die flache Ebene, die sich hier nördlich der Stadt ausbreitete, wie ein Riegel begrenzte. Tigran führte ihn zu einem großen Feldlager.

»Ihr seid Ägypter?«, fragte David immer noch mit klopfendem Herzen.

»Wir kämpfen für die Ägypter, aber wir sind Armenier«, erklärte Tigran. »Wir sind Mameluken, Kriegssklaven des Kalifen, aber es ist kein schlechtes Leben als Mameluk. Wir sind zwar nicht frei, in unsere Heimat zurückzukehren, und die meisten unserer Väter wurden von dort geraubt, aber als Krieger genießen wir mehr Freiheiten als die Bauern oder gar die Haussklaven in Ägypten!« Stolz reckte er die Brust. »Sieh zum Beispiel mich an. Ich bin ein Krieger, ich habe meine Waffen und mein treues Pony und was ich an Beute mache, das gehört mir ganz allein!«

»Und die schwarzen Männer, wer sind die? Ich habe eine ganze Truppe gesehen, bevor ich auf euch traf«, fragte David bei dem Gedanken an die unheimlichen Krieger, noch immer schaudernd.

»Die Soudanis?« Tigrans Augenbrauen zogen sich zusammen. »Ja, die sind auch Militärsklaven. Du hast vermutlich einige Männer vom Raihaniya-Regiment gesehen. Die lagern im Osten zum Ölberg hin. Aber das sind keine guten Krieger, sie stehen nicht treu zu unserem Wesir al-Afdal Schahandschah. Wenn überhaupt, achten sie den Kalifen al-Mustali, aber der ist schwach und al-Afdal ist der wahre Herr! Außerdem haben die Soudanis keine Pferde und sie taugen nur dazu, die Pfeile der Gegner aufzufangen, den Kampf gewinnen müssen wir!«

»Aber ihr seid Glaubensbrüder, ihr gehört alle der Schiia an?«, warf David ein, erstaunt über die so offen geäußerten Vorurteile unter den einzelnen Regimentern.

Doch Tigran lachte. »Wir vom Juyushi-Regiment sind auch keine Schiiten. Unser alter Anführer Badr-al-Jamani trat zum Islam über, aber er war Sunni, bis ihn der Kalif zum Rufer machte. Und sein Sohn al-Afdal Schahanschah ist dabei geblieben. Nicht nur Wesir und Amir der Heere, sondern auch oberster Rufer der Schiiten. Aber die meisten von uns sind Christen. Und die Soudanis«, dabei spuckte er verächtlich in die Richtung, in der das Rayhania-Regiment lagerte, »das sind meist wahre Heiden! Einige sind vielleicht auch Christen, aber nach ihrem häretischen Ritus aus Alba und Makuria!« David starrte ihn mit offenem Mund an. Die gesamte Levante hoch und runter schimpfte man über die Schiiten, und nun waren es in Wirklichkeit Christen, auf die er traf!

Ansaldo

Vor der kleinasiatischen Küste, August 1098

Zwei Wochen nach der Schlacht um Antiochia lichteten die sechs genuesischen Galeras die Anker und nahmen Kurs entlang der kleinasiatischen Küste nach Westen. Es ging heimwärts nach Genua. Die San Matteo war eines der Schiffe und Ansaldo jubelte das Herz in der Brust. Nicht nur die frische Seeluft beflügelte seine Sinne, auch sein Arm war wieder verheilt und die Knie taten ihren Dienst ohne Murren. Doch was ihn wirklich in Hochstimmung versetzte, war das baldige Wiedersehen mit Giulietta! Und auch die Rechnung seines Bruders und Adalberto Malaspinas war aufgegangen. Der dankbare Bohemund, nun Fürst von Antiochia, hatte den Genuesen in Antiochia eine Kirche, dreißig nahe gelegene Häuser, ein Lagerhaus und einen Brunnen geschenkt – als Dank für ihre Hilfe bei der Eroberung der Stadt. Adhemar und Raimund waren zwar strikt dagegen gewesen, dass sich Bohemund zum Fürsten erhob, aber als sich ihm die Zitadelle kampflos ergab, mussten sie die Tatsachen zähneknirschend akzeptieren. Sie schickten noch eine Gesandtschaft zum Kaiser, doch war das nur eine Formsache. So spät im Jahr würde der sicherlich keinen Zug mehr unternehmen, um Antiochia in Besitz zu nehmen. Für die Genuesen bedeutete das

Geschenk eine eigene Insula in der Stadt an der levantinischen Küste. Sie würde das Herz einer Händlerkolonie werden. Wenn erst wieder Frieden einkehrte, könnte man von hier Zugang zur Seidenstraße gewinnen und all die Produkte des Orients direkt nach Italien bringen, ohne den Umweg über Konstantinopel und seine Zwischenhändler. Den Genuesischen Kaufleuten winkte eine goldene Zukunft. Der Einsatz für die Sache Gottes hatte sich also gleich doppelt gelohnt, neben dem Seelenheil satte Gewinne! Wie sollte Adalberto nach so erfolgreichen Taten seine Bitte um Giuliettas Hand abschlagen?

Sie folgten der Küstenlinie nach Westen und übernachteten in kleinen gut geschützten Buchten. Erfahrene Seeleute wussten, dass man sich auf Ostkursen im Süden des Mittelmeeres, südlich von Kreta und Zypern, halten musste, während die Winde und Strömungen auf der Nordseite des Mittelmeeres nach Westen zogen. Doch am Morgen des dritten Tages wurde ihre ruhige Fahrt unterbrochen. Vor ihnen sichteten sie eine Rauchsäule.

»Was hat das zu bedeuten?«, fragte Antonio. Ansaldo wusste es auch nicht, doch Pietro, der wie üblich ebenfalls im Heck der Galera saß, zog die Stirn kraus. »Wenn ihr mich fragt, sind das Piraten, die ein Dorf an der Küste überfallen haben.«

Ansaldo nickte langsam. »Das kann wohl sein.« Er blickte sich um, um sich zu vergewissern, dass sich die übrigen Schiffe der Flottille weiterhin in der Nähe befanden. »Sie werden sich wohl nicht trauen, sechs genuesische Galeras anzugreifen«, meinte er.

»Und wenn sie es tun, werden sie ihr letztes Wunder erleben«, warf Antonio spöttisch ein.

»Lass uns erst einmal sehen, wie viele es sind«, erwiderte Pietro ruhig. Einige Zeit später konnte man tatsächlich erkennen, dass dort, wo der Rauch aufstieg, mehrere Schiffe lagen. »Acht Galeras«, behauptete Antonio, der mit seinen scharfen Augen wieder einmal mehr erkannte als Ansaldo. »Kannst du ihre Flaggen erkennen?«, fragte der besorgt. Acht waren zwei mehr als sechs, da gab es nichts schönzureden. »Noch nicht sicher. Rot sind sie, aber ich kann nicht erkennen, welches Wappen sie führen.«

»Rot ist die Flagge des Kaisers. Mit einem goldenen Adler darauf. Aber warum sollten Kaiserliche Schiffe einen Küstenstrich angreifen, der noch zum Romanischen Reich gehörte?«, fragte Ansaldo erstaunt. Doch er musste nicht mehr lange grübeln.

»Ein weißes Kreuz darauf«, schrie Antonio auf einmal. »Das sind Pisaner!«

»Pisaner?«, fragte Ansaldo alarmiert. »Wie kommen die denn her?«

»Keine Ahnung, aber ich bin mir sicher, ein Kreuz mit drei Bällen an jedem Balkenende.« Ansaldo blickte zu Adalbertos Galera hinüber, die an der Spitze der Formation segelte, wie es dem Ranghöchsten beziehungsweise ältesten Consul zustand.

»Lass uns sehen, was die Malaspinas machen!«, rief er. Doch schon drehte die Galera ab und gab der Flottille Zeichen, ihr zu folgen. »Adalberto will einer Begegnung ausweichen«, schlussfolgerte Ansaldo. »Er sucht das offene Meer!«

»Wahrscheinlich ist das das Beste. Wir wollen auf dem glücklichen Heimweg unser Schicksal lieber nicht noch einmal in die unsichere Waagschale werfen. Zumal unsere Schiffe nicht voll bemannt und die Pisaner ohnehin in der Überzahl sind. Hätten wir die gesamte Flotte beisammen … Aber so?« Ansaldo nickte halb wehmütig, doch auch halb froh. Er wollte Giulietta wiedersehen und keinen neuen Kampf aufnehmen. Die Pisaner blieben ungerührt am Ufer liegen. Zumindest machten sie keine Anstalten, ihre Schiffe flott zu bekommen, und so verschwammen sie bald im Dunst, der über der blaugrünen See lag.

»Schiffe in Steuerbord«, meldete Antonio am Nachmittag. Sie waren, nachdem sie die Pisaner umgangen hatten, wieder dichter unter Land gesegelt, um ihre Reise nach Westen fortzusetzen. Ansaldo beschattete die Augen mit der Hand. Tatsächlich. Eine ganze Flotte, die sich rasch näherte. Allerdings aus Richtung

Westen, also konnte es sich kaum um die vormittags gesichteten Pisaner handeln.

»Wenn wir unseren Kurs beibehalten, treffen wir in einer halben Stunde mit ihnen zusammen«, kommentierte Pietro, der wieder neben Ansaldo das zweite Steuerruder der San Matteo hielt.

»Kannst du sehen, was das diesmal für Schiffe sind?«, rief Ansaldo zu Antonio, der wegen seiner scharfen Augen den Ausguck im Bug übernommen hatte.

»Noch nicht, aber sie haben ihre Masten umgelegt und rudern.« Ansaldo schaute hinauf in das prall gefüllte Lateinersegel. Zum einen stand der Wind gegen die Fremden, zum anderen hatten sie die Genuesische Flottille sicherlich bereits vor einiger Zeit gesichtet und sich auf das Treffen vorbereitet. Die Segel der Genuesen glühten in der Sonne, wohingegen die Fremden die Sonne und die dunkle Küstenlinie im Rücken hatten und so erst spät zu erkennen waren.

»Was meinst du?« Ansaldo sah Pietro fragend an.

»Ich denke, wir sollten ausweichen«, kommentierte der alte Seebär. »Es sind mindestens zehn lange Schiffe und wir haben bloß sechs.«

»Aber wer können sie sein? Die Pisaner haben wir doch heute Morgen erst an Land gesehen. Vielleicht sind es Kaiserliche oder sie kommen vom Patriarchen aus Zypern. Dann können wir ihnen den Weg weisen?«

Pietro gab einen grunzenden Laut von sich, der sowohl Zustimmung als auch Protest bedeuten konnte. Ansaldo schaute zum vordersten Schiff hinüber. Das führte Adalberto Malaspina, der älteste der anwesenden Consuln. Wie würde er entscheiden? Doch Adalbertos Galera hielt ungerührt Kurs, als hätten sie die Fremden nicht bemerkt. »Wir sollten uns wenigstens auf die Begegnung vorbereiten«, entschied Ansaldo. »Klar Schiff zum Gefecht!« Im Schiff entstand ein wildes Laufen und Gewusel. »Halte du den Kurs. Ich lege mein Eisenhemd an«, bat Ansaldo

Pietro. Als wieder Ruhe im Schiff einkehrte, gab Ansaldo den nächsten Befehl. »Alle Riemen bemannen und fertig zum Ausbringen.« Er überlegte einen Augenblick, bevor er weitere Anweisungen gab. Aber die Mannschaft war lange nicht auf See gewesen. Ein wenig Übung konnte ihnen ohnehin nicht schaden! »Segel runter. Legt den Mast um. Ruder ausbringen, pfeif den Takt.« Der letzte Befehl galt dem Jungen mit der Flöte, der den Ruderern den Takt vorgab, während das Segel bereits in den Rumpf sank. »Antonio, kannst du mehr erkennen?«

»Ich sehe eine Flagge«, rief der zurück. »Ich glaube, es ist der goldene Doppeladler auf rotem Grund!« Das war die Flagge des Kaisers von Konstantinopel. Erleichtert atmete Ansaldo auf. Inzwischen waren vier der sechs Galeras Ansaldos Beispiel gefolgt und hatten die Segel eingeholt und ihre Ruder ausgebracht. Nur Adalbertos Galera an der Spitze der Formation und die seines Sohnes Geraldo, steuerbords außen, also auf der ganz den Romaniern zugewandten Seite, segelten stolz weiter, ohne die fremden Schiffe zu beachten.

»Wieso reduzieren sie ihre Geschwindigkeit nicht?«, fragte Pietro mit sorgenvoll zusammengezogenen Brauen. »Das sieht ganz so aus, als wollten sie uns angreifen!« Auch Ansaldo blickte gebannt auf die vorderste Dromone, welche auf Geraldo Malaspinas Galera zuraste, die schräg hinter der San Matteo in Steuerbord segelte.

Plötzlich schoss fauchend ein gleißender Strahl aus dem Drachenkopf am Bug der Dromone. Er traf die Genuesische Galera und sofort fing das Segel Feuer. »Das griechische Feuer!«, schrie Antonio erschrocken. Und auch von der getroffenen Galera tönten Entsetzensschreie herüber.

»Lass uns fliehen, niemand kann dem griechischen Feuer widerstehen«, rief Pietro. Aber Ansaldos Gedanken rasten. Geraldo war Giuliettas Bruder. Vielleicht konnte er ihn retten und sich so die Dankbarkeit ihres Vaters sichern?

»Robert Guiscard, der Normanne, hat die Romanier vor Dyrrachion geschlagen. Zusammen mit der Flotte der Venezianer«, warf er ein. Die Normannen hatten allerdings Baumstämme mit langen Eisennägeln bestückt und sie an Bord der feindlichen Schiffe geworfen, wo sie die Planken durchlöcherten und die offenen Schiffe so zum Sinken brachten. So etwas hatten die Genuesen nicht dabei. Wenn sie etwas für Geraldo tun wollten, mussten sie die Romanier entern. Die Genuesische Flottille stob derweil auseinander wie Hasen vor der Schlange. Jeder Kapitän suchte sein Schiff vor den herangleitenden Dormonen zu retten, die tatsächlich aussahen wie eine Rotte schwarzer Schlangen. »Steuerbord Riemen volle Kraft zurück, Backbord volle Schlagzahl voraus!«, gellte Ansaldos Befehl über das Deck. Er war selbst von seinem Mut überrascht, aber die Mannschaft reagierte, wie es eben nur die der San Matteo tat. Das Schiff bäumte sich förmlich auf, die Verbindungen im Rumpf ächzten und krachten und die San Matteo krängte stark nach Steuerbord, doch nicht einer der Ruderer kam aus dem Takt. Das Schiff stoppte abrupt ab und drehte wie auf dem Teller. »Angriffsgeschwindigkeit!«, schrie Ansaldo und Giovannis Pfeife steigerte den Takt, schneller und schneller. Die San Matteo hob sich beinahe aus dem Wasser und raste auf den Steuerbordbug der vordersten Dromone zu. Gleich würde ihr leicht ansteigender Rammsporn das Deck der Angreifer leer fegen, während starke Vordersteven die Steuerbordriemen der Dromone wie Lanzen beim Turnier zersplittern ließe.

Auf dem anderen Schiff trat ein Mann an die Reling, wahrscheinlich der von dem Manöver überrumpelte Kapitän. Ansaldo nickte grimmig. Der würde sein Schiff nun nicht mehr retten können, er hatte sich zu weit vor seine Kameraden gewagt! Da traf ihn ein Sonnenstrahl, es blitzte golden auf. »Das ist Taikios«, flüsterte Antonio. »Die goldene Nase!« Ansaldo verstand und entschied in einem Augenblick. Er riss das Ruder herum. »Schiff abstoppen«, befahl er laut und die San Matteo stoppte wenige Schritte vor der bereits todgeweihten Dromone auf. Ansaldo legte beide Hände als Schalltrichter an den Mund. »General Taikios, du hast mich in Konstantinopel empfangen und nun versuchst du, meine Landsleute zu töten? Warum hast du dich nicht in der Stadt getraut, erlaubte der Kaiser das etwa nicht? Wir sind Genuesen und keine Feinde des Kaisers.«

Zunächst geschah gar nichts. Die Romanier waren vermutlich noch starr vor Schreck. »Ihr seid keine Pisaner?«, meldete sich zuerst ein Mann, der neben Taikios getreten war.

»Verdammt noch mal, nein!«, schrie Ansaldo mit ehrlicher Empörung. »Frag deinen General, der kennt mich! Wir haben keinen Streit mit dem Kaiser!«

Ein Fluch antwortete ihm vom Heck der Dromone. »Ja, das ist Ansaldo aus Genua«, bestätigte der General säuerlich. Dann wandte er sich an Ansaldo. »Was treibt ihr hier?«

»Wir kehren von Antiochia heim.«

»Hat also doch jemand überlebt?«, fragte Taikios mit bösartigem Grinsen.

Ansaldo stutzte. »Die Stadt ist gefallen«, entgegnete er.

»Das habe ich gehört, aber was ist mit dem Heer der Emire von Mossul, Aleppo und Damaskus?«, fragte der General listig.

Ansaldo hob die Hände zum Himmel. »Zerstreut in alle Winde. Deus lo volebat – Gott hat es gewollt!«

»Lüg nicht, wir haben sichere Nachricht von einem der euren. Stephan von Blois, der hat das Heer mit eigenen Augen vor Antiochia gesehen und bestätigt, dass keine Hoffnung besteht. Zum Glück erreichte Kaiser Alexios die Nachricht noch rechtzeitig, sodass er mit seinem Heer nach Konstantinopel zurückkehren konnte, anstelle auch noch in diesem Irrsinn zu fallen!«, rief Taikios wütend.

Nun lachte Ansaldo. »Ihr irrt, weil ihr weder die Schrift kennt noch die Kraft Gottes!«, spottete er mit einem Zitat aus dem

Matthäus-Evangelium. Doch Taikios kannte die Textstelle offenbar nicht.

Er machte eine wegwerfende Handbewegung. »Wir verfolgen jedenfalls eine Pisanische Flottille«, rief er. »Die Hunde haben, wie ihr, versichert, nur den verdammten Kreuzfahrern helfen zu wollen, doch nun erfahren wir, dass sie unsere Küsten plündern!«

»Wie du sicherlich weißt, sind die Pisaner unsere Erbfeinde!«, trumpfte Ansaldo auf.

»Dann nimm dich in Acht, dass ihr Genuesen dem Kaiser bessere Treue haltet als eure wortbrüchigen Nachbarn! Und verschwindet hier!«

»Die Pisaner liegen keine halbe Tagesetappe hinter uns am Ufer. Wir haben sie heute Morgen gesehen. Acht Galeras. Ich glaube, sie plündern eine Ortschaft«, rief Ansaldo noch hinüber. Auch wenn Taikios sie gerade noch umbringen wollte, die Gelegenheit, den Pisanern eins auszuwischen, konnte er sich nicht entgehen lassen.

Auria

Jerusalem, 28. August 1098

Wie jeden Abend knieten die frommen Frauen und ihre Patientinnen im beengten Krankensaal vor dem Altar der heiligen Maria Magdalena und flehten inbrünstig um den Schutz und die Fürsprache der Begleiterin Jesu. Die letzten Tage über hatte sich abgezeichnet, dass die Ägypter alles für den entscheidenden Angriff vorbereiteten, und es blieb auch niemandem verborgen, wie schlecht es um die Kampfmoral der wenigen Seldschuken in der Stadt stand. Wären sie nicht allesamt eingeschlossen gewesen, die Mehrheit der Bürger und vermutlich auch der Verteidiger hätte das Weite gesucht. Eine düstere Vorahnung lag über Jerusalem. Tagsüber verstand es Mutter Agnes, die trüben Gedanken durch unermüdliche Arbeit von ihrer kleinen Herde fernzuhalten, doch nun während der Gebetsstunden schweiften Aurias Gedanken ab und kreisten um die Schrecken, welche der nächste Morgen bringen mochte. Unter den Frauen machten Gerüchte über dämonische Krieger die Runde, die direkt aus der Hölle kämen.

»Sie sind schwarz wie Pech und Ruß, nur ihre Augen und Zähne blitzen im Mondlicht. Ich habe sie von der Mauer aus selbst gesehen!«, hatte Rosalie, eine der einheimischen Helferinnen des Hospitals, berichtet, bevor Agnes ihr streng den Mund verbot. Bei diesen Worten musste Auria einmal mehr an Marcello denken. Wie sicher sich der Ritter gewesen war, dass es sich trotzdem nur um sterbliche Menschen handelte. Gerne wäre sie direkt hinüber nach St. Johannis gelaufen. Hier unter den Frauen ließen die Ungewissheit und Hilflosigkeit, mit der sie allem ausgeliefert waren, was kommen mochte, ihre Angst ins unerträgliche wachsen. Verstohlen blickte Auria zu Laura hinüber, die völlig in ihrem Gebet versunken war. Selig sind die Einfältigen, dachte sie mit einer Mischung aus Neid und Hochmut, nur um sofort ein schlechtes Gewissen zu bekommen. Wie konnte sie so etwas denken? Gerade jetzt während des gemeinsamen Gebetes, und das, wo sie sich vielleicht schon morgen vor dem Richterstuhl Gottes verantworten müsste und keine Zeit mehr zur Buße hätte? Nach dem Gebet wartete sie daher auf Laura, die noch etwas länger in stiller Andacht verharrte. Erstaunt schaute sie auf ihre Anbefohlene. Seit Konstantinopel war ihr Verhältnis nicht mehr das alte. Auria vertraute ihrer alten Kinderfrau und Ersatzmutter nicht mehr alles an, und die bemerkte es und reagierte ihrerseits gekränkt.

»Wenn wir morgen sterben müssen …«, begann Auria. Doch Laura wollte davon nichts wissen. »Der Herr im Himmel wird uns beschützen«, behauptete sie. »Wir stehen hier in diesen heiligen Räumen unter seinem besonderen Schutz und dem der heiligen Maria Magdalena. Du wirst schon sehen, wie der Herr für die Seinen sorgt.« Auria fühlte sich zurückgestoßen. Sie hatte ihrer Kinderfrau und Zofe gestehen wollen, wie sehr dankbar sie ihr war und wie sehr sie sie noch immer liebte. Nur eben, dass sie jetzt eine junge Frau war und nicht mehr das Mädchen von damals. Und Laura wiederholte nur die Floskeln der Priorin, anstelle ihr zuzuhören! Verletzt wandte sie sich ab.

In den frühen Morgenstunden wurden sie von Kriegstrompeten geweckt. »Sie greifen an«, rief eine der Schwestern erschrocken. Sofort war der gesamte Schlafsaal in Aufruhr. Doch Auria blieb wie gelähmt liegen. Wieder griff die Angst mit kalten Fingern nach ihrem jungen Herzen. Sie wollte nicht sterben, auch nicht für den heiligen Glauben. Sie wollte leben, einen Mann heiraten, selbst Kinder kriegen … Weiter hatte sie noch nicht gedacht. Jedenfalls leben! Während die anderen sich rasch ankleideten, zog sie die dünne Decke aus rauem Wollstoff bis ans Kinn, so als könnte sie sich darunter vor den Schrecken des Tages verstecken. Doch den Trompeten folgte Geschrei und Schlachtenlärm. Auria lauschte gebannt. Es war schwierig, hier im Gassengewirr des Muristan Richtungen oder Entfernungen zu unterscheiden. Schließlich gab sie sich einen Ruck. Alleine im Schlafsaal war es noch schlimmer als mit den Schwestern. Sie stand auf, warf sich ihren schwarzen Mantel über und trat auf den Hof. Mutter Agnes war bereits zur Stelle, um ihre kleine Herde zu trösten. »Und jetzt frisch an die Arbeit, denn wir leben oder wir sterben, wir sind des Herrn und der hat uns eine Pflicht aufgetragen: Nämlich die Herren und Damen Kranken zu pflegen«, hörte Auria gerade noch das Ende einer sicherlich längeren Predigt. Sie schlug wie ihre Schwestern das Kreuz, doch die Worte vermochten sie nicht zu beruhigen. Zumal der Lärm im Verlauf des Morgens nicht nachließ. Bald klang es so, als würde an allen Seiten gekämpft. Plötzlich legte ihr jemand die Hand auf die Schulter und Auria fuhr erschrocken herum.

Es war Agnes. »Kommt alle in die Kirche. Wir wollen beten, dass dieser Kelch an uns vorübergeht«, forderte sie eine um die andere leise auf. Fürchtete selbst die sonst so unbeirrbare Hirtin, die Feinde könnten sie hören?, schoss es Auria durch den Kopf. Die Schwestern in ihrer Nähe folgten schweigend der alten Römerin. Wieder blieb Auria alleine zurück. Sollte sie ihren Schwestern folgen oder sich verstecken? Aber wo? Da kam ihr ein Gedanke. Bei Meister Gerhard im Johannis-Hospital wäre sie in Sicherheit. Niemand würde die Hand gegen Meister Gerhard erheben. Dass er ein Heiliger war, mussten selbst die Heiden spüren! Und falls doch, gab es immer noch Bertrand und Marcello, die beiden Ritter. Die würden sie verteidigen! Mit neu erwachtem Mut schlich sie aus der Küche, in der Mutter Agnes sie angetroffen hatte. Doch anstelle die Schritte zu St. Magdalena zu wenden, schlich sie zur Eingangspforte. Sie konnte die gemurmelten Gebete hören, die aus der Kirche zu ihr herüberklangen, doch die Schwestern lagen alle auf den Knien, zum Altar gewendet. Niemand blickte auf den Hof hinaus. Rasch schob sie den Riegel zurück. Kurz überkam sie ein schlechtes Gewissen. Wer würde den Riegel wieder verschließen, wenn sie draußen war? Doch dann siegte die Angst um das eigene Leben über ihre moralischen Bedenken. Rasch drückte sie sich durch die Tür auf die Straße und zog die Tür hinter sich zu. Bis zum Hospital des heiligen Johannes waren es nur wenige Schritte und die Gasse lag leer vor ihr. Zügig machte sie sich auf, doch da hörte sie hinter sich Schritte. Sie fuhr herum. Ein dunkelblonder Jüngling rannte auf sie zu. Er musste aus einer der Seitengassen gekommen sein. Erstaunlicherweise machte er ihr keine Angst. Kurz trafen sich ihre Blicke, dann schaute er sich um und sie folgte seinem Blick – und erstarrte. Bei der Ecke der Gasse, die hinunter zum Tempelberg führte, war ein schwarzer Riese erschienen. Allein seine weißen Augen stachen hervor. Es gab sie also wirklich, Rosalie hatte nicht gelogen! Sie starrte dem Schreckensbild mit offenem Mund entgegen, während der junge Franke schnell wie ein Pfeil an ihr vorbeischoss. Der Riese stutzte bei ihrem Anblick kurz, dann lief er wieder los. Doch leider folgte er nicht mehr dem Franken, er kam auf sie zu! Auria wollte schreien, doch ihre Stimme versagte den Dienst. Der Riese erreichte sie und seine Pranken streckten sich nach ihr aus. Sie taumelte zurück und fiel.

David

Vor Jerusalem, August 1098

Die Belagerung der heiligen Stadt ging nun bereits in die fünfte Woche. Doch für David hatte sich ein unerwartetes Betätigungsfeld ergeben. An der Nordwestecke der Stadt, zwei Steinwürfe vor der Mauer, und damit direkt in der Nachbarschaft des Feldlagers der Armenier, befand sich ein steinerner Gebäudekomplex. Dort lebten Armenische Mönche, die sich naturgemäß gut mit den Männern des Juyushi-Regimentes verstanden. Ihre Kirche war dem Heiligen Lazarus geweiht und sie pflegten hier, außerhalb der Stadtmauern, Aussätzige. Die Krieger ließen sie nicht nur in Ruhe, nein, sie behandelten die Mönche mit Ehrfurcht. Einige spendeten ihnen gar Teile ihrer Rationen. Trotz aller Angst vor dem Aussatz brannte David darauf zu erfahren, was es über diese Geißel der Menschheit zu lernen gab.

»In Hinsicht auf die Behandlung muss ich dich enttäuschen«, erklärte ihm der Rektor, zu dem Tigran den jungen Arztschüler voller Stolz gebracht hatte. Zu Davids großer Überraschung war er Italiener und nicht Armenier und verstand dementsprechend Latein. »Den Aussatz kann nur Fasten und Gebet heilen, aber keine menschliche Kunst. Doch wir vermögen das Schicksal derer zu lindern, die aus der Gemeinschaft der Menschen ausgeschlossen werden. Und wir vermögen die übrigen Menschen zu schützen, indem wir den Aussatz erkennen«, fuhr der mittelgroße Mann mit Glatze und dichtem weißen Bart fort. Die wachen Augen machten es David schwer, sein Alter zu schätzen. Er mochte fünfzig Jahre zählen, oder deutlich mehr?

»Ich habe bereits viel über die Krankheit gehört, aber noch keinen Leprösen von Nahem gesehen«, gestand er. In Wahrheit ekelte und fürchtete er sich vor den Leprakranken. Konnte es ein deutlicheres Zeichen der Unreinheit geben? Das Gebot des Moses und der Talmud schrieben jedenfalls nicht nur vor, dass sich Aussätzige fern der Behausungen anderer Menschen aufhalten mussten, nein, sie hatten sich auch durch besondere Kleidung zu kennzeichnen und jeden Herannahenden mit lauter Stimme zu warnen! »Auf welche Zeichen muss ich achten?«, fragte er beklommen.

»Die Zeichen sind vielfältig. Achte auf weiße Stellen, in denen auch das Haar weiß wird, und die eingesunken erscheinen. Wenn ein Haar an der Spitze weiß, aber an der Wurzel schwarz ist, so hat das keine Bedeutung, das kommt auch sonst bei Greisen vor. Andersherum allerdings ist es ein Zeichen für Aussatz. Werden die Stellen dann innerhalb von vier Wochen größer, und tritt dann noch lebendes Fleisch auf diesen weißen Stellen auf, dann ist es ohne Zweifel Aussatz.«

»Aber ich dachte, den Kranken fallen Finger und Nasen ab …«, wandte David ein.

»Später, wenn die Krankheit ihren Lauf nimmt, dann passiert das. Doch im ersten Stadium ist die Haut weiß wie Schnee oder Kalk. Aber wenn du dich uns anschließen willst, dann wirst du mehr als genug Aussätzige zu sehen bekommen. Und wir können jede Hilfe gebrauchen. Ich werde dir erst einmal unser Lazarett zeigen.« Damit führte Johannes, denn so hieß der Rektor, David in die Kirche des Heiligen Lazarus. David schlug vor der Chorschranke, oder Ikonostase, wie Johannes die Trennwand zwischen dem Chor der pflegenden Brüder und dem für die Kranken bestimmten Kirchenschiff nannte, das Kreuz. »Ich sehe, du gehörst dem Lateinischen Glauben an«, bemerkte Johannes.

David sah ihn verwirrt an. »Wieso?«, fragte er überrascht.

»Die Griechen schlagen das Kreuz anders herum.« Er machte es vor. »Aber sei unbesorgt, wir alle dienen dem Herrn Jesus und den Kranken, egal ob Lateiner, Griechen oder Armenier.« David schluckte. Den Kranken wollte er auch dienen. Aber ob man ihn, den Juden, aufnehmen würde, da war er sich ganz und gar nicht sicher. Daher behielt er seine Zweifel und seinen Glauben für sich und folgte weiter dem Magister in den Kreuzgang. »Hier ist das Refektorium der Brüder«, erklärte der und wies auf eine Tür. Drüben befindet sich der Schlafsaal der Kranken und ihr Speisesaal ist hier. Dort hinten ist der Badesaal, denn häufiges Waschen und Pflegen der Haut ist das Einzige, was den Kranken Linderung verschafft und manchmal auch die Krankheit aufhält.«

»Also helfen Bäder gegen die Lepra?«, fragte David. »Du sagtest doch, es gäbe kein Mittel außer Fasten und Beten?«

Johannes wiegte den Kopf. »Ich muss gestehen, ich weiß es nicht. Manchmal habe ich den Eindruck, die Krankheit verlaufe bei den Menschen, die wir pflegen, langsamer als in der Zeit, bevor sie zu uns kamen. Aber Beten und Fasten sind am wichtigsten!«

Ansaldo

Genua, August 1098

Die Nachricht von der Heimkehr der Flotte und dem großen Sieg in Antiochia verbreitete sich wie ein Lauffeuer durch die Gassen, Insulae, Torre und Palazzi von Genua. Als die San Matteo schließlich nach über einem Jahr Abwesenheit auf den heimischen Strand lief, jubelte die Menge. Ganz vorne stand Ansaldos älterer Bruder Genaldo, um die heimkehrenden Kreuzfahrer zu begrüßen. Aber Ansaldos Augen suchten weiter in der Menge und tatsächlich entdeckte er etwas weiter hinten auch Giulietta. Sie trug züchtig eine flache Haube und hielt sich zu der Stelle, wo die Galera ihres Vaters schon einige Augenblicke vor der San Matteo angelandet hatte. Es versetzte Ansaldo einen Stich der Eifersucht, dass sie zuerst ihre eigene Familie begrüßte, auch wenn das ganz selbstverständlich und kaum anders möglich war. Doch auch er hatte Aufgaben zu bewältigen. Er nahm sich zusammen. »Riemen ein, und dann über den Bug von Bord. Die Ladung löschen wir später!«, befahl er und schon sprangen die ersten Genuesen übermütig in das flache Wasser und schlossen lachend ihre Verwandten und Lieben in die Arme, die ihnen entgegeneilten. Sie waren heimgekehrt. Auch Ansaldo lief nach vorn und sprang ins Wasser. Genaldo war an den Strand gekommen, und das war eine bedeutende Ehrerweisung, denn er war nicht nur sein Bruder, sondern Führer ihrer Familie und Partei. Auch die Brüder umarmten einander.

»Ich habe schon gehört, dass dein Verhalten unserer Familie zur Ehre gereicht!«, begrüßte Genaldo den Heimkehrer. »Und ich habe gehört, du wurdest verwundet?« Er schaute kritisch an ihm herab.

»Halb so wild«, entgegnete Andsaldo. »Ist schon wieder verheilt!«

Genaldo nickte. »Du musst mir und den Anführern der Familie gleich alles berichten! Es ist wichtig, dass wir jetzt die Früchte deiner Erfolge ernten. Die Malaspinas und Embriachi werden nicht zögern, sich zu nehmen, was sie bekommen können!« Ansaldos Blick verdüsterte sich. Ihm lag nichts an einem neuen Zerwürfnis mit den mächtigen Familien. Gerade mit den Malaspinas schwebten ihm ganz andere Ziele vor. Suchend blickte er sich nach Giulietta um, doch die ihn umdrängenden Dorias versperrten jeden Blick auf sie. Wenn er wenigstens ein Zeichen von ihr empfangen hätte. Vergeblich versuchte er, sich selbst zu trösten, dass sie keine Möglichkeit hatte, an ihn heranzukommen. Resigniert ließ er sich von seinem Bruder in die Stadt führen.

Unterwegs sprach Genaldo die ganze Zeit von der politischen Lage in Genua und den Spannungen zwischen Kaiser und Papst. »Kaiser Heinrich ist nach Deutschland zurückgekehrt und hat sich mit dem Zähringer ausgesöhnt«, berichtete er. Das war Ansaldo neu, hatte der Kaiser doch Jahre in Oberitalien festgesessen, weil ihm seine Gegner, Herzog Welf von Bayern, Berthold von Zähringen und Bischof Gebhard von Konstanz, die Alpenpässe sperrten, während ihm der lombardische Städtebund das Leben diesseits der Alpen schwermachte. Es hatte sogar Gerüchte gegeben, der Kaiser denke an Selbstmord. »Ja, und seinen alten Rivalen, den Erzbischof Ruthard, hat er aus Mainz vertrieben, weil er den Juden dort nicht ausreichend Schutz gewährte!«

»Den Juden?«, fragte Ansaldo erstaunt. »Seit wann sind die denn für die hohe Politik wichtig?«

Genaldo zuckte die Achseln. »Auch in Radasponda hat sich der Kaiser ausdrücklich für sie eingesetzt und ihre Rückkehr zum Glauben ihrer Väter erlaubt. Aber wer weiß schon? Vielleicht spielt ihm das einfach nur gegen Ruthard in die Hände.«

Als sie schließlich den Palazzo der Familie Doria an der Piazza San Matteo erreichten, rauchte Ansaldo vor Politik und Intrigen der Kopf. Doch für Ruhe bestand keine Zeit. Die wichtigsten Führer der Doria-Partei waren bereits versammelt und erwarteten seinen Bericht. Daran schloss sich ein Festmahl zu Ehren der Heimkehrer an, welches auf der Piazza San Matteo begangen wurde. Ansaldo fand einfach keine Gelegenheit, sich davonzustehlen, er war schließlich der Held des Tages. Wenn er sich nur selbst hätte frei bewegen können, wäre es ihm schon gelungen, Kontakt mit Giulietta aufzunehmen! Doch sein Bruder ließ ihn gerade einmal zum Pinkeln gehen. Immer war sonst seine Anwesenheit irgendwo vonnöten. Genaldo wollte offensichtlich den größtmöglichen Gewinn aus seinen Heldentaten ziehen. Doch gerade dort, wo Ansaldo am wenigsten damit gerechnet hätte, erreichte ihn die ersehnte Nachricht, beim Pinkeln in einer Seitengasse der Piazza: »Du bist Ansaldo, den sie überall feiern, nicht wahr?«, fragte eine Frauenstimme. Der Angesprochene fuhr herum. Wie kam die Frau hierher? Eben war sie noch nicht in der Gasse gewesen. Er fuhr herum und pisste sich fast selbst auf die Schuhe. Verlegen zog er die Hose hoch und wandte sich nun ganz der Fremden zu. »Ja? Was willst du?« Die Frau trug die Kleidung einer Magd aus gutem Hause, aber er hatte sie noch nie gesehen. Sie blickte sich um, als habe sie Angst, beobachtet zu werden. »Ich habe eine Nachricht für dich«, flüsterte sie und drückte dem überraschten Ansaldo einen Fetzen Pergament in die Hand. Ohne ein weiteres Wort drehte sie sich um und war gleich darauf verschwunden. Ansaldo betrachtete den Zettel. Da stand etwas drauf, aber er konnte es in der Dunkelheit der Gasse nicht lesen. Er stopfte den Zettel mit klopfendem Herzen in die Tasche und begab sich zurück, um seinen Platz beim Festmahl wieder einzunehmen.

Erst am nächsten Morgen entsann sich Ansaldo mit schwerem Kopf des Zettels. Panisch durchsuchte er seine Kleidung, bis er ihn schließlich neben seinem Bett liegend fand. Er hatte ihn offenbar noch am Abend sorgfältig zur Seite gelegt, bevor er in einen weinbeschwerten Schlaf gefallen war. Hastig rollte er das Pergament auseinander. Tatsächlich war es mit einigen Zeichen einer ebenmäßigen Kaufmannsschrift bedeckt.

»San Fruttuoso de Capodimonte«, stand dort. Er drehte den Zettel um und entzifferte ein weiteres Wort: »Novilunio«. Sonst war das Pergament leer. Ansaldo griff sich an den schmerzenden Kopf. »Was soll das denn?«, wunderte er sich laut. San Fruttuoso war der Name einer Abtei, der seine Familie immer wieder größere Summen gespendet hatte. Sie war in einer hübschen, Portofino genannten Bucht südlich von Genua gelegen. Das Nonnenkloster war angeblich vor über 100 Jahren von Adelheid von Burgund gegründet und nach dem heiligen Märtyrer Fructuosus von Tarragona benannt worden. Warum schickte ihm jemand so eine merkwürdige Nachricht? Wenn er nur nicht so viel getrunken hätte. Er überlegte: Wer konnte ihm die Nachricht geschickt haben? Eigentlich kam nur Giulietta infrage. Ihm fiel sonst niemand ein, der Grund gehabt hätte, ihn im Geheimen zu kontaktieren. Auch die Tatsache, dass es eine Frau gewesen war, die den Zettel überbrachte, ließ darauf schließen, dass die Absenderin ebenfalls eine Frau war. Doch was wollte Giulietta ihm damit sagen? Und was bedeutete der Hinweis auf Neumond? »Natürlich!«, rief er laut und griff sich wieder an den Schädel. Der Wein hatte wirklich seinen Verstand vernebelt. Sie würde zu Neumond in San Fruttuoso sein und ihn treffen! So musste es sein. Aufgeregt sprang er auf und bereute es gleich wieder. Eine Welle von Übelkeit überkam ihn und es dauerte einige Augenblicke bis er seinen Magen wieder unter Kontrolle bekam. Wann war Neumond? Gestern hatte der Mond noch ziemlich voll auf die Piazza San Matteo geschienen, erinnerte er sich.

David

St. Lazarus, 28. August 1098

Bald kannte David die Abläufe im Lazarett und auch seinen anfänglichen Ekel vor den Aussätzigen hatte er abgelegt. Es war zudem rührend, mit welcher Dankbarkeit die Kranken die selbstlose Hingabe der Pfleger belohnten. Und David konnte auch sein Wissen einbringen, denn trotz der Pflege und Bäder traten immer wieder Fälle von Gangrän an Fingern, Zehen oder ganzen Armen und Beinen auf. Es gab dabei keine einheitliche Regel, bei einigen Patienten trockneten die Körperteile aus und wurden schwarz, während bei anderen das Fleisch verfaulte und bestialisch stank, sodass sich sogar ihre Mitpatienten von den Betroffenen zurückzogen. Oft gab es dann keine Hilfe als das Messer und die befallenen Gliedmaßen mussten amputiert werden. Einmal mehr dankte David seinem Meister Bahram, der ihn gelehrt hatte, die Eingriffe schnell und sauber durchzuführen, obwohl die Aussätzigen erstaunlich wenig unter Schmerzen litten. Vielleicht hatte sie das lange Siechtum gegen Schmerzen abgehärtet. Jedenfalls schrien und jammerten sie weit weniger als andere Patienten, auch wenn es Frauen oder in einigen traurigen Fällen sogar Kinder waren.

Doch auch wenn sich im Inneren des »hospitalis infirmorium sancti Lazari de Jerusalem« alles um das segensreiche Wirken für die Kranken drehte, schritt der Krieg außerhalb dieser Mauern unerbittlich voran. Wesir al-Afdal Schahanschah hatte den Bau von Belagerungstürmen beauftragt und jede Nacht rückten seine Mameluken die monströsen Geräte dichter an die Mauern heran. Noch schien der Seldschukenemir Sökmen un Ilghazi über ausreichend Pfeile und Steine zu verfügen, doch es sah nicht gut aus für die Eingeschlossenen.

»Heute Nacht werden wir die Stadtmauern erreichen«, berichtete Tigran bei einem seiner Besuche im Lazarett. »Und morgen früh werden wir die Stadt einnehmen.«

Johannes Amorusius und Vater Gevorg, der Abt der armenischen Mönche, blickten einander bedeutungsvoll an. »Vergesst nicht die Gebote des heiligen Johannes«, forderte Gevorg ernst. »Tut niemandem Gewalt noch Unrecht und lasst euch genügen an eurem Sold.« Mit dem dichten weißen Bart und in seiner schwarzen Tracht wirkte er wahrhaft Ehrfurcht gebietend, aber Tigran verzog das Gesicht. »Wir erobern eine Stadt. Das wird ohne Gewalt nicht abgehen.«

»Dann beherzige wenigstens die anderen Gebote«, mahnte der Alte.

Tigran nickte missmutig. »Ich komme mit einer Bitte«, erklärte er dann einlenkend. Diesmal nickte der Geistliche. »Ich bitte dich, uns morgen früh vor dem Sturm deinen Segen zu erteilen. Mir und allen Christen des Regimentes.«

Gevorg nickte. »Wenn ihr euch wie Christen verhalten wollt, will ich das gerne tun.«

»Und vielleicht könntest du uns noch einige Ärzte senden, die sich um die Verwundeten kümmern können?«, wandte er sich an Johannes. »Wir haben nur wenige beim Tross, dafür umso mehr Koranleser«, er verzog das Gesicht bei diesen Worten. Dann blickte er erwartungsvoll zu David hinüber. Diesmal suchte der Abt den Blick des Rektors.

»Das ist nur recht und billig. Wir wollen das Leid der Menschen mildern. Aber bedenke eines, bevor ich dir unsere Hilfe zusage«, bekundete Johannes und hob bedeutungsvoll den Finger.

»Was denn noch?«, fragte Tigran gequält.

»Wir Lazarener behandeln alle Verwundeten. Egal welchen Glaubens. Auch eure Feinde.« Tigran schluckte. Doch der Blick des Rektors zeigte, dass er nicht bereit war, über diesen Standpunkt zu verhandeln. Also nickte der Mamelukenemir.

Ansaldo

Portofino, August 1098

Der Name war passend gewählt. Die Bucht bildete einen ausgezeichneten Naturhafen. Im Morgengrauen war Ansaldo mit einem kleinen Ruderboot von Genua aus aufgebrochen. Nur Antonio und ein weiterer, streng zur Verschwiegenheit verpflichteter Knecht waren als Ruderer dabei. Die See war ruhig und glatt und so kamen sie mit dem schlanken Ruderboot rasch voran. Bald traten die Berge südlich von Genua wieder ganz an das Ufer.

Der Stadt blieb nicht viel Land zum beackern. Deswegen waren ja auch die Besitzungen in Korsika und Sardinien von so überragender Bedeutung für die Handelsstadt. Bald war im Süden das Vorgebirge von San Lorenzo aufgetaucht. Es blieb ihre Steuermarke. Doch es hatte noch bis gegen Mittag gedauerte, bis das Gebirge endlich an Größe gewann. Sie hatten sich beim Rudern abgewechselt und sich immer wieder mit dem verdünnten Weißwein, den Ansaldo in zwei großen Tonkrügen eingepackt hatte, erfrischt. Schließlich rundeten sie die »Punta chiappa« genannte kahle Felszunge, die sich vielleicht dreihundert Schritte weit ins Meer vorschob. Und endlich erreichten sie den »guten Hafen«. Das Meer glänzte türkisblau in der engen Bucht, an deren Ende sich ein kurzer Sandstrand befand. Dahinter die Klostergebäude und ein stämmiger Burgturm. Überfälle der mallorcinischen Piraten waren hier an der Tagesordnung gewesen, zumindest bis Genuesen und Pisaner die Musulmanen aus den Gewässern um Sardinien vertrieben hatten. »Und wo findest du sie nun, deine Giulietta?«, fragte Antonio grinsend.

Ansaldo nahm noch einen Schluck von dem Wein. Auf einmal hatte er das Gefühl, die Zunge klebe ihm am Gaumen fest. »Ich habe keine Ahnung«, gestand er. »Am besten, wir gehen zur Äbtissin, sie muss schließlich eingeweiht sein.« Schon schrammte der flache Kiel über den Sand der Bucht. Die drei Genuesen sprangen aus dem Boot und zogen es auf den Strand. In einiger Entfernung warteten bereits ein paar Nonnen. Ihre schwarzen Trachten wirkten in der prallen Sonne eigentümlich fehl am Platz. »Gott zum Gruß, Schwestern. Mein Name ist Ansaldo Doria. Ist es möglich, die Äbtissin zu sprechen?« Bewusst betonte er seinen Familiennamen. Schließlich waren die Dorias als Gönner der Abtei bekannt und das sollte ihm ein freundliches Willkommen sichern.

Die vorderste der Schwestern nickte. »Ich bringe dich zu ihr.« Fragend blickte sie Ansaldos Begleiter an.

»Wartet hier«, wies Ansaldo sie an. Dann folgte er der Nonne zu dem niedrigen aus Bruchsteinen errichteten Klostergebäude. Im Innern herrschte eine angenehme Kühle und sein Blick schweifte über den Kreuzgang, in dem mehrere Schwestern damit beschäftigt waren, die Beete mit allerhand Küchen- und Heilkräutern zu jäten. Doch schon standen sie vor einer Tür, an der Ansaldos Führerin respektvoll klopfte. Eine kräftige Stimme bat sie herein, und Ansaldo war überrascht, als er die Äbtissin sah. Ihre Stimme ließ jemanden Jüngeres erwarten. Die Vorsteherin dieses Hauses mochte bereits die Fünfzig überschritten haben. »Gott zum Gruß, edle Mutter«, wiederholte er sich und neigte das Knie. Kurz freute er sich daran, dass es wieder ganz schmerzfrei gelang. Doch er hatte sich auch wenn immer möglich geschont und er war sich ganz und gar nicht sicher, ob die Heilung von Dauer sein würde.

»Ansaldo Doria. Willkommen in der Abtei von San Fruttuoso«, hieß sie ihn willkommen. Ihre Augen leuchteten so jugendlich, wie ihre kraftvolle Stimme klang. »Ich habe auf dich gewartet, auch wenn ich nicht genau wusste, wann du kommst.« Ansaldo atmete innerlich auf. Sie wusste also tatsächlich Bescheid. »Ich kannte deinen Vater und kenne deinen Bruder Genaldo gut. Es freut mich nun, auch deine Bekanntschaft zu machen.« Ansaldo nickte dankbar. »Wie ich gehört habe, hast du das Kreuz genommen und für unseren Herrn und unsere Stadt großen Ruhm erworben.«

Ansaldo errötete. »Ich habe nur meine Pflicht getan und der Herr war mit mir«, wiegelte er bescheiden ab.

»Natürlich, aber Ehre, wem Ehre gebührt«, wischte sie seinen Einwand weg. »Ich setzte große Hoffnungen für unsere Stadt auf dich.« Ansaldo horchte auf. Sie sprach jetzt nicht mehr von der Vergangenheit, sondern der Zukunft. »Wie ich hörte, haben sich die großen Familien die Hand gereicht, um gemeinsam für unseren Herrn zu streiten. Das freut mich außerordentlich.« Nun schwieg sie, um ihrem Punkt Gewicht zu verleihen.

»Es war mir eine Ehre, daran teilhaben zu dürfen«, erklärte Ansaldo schließlich.

»Ich hoffe, dass dieser Friede von nun an erhalten bleibt!«

Wieder nickte Ansaldo. »Wir können viel erreichen, wenn wir einig sind. Das haben wir vor Antiochia bewiesen.«

»Und gerade was diese Einigkeit anbelangt, hoffe ich auf dich. Du weißt ja, dass bisher gerade der Zwist zwischen Malaspinas und Dorias die Stadt immer wieder in Fraktionen spaltete.« Sie blickte ihm intensiv in die Augen und Ansaldo wagte nicht zu atmen. Sie hatte von den Malaspinas gesprochen. Er war der richtigen Fährte gefolgt! »Ich habe hier jemanden zu Gast, mit dem du sprechen solltest.« Eine Welle der Enttäuschung schwappte über Ansaldo. War es am Ende nicht Giulietta, sondern ihr strenger Vater, der ihn herbestellt hatte, um mit ihm zu verhandeln? Offenbar hatte sein Gesicht seine Gedanken verraten. Jedenfalls lächelte die Äbtissin. »Ich habe hier hinter meinem Gemach einen kleinen ummauerten Rosengarten, in den ich mich gerne zum Beten zurückziehe. Es ist ein ungestörter Platz und ich stelle mir immer vor, dass es im Paradies genauso zugeht wie hier«, sie wandte sich um und zeigte auf einen niedrigen Türbogen, der ins Freie führte. »Dort könnt ihr euch ungestört unterhalten. Aber sieh dich vor, etwas Unschickliches zu tun! Ich habe euch von hier die ganze Zeit im Auge.« Sie schaute ihn noch einmal streng an. »Doch vorher sollt ihr noch mit mir speisen.« Sie wandte sich an die immer noch wartende Schwester. »Bitte hole unseren Gast und lass uns das Mittagsmahl und etwas Wein auftragen.«

»Bitte lass auch meinen Begleitern etwas zu essen bringen«, warf Ansaldo hastig ein.

Die Äbtissin nickte. »Es ist gut, dass du an deine Gefährten denkst, aber sie sind bereits im Gästetrakt und verschlingen vermutlich gerade die ersten Bissen«, sie gestattete sich ein weiteres Lächeln.

Bald öffnete sich die Tür erneut und Ansaldo hielt den Atem an. Doch es waren lediglich zwei junge Schwestern, die ein Tablett mit kaltem Braten, Brot und angebratenem Gemüse auftrugen, dazu eine Karaffe schweren roten Weines und eine Schale mit kleinen, festen Birnen und den ersten Trauben. »Normalerweise esse ich nicht so festlich«, erklärte die Äbtissin. »Aber wenn zwei Patrizierfamilien, die noch dazu zu den wichtigsten Wohltätern des Klosters zählen, zu Besuch kommen, darf ich sie ja nicht hungrig wieder fortschicken.« Nun lächelte sie glücklich. Offenbar lief ihr bei den hereingetragenen Köstlichkeiten schon das Wasser im Munde zusammen. Doch Ansaldo hatte für diese kulinarischen Genüsse in dem Moment wenig übrig. Er wartete mit klopfendem Herzen auf den angekündigten Gast aus der Familie der Malaspinas. Endlich öffnete sich wieder die Tür. Ansaldo sprang auf, doch zuerst betrat wieder nur die Nonne, welche ihn hierhergeleitet hatte, den Raum. Sie verneigte sich, dann wandte sie sich zur Tür. »Donna Giulietta«, und tatsächlich war es keine andere, die nun zur Tür hereintrat. Ihr dunkles Haar war züchtig unter einer Haube versteckt, nur zwei Locken schauten keck darunter hervor und fielen ihr in die Stirn. Sie knickste artig vor der Äbtissin. Dann wandte sie sich Ansaldo zu. »Ritter Ansaldo!« Sie unterdrückte ein Grinsen und streckte ihm geziert die Hand zum Kuss entgegen.

»Welche Überraschung«, brachte er heiser heraus.

Sie lachte. Es klang weich und süß in Ansaldos Ohren. »Und ich dachte schon, du könntest lesen!« Er spürte, wie die Röte ihm ins Gesicht stieg.

»So Kinder, zu Tisch«, unterbrach die ehrwürdige Äbtissin das Geplänkel. Doch anders als die Gastgeberin brachte Ansaldo kaum etwas herunter. Er hatte nur Augen für sein Gegenüber, die schöne Malaspinatochter. Auch der Wein, gut und schwer, sicherlich aus der persönlichen Reserve der Klostervorsteherin, schmeckte ihm im Moment nicht. Doch auch Giulietta nippte nur vorsichtig daran und hielt ihre Augen meist auf den Teller oder die Äbtissin gerichtet. Endlich war die Äbtissin gesättigt. »So«, erklärte sie zufrieden. »Mein Garten steht euch zur Verfügung. Aber denke daran, was ich gesagt habe!« Bei den letzten Worten blickte sie Ansaldo noch einmal streng in die Augen und er fühlte sich fast in seine Kindheit versetzt. So ein Unsinn, dachte er missmutig. Er war ein Mann, ein Patrizier aus einer der angesehensten Familien Genuas, ein Schiffskapitän und obendrein noch ein Kriegsheld und Ritter. Schweigend folgte er Giulietta in den Garten. Von der Sonne aufgewärmte Bruchsteinmauern umgaben den kleinen Ort. Sie standen so hoch, dass keine neugierigen Blicke von außen hereindringen konnten. Überall blühten Rosen, deren Duft betörend durch den Garten wehte. Auf der anderen Seite der Mauer schlugen die Wellen leise plätschernd an den Strand. Im hinteren Teil standen eine Steinbank und davor ein kleiner Holztisch. Ganz hinten erkannte Ansaldo ein steinernes Abbild der segnenden Maria.

»Das ist tatsächlich ein paradiesischer Ort«, bemerkte er unsicher. Er konnte Giuliettas Schweigen nicht deuten. Nach einem Augenblick räusperte er sich. »Du hast dir ja einen ganz schön abgelegenen Ort als Bleibe ausgesucht.« Er war sich wieder einmal unsicher, wie er an ihr letztes Treffen anknüpfen könnte. Es lag ja fast ein Jahr zurück. Wie hatte sie sich inzwischen verändert? Oder hatte sie vielleicht jemand anderes kennengelernt und wollte ihm hier lediglich klarmachen, dass er nichts von den alten Treffen verraten dürfte?

»Es ist nicht einfach, so einen strengen Vater zu haben«, seufzte sie schließlich. »Du kennst ihn ja nun sicherlich auch, von eurem Kreuzzug, meine ich.«

Ansaldo nickte. »Du musst ja nicht ewig unter seinem Dach bleiben«, schlug er schüchtern vor.

Sie blickte ihn keck an. »Soll ich es machen wie die Gründerin dieses heiligen Ortes?«

»Die heilige Adelheid?«, fragte er erschrocken. »Willst du etwa Nonne werden?«

Sie lachte über seinen Gesichtsausdruck. »Nein, keine Angst. Aber Adelheid war genau wie der Namenspatron des Klosters, der Bischof von Tarragona, in einen Turm gesperrt worden. Allerdings ging es bei Adelheid darum, dass der Markgraf Berengar von Ivrea die junge, reiche Witwe seinem Sohn Adalbert antrauen wollte. Doch sie weigerte sich standhaft, konnte fliehen und wurde dann von Kaiser Otto beschützt. Ich könnte auch fliehen«, erklärte sie.

Ansaldo wurde rot. »Aber das musst du doch gar nicht«, beteuerte er. »In der Compagnia gehören wir alle zusammen und ich habe nicht nur Genua einige Ehren und Vorteile erworben, sondern auf der Heimfahrt auch die Galera deines Bruders gerettet! Dein Vater wird unserer Vermählung zustimmen!« Er wurde noch röter. »Das heißt, wenn du das denn willst«, schob er verlegen hinterher. Sie lachte hell. Ansaldo war wie verzaubert von diesem Lachen.

»Wirst du dich eigentlich jedes Mal von Neuem so zieren, wenn wir uns treffen?«, fragte sie unvermittelt.

Ansaldo verschluckte sich. »Die Äbtissin beobachtet uns!«, wehrte er erschrocken ab.

»Hörst du sie nicht schnarchen?«, fragte Giulietta mit einem Grinsen. »Also entweder du nutzt den Moment, oder du lässt ihn wieder verstreichen wie damals am Strand!« Wieder blickte sie ihn so herausfordernd an wie damals.

»Du meinst …«, stammelte er. Dann überlegte er es sich anders, legte ihr den linken Arm um die Schultern, zog sie an sich und küsste sie auf den Mund.

»Ist das alles?«, fragte sie halb spöttisch, als er sie schließlich wieder losließ. Doch auch ihr war die Röte ins Gesicht gestiegen und er bemerkte ihren schnellen Atem. Kurz horchte er hinter sich. Das Schnarchen der Äbtissin klang ruhig und regelmäßig. Mit zitternden Händen griff er nach der Kordel, die ihr Kleid vorne zusammenhielt. Langsam zog er daran. Sie seufzte leise und blickte ihm in die Augen. Nicht mehr spöttisch und herausfordernd. In ihrem Blick lag nur noch Verlangen. Sanft tasteten seine Hände weiter, während ihre Blicke ineinander verschmolzen.

Ein leichter Wind raschelte in den Rosenbüschen über ihnen und einzelne Blütenblätter rieselten auf sie herab. Sie lagen nebeneinander im Gras und hielten sich an der Hand. »Wir sollten rasch aufstehen. Der Mittagsschlaf der Äbtissin wird nicht ewig dauern!«, mahnte Ansaldo. Giulietta seufzte tief. Dann setzte sie sich auf. Zügig kleideten sie sich an. Etwas verschämt blickte Ansaldo auf das niedergedrückte Gras. Doch Giuliettas leicht spöttisches Lächeln brachte ihn zum Grinsen. »Vielleicht setzen wir uns dort an den kleinen Tisch, damit die Äbtissin bei ihrem Erwachen ein recht sittsames Bild vorfindet!« Sie setzten sich auf die Steinbank zu Füßen der Madonnenstatue und genossen die Schönheit des Gartens und das geteilte Glück.

Vielleicht eine Stunde später, Ansaldo kam es eher wie ein Augenblick vor, kam die alte Äbtissin in den Garten. In der Sonne leuchtete ihre faltige Haut, als gehörte sie bereits in eine andere Welt. »Ich sehe, ihr versteht euch auch ohne viele Worte.« Sie nickte. »Das ist gut. Meinen Segen habt ihr und euer Bund soll der Grundstein für einen dauerhaften Frieden in Genua werden. Aber nun wird es Zeit, dass du in die Stadt zurückkehrst, junger Doria. Ich werde mit Adalberto Malaspina sprechen, vielleicht lässt er sich überzeugen, vielleicht auch nicht. Gib mir zwei Wochen Zeit, dann kehre wieder hierher zurück. Ich will bis dahin einen Priester besorgen, der euch vermählen soll.«

Mit einem verlegenen Grinsen reichte Giulietta Ansaldo die Hand zum Kuss. »Auf Wiedersehen!«

»Auf baldiges Wiedersehen, schöne Giulietta.«

David

Jerusalem, 29. August 1098

David befand sich seit Sonnenaufgang bei den sturmbereit angetretenen Armeniern. Doch außer eines vielleicht etwas heftigeren Duells zwischen Bogenschützen und Steinschleuderern war noch nichts geschehen. Der hohe mit Tierhäuten bespannte Belagerungsturm stand noch immer einen Steinwurf von der Mauer entfernt und außer einigen Bogenschützen und Männern, die die Häute ständig frisch mit Wasser übergossen, um zu verhindern, dass die Verteidiger den Turm mit Brandpfeilen anzünden könnten, befand sich niemand in dem Turm. Schließlich erblickte David Tigran im Gedränge. Kurz entschlossen lief er in Richtung des Emirs. Die Männer erkannten an seinem Korb mit Verbandsmaterialien und chirurgischen Instrumenten den Arzt und ließen ihn durch. »Wann geht es denn los?«, rief er, sobald Tigran ihn bemerkte.

»Bald«, erklärte der Angesprochene knapp. Doch dann wandte er sich noch einmal um. »Der Hauptangriff erfolgt von Süden, wo die Raihaniya und die anderen Soudanis stehen. Wir greifen erst an, wenn die meisten von Sökmens Männern dort im Kampf gebunden sind. Die Soudanis sind schließlich nicht so viel Wert wie meine Männer!« Er lachte und David starrte ihm mit offenem Mund hinterher. Kein Wunder, dass so eine scharfe Rivalität zwischen den Regimentern bestand, wenn die einen, ausgerüstet mit Keulen und Peitschen, die Drecksarbeit machten, während die anderen, bis an die Zähne bewaffnet, in Ruhe abwarteten, bis die größte Gefahr vorüber war. Schließlich, kurz bevor die Sonne den Zenit erreichte, kam ein berittener Bote ins Lager. Und danach ging alles sehr schnell. Befehle gellten über den Platz und der mächtige Belagerungsturm setzte sich in Bewegung, geschoben von Hunderten einfacher Sklaven, während sich die Mameluken, durch sie gedeckt, bereit machten, den Turm und die Mauer zu erstürmen. Der Pfeilhagel nahm an Heftigkeit zu. Kriegsgeschrei der Mameluken im Feld und der Seldschuken auf den Mauern, das Wehklagen der von Pfeilen oder Steinen getroffenen Sklaven und das Knarren und Knirschen der großen Räder des Turms vermengte sich alles zu einem infernalischen Lärm. Doch der Turm schob sich unaufhaltsam an die Mauer heran. Schließlich krachte die im obersten Stockwerk angebrachte Zugbrücke auf die Mauerkrone hinab. Wenn überhaupt noch steigerbar, erreichte die Lautstärke des Geschreis einen neuen Höhepunkt. David sah, wie sich die Armenier über die Brücke auf den Wehrgang stürzten. Einige wurden von Pfeilen getroffen und stürzten in die Tiefe, aber mehr und mehr drängten nach. Da erkannte er plötzlich das gelbe Banner des Juyushi-Regimentes auf einem der aus der Mauer vorkragenden Wehrtürme. Der Mauerabschnitt war genommen! Die Mameluken hatten in der Stadt Fuß gefasst. Es dauerte noch etwa eine halbe Stunde, bis ihn jemand am Arm packte. David sah sich erschrocken um und erkannte Ashot, Tigrans Gehilfen. »Jetzt komm und hilf mit deiner Kunst«, forderte er ihn auf. David schluckte hart, nickte aber tapfer.

Der Armenier führte ihn zum Belagerungsturm, in dem sich immer noch Krieger die Leitern hoch drängten. Ashot hielt einen mit einem Schwall Worten auf und schob David an die Leiter. Mit klopfendem Herzen ergriff er die ersten Sprossen und zog sich hoch. Was würde ihn oben erwarten? Der Turm schwankte leicht und David musste sich zusammenreißen, um weiterzuklettern. Endlich erreichte er die oberste Ebene und nach der dunklen Passage im Inneren des Holzturms blendete ihn die gleißende Sonne, die durch das nun offene Ausfalltor schien. Hatte die auch die Mameluken geblendet? Vielleicht waren sie deshalb so tapfer vorangestürmt? Doch gleich gewöhnten sich Davids Augen an das Licht. Er rannte über die schwankenden Planken zur Mauer und sprang auf den Wehrgang hinunter, dankbar, wieder festen Boden unter den Füßen zu haben. Doch fast wäre er auf den dick mit Blut besudelten Steinen ausgeglitten. Überall lagen Tote und das Stöhnen schwer verwundeter Menschen drang von mehreren Seiten auf ihn ein. Der metallische Geruch von Blut legte sich wie eine dicke Schicht auf Nasenschleimhaut und Gaumen. Mit einem Male drohte die Angst ihm die Kehle zuzuschnüren. Er rang nach Luft und schloss kurz die Augen, um gegen die aufsteigende Übelkeit anzukämpfen, doch da stieß ihn einer der nachdrängenden Mameluken unsanft zur Seite und David landete der Länge nach im Blut. Er konnte sich gerade noch zur Seite wälzen, bevor der nächste Mann auf ihn sprang. Er kauerte im Winkel hinter den Zinnen und musste sich nun doch übergeben. Sein Korb lag einige Schritte weiter im Dreck.

Mühsam rappelte sich David auf und suchte die herausgefallenen Instrumente zusammen. Er wollte ja helfen, doch wo sollte er nur anfangen? Hier oben würde er keinen Überblick gewinnen, die meisten der Verletzten hier waren ohnehin nicht mehr zu retten. Er beschloss, den Ort des ersten Aufeinandertreffens zu verlassen, um zu sehen, ob er nicht in der Stadt leichter Verletzte fand, denen er tatsächlich helfen könnte. Immer noch leicht schwindelig kletterte er einen Aufgang hinab. Die Juyushis fraßen sich die Gassen entlang in die Stadt hinein, wie ein Feuer sich vom Rand eines Blattes Pergament ausbreitete. Straße um Straße erstürmten sie und hetzten die hoffnungslos unterlegenen Verteidiger vor sich her. Ein Mann kauerte am Fuß der Mauer. David ging zu ihm. Er blutete stark aus einer Wunde an der Leiste und versuchte, die Blutung mit einem Halstuch zu stillen. David sank neben ihm auf die Knie, den Korb nun fest in der Hand. Jetzt, wo er endlich etwas zu tun hatte, war seine Furcht wie weggeblasen. Als der Mann, der ihn zuerst voller Angst angestarrt hatte, erkannte, was David in seinem Korb trug, kam ein Hoffnungsschimmer in seine Augen. »Ahlmad lilah!«, murmelte er.

Es war offensichtlich einer der unglücklichen Verteidiger. David drückte ein sauberes Leinenstück auf die Wunde, um das halb verkrustete Blut wegzuwischen. Dann zog er es zur Seite und konnte so einen Blick auf die Wunde ergattern, bevor sie sich wieder mit Blut füllte. Ein Lanzenstich hatte eine der großen Venen verletzt. Immerhin schoss das Blut nicht hellrot und stoßweise hervor. Doch das gesamte Beinkleid des Mannes war bereits blutdurchtränkt. Er musste die Blutung schnell zum Stillstand bringen, sonst wäre der Mann verloren. Er knäulte ein kleines Leinenstück und drückte es in die Wunde. Dann nahm er ein großes Tuch und schlang es fest um das Bein, sodass es das kleinere Stoffknäuel an seinem Ort fixierte. Es blutete weiter, aber nachdem David noch eine Schlinge Tuch um das Bein geschlungen und fest verknotet hatte, hörte es auf. Die Blutung stand.

David griff seinen Korb und sprang auf. Der Mann rief ihm verzweifelt hinterher. Vermutlich fürchtete er, die Schiiten würden ihm später doch noch den Rest geben. Aber das lag nicht in Davids Hand, es gab schließlich noch mehr Verwundete, um die er sich kümmern musste! Er folgte der Straße, welche die Juyushi-Krieger genommen hatten. Bereits an der ersten Kreuzung lagen weitere Leichen. Dann taumelte ihm ein Trupp Armenier entgegen. Sie trugen zwei ihrer Kameraden und hielten an, als sie David mit seinem Korb gewahrten. David begutachtete den ersten. Er hatte seine rechte Hand verloren, aber die Kameraden hatten den Stumpf bereits fest abgebunden. Hier gab es im Augenblick nichts zu tun. Er beugte sich über den zweiten. Den hatte es schlimmer erwischt. Sein Gesicht war aschfahl und eingefallen und er rang nach Luft. Am Hals traten die Venen fingerdick hervor. Es dauerte einen Augenblick, bis David die eigentliche Verwundung ausmachen konnte. Ein Pfeil ragte aus der Brust des Mannes. Es hatte kaum geblutet, aber der Pfeil musste innere Organe verletzt haben. Von der Lokalisation der Verletzung her die Lunge oder das Herz. David kannte sich mit den inneren Organen nicht so gut aus, die meisten Eingriffe hatte er an Armen und Beinen durchgeführt. Aber eines war klar: Wenn dem Mann nicht sofort geholfen würde, wäre es um ihn geschehen. Über die Mauer bis ins Lager schaffte er es sicher nicht mehr.

»Legt ihn auf die Seite«, befahl David und die kriegserfahrenen Männer gehorchten ohne Widerwort. Flüchtig dachte David, was für eine erstaunlich große Macht ein Heilkundiger über die Menschen hatte. Doch dann konzentrierte er sich auf die Untersuchung. Der Pfeil war von dem Lederpanzer des Armeniers gebremst worden und hatte den Körper nicht durchschlagen. David würde es also nicht gelingen, die Widerhaken der Pfeilspitze mit der Zange an den Schaft zu biegen, um den Pfeil zu extrahieren, wie er es bei Bahram gesehen hatte. Aber wenn er das Geschoss so zurückzog, würden die sicherlich vorhandenen Widerhaken eine fürchterliche Wunde reißen. Ärger als die erste! Er untersuchte vorsichtig den Pfeil. Von der noch aus der Brustwand ragenden Länge her musste er dicht vor der Rückwand des Körpers stecken, oder vielleicht sogar in der Rückseite der Lederrüstung?

»Wir müssen seine Rüstung öffnen«, forderte David. Die beiden Krieger, die den Verwundeten getragen hatten, halfen ihm, trotz des verzweifelten Stöhnens ihres Kameraden. Schließlich schnitten sie das Stück um den Pfeilschaft aus und konnten so die Rüstung entfernen. Die Haut auf der Rückwand des Thorax schien unverletzt. David überlegte fieberhaft. Bahram hatte ihm erzählt, dass man in solchen Fällen abwägen musste, ob man den Pfeil dennoch extrahierte oder ihn mit einem kräftigen Schlag durch den Körper trieb, um auf der Gegenseite die verteufelten Haken umzubiegen. David suchte die Pfeilzange aus seinem Korb und klappte sie unschlüssig auf und zu. Dann gab er sich einen Ruck. Die Geschwindigkeit, mit der er behandelte, war schließlich der wichtigste Faktor.

»Haltet ihn fest«, befahl er barsch und vergaß alle Schüchternheit gegenüber den bärtigen Kriegern. Dann schickte er ein Stoßgebet zum Himmel, griff den Pfeil und rammte ihn mit einer schnellen Bewegung weiter hinein. Nicht nur der Patient, auch die beiden Helfer schrien erschrocken auf. Doch David schnauzte sie nur an: »Festhalten.« Gleich griff er mit der Zange nach der blutigen Spitze und drückte die Widerhaken an den Schaft. Dann packte er das Ende des Pfeils mit derselben Zange und zog den Pfeil entschlossen aus der Wunde. Den armen Krieger packte ein Hustenstoß, dass David bereits fürchtete, es sei sein letzter. Dunkelrotes Blut drang aus den beiden Wunden, doch dann stabilisierte sich die Atmung des Mannes und sein Gesicht bekam zusehends wieder eine gesundere Farbe. David suchte zwei Stofffetzen und drückte einen auf die Wunde an der Thorax-Vorderwand. »Halte das«, befahl er dem Ersten der unverletzten Kameraden. »Und du, drück das hinten drauf«, damit gab er dem zweiten Krieger ein weiteres Tuch. Dann griff er selbst eine Binde und wickelte sie dem Verletzten so um den Brustkorb, dass sie die beiden Tupfer in ihrer Position fixierte. »Wenn er kein Wundfieber bekommt, wird er leben«, behauptete David und versuchte, mehr Überzeugung in seine Worte zu legen, als er empfand. Aber Zuversicht war für die Heilung nötig. Jetzt, wo das Wichtigste getan war, kam David der Gedanke, was ihm die beiden Kameraden eigentlich angetan haben mochten, wenn seine Behandlung schiefgegangen wäre! Er schwitzte auf einmal heftig, griff seinen Korb und sprang auf. »Bringt ihn ins Lazarett zu Rektor Johannes Amorusius. Ich muss weiter«, rief er und war froh, davonzukommen.

Kopflos rannte David die Straße entlang. Solange er sich auf seine Arbeit konzentrieren konnte, fühlte er sich sicher. Schließlich hatte er in Ikonium monatelang gemeinsam mit Meister Bahram nichts anderes betrieben, aber sobald die Arbeit erledigt war, kehrte die schreckliche Angst zurück. Endlich blieb er keuchend stehen und sah sich um. Wo befand er sich eigentlich? Und wo waren die Armenier? Hier lagen auch keine Leichen, aber er hörte Kampfeslärm vor sich. Sollte er dorthin laufen? Seinen ersten Tag in der Heiligen Stadt hatte er sich jedenfalls anders vorgestellt. Plötzlich erschienen vor ihm auf der Gasse drei pechschwarze Männer. »Die Raihaniya!«, rief er erschrocken. Auch die drei Gestalten hatten ihn gesehen und riefen etwas, was David aber nicht verstand. »Juyushi-Regiment«, rief er zurück und zeigte auf sich. Die drei wechselten einen Blick. Dann begann der Vorderste, ein baumlanger Hüne, zu grinsen. Der Mann hinter ihm hob seine eisenbeschlagene Keule und ließ sie in die offene Linke sausen. Hatten sie ihn nicht verstanden? »Juyushi!«, rief David noch einmal, doch falls sie ihn verstanden, hatte das nicht den gewünschten Effekt. David drehte sich um und rannte los. Das Geschrei und Getrampel hinter ihm zeigte, dass die Raihaniya ihm folgten. Verzweifelt bog er um die nächste Ecke und rannte in eine schmale Gasse. Er hörte, wie die Schritte der Verfolger hinter sich von den engen Wänden zurückhallten. David erreichte einen weiteren Abzweig und bog wieder ab. Es war eine breitere Straße, die sich vor ihm erstreckte. Rechter Hand befand sich eine massive Holztür und darüber prangten griechische Buchstaben. Aber er hatte keine Zeit, sie zu lesen, und hastete weiter. Plötzlich gewahrte er vor sich eine schmale Gestalt, die in dieselbe Richtung lief wie er. Als sie die Schritte hörte, drehte sie sich erschrocken um, wobei ihr die Kapuze vom Kopf rutschte und einen Schopf blonder Haare entblößte. Eine Fränkin? Doch ihm blieb keine Zeit zum Nachdenken, schon hörte er hinter sich die Schritte der Verfolger und stürzte an der schmalen Gestalt vorbei. Aber täuschte er sich? Hier auf der breiten Straße klang es, als wäre da nur noch ein paar Füße. Er wandte sich kurz um. Tatsächlich erkannte er nur noch einen einzigen seiner Verfolger hinter sich, der aber vor der Fränkin unschlüssig seine Schritte verlangsamte.

Auria

Vor dem Hospital des heiligen Johannes, 29. August 1098

Der Dämon bückte sich nach ihr und hob sie mühelos auf. Er grinste gierig und bleckte dabei eine Reihe makellos weißer Zähne. Würde er sie verschlingen? Doch plötzlich war der junge Franke wieder da. Die beiden Männer schrien sich an, dann ließ der Dämon sie fahren und schwang seine eisenbewehrte Keule nach seinem jungen Widersacher. Seine mächtigen Oberarmmuskeln spannten sich und es war Auria klar, dass er den schlanken Mann zermalmen würde. Doch wie ein Blitz wich der Franke aus und tippte dem Dämon dreimal an die Brust. Es ging alles so schnell, dass Auria es kaum erkennen konnte, doch mit einem Mal lag der Dämon im Staub, und eine dunkle Blutlache breitete sich um ihn aus. »Wer bist du?«, oder vielleicht besser »Was?«, wollte sie fragen, doch ihre Stimme versagte ihr immer noch den Dienst. War das ein Engel, der den Dämon vor ihr niedergestreckt hatte? Doch da rief ihr der Engel etwas Unverständliches zu – war das die Sprache des Himmels?

»Wir müssen hier weg!«, wiederholte er dann auf Latein. Sie nickte. Sie mussten nach St. Johannis! »Dorthin?«, fragte er, als sie auf die Tür des Hospitals deutete. Sie nickte wieder und gemeinsam liefen sie los. Als sie die Tür erreichten, hatte sie sich wieder so weit im Griff, wild daraufloszuklopfen.

»Wer ist da?«, fragte jemand im Inneren.

»Lasst uns rein, ich bin es, Auria!«, rief sie mit sich überschlagender Stimme. Endlich öffnete sich die Tür, die in den sonst so stillen und friedlichen Garten führte. Etliche Brüder drängten sich um sie. Voll Erleichterung erkannte sie Marcello und Bertrand unter ihnen.

»Wer bist du?«, wandte sich Marcello gleich an den Engel.

»Gib mir den Dolch!«, forderte Bertrand. Erst jetzt erkannte Auria, dass ihr Retter eine blutige Klinge in der Hand hielt. Die

Dämonen konnten also tatsächlich mit irdischen Mitteln getötet werden, aber kämpften Engel mit gewöhnlichem Eisen?

Bertrand drang gleich auf den jungen Mann ein. »Es klebt noch Blut an der Waffe. Gehörst du zum Heer des Kalifen oder zu den Seldschuken?«, fragte Bertrand scharf.

»Er hat mich vor dem schwarzen Mann gerettet«, versuchte Auria, das Offensichtliche zu erklären. Wie konnte Bertrand das nur nicht verstehen?

»Du bist verwirrt, ruh dich aus, mein Kind. Bei uns bist du in Sicherheit«, versuchte Marcello, sie zu beschwichtigen.

»Er hat einen der Männer Schahanschahs getötet«, behauptete Bertrand.

»Wenn wir ihn nicht schleunigst vor die Tür setzen, wird sein Blut auch über unsere Gemeinschaft kommen!«, mischte sich Auger ein.

»Aber er hat mich doch gerettet«, flehte Auria.

»Das ist nichts für Mädchen. Wieso bist du überhaupt hier und nicht drüben in St. Maria Magdalena?«, fuhr sie Didero an, ein griesgrämiger Kaufmann aus ihrer amalfitanischen Heimat.

Und auch Marcello ergriff die Seite dieser Blinden: »Wir sollten den Burschen schleunigst loswerden. Er stellt eine Gefahr für uns alle dar!«

Wieso verstanden sie denn alle nicht?, fragte sich Auria händeringend. Herr, das darfst du nicht zulassen!, schickte sie ein Stoßgebet zum Himmel. Gerade in diesem Moment trat der Meister aus dem Refektorium »Was ist hier los?« wandte er sich an Auger. Erschrocken drehten sich alle zu ihrem Meister um.

»Das ist ein Unglücklicher, der auf der Straße einen Ägypter getötet hat«, versuchte der angesprochene Cellerar die Situation zu erklären.

»Und er trug den Dolch eines Meuchelmörders!«, pflichtete Bertrand ihm bei. Alle begannen, durcheinanderzurufen.

Doch wieder durchdrang Gerhards Stimme das Getümmel. »Stimmt das?«, fragte er den Engel.

»Ich habe einen Raihaniya getötet«, bekannte der. »Aber nur, um das Mädchen zu retten!«

Gerhards Blicke trafen auf Auria und sie spürte: Er hatte verstanden! Nun würde alles gut.

Der Meister dachte einen Augenblick nach, dann richtete er sich auf und wandte sich an Bertrand und Marcell, die beiden Ritter unter den Brüdern: »Wer von euch beiden noch keinen Menschen getötet hat, der werfe ihn vor die Tür.« Keiner wagte es zu sprechen. »Nun, wenn das geklärt ist, dann komm mit mir, junger Mann«, forderte er schließlich.

Kaum war der Meister mit dem Engel ins Refektorium verschwunden, wandte sich Marcello an Auria. »Was ist überhaupt geschehen? Wieso bist du nicht bei Agnes in St. Maria Magdalena?«, fragte er tadelnd.

»Ich hatte solche Angst«, bekannte Auria. »Und da wollte ich zu euch nach St. Johannis. Aber auf der Straße hat mich der schwarze Dämon angegriffen!«

»Sollten wir seinen Leichnam beseitigen, bevor seine Kameraden ihn finden?«, warf Bertrand ein.

Doch Marcello schüttelte den Kopf. »Wo sollen wir ihn verstecken? Wenn man ihn hier im Hospital findet, wird der Verdacht erst recht auf uns fallen. Wenn der Meister nur nicht so stur auf seinen Prinzipien beharrte! Der Junge bringt uns noch alle in Teufels Küche.«

David

Muristan, 29. August 1098

David fühlte ein flaues Gefühl im Magen. Er hatte das Unglück zu der Fremden geführt! Aber was sollte er machen? In der fallenden Stadt war jeder sich selbst der Nächste. Er rannte weiter, doch hinter der nächsten Ecke hielt er inne. Was würde der Raihaniya mit der Frau anstellen? Er schluckte. Das war offensichtlich. Zu zweit hatten sie vielleicht eine Chance gegen den schwarzen Hünen. Zögernd trat er um die Ecke. Die junge Frau wand sich verzweifelt im eisernen Griff des Hünen. »Lass sie gehen!«, schrie David auf Persisch.

Der Mann blickte ihn erstaunt an. Doch mehr noch war David über sich selbst erstaunt. Wie kam er dazu, sich einzumischen, nachdem er gerade dem Raihaniya entkommen war? Irgendetwas im Gesicht der Frau, eigentlich noch ein junges Mädchen, hatte ihn dazu bewogen. Der Mann machte eine ungeduldige Geste, als wolle er eine Fliege verscheuchen – eine Aufforderung zu verschwinden, die David auch ohne Sprachkenntnis verstand. Dabei ließ er die eindrucksvollen Muskeln seines Oberarms spielen. David schluckte. Der Mann war größer und stärker als er. Und er trug eine große Keule mit eisenbeschlagenem Kopf. David dagegen war unbewaffnet. »Der Allmächtige stehe mir bei«, murmelte er und ließ die Hände sinken. Dabei streifte sein linker Arm den Griff des Assassinendolches unter seinem Gewand. David überlief ein Schauer. War das ein Zeichen? Es kam ihm trotzdem vor wie David gegen Goliath, doch hatte nicht auch der spätere König seines Volkes, noch dazu sein Namenspatron, in diesem ungleichen Kampf gesiegt? Er hatte die Geschichte oft gehört, aber beim Anblick des Hünen kam sie ihm unglaubwürdiger vor denn je.

Der große Krieger stieß das Mädchen gewaltsam zu Boden. »Such dir besser eine eigene, Juyushi«, fauchte er nun in einem für David gerade noch verständlichen Arabisch. Dabei hob er die schwere Keule über den Kopf. David knickte in der Hüfte ein und spannte sich zum Sprung, ohne sich dessen bewusst zu werden. Der Hüne musste ihn für unbewaffnet halten und trat vor. Seine Keule heulte durch die Luft. Doch die Reaktion auf so einen frontalen Angriff, mit Schwert oder Stock und ohne dass der Gegner einen Schild trug, war die erste und einzige Lektion, die David bei den Assassinen gelernt hatte. Im allerletzten Augenblick brachte ihn ein Ausfallschritt nach links aus der Bahn des herabsausenden Keulenkopfes. Sein linker Ellenbogen prallte auf den Hals des Angreifers, während er mit der Rechten den Dolch aus dem Gewand zog. Drei schnelle Stiche, dann sprang er zurück. Der große Mann stand wie betäubt und glotzte ihn an. David dachte schon, er habe ihn verfehlt, doch da begann sich sein Gewand dunkel zu färben. Der Blick des Riesen suchte ungläubig seinen. Dann brachen seine Augen. Ohne einen einzigen Laut von sich zu geben, fiel er auf sein Angesicht. Gehetzt blickte sich David um. Dann griff der das Mädchen am Arm und riss es in die Höhe. »Wir müssen hier weg!«, schrie er. Als sie ihn verständnislos anblickte, wiederholte er die Aufforderung auf Latein. Endlich nickte sie und zeigte auf eine Tür vielleicht fünfzig Schritte die Straße hinab. »Dorthin?«, fragte er. Sie nickte schwach, erholte sich dann aber so weit, dass sie loslaufen konnte. Als sie die Tür erreichten, trommelte sie wild darauf herum.

»Wer ist da?«, erklang eine furchtsame Stimme von innen.

»Lasst uns rein, ich bin es, Auria!«, schluchzte das Mädchen. Die Tür tat sich auf und ein untersetzter Mann sprang heraus. Er blickte kurz in die Gasse, dann schob er das Mädchen hinein und David drängte hinterher. Krachend fiel der Riegel in seine Halterung.

Helfende Hände ergriffen das Mädchen, das sich kaum auf den Beinen halten konnte. Doch schon umringte eine Schar Männer in einfachen schwarzen Umhängen David.

»Wer bist du?«, fragte ein untersetzter Mann, dem man aber den alten Krieger ansah.

Ein weiterer drängte sich vor. »Gib mir den Dolch!« Erst jetzt bemerkte David, dass er den blutigen Dolch noch in der Hand hielt. Unsicher hielt er ihn dem Mann hin, der ihn an sich nahm und prüfend die Klinge ins Licht hielt. »So einen habe ich schon gesehen«, behauptet er. »Der Dolch eines ungläubigen Meuchelmörders!«

David erschrak. Der Mann hatte bereits von den Nizariten gehört. »Ich bin kein Nizarite. Ich bin Franke!«, rief er. »Aus Magenza!«

»Und wie kommst du hierher?«, fragte der untersetzte Mann, der ihn zuerst angesprochen hatte. David wusste keine einfache Antwort auf diese Frage, und außer der Tatsache, dass sie Latein sprachen, also offenbar Franken waren, wusste er auch nichts über die Menschen, die ihn umdrängten.

»Es klebt noch Blut an der Waffe. Gehörst du zum Heer des Kalifen oder der Seldschuken?«, fragte der Mann, der ihm den Dolch abgenommen hatte.

»Er hat mich vor dem schwarzen Mann gerettet«, erklang da eine Frauenstimme. Das Mädchen war aus ihrem Schockzustand erwacht und versuchte, ihm zu helfen. Davids Blick traf kurz auf ihren und ihm war, als würde sein Herz stehen bleiben. Nicht einmal Birgül kam an ihre Schönheit heran!

»Du bist verwirrt, ruh dich lieber aus, mein Kind, bei uns bist du in Sicherheit«, versuchte der Untersetzte sie zu beschwichtigen. Doch sie schüttelte energisch den Kopf anstelle in Ohnmacht zu fallen, wie David es erwartet hätte. Er musste die Männer von seiner Ehrlichkeit überzeugen, sonst war er verloren! Draußen suchten die Kameraden des Toten bestimmt schon nach ihm.

»Er hat einen der Schiiten getötet, das wird den Männern Schahanschahs nicht gefallen«, meldete sich nun ein weiterer Mann zu Wort. »Man wird sein Blut von uns fordern, und wenn wir ihn nicht schleunigst vor die Tür setzen, wird sein Blut auch über unsere Gemeinschaft kommen!«

»Aber er hat mich damit gerettet«, rief das Mädchen flehend.

»Das ist nichts für Mädchen. Wieso bist du überhaupt hier und nicht drüben in St. Maria Magdalena?«, fuhr jemand die blonde Fränkin an.

Sie verstummte und der untersetzte Mann nickte. »Ja, wir sollten den Burschen hier so schnell wie möglich loswerden. Er stellt eine Gefahr für uns alle dar!«

»Was ist hier los?« Die Stimme war nicht laut, aber doch übertönte sie mühelos den Aufruhr. »Auger?«

Erschrocken drehten sich die Männer um. »Meister Gerhard!« Doch gleich fasste sich der mit »Auger« Angesprochene wieder. »Das ist ein Unglücklicher, der auf der Straße einen Ägypter getötet hat.«

»Und er trug den Dolch eines Meuchelmörders noch in der Hand!«, fiel der Mann mit dem Dolch ein. »Wir wissen nicht, woher er kommt, nicht einmal, was sein Glaube ist. Es wäre leichtsinnig, ihn bei uns zu verstecken. Es kann niemand sagen, wie die Eroberer mit uns umspringen werden!« Die versammelten Männer murmelten zustimmend.

»Ein Mann mit einer dunklen Vergangenheit, vielleicht ein Meuchelmörder!«, fiel der Kerl ein, der David den Dolch abgenommen hatte. Auf einmal riefen wieder alle durcheinander, während David der Mut sank. Einen Augenblick hatte er gehofft, in Sicherheit zu sein.

»Stimmt das?«, wandte sich der Meister nun direkt an ihn.

»Ich habe einen Raihaniya getötet«, bekannte David mit hängendem Kopf. »Aber doch nur, um das Mädchen zu retten! Ich hätte auch davonlaufen können!« Gerhard blickte kurz zu Auria hinüber.

»Wir können ihm nicht trauen!«, behauptete der Untersetzte bestimmt. Meister Gerhard senkte den Blick und wischte wie in Gedanken mit dem Fuß eine Linie in den Sand. Als er wieder aufsah, hatten seine grauen Augen einen so warmen Glanz, wie David es noch nie bei einem Menschen gesehen hatte. »Marcello, Bertrand«, dabei blickte er zwischen dem Untersetzten und dem mit dem Dolch, den beiden Wortführern derer, die David auf die Straße setzen wollten, hin und her. »Wer von euch beiden noch keinen Menschen getötet hat, der werfe ihn vor die Tür.« Dann blickte er wieder auf seine Füße und kratzte im Sand herum. Der Marcello genannte Mann öffnete den Mund, um etwas zu erwidern. Und schloss ihn wieder ohne ein Wort. Scheu suchte er den Blick des anderen, doch der blickte ebenfalls auf seine Füße. Meister Gerhard hob den Kopf und sah David in die Augen. »Nun, wenn das geklärt ist, dann komm mit mir, junger Mann.« Im Abwenden fiel sein Blick noch auf Auger. »Ich hatte dir gesagt, dass wir den Hof pflastern sollten, nicht wahr?« Der Mann wurde von der Wendung des Gesprächs völlig überrumpelt.

»Ja, ja«, stammelte er. »Aber ich kam noch nicht dazu.«

Gerhard nickte. »Lass es«, forderte er dann und seine grauen Augen blitzten schalkhaft. »Der Sand hat mich gerade inspiriert. Ich glaube, er kann uns allen ein Zeichen sein. Und nun betet weiter dafür, dass wir diesen Tag unbeschadet überstehen werden und für die Seelen all der armen Menschen, die heute vorzeitig vor unseren Schöpfer treten.« Damit ließ er die verdutzten Männer stehen und schritt durch den kleinen Innenhof auf eine Tür auf der gegenüberliegenden Seite zu. David folgte ihm mit wild klopfendem Herzen. Meister Gerhard trat vor David in das Refektorium.

»Setz dich«, forderte er. »Uns bleibt nicht viel Zeit. Jerusalem fällt, aber einige Dinge muss ich doch über dich wissen.« David schluckte, doch Gerhard, der offenbar seine Angst erkannte, sprach gleich weiter. »Keine Angst. Ich werde dich nicht vor die Tür setzen, egal wie deine Vergangenheit aussieht. Du bist hergekommen, um Hilfe zu suchen, und wir nehmen jeden auf. Also wer bist du und wie kommst du hierher?« David konnte nicht anders. Es brach alles aus ihm heraus. Zu lange hatte er ein offenes Gespräch vermisst, mit jemandem, dem er vertrauen konnte. Und dass dieser geheimnisvolle Gerhard solch ein Mann war, das spürte David. Und so schüttete er sein Herz aus, begonnen in Magenza, über den ganzen weiten Weg bis nach Jerusalem. »So, ein Jude bist du und doch ein Franke?«, fragte Gerhard, aber es lag keine Ablehnung in seiner Stimme. Sie war so warm wie die Augen des Mannes, als er den anderen das Maul gestopft hatte. »Und ein Arzt, das trifft sich gut. Wir werden einen weiteren benötigen, so Gott will und wir den morgigen Tag erleben!« Kurz hob er die Augen zu dem einfachen Holzkreuz, welches am Kopfende des Raumes hing. »Den Rektor Johannes von St. Lazarus kenne ich natürlich gut, und dass du bei ihm warst und dich nicht gescheut hast, den Herren Aussätzigen zu dienen, das reicht mir als Bürgschaft für dich. Aber sag, was hat es mit dem Toten und dem Dolch auf sich?« Und so berichtete David auch noch von den Assassinen, den Juyushi und den Raihaniya. Allein seinen Aufstieg in den dritten Himmel ließ er aus, irgendwie schämte er sich, diesem Mann davon zu berichten.

Gerhard blickte nachdenklich zur Decke. »Wenn ein Haus mit sich selber uneins ist, kann es nicht bestehen«, murmelte er. Doch da unterbrach sie lautes Schreien vom Tor her.

Der »Auger« genannte Mann kam in das Refektorium gestürzt. »Sie wollen die Tür einschlagen, Herr, was sollen wir tun?«

Gerhards Miene wurde ernst. »Bleib du hier«, forderte er David auf. »Und bete!« Damit folgte er Auger aus dem Raum und lief zum Tor. David sprang an die Tür und starrte hinaus. Etliche der Männer liefen davon, aber die beiden, die David gerade noch so hart bedrängt hatten, blieben tapfer auf ihrem Posten. Gerhard selbst trat an das Tor. Sie hatten Mut, diese merkwürdigen schwarz gewandeten Männer. Das musste David trotz seiner Vorbehalte gegen die beiden anerkennen. Auf ein Zeichen Gerhards hoben sie den Riegel aus seiner Halterung und sofort flog die schwere, eisenbeschlagene Holztür auf. Drei Krieger mit gezogenen Schwertern stürzten herein, doch vor dem ruhig, mit erhobenem Haupt vor ihnen stehenden Gerhard blieben sie unschlüssig stehen. Da trat ein weiterer Mann herein, dem die drei ersten ehrfürchtig Platz machten. Mit seiner blutverschmierten Rüstung war er nicht zu erkennen, doch als er begann zu sprechen, riss David den Vorhang zur Seite und rannte auf ihn zu.

»Emir Tigran«, rief er überglücklich. Nie hätte er gedacht, sich so über den Anblick des armenischen Mamelukenführers zu freuen! »Dies ist ein heiliges Hospital, lass all deine Verwundeten schnell herbringen, hier können wir sie versorgen!«

Der Angesprochene fuhr herum. »David der Arztgehilfe!«, rief er. »Das ist eine Überraschung.« Seinen Kriegern rief er ein paar kurze Befehle auf Armenisch zu, woraufhin sie rasch wieder zum Tor hinausliefen. Dann ergriff der Emir, sicherlich noch im Überschwang der Gefühle nach der geschlagenen Schlacht, den herbeilaufenden David mit beiden Armen, drückte ihn an seine blutige Rüstung und küsste seine Stirn. »Gott vergelte euch die Barmherzigkeit, die ihr an meinen Männern tut!«

Etwas verlegen wandte sich David an die Hospitalbrüder. »Ihr werdet ihnen doch helfen?«, fragte er verlegen.

Doch Gerhard lachte laut auf. »Wir helfen jedem. Egal welchen Glaubens oder Volkes er ist!« Dann wandte er sich an die beiden Männer, die neben ihm ausgeharrt hatten und die nun dreinblickten, als würden sie die Welt nicht mehr verstehen. »Da seht ihr es wieder: Der Junge den ihr aus Angst vor den Männern des Kalifen vor die Tür setzen wolltet hat uns bei eben diesen Männern die Tür geöffnet. Ganz wie es geschrieben steht: Die Letzten werden die Ersten sein!«, Gerhard musste husten, als er sein Lachen unterdrückte. Doch dann schenkte er den beiden Sündern ein aufmunterndes Lächeln. »Aber eure Gebete sind erhört worden. Es steht außer Frage, dass Gott uns diesen jungen Mann geschickt hat, um uns aus der Hand der Eroberer zu erretten!«

Ansaldo

San Fruttuoso de Capodimonte, September 1098

Diesmal waren sie noch früher aufgebrochen. Ansaldo hatte gehofft, dass sich Adalberto Malaspina noch vor Ablauf der zwei Wochen bei ihm oder seinem Bruder melden würde, doch das hatte er nicht getan. Offenbar war es der frommen Frau nicht gelungen, ihn zu überzeugen. Dann musste es eben so gehen. Vorsichtshalber hatte Ansaldo auch seinen Bruder Genaldo nicht in seine Pläne eingeweiht. Die Patriarchen würden es noch früh genug merken, aber zu spät, um es noch zu verhindern. Ansaldo grinste bei dem Gedanken an seinen letzten Besuch im Kloster. Nicht dass es noch etwas zu verhindern gab! Er fieberte seinem Wiedersehen mit Giulietta mit allen Fasern seines Seins entgegen.

Unendlich langsam bewegte sich das Ruderboot nach Süden. Aber das war kein Wunder, die See war heute bewegt und ein leichter Südwestwind hemmte ihre Fahrt. Eigentlich ein schlechtes Omen, aber Ansaldo gab nichts darauf. Alles andere könnte nicht besser sein, Knie und Schulter machten beim Rudern keine Probleme und vor allem würde er noch heute mit der schönsten aller Genuesinnen, ach was aller Frauen überhaupt, mit Giulietta, vermählt werden. Das alleine zählte. Endlich umrundeten sie Punta Chiappa, und dort kam die Bucht mit dem Kloster in Sicht. Ansaldo konnte es kaum erwarten. Endlich erreichte das Boot den Strand. Ansaldo sprang heraus und überließ es seinen Gefährten, das leichte Fahrzeug höher auf den Sand zu ziehen. Ihm war es einerlei. Vor ihm wartete eine Gestalt im Schatten der Klosterpforte. Nun trat sie vor. Doch es war nicht Giulietta. Auch keine Schwester, wie er erstaunt erkannte. Es war ein breitschultriger Mann.

»Adalberto Malaspina«, rief Ansaldo und überwand seine Überraschung. Würde er ihnen also doch den väterlichen Segen erteilen? Doch die nächsten Worte ließen Ansaldo zurückprallen: »Verschwinde, Doria. Für dich gibt es hier nichts. Weil du Geraldo das Leben gerettet hast, lasse ich dich diesmal laufen. Aber merke dir: Giulietta ist für dich gestorben!«

Ansaldo traf der Satz wie ein Hammerschlag. Und er stürzte vom höchsten Glück ins tiefste Tal. »Wie kann das sein?«, stammelte er. »Sie war gesund und ich habe ihr bestimmt kein Leid zugefügt?«, fragte er mit zitternder Stimme.

Doch nichts von der Härte wich aus Adalbertos Gesicht. »Ich habe dir nichts mehr zu sagen, Doria. Wir sind fertig. Ein Kind hast du mir gerettet, ein anderes genommen. Jetzt verschwinde, bevor ich meine Beherrschung verliere!« Er baute sich mit seiner massigen Gestalt drohend vor ihm auf. Erschüttert taumelte Ansaldo zurück zum Boot. Antonio und ihr Ruderkamerad standen betreten daneben. Sie hatten alles gehört. Wie betäubt sank Ansaldo in das Boot und stierte stumpf vor sich hin, während die Gefährten das Fahrzeug ins tiefere Wasser zogen, hineinsprangen und mit zügigen Schlägen aufs offene Meer hinausruderten. Giulietta war tot. Wie zerbrechlich war doch das menschliche Glück! Vernichtet, in einem einzigen Augenblick.

Auria

Jerusalem 5. September 1098

Heute hat al-Afdal Schahanschah Meister Gerhard aufgesucht, um persönlich zu sehen, wie es seinen Verwundeten geht. Und er und seine Ärzte waren voll des Lobes für die Arbeit der Brüder«, berichtete Agnes begeistert. »Meister Gerhard hat ihm sogar ins Gesicht gesagt, dass wir auch Sunniten und Einwohner von Jerusalem behandeln, und der Wesir hat es ihm gestattet!«

Ein erleichtertes Raunen ging durch die Reihen der versammelten Schwestern. An die viertausend Menschen, die meisten von ihnen sunnitische Muslime, hatten bei der Eroberung der Stadt den Tod gefunden oder würden, so kein Wunder geschah, in der nahen Zukunft ihren Verletzungen erliegen. Lediglich Sökmen un Ilghazi, der Seldschukische Kommandant, hatte mit wenigen Getreuen gegen die Übergabe der Zitadelle freien Abzug nach Damaskus erwirkt. Doch die kleine Hospitalsgemeinde war ohne Blutzoll davongekommen.

»So danket unserem Herrn und der Fürsprache unserer Patronin Maria, dass der Herr uns aus der Hand unserer Feinde erlöst hat.« Aus tiefster Inbrunst stimmten die Schwestern in den Lobpreis ihrer Priorin mit ein. Auch für Auria war es ein Wunder. Ein Wunder, gewirkt durch die Heiligkeit von Meister Gerhard und den Mut eines jungen Franken, dessen Namen sie noch nicht einmal kannte! Seit dem Tag der Eroberung konnte sie kaum an etwas anderes als an ihren Retter denken.

»Das Erlebnis mit dem Dämon hat dich erschreckt«, behauptete Laura. »Aber du musst wieder etwas essen, sonst hast du zwar den Tag des Schreckens überlebt, aber wirst uns jetzt im Nachhinein noch krank!«

Doch Auria wusste es besser. »Lasst mich doch noch einmal hinüber nach St. Johannis, sehen, ob alles in Ordnung ist!«, bettelte sie.

Doch ihre Zofe spreizte entsetzt die Finger. »Niemals. Beinahe hätte dich dein Ungehorsam schon wieder ins Unglück gestürzt! Und nun willst du wieder dahin? Das schlage dir aus dem Kopf. Mehrere der schwarzen Dämonenkrieger liegen im Hospital und ihr Anblick würde dich bis ins Mark erschüttern. Außerdem weiß niemand, ob dein Anblick nicht das Blut dieser Barbaren zum Kochen bringt, und wer weiß, was sie dann anrichten? Willst du an einer weiteren Bluttat die Schuld tragen?«

Auria kannte diese Argumente, aber was sollten ihr die Dämonen anhaben, solange Meister Gerhard und der junge Franke dort waren? Anders als vor der Eroberung Jerusalems fand sie auch keine Ruhe in der Arbeit mit den Kranken und Verletzten, so sehr sie das Schicksal etlicher Jerusalemer Frauen auch rührte. Beinahe wäre es ihr schließlich ebenso ergangen, doch was half ihr die Errettung, wenn sie ihrem Retter nicht danken konnte?

Laura spürte ihre Unruhe, zog aber die falschen Schlüsse daraus. »Glaub mir, hier sind zwar nur Frauen, aber die Dämonen wissen nicht, dass du hier bist. Bei Mutter Agnes bist du in Sicherheit. Umso mehr, als al-Adfal Meister Gerhard nun in aller Öffentlichkeit für seinen Dienst an den Kranken gedankt hat! Keiner der fremden Krieger wird seinen Fuß über die Schwelle dieses heiligen Ortes setzen«, versuchte sie ihren Schützling zu beruhigen.

Doch am Ende war es ihr Vater Giordano, der die Situation änderte. Es war das erste Mal, dass er sie in St. Magdalena aufsuchte. Sie hatte immer den Eindruck gehabt, er habe sich ganz von der irdischen Welt verabschiedet und lebte nur noch im Gottes- und Krankendienst. Doch plötzlich stand er vor ihr. »Ich mache mir Sorgen um dich, nach alldem, was du durchgemacht hast, und da hat mir Meister Gerhard frei gegeben nach dir zu sehen.« Er betrachtete sie besorgt. »Du bist schmal geworden, und diese Ringe unter deinen Augen gefallen mir gar nicht. Was hast du? Plagen dich dunkle Träume?«

Auria schüttelte den Kopf. »Ach, Vater, ich sorge mich nur um all die Freunde in St. Johannis und wie es euch ergehen mag. Dich zu sehen, beruhigt mich etwas, aber ich würde doch zu gerne wieder einmal hinüber ins Hospital gehen.«

Giordano hob die Brauen. »Das war auch das letzte Mal sehr gefährlich und gar nicht schlau von dir«, tadelte er sanft. »Du musst verstehen, dass Mutter Agnes nun besonders auf dich achtet. Aber wenn du deinen alten Vater begleitest, wird sie sicherlich nichts dagegen haben.«

»Du nimmst mich mit?«, jubelte sie.

»So gefällst du mir schon viel besser«, lächelte Giordano. »Ich will ein gutes Wort bei deiner Priorin einlegen. Denn das letzte Wort hat sie.« Er schwenkte den Zeigefinger streng vor ihren Augen. Aber Auria war nicht mehr zu bremsen. Überschwänglich umarmte sie ihren Vater. Sie wusste selbst nicht zu sagen, wieso sie sich auf einmal so glücklich fühlte. »Lass mich mit Agnes sprechen«, bat Giordano, sich mühsam aus der Umarmung befreiend. Voller Energie ging Auria an die Arbeit, sodass Laura ihr mit offenem Mund nachstarrte.

Bald kam der Vater wieder. »Ich habe mit Mutter Agnes besprochen, dass du morgen früh zu uns hinüberkommst. Nun ist es bald Zeit zum Abendessen und da gibt es nicht mehr viel zu tun.«

Auria war etwas enttäuscht, doch schnell fand sie in ihre gute Stimmung zurück. »Bis morgen«, verabschiedete sie den gerührten Vater. An diesem Abend aß sie zum ersten Mal seit Tagen mit so gutem Appetit, dass sie erst das letzte Stück Brot hinunterschlang, als die Priorin sich zum Dankgebet erhob und damit das Ende der gemeinsamen Mahlzeit anzeigte. Laura blickte sie erstaunt von der Seite an. »Ich hatte gar nicht geahnt, wie sehr du dich um deinen lieben Vater sorgst«, flüsterte sie nach dem Gebet und drückte Aurias Hand.

David

Hospital des Heiligen Johannes, 6. September 1098

Und was sagst du nach den ersten Tagen voll Arbeit und Mühen, Blut, Tränen und Dreck zu meinem Angebot?« Meister Gerhard hatte David auf dem Hof abgepasst, als er sich eine kurze Pause gönnte. Zumindest sein Können wurde von den Brüdern bereitwillig angenommen, auch wenn ihm insbesondere Marcello und Bertrand noch immer mit einer misstrauischen Reserviertheit begegneten. David seufzte. »Es ist wahr, es gibt unheimlich viel zu tun. All die Verwundeten.« Er blickte zum Eingriffsraum hinüber, wo Meister Platearius ihn gerade abgelöst hatte. Auch der Chirurgus war zunächst zurückhaltend gewesen, doch spätestens seitdem sie den ersten Pfeil gemeinsam entfernt hatten, war das Eis gebrochen. Und der andere Medicus, Bruder Danolo, war ein sanfter Mann, der ihm sofort das Gefühl gegeben hatte, willkommen zu sein. David zweifelte nicht, dass er den beiden noch einige Geheimnisse der Heilkunst abschauen könnte. »Ich habe das Gefühl, das Hospital ist eine feste Burg inmitten des Sturms, der über diesen gesamten Landstrich braust.« Er hob die Hände, unfähig auszudrücken, was genau er fühlte.

»Ein Stück von Gottes Reich. Ein wenig Himmel auf Erden vielleicht«, schmunzelte Gerhard.

David zog die Brauen hoch. »Nicht wie der dritte Himmel«, behauptet er mit einem schiefen Grinsen.

Nun war es an Gerhard, die Brauen zu heben. »Was weißt du über den dritten Himmel?«, fragte er interessiert.

David hielt den Kopf schief und überlegte. Wie viel könnte er dem Meister verraten, ohne sein Vertrauen zu verlieren? »Kann es sein, dass ein Mensch in den Himmel kommt?«, fragte er.

Nun musste Gerhard lachen. »Bei den Menschen ist es unmöglich, aber nichts ist unmöglich bei Gott. Wir alle hoffen, dass wir einmal aus Gnade Aufnahme im Himmel finden!«

Doch David schüttelte den Kopf. »Ja, also nein. Das meine ich nicht. Glaubst du, dass ein Mensch den Himmel sehen und danach weiterleben kann?«

Gerhard wiegte den Kopf. »Der heilige Paulus ist im Himmel gewesen, wie er in einem seiner Briefe berichtet. Und die Muslime glauben, Mohammed sei dort drüben vom Felsendom aus mit seinem Pferd in den Himmel gesprungen. Aber ich glaube, ehrlich gesagt, dass das Ausnahmen sind. Es geschehen nicht immer gleich Wunder. Eigentlich sind wir, die Diener Gottes, zuständig, hier auf der Erde sein Reich aufzurichten. Nur wenn wir es nicht schaffen, dann greift der Herr gelegentlich direkt ein.« David nickte. Irgendwie schien dieser Mann dem Himmel näher zu sein, als er selbst es auf der Assassinenburg jemals war.

Es klopfte an der Pforte und David blickte kurz hinüber. Doch Bruder Auger lief bereits zu sehen, was es gäbe.

»Ich möchte dir jedenfalls noch einmal danken, dass du mich vor ein paar Tagen nicht zurück auf die Straße geschickt hast«, erklärte David noch immer zur Tür schielend. Was würde da kommen? Noch ein Mann mit Wundbrand? Doch als Auger die Tür öffnete, traten zwei Menschen im schwarzen Mantel der Brüder ein. Der Brüder und Schwestern. David erkannte in der zweiten Gestalt das Mädchen, welches er vor einigen Tagen beinahe dem Raihaniya ans Messer geliefert hätte. Sein Puls beschleunigte sich unwillkürlich. Er starrte zu ihr hin und konnte den Blick nicht von der züchtig verhüllten Gestalt wenden.

»Und wie steht es mit deinen Plänen? Haben wir einen neuen Medicus in St. Johannis?«, riss Gerhards Stimme ihn aus der Betrachtung.

David fuhr herum. »Was?« Dann besann er sich. »Ja! Ich nehme dein Angebot gerne an.«

Gerhard, dem Davids Blicke nicht verborgen geblieben waren, nickte langsam. »Das freut mich. Ich schätze, Bruder Danolo und Meister Platearius werden deine Unterstützung begrüßen.« Halb wandte er sich ab, dann fiel ihm noch etwas ein. Mit einem Lächeln drehte er sich wieder zu David. »Und ich bin gespannt darauf, mehr über deine Vorstellung vom dritten Himmel zu erfahren.« Er zwinkerte David zu. »Nun muss ich aber wieder an die Arbeit. Wir sehen uns spätestens bei der Complet. Du bist doch einverstanden, dass deines Vaters Glaube erst einmal unser beider Geheimnis bleibt?« David nickte. Er war es inzwischen gewohnt, sich der jeweils herrschenden Macht anzupassen. Er schaute dem Meister einen Augenblick hinterher. Umso mehr schätzte er es, in Meister Gerhard einen Menschen gefunden zu haben, dem er sich unverstellt anvertrauen durfte. Dann drehte er sich wieder zum Tor, doch das Mädchen war verschwunden.

Auria

Hospital des heiligen Johannes, 6. September, 1098

Auria entdeckte den blonden Franken sofort. Er stand vor dem Refektorium, im Gespräch mit Gerhard. Also hatte auch der Meister den Wert des Mannes erkannt. Ihre Anspannung schlug in Freude um, auch wenn sie selbst gar nicht recht wusste, warum. Doch Auger wechselte nur wenige Worte mit ihrem Vater, dann führte er sie direkt zum Krankensaal. Sofort wich ihre Freude wieder der Anspannung. Sie musste den Mann treffen, mit ihm sprechen! Sie musste einfach. Kaum konnte sie sich auf die einfachen Handreichungen konzentrieren, die ihr eigentlich bereits in Fleisch und Blut übergegangen waren. Die Patienten mussten neu gebettet werden. Viele schwitzten nachts trotz des hohen luftigen Raumes, den man extra errichtet hatte, um zu verhindern, dass ein Kranker die gefährlichen Ausdünstungen, oder Miasmen, wie die Ärzte sagten, der Krankheit eines anderen einatmete. Andere konnten ihr Wasser nicht halten oder erbrachen sich. Bei den Schwerkranken mussten immer zwei Pfleger helfen. Einer rollte den Kranken auf die Seite, der andere, nun im Rücken des Patienten, stopfte das verschmutzte Laken und den Rand eines neuen so weit unter den Kranken, dass man beides, wenn man ihn nun in die andere Richtung rollte, unter ihm hervorziehen konnte.

Die frischen Laken waren eine Besonderheit in St. Johannis. In Galata hatten die Pfleger nicht darauf geachtet und es den Angehörigen der Kranken überlassen, für frische Betten zu sorgen. Allenfalls wurde ein Laken gewechselt, wenn einer der Kranken verstarb. Es war eine ziemliche Arbeit, aber wenn Auria daran dachte, wie gerne sie sich selbst in frisches Leinen legte, musste sie kurz schmunzeln und machte weiter. Aßen die Herren Kranken nicht auch von Silber, wohingegen die pflegenden Brüder und Schwestern mit Holz oder Ton vorliebnahmen? Doch Meister Gerhard begründete dies immer mit einem Zitat seines Herrn: »Was ihr einem dieser Geringsten getan habt, das habt ihr mir getan.« Es hatte einige Monate gedauert, bis sie herausbekam, dass Gerhards oft zitierter Herr niemand Geringeres war als der Sohn Gottes. Er selbst war, wie sie inzwischen erfahren hatte, frei geboren, in seiner Heimat in der Provence sogar ein Edelmann und Ritter. Wieder musste sie schmunzeln. Doch plötzlich vergingen all diese Gedanken in einem neuen Licht. Wie wenn die Sonne aufgeht und die Sterne verblassen. Auf der anderen, der dem Hof zugewandten Seite des Krankensaals betrat Meister Platearius den Krankensaal. Und mit ihm eine weitere schwarz gewandete Person. Doch diese Gestalt hätte sie in jeder Kleidung erkannt: Es war der junge Franke. Ihr Herz raste und sie vergaß einen Augenblick Laken und Kranke und starrte zu den beiden hinüber. Maciano, einer der amalfitanischen Brüder, dem sie gerade half, folgte erstaunt ihrem Blick und entdeckte ebenfalls die beiden.

»Wir haben einen neuen Arzt«, erklärte er ungefragt.

»Einen Arzt?«, fragte sie erstaunt und konnte gerade noch verhindern, anzufügen: »Ich dachte, es sei ein Engel.«

Maciano nickte. »Meister Platearius!«, rief er. »Darf ich deinem neuen Kollegen meine Helferin vorstellen? Auria, die Tochter von Giordano, ebenfalls aus Amalfi.« Er wies stolz auf Auria, die bis unter die Haarwurzeln errötete. Meister Platearius nickte gnädig und wollte den Franken am Arm weiterziehen. Auria hatte den hochnäsigen Meister noch nie recht leiden können. Doch der junge Mann, sei er nun Engel oder Arzt, entzog sich dem Kollegen und kam durch den Mittelgang auf sie zu.

»Wir sind uns bereits begegnet«, erklärte er mit einem schwer zu deutenden Lächeln. »Aber man hat uns tatsächlich noch nicht vorgestellt. Ich bin David und Meister Gerhard war so freundlich, mir eine Stellung im Hospital anzubieten.« Er verneigte sich.

»David«, brachte Auria hervor und brach ab. Er hatte sie nicht vergessen! Doch sie waren nicht alleine, und sie benahm sich wie eine dumme Gans! Wenn Laura davon Wind bekäme, wäre es ein für alle Mal vorbei mit den Besuchen in St. Johannis! »Ich bin Auria«, erklärte sie ungelenk. Ihr Mund war knochentrocken und ihre Stimme krächzte fürchterlich.

»Du kennst den Wesir, heißt es?«, mischte sich Maciano glücklicherweise in das Gespräch. David wandte sich ihm zu, als hätte er ihn bisher gar nicht wahrgenommen.

»Nein, eigentlich nicht«, erklärte er und räusperte sich. »Ich habe ihn zum ersten Mal gesehen, als er Meister Gerhard hier besuchte. Ich hatte lediglich das Glück, die Bekanntschaft von Emir Tigran zu machen, dem Kommandeur des Juyushi-Regimentes, welchem auch der Vater des Wesirs vorstand. Und da al-Afdal Schahanschah immer noch lieber und vor allem besser Armenisch als Arabisch spricht, haben die Juyushi-Emire immer sein offenes Ohr.« Während er sprach, glitt sein Blick zu Auria, nur ganz kurz, aber der Blick wärmte ihr Herz wie ein Sonnenstrahl im Winter. Er hatte sie nicht nur bemerkt, sondern er interessierte sich ganz offensichtlich für sie!

»Ja, erstaunlich. Da steht der Wesir an der Spitze eines Reiches und spricht nicht einmal die Sprache richtig«, kommentierte Meister Platearius griesgrämig. »Komm jetzt, ich möchte mit dir den schwarzen Patienten begutachten.«

David nickte Auria noch einmal zu und folgte widerwillig seinem Kollegen. »Den Raihaniya?«, fragte er.

»Genau, ich kann nicht erkennen, ob die Wunde sich entzündet hat. Die Haut ist schwarz, wie soll ich da eine Rötung erkennen? Vielleicht gelingt es dir, wo du doch bei ihnen im Heer Arzt warst.« David folgte ihm auf die andere Seite des Krankensaals und Auria löste ihren Blick von dem neuen Arzt.

Sie schauderte leicht. »Wie viele von den Dämonenkriegern liegen denn hier?«, fragte sie Maciano leise.

Der hob die Augenbrauen. »Dämonenkrieger?«, fragte er verständnislos. Doch dann fiel es ihm ein. »Ach du meinst die schwarzen Männer des Wesirs? Vor denen musst du keine Angst haben. Ich habe selten so dankbare Patienten erlebt. Sie mögen schreckliche Krieger sein, aber uns gegenüber sind sie lammfromm und geben sich rührend Mühe zu helfen, wo sie nur können. Selbst mit den anderen Patienten!« Auria schaute ihn ungläubig an, doch der ältere Amalfitaner nickte ganz ernsthaft. »Doch, doch«, fuhr er fort. »Anfangs waren viele skeptisch wie du.« Er hielt erschrocken inne. »Ich habe ganz vergessen, dass dich einer angegriffen hat, damals auf dem Weg von St. Magdalena zu uns, nicht wahr? Dann hast du allerdings einen Grund, aber ich fürchte, das wäre dir selbst mit christlichen Rittern so ergangen.«

Sie nickte. »Und der neue Arzt hat mich gerettet.«

»Ach, daher kanntet ihr euch?«

»Ja«, bestätigte sie knapp. Sie hatte Angst, ihre Gefühle zu verraten, wenn sie mehr sagte. David …

»Jedenfalls«, setzte Maciano seine Erklärung fort. »Meister Gerhard verwies die Skeptiker sehr streng. Wir behandeln alle Menschen. Egal welchem Glauben sie anhängen, und auch egal wo sie herkommen und wie sie aussehen, oder wisst ihr, ob nicht auch unter ihnen unser Herr oder einer der heiligen Engel versteckt ist, der uns prüft?«

Der Rest des Vormittags verging wie im Fluge und Auria sah David nur noch wenige Male von ferne. Ganz traute sie sich doch noch nicht an die schwarzen Kranken heran, aber es schien so zu sein, wie Maciano gesagt hatte. Sie benahmen sich ganz zahm. Schließlich gab sich Auria einen Ruck. Wenn David sich nun mit den Schwarzen beschäftigte, musste sie eben auch die pflegen. Und wenn auch Meister Gerhard darauf bestand, konnte es nicht falsch sein. Sie wusste, wie bestimmt der sonst so sanfte Meister wurde, wenn es um seine Werte und Prinzipien ging. Also nahm sie einen Krug mit Wasser und stapfte mit klopfendem Herzen durch den Krankensaal. Sie wusste selbst nicht, ob aus Angst vor den Dämonenkriegern oder wegen der Nähe zu David.

Dann erreichte sie den Ersten. »Magst du etwas trinken?« Der Mann antwortete in einer unverständlichen Sprache, doch er hatte den Krug erkannt und versuchte die Hände auszustrecken. Aber der Verband ließ erahnen, dass er in der Flanke verletzt war. Jedenfalls zuckte er vor Schmerzen zusammen und verzog den Mund, ließ aber keinen Schmerzenslaut hinaus. Nur sein bittender Blick lag auf dem Krug. Auria bekam Mitleid und drückte sanft die gesunde Schulter nach unten.

»Ich gebe dir ja etwas«, erklärte sie. Dann nahm sie den Krug vorsichtig mit beiden Händen und führte ihn zum Mund des Kranken. Inzwischen hatte sie ein gutes Gefühl dafür, wie viel die Kranken vertragen konnten. Langsam gab sie ihm Schluck für Schluck, ohne etwas zu verschütten.

»Das machst du sehr gut«, lobte eine Stimme hinter ihr. »Wenn er husten muss, würde es ihn sicher sehr schmerzen. Er hat einen Lanzenstich durch die Lunge erhalten. Ein Wunder überhaupt, dass er das so wegsteckt.«

Sie fuhr herum. Da stand er und lächelte sie an. Das war ihre Chance. Sie wusste, eine weitere würde es so schnell nicht geben. »Wann werden wir uns wiedersehen?«, fragte sie drängend. Sie hatte die Frage absichtlich so gestellt. »Werden wir uns wiedersehen?« hätte ihm eine Möglichkeit gegeben, mit »Nein« zu antworten.

Nun verschluckte sich David anstelle des Schwarzen. Dann blickte er sich rasch um. Außer dem Patienten befand sich niemand in Hörweite und Gott allein mochte wissen, welche Sprache der Kranke sprach. »Ich werden den Meister bitten, mich morgen vor die Stadt zum Lazarus-Spital zu senden, um Rektor Johannes Amorusius zu besuchen. Er macht sich sicherlich Sorgen um mich, da ich vor der Eroberung bei ihm gearbeitet habe. Dann können wir uns im Stephanstor treffen. Ich werde um die neunte Stunde dort sein.«

David

Jerusalem, 7. September 1098

Ein ausgezeichneter Gedanke«, lobte Meister Gerhard, als David ihm von seinem Wunsch berichtete, das Lazarett zu besuchen. »Grüße Bruder Johannes von mir, ich bedaure, ihn diesmal nicht selbst besuchen zu können, aber hier im Hospital ist, wie du weißt, so viel los, dass ich unmöglich fortkann.«

David nickte. »Ich werde es ausrichten.«

»Normalerweise bringen wir ihnen Brot für die Herren Leprakranken, aber ich nehme an, derzeit sind sie vor der Mauer besser versorgt als wir hier in der Stadt. Also muss es für heute bei meinen Grüßen bleiben.« Er blickte einen Moment bedauernd in seine leeren Hände. Dann nicke er mehr zu sich selbst als zu David. »Also dann, Gottbefohlen«, damit wandte er sich wieder seinen Aufgaben zu.

David verließ das Spital also mit leeren Händen. Er kannte sich in der Stadt noch nicht sehr gut aus, wusste aber, dass das Leprosarium im Norden lag und dass das Stephanustor dorthin führte. Also fädelte er sich in den Fluss der Menschen ein, die durch die engen Gassen drängten, zunächst den Hang hinab nach Osten, aber bald erreichte er eine größere Straße, die von Nord nach Süd lief und die Stadt in zwei Hälften teilte. David wusste bereits, dass sie von den Christen als die Straße des Heiligen Stephanus genannt wurde, und so folgte er ihr nach Norden und erreichte bald das Tor, das nach dem ersten Märtyrer der Christenheit benannt worden war. Er drängte sich durch die Menschenmenge, was dadurch erschwert wurde, dass zu beiden Seiten des schmalen Durchgangs Händler und Marktfrauen ihre Waren ausgebreitet hatten, die sie lautstark anpriesen. David wunderte sich ein ums andere Mal, wie voll die Stadt bereits wieder war. Gerade erst vor wenigen Tagen war ein entsetzliches Blutbad über sie hereingebrochen. Tausende Menschen, meist Seldschuken und Sunnitische Moslems, aber auch unschuldige Christen und Juden waren den Schiiten und ihren Söldnern zum Opfer gefallen, aber hier auf dem Markt im Stephanstor schien es, als sei nichts Dergleichen passiert. Mühsam quetschte sich David vorbei an Käufern und Verkäufern und erreichte Platz, der nun am Vormittag von der Mauer beschattet war. Tief holte er Luft. Wie sollte er in diesem Gedränge Auria finden? Wenn sie überhaupt kam. Mit welcher Ausrede würde sie sich aus dem Hospital schleichen? Er schüttelte den Kopf. Das Ganze war verrückt. Noch verrückter als die Sache mit Birgül in Ikonien. Ein unangenehmes Ziehen im Unterbauch erinnerte ihn daran, was ihm das beinahe eingebracht hätte. Doch zuerst würde er seinen Auftrag erfüllen. Rektor Johannes machte sich bestimmt tatsächlich Sorgen um seinen Gehilfen. Er war ein Mann, der keinen einzelnen Menschen vergaß, das galt für die Leprakranken, aber auch für seine Brüder. Nun vor der Mauer konnte er sich gut orientieren. Das Lazarett musste etwas im Westen von seinem derzeitigen Standort liegen. Also folgte er der Mauer in diese Richtung. Das Belagerungsgerät war bereits in seine Einzelteile zerlegt worden, nichts kündete mehr davon, dass er diese Mauer vor einigen Tagen mit dem Holzturm überwunden hatte. Die Welt ging sehr schnell zur Normalität über, aber war es in Magenza nicht auch so gewesen, nachdem seine bekannte Welt mitsamt seiner Familie dem Wüten des Grafen Ermicho und seiner Schergen zum Opfer gefallen war? Doch da erkannte er die alten Mauern von St. Lazarus und richtete seine Schritte direkt darauf zu.

David traf Johannes Amorusius, wie nicht anders zu erwarten, an seinem Platz im Krankensaal. »Mein romanischer Freund«, rief er, sobald er David erblickte. »Wo bist du gewesen? Ich dachte schon, dir sei ein Unglück zugestoßen!«

»Nur beinahe, aber ich habe Schutz gefunden, in den Mauern von St. Johannis. Meister Gerhard schickt dir seine Grüße.«

»Meister Gerhard! Geht es meinem Freund denn gut? Und wie steht es im Hospital und bei den Damen in St. Maria Magdalena? Ist Schwester Agnes wohlauf?« Sorgenvoll presste er die Hände an die Brust.

»Allen geht es gut. Die Eroberer haben nur unseren Krankensaal belegt!«, lachte David. Dann berichtete er dem Rektor in allen Einzelheiten, was in den letzten Tagen in Jerusalem geschehen war.

»So dienst du jetzt im Hospital und nicht mehr im Lazarett?« Johannes schmunzelte etwas wehmütig. »Aber dort benötigt man deine Kunst im Moment dringlicher. Aber merke dir, du wirst bei uns in St. Lazarus immer willkommen sein.« Dabei ergriff er Davids Hand und drückte sie fest. »Und al-Afdal Schahanschah ist selbst zu euch gekommen? Das ist sehr gut. Auf die braven Armenier ist Verlass und auf Emir Tigran ganz besonders! Er hat uns die gesamte Zeit hindurch mit allem Nötigen versorgt. Ja, ich kann fast sagen, wir haben hier in St. Lazarus nie besser gelebt als während der Belagerung. Da ist es Gerhard und seinen Brüdern sicherlich schlechter ergangen.«

David nickte. »Der Meister hat rechtzeitig Vorräte anlegen lassen und Bruder Auger ist ein gestrenger Verwalter, sodass niemand, weder die Kranken noch die Brüder und Schwestern, Hunger leiden musste. Aber die Vorräte sind in der Tat erschöpft und so bat Meister Gerhard mich, seine Entschuldigung vorzutragen dafür, dass ich mit leeren Händen komme.«

Der Rektor lachte. »Das sieht ihm ähnlich, selbst in der Not entschuldigt er sich noch, dass er anderen nichts abgeben kann. Diesmal machen wir es andersherum und ich werde dir etwas für die Brüder mitgeben. Vergiss nicht, bevor du zurückkehrst, in der Küche vorbeizuschauen. Aber du bleibst heute doch bis zu Vesper bei uns? Die dienenden Brüder und die Kranken werden sich freuen, dich wohlauf zu sehen.«

David überschlug kurz die Zeiten. Die Prim war verstrichen, ebenso die Terz, aber es blieben ihm sicherlich noch fünf Stunden bis zu seiner Verabredung mit der goldenen Auria. »Ich habe versprochen, zur Non zurückzukehren, aber bis dahin werde ich gerne hier helfen.«

Auria

Jerusalem, 6. September 1098

Du hattest recht, die Ereignisse haben mich doch stärker aufgewühlt, als ich es wahrhaben wollte«, bekannte Auria nach ihrer Rückkehr nach Maria Magdalena gegenüber Laura. »Als ich gerade den Weg zum Hospital ging, kamen all die Erinnerungen zurück, und dann liegen im Hospital auch noch etliche der schwarzen Krieger.«

Laura stieß einen entsetzten Laut aus. »Ich hoffe, sie haben dir nichts angetan?« Besorgt ergriff sie Aurias Hand und musterte sie von oben bis unten, ob sie wohl ganz wäre.

Fast hätte Auria lachen müssen, doch sie hielt sich zurück, je zerknirschter sie wirkte, desto leichter würde es ihr fallen zu erreichen, was sie eigentlich wollte. »Nein, sie waren sehr freundlich und dankbar«, erklärte sie trotzdem. Es kam ihr unrecht vor, die armen Verwundeten zu verleumden. »Aber ich habe gelobt, dass ich morgen das Grab unseres Herrn besuchen werde, um für meine Errettung zu danken.«

Laura riss die Augen weit auf. »Das hat doch Zeit, noch ist die Stadt unruhig und voller Kriegsvolk. Wir werden das ein andermal nachholen, vielleicht im Winter.«

Doch Auria wollte nicht bis zum Winter warten. »Nein, ich habe es gelobt, und das muss man auch halten, sonst widerfährt uns vielleicht ein größeres Übel!«

Laura schüttelte den Kopf. »Was hast du dir da nur wieder in deinen kleinen Kopf gesetzt.«

Auria setzte einen flehenden Blick auf. »Ich bleibe auch nicht lange fort, bitte, bitte, liebe Laura!«

Da gab sich die alte Amme einen Ruck. »Na gut«, gab sie nach. »Morgen zur Sext dann.« Aurias Herz jubelte, das war einfacher gelaufen als gedacht. »Aber ich werde selbstverständlich mit dir gehen.«

Das wirkte wie ein Guss kalten Wassers auf Auria. Sie setzte an, um etwas zu erwidern, erkannte aber in Lauras Gesicht, dass in diesem Punkt nichts zu verhandeln wäre, und ließ die Schultern sinken. »Ja natürlich, das ist lieb von dir.«

Und so begaben sich die beiden Frauen nach der Sext, dem Stundengebet zur sechsten Stunde, also am Mittag, züchtig verhüllt zum Heiligen Grab. Schon bevor sie die Auferstehungskirche erreichten, nahm das Gedränge zu. Die Kirche selbst war nach der Zerstörung durch den Kalifen al-Hakim als zweigeschossige Rotunde um die Aedikula, das Grab Christi, wieder errichtete worden. Neben den einheimischen griechischen und jakobitischen Christen hatten sich vor allem armenische und abessinische Mameluken und Söldner, die, obwohl im Dienste des Kalifen von Kairo, diversen christlichen Denominationen angehörten vor dem Gebäude versammelt. Die erste Menschentraube wogte um den Felsen von Golgota, der unter einem ebenfalls zerstörten Säulendach nun im Freien stand. Auch um den Salbstein, auf dem Christi Leichnam der Überlieferung nach für sein Begräbnis gesalbt wurde, schoben und drängten sich die Gläubigen.

»Lass uns ein andermal wiederkommen. Es sind fast nur Männer hier«, rief Laura ihrem Schützling über den Lärm der Massen zu. Doch eben auf solch ein Gedränge hatte Auria gehofft. Sie schüttelte den Kopf und schob sich weiter, mitten hinein in die Masse der Männer und Krieger. Ein gewagtes Unterfangen – sie war froh, dass sie ihr blondes Haar zuvor sorgfältig mit einem schwarzen Schleier bedeckt hatte. Auf den ersten Blick mochte man sie in ihrem ebenso schwarzen Habit für eine Einheimische halten.

»Komm zurück, wir können hier niemals durchkommen«, rief Laura hinter ihr, doch schon befanden sich mehrere Menschen zwischen den beiden Frauen. Angespornt von diesem Erfolg, drängelte sich Auria weiter voran. Überall wurde sie gestoßen. Mehr als einer der rauen Männer versuchte, die Situation zu nutzen, um sie zu begrapschen. Dazu kam der Gestank nach Schweiß und Staub, Knoblauch und weiteren Dingen, die Auria nicht sicher benennen konnte. Mit einem Mal bekam sie es mit der Angst zu tun. Vielleicht war es wirklich keine gute Idee gewesen, sich hier in die Menge zu stürzen. Sie schickte ein Stoßgebet zum Himmel und versuchte umzudrehen, doch der Strom der Leiber ließ es nicht zu. Langsam wurde sie auf den heiligen Felsen zugeschoben. Es dauerte sicherlich eine Stunde, bis sie schließlich unter dem grimmigen Stein hindurch auf der anderen Seite wieder ins Freie gelangte. Einer Panik nahe lief sie sofort hinaus auf die Straße jenseits der Rotunde. Erst auf der schmalen, zwar belebten, aber nicht gedrängten Gasse hielt sie inne, um Atem zu holen. Sie verspürte keinerlei Lust, auch noch die Rotunde mit dem Heiligen Grab zu besuchen, die nach der Zerstörung als Ädikula wieder aufgebaut worden war. Doch Laura war sie tatsächlich los und bis zur Non hatte sie noch über eine Stunde Zeit. Ein wenig erstaunt stellte sie fest, dass ihr geheimer Plan aufgegangen war. Sie musste nur noch der Straße des Heiligen Grabes durch das christliche Viertel nach Osten folgen, bis sie auf die St. Stephansstraße traf. Rasch lief sie los. Laura und Agnes würde sie am Abend erzählen, sie habe sich noch bis zum Grab durchgekämpft. Ohne weitere Verzögerung erreichte sie das Stephanstor und drückte sich in eine Ecke, misstrauisch beäugt von zwei Marktfrauen, die eine unerwünschte Konkurrentin fürchteten, sich aber bald wieder ihrem Geschäft zuwandten, als Auria keine Anstalten machte, irgendwelche Waren auszupacken.

Aurias Herz klopfte heftig. Ob von der gerade durchlebten Bedrängnis oder wegen des bevorstehenden Treffens, wusste sie selbst nicht zu sagen. Doch zunächst geschah gar nichts, und Auria trat bald ungeduldig von einem auf den anderen Fuß, was ihr wieder böse Blicke der beiden Marktfrauen eintrug. Sie hielt den Blick Richtung Stadt gewandt, in der Annahme, dass David vom Hospital her käme. Doch plötzlich erblickte sie einen blonden Schopf. Das war er! Doch er war bereits an ihr vorübergegangen und drängte mit den Menschen hinein in die Stadt. »David!«, rief sie seinen Namen, doch er hörte sie nicht, zu laut schallte das Rufen der Händler im engen Tordurchgang.

Sie fügte sich in den Strom der Menschen und folgte ihm, begleitet vom Fluchen derjenigen, die sie unsanft zur Seite stieß. Dennoch gelang es ihr kaum, näher zu kommen. Ein großer Mann vor ihr versperrte ihr den Blick auf den Gesuchten. Nur für einen Augenblick – doch als sich Auria an ihm vorbeigearbeitet hatte, war der blonde Schopf verschwunden! Frustriert stieß sie einen lateinischen Fluch aus. Da griff eine Hand nach ihrem Arm. Sie fuhr herum, bereit, eine ganze Schimpftirade loszulassen. Doch es war der Gesuchte, Engel oder Arzt! Er hatte sich an den Rand der Straße zwischen die Händler gequetscht, offenbar ebenfalls in der Absicht, auf sie zu warten! Sie öffnete den Mund, da traf sie ein Stoß eines der vorbeidrängenden Menschen und sie landete direkt in den Armen des jungen Franken. Verlegen senkte sie den Blick.

»Du bist wirklich gekommen«, staunte er. Und die Unsicherheit in seiner Stimme gab ihr Mut. Er hatte auf sie gewartet!

»Und du bist wirklich aus Fleisch und Blut, und kein Engel!«, behauptete sie schelmisch. David schaute so verdutzt, dass sie lachen musste. »Was denkst denn du? Ein blonder Held, der plötzlich auftaucht und mich aus der Hand des Dämonenkriegers errettet? Da kann man doch schon an Engel glauben.«

Nun musste auch David lachen. Dann wurde er wieder ernster. »Bist du eine Ordensschwester, eine Nonne, meine ich?«, fragte er.

Sie schüttelte den Kopf. »Ich bin nur hier, weil mein Vater es so will, du kennst ihn sicherlich, sie nennen ihn Bruder Giordano.« Es klang für Auria immer noch seltsam, wenn alle ihren Vater mit »Bruder« ansprachen.

David nickte und dachte nach, was er über den Amalfitaner wusste. »Ein sehr frommer Mann«, bestätigte er schließlich.

Auria nickte. »Ein guter Mann. Und dann ist da noch Meister Gerhard, viele halten ihn für einen Heiligen.«

Diesmal musste David nicht lange nachdenken. »Das spüren sogar die Ungläubigen«, behauptete er mit einem leichten spöttischen Unterton, den sie nicht recht zu deuten wusste.

David

Jerusalem, 8. September 1098

David befand sich in melancholischer Stimmung. Zum einen war es bereits zwei Tage her, dass er Auria getroffen hatte, dort am Stephanustor. Sie lebte nur wenige Schritte weit die Straße hinab, aber doch in unerreichbarer Ferne. Ihre Zofe Laura passte gut auf sie auf, und David wusste noch nicht einmal, wie sie den letzten Alleingang ihres Schützlings aufgenommen hatte. Auria selbst hatte sich jedenfalls vor der Rückkehr nach St. Maria Magdalena gefürchtet. Zum anderen versetzte ihm die Erkenntnis, dass sie ihn niemals akzeptieren könnte, wenn sie von seiner Herkunft erfuhr, jedes Mal einen Stich, wenn er daran dachte. Aurias Vater war einer der Frömmsten im Kloster, und sie redete von Engeln und Heiligen. Gut, Meister Gerhard war tatsächlich ein außergewöhnlicher Mann, an dessen Leben auch Rabbi ben Ezer nichts auszusetzen gefunden hätte, aber doch ein christlicher Heiliger. Allerdings waren die Grenzen zwischen den einzelnen Kongregationen hier in Jerusalem nicht so scharf gezogen.

Die Brüder der griechischen St. Johanniskirche, benannt nach dem Täufer, dessen Haupt sich in ihrer Obhut befand, gingen im Spital ein und aus und bei den Patienten unterschieden die Brüder nicht zwischen Griechen, Franken, Jakobiten, Armeniern oder Maroniten. Ja nicht einmal zwischen Juden und Muslimen. Er seufzte und wandte sich wieder dem Mann zu, der mit einem dicken Geschwür am Gesäß zu ihnen gekommen war. Er hatte Schmerzen und konnte inzwischen kaum noch richtig gehen. Die Eiterbeule war prall, stark gerötet und heiß. Hier könnte er rasch Abhilfe schaffen. Er nahm das Messer, während der Patient bereits ängstlich wimmernd mit dem Bauch auf der Pritsche im Behandlungsraum lag. Ein rascher Stich, ohne Vorwarnung, sodass der Schmerz schon vorüber war, bevor der Mann ihn bemerkte. Der Eiter spritzte hinaus und David wischte ihn vorsichtig mit einem Tuch beiseite. Dann legte er den Zipfel eines Leinenstreifens in die Wunde, um sie für einige Zeit offen zu halten. So konnte der Eiter weiter abfließen und er verhinderte, dass sich der Abszess wieder füllte.

»Du musst einige Tage Ruhe halten, damit der Verband nicht verrutscht. Und ich werde täglich einen neuen anlegen«, befahl David kurz angebunden und wickelte weitere Leinen um das Bein und Gesäß des Mannes. Es war nicht einfach, einen Verband anzulegen, der an dieser Stelle hielt.

Vorsichtig stand der Mann auf, ein mittelalter, untersetzter Kaufmann mit schwarzem Bart und lichter werdendem Haar. Er machte zwei Probeschritte und blickte erstaunt auf den jungen Arzt. »Es geht viel besser, du hast mich geheilt!«

»Ja, aber tu mir den Gefallen und lauf nicht so viel herum, sondern halte Ruhe. Ich schaue morgen wieder nach deinem Verband.«

»Gott segne dich«, rief der Patient, ergriff Davids Hand und küsste sie. So einfach war es hier. David verzog das Gesicht zu einem Lächeln. Der Mann wünschte ihm Gottes Segen. Welchen Gottes? Er vermochte es nicht zu sagen, war der Patient nun ein

Christ, Muslim oder Jude? Gott wüsste es schon einzuordnen. Und er musste tatsächlich gnädig auf den jungen Arzt geschaut haben, denn zur Abendmesse fand sich unerwartet Besuch ein: Auria! Noch besser, während die Zofe nach dem Mahl ein Gespräch mit dem sauertöpfischen Verwalter Auger begann, gelang es David, sich dem Mädchen zu nähern.

»Hast du großen Ärger bekommen vor zwei Tagen?«, flüsterte er.

Sie schüttelte den Kopf. »Nicht schlimm, aber Laura lässt mich kaum noch aus den Augen und ich vergehe, wenn wir uns nicht wiedersehen. Kannst du nicht zu uns herüberkommen? Unsere Türhüterin ist eine alte Frau und sie schläft nachts tief und fest. Ich öffne dir eine Stunde, nachdem die Mönche die Matutin gesungen haben, die Tür.«

»Heute Nacht?«, fragte David aufgeregt.

»Ja, ich kann nicht länger warten«, hauchte sie und wandte sich dann abrupt Meister Platearius zu, der etwas unbeholfen alleine stand. »Ich habe euren Rat befolgt, wegen der Frau mit dem Husten«, berichtete sie mit einem bezaubernden Lächeln. David spürte eine Welle der Eifersucht auf den eigenbrötlerischen Arzt.

»Oh, ganz wie Meister Gariopontus, einer der großen Lehrer an der Schule von Salerno, die ich besuchen durfte, in seinem zweiten Buche schreibt: Ein kleiner Husten kann jeden befallen! Und deiner Patientin geht es wieder gut?«, fragte der offensichtlich geschmeichelte Meister. Was für ein Pfau, dachte David. Doch dann hellte sich seine Mine auf. Ihm würde Auria die Tür öffnen, nicht Platearius. Ihm musste nur noch ein Weg einfallen, wie er zu so später Stunde das Hospital verlassen könnte.

Doch der Zufall kam ihm zu Hilfe, denn ein Fremder meldete sich an der Pforte. »Meine Frau liegt im Fieber zu Hause, sie ist zu schwach, als dass ich sie herbringen könnte«, jammerte er. Kurz entschlossen sprang David ein. »Ich werde gehen«, entschied er dem Bruder an der Tür. Wenig später führte der Fremde ihn durch das Gassengewirr der alten Stadt. Es ging ins muslimische Viertel. Endlich hielten sie vor einem verriegelten Tor. Von drinnen drang der gedämpfte Schein einer Öllampe heraus.

»Hier ist es, Hakim«, erklärte der Führer ehrfurchtsvoll. Es waren die ersten Worte, die er sprach, seit sie das Hospital verlassen hatten. Er klopfte und rief etwas auf Arabisch. Wenig später öffnete ein Junge am Übergang zum Mannesalter die Pforte. Er blickte ängstlich und hohlwangig. Die Belagerung war erst wenige Tage her und nicht alle waren danach so gut versorgt wie das Hospital. David betrat das Haus mit klopfendem Herzen. Der Moment unmittelbar bevor er seinen Patienten zum ersten Mal in Augenschein nehmen konnte, war immer aufregend. Alles konnte einen erwarten, und es war keinesfalls sicher, ob der Arzt dem gewachsen war, was hinter der nächsten Tür lauerte. David stellte sich immer vor, dass es den Rittern und Reisigen ebenso gehen mochte, wenn sie durch das zerstörte Tor in eine feindliche Burg vordrangen. Rasch führte der Fremde ihn durch den Geschäftsraum, in dem sich vor allem Stoffe befanden. Offenbar war er Tuchhändler. Sobald sie die hinteren Räume betraten, welche üblicherweise die Familie bewohnte, schlug ihm ein säuerlicher Geruch entgegen.

»Schickt kurz nach Mitternacht nach mir. Ich werde einen Trank mitbringen, der sie stärken wird«, verabschiedete sich David wenig später.

Allem Anschein nach handelte es sich um den Fall einer Vergiftung durch verdorbene Lebensmittel. Wahrscheinlich hatte der Mann, wohl ein Sunnit, es nicht gewagt, sich in der nun von den Ägyptern beherrschten Stadt auf den Markt zu begeben, um nach der ohnehin schon langen Belagerung endlich frische Nahrungsmittel zu besorgen.

»Es könnte heute Nacht zur Crisis kommen, und ich will in der Nähe sein«, schärfte David dem verängstigten Händler ein.

Der Mann nickte furchtsam. »Ich werde euch selbst abholen!«

David nickte. Bis zu seinem Treffen mit Auria blieben ihm dann noch volle drei Stunden. So könnte er sich um seine Patientin kümmern und trotzdem rechtzeitig zu Auria kommen!

Ansaldo

Genua, Oktober 1098

Das Leben hatte für Ansaldo alle Farben verloren. Er tat seine Pflichten im Geschäft der Familie, auch wenn ihn weiterhin der stumme Groll seines älteren Bruders begleitete. Doch mit seinem Herzen war er nicht bei der Sache. Alles war grau und einerlei. Die Nachrichten, die mit dem letzten Schiff aus St. Simeon gekommen waren, passten dazu. Primo di Castelli hatte es geführt. Die Embriachi-Familie schien die Einzige in Genua zu sein, die noch zäh am Kreuzzugsgedanken festhielt. »Die Situation in Antiochia ist schlimm. Immer noch hungern die Männer und in den Wintermonaten wird es wohl noch schlimmer kommen«, berichtete Primo seinem alten Kampfgefährten. Er hatte von der Geschichte mit Giulietta gehört und war gekommen, um Ansaldo zu trösten oder zumindest auf andere Gedanken zu bringen. Das war edel von ihm, aber auch darüber vermochte Ansaldo sich nicht zu freuen. »Bischof Adhemar de Monteil ist noch im August an einem Fieber gestorben und sogleich brachen die Streitigkeiten unter den Anführern wieder auf«, setzte Primo beharrlich seinen Bericht fort. »Bohemund hält weiterhin die Zitadelle und beansprucht die ganze Stadt für sich.«

»Sie haben es ihm ja auch vor der Eroberung zugesagt«, verteidigte Ansaldo seinen Herrn und brach damit endlich sein Schweigen.

»Schon möglich«, nickte Primo. »Aber Raimund hält noch immer den Palast von Yaghi-Siyan besetzt und gemeinsam haben

Raimund und Gottfried zwei Männer zu Kaiser Alexios nach Konstantinopel geschickt, Hugo von Vermandois und Balduin vom Hennegau. Aber der Letzte ist schon auf dem Hinweg verschollen.«

»Und was hat der Kaiser entschieden?«, fragte Ansaldo. Ganz kalt ließ ihn dieses Thema nicht. Sein Bruder schaute ihn überrascht von der Seite an, blieb aber stumm.

»Er konnte Kaiser Alexios nicht dazu bewegen, sich in Antiochia einzumischen, denn er traute sich nicht, so spät im Jahr einen Feldzug zu beginnen.«

»Hm«, bestätigte Ansaldo und versank wieder im Brüten. »Bohemund war das Wasser auf die Mühlen. Er behauptete, der Kaiser habe den Kreuzzug verlassen und sein ihm gegebener Lehnseid sei damit hinfällig. Jedenfalls hält er Antiochia gegen den Willen der beiden anderen. Gottfried hat sich daraufhin vergrämt nach Edessa zu seinem Bruder zurückgezogen und Raimund plant, Tripolis zu nehmen, um sich ein ähnliches Reich wie Bohemund in Antiochia zu erobern.«

»Und Jerusalem?«, fragte Ansaldo. »Was wird aus der Heiligen Stadt?«

Primo zuckte die Achseln. »Die hohen Herren sind untereinander genauso zerstritten wie wir Genuesen.« Er errötete, als er merkte, wie taktlos seine Bemerkung Ansaldo vorkommen musste, dessen Unglück ja gerade in der Feindschaft der Patrizierfamilien seinen Ursprung hatte. »Und Tankred schließlich hat sich Raimund angeschlossen, weil sein Onkel ihn auch leer hat ausgehen lassen«, nahm er schnell die Erzählung wieder auf, um von seiner Bemerkung abzulenken.

»Wir konzentrieren uns lieber auf Sardinien«, mischte sich nun Genaldo ein. »Vielleicht gelingt es dir endlich, dich aus deiner selbst verschuldeten Qual zu erheben, wenn du wieder am Ruder der San Matteo stehst. Ich habe gehört, dass kürzlich bei Lipari mallorcinische Piraten gesichtet wurden. Um Antiochia können wir uns noch kümmern, wenn der Krieg vorbei ist. Jetzt liegt dort der Handel ohnehin am Boden.«

Auria

Jerusalem, 8. September 1098

Nach der Matutin, oder Vigil, wie sie manchmal auch genannt wurde, hatten sich die Schwestern zur Ruhe begeben. Der Tag würde früh genug beginnen, immer mit Arbeit, aber auch voll Dankbarkeit, dass sie die Einnahme Jerusalems so unbeschadet überstanden hatten. Auria lauschte auf die Atemzüge der Schwestern. Manchmal murmelte eine im Schlaf, stöhnte leise oder hustete. Doch nichts deutete darauf hin, dass jemand wachte. Leise richtete sie sich auf. Sie tastete nach ihren Schuhen, zog sie aber nicht an, sondern behielt sie in der Hand, denn die Holzsohlen machten einen fürchterlichen Krach. Alles blieb ruhig und so schlich sie aus dem Schlafsaal. Auf dem Hof empfing sie ein Halbdunkel. Der Mond stand als schmale Sichel am klaren Himmel und spendete gerade so viel Licht, dass sie alles erkannte. Von Schwester Irena, der alten Türhüterin, war nichts zu sehen. Sie schlief vermutlich wie gewöhnlich in der kleinen Kammer neben der Tür. Leise huschte Auria zur Tür hinüber und drückte sich in den Schatten der breiten Pfosten. Ihr Herz schlug so laut, dass sie fürchtete, es könnte Irena wecken. Noch einen Moment hielt sie inne, dann zog sie an dem Riegel. Es gab ein hässlich kratzendes Geräusch und Auria fühlte sich kurz an ihr Abenteuer in Konstantinopel erinnert. Noch konnte sie zurück und die ganze Sache vergessen. Sie schnaufte, halb über ihre eigenen Gedanken, halb über ihre Unvorsicht verärgert, doch dabei zog sie weiter am Riegel. Mit einem kleinen Ruck gab er die Tür frei – sie müsste später daran denken, dass man den Riegel immer etwas anheben musste, um ihn zu schließen. Langsam zog sie die Tür auf, die auch noch schrecklich quietschte. Dann lugte sie hinaus und schrak zusammen. Eine Gestalt wartete stumm im Schatten des Tores. »Hast du mich nicht erwartet?«, fragte David leise.

Auria ärgerte sich darüber, aber sie konnte ihm unmöglich böse sein. »Komm herein, bevor noch jemand etwas bemerkt«, flüsterte sie. »Wir können uns im Refektorium verstecken, da sind wir um diese Zeit allein.« Doch kaum war er eingetreten, fielen sie einander in die Arme und Auria vermochte nicht zu sagen, von wem die Bewegung ausgegangen war. Ihre Lippen trafen sich zu einem langen Kuss, ihrem ersten. »Schnell ins Refektorium, bevor eine der Schwestern zum Abort muss und uns hier sieht«, flüsterte sie etwas außer Atem. Kaum in der Kammer, küsste er sie wieder. Auria ertappte sich bei dem Gedanken, dass so etwas in diesem Raum wohl noch niemals vorgekommen war. »Wann wirst du bei meinem Vater um meine Hand anhalten?«, fragte sie.

Doch David antwortete nicht sofort und ihr war, als würde eine eisige Hand nach ihrem Herzen greifen. »Oder willst du das etwa gar nicht?«, fragte sie mit auf einmal vor Angst zittriger Stimme.

Nun schüttelte er wild den Kopf. »Was für ein Unsinn, natürlich will ich!«, rief er unwirsch und sie atmete auf. »Aber«, fuhr er fort und verstummte gleich wieder.

»Was denn aber?«, fragte sie und im gleichen Augenblick erkannte sie, was sie für eine Närrin war. »Du bist schon verheiratet!«

Diesmal musste David leise lachen. »Nein, und dreimal nein. Ich bin nicht verheiratet und auch nicht versprochen.« Wieder schüttelte er den Kopf. »Zumindest mit niemandem, der noch lebte«, fügte er etwas leiser hinzu.

»Du bist noch verliebt in ein Mädchen, das verstorben ist? Oh, wenn ich diejenige sein dürfte, ich würde mein Leben gerne dafür geben!«

»Nein, nein. Ich war vielleicht als Knabe versprochen, ich weiß es gar nicht genau. Mein Onkel hielt mich immer für zu jung, als dass er mit mir darüber geredet hätte.«

»Du bist ohne deinen Vater aufgewachsen?«, fragte sie verständnisvoll. Ihr war es lange Zeit ähnlich ergangen.

»Ja, er ist gestorben, wie alle meine Verwandten«, erklärte David.

»Wie schrecklich«, entfuhr es Auria. Sie wusste nicht, was sie sagen sollte, dabei wollte sie ihm doch alles sein und geben, eine neue Familie.

»Und das hängt mit dem Grund zusammen, weshalb ich deinen Vater nicht einfach fragen kann, ob ich dich heiraten darf, beziehungsweise weshalb er nicht ohne Weiteres zustimmen wird. Meine Verwandten waren nämlich Juden.«

»Juden?«, fragte sie verständnislos. »Aber du bist doch Christ, ich habe dich bei der Messe gesehen!«

»Meister Gerhard meinte, es sei besser so«, bekannte er lahm.

»Meister Gerhard weiß Bescheid?«, fragte sie drängend.

Er nickte. »Ja.« Er klang zerknirscht.

»Aber dann wird ja alles gut!«, jubelte sie. »Wenn Meister Gerhard Bescheid weiß und dich dennoch akzeptiert, dann wird er einen Weg für uns finden!«

»Ich werde mit ihm sprechen«, versprach David. Sie küsste ihn wieder. Es fühlte sich genauso gut an wie zuvor.

David

Hospital zu Jerusalem, Oktober 1098

Und wie hast du dich bei uns eingelebt?«, fragte Gerhard. »Bruder Danolo und Meister Platearius sind jedenfalls mit deiner Arbeit zufrieden.« Der Meister blickte ihn forschend an. Immerhin hatte David ihn um diese Unterredung gebeten.

»Ja, es gefällt mir sehr gut hier. Und auch wenn Meister Platearius manchmal etwas überheblich ist, so teilt er sein Wissen doch bereitwillig, sobald man ihm die Ehre zukommen lässt, die einem Lehrer gebührt«, antwortete David. Er war froh, dass das Gespräch so einen unverfänglichen Beginn nahm, während er noch mit sich rang, ob er es wagen sollte, sein eigentliches Anliegen vorzubringen. Würde ihn der Meister nicht kurzerhand vor die Tür setzen?

»Doch ich nehme an, du hast dir nicht die Mühe gemacht, um ein Gespräch zu bitten, nur um die Vorzüge deines Mitstreiters zu erörtern. Was liegt dir auf dem Herzen?«

David atmete tief durch. »Auria«, stieß er dann gepresst hervor.

Meister Gerhard öffnete den Mund und schloss ihn wieder. David setzte zu einer weiteren Erklärung an, doch Gerhard hob die Hand zum Zeichen, dass er schweigen möge. Es dauerte einen Moment, vielleicht so lange, wie man benötigt, zwei Vaterunser zu beten, bevor Gerhard sein Schweigen brach. »Hast du ihre Ehre respektiert?«, fragte er mit einer steilen Falte zwischen den Augen.

»Ja, ja«, beteuerte David. »Ich will das Beste für sie, ich würde sie gerne heiraten …«

Wieder hob Gerhard die Hand. »Danke für dein Vertrauen. Und es ist gut, dass du Rat suchst, anstelle dem Drang deiner Jugend nachzugeben.« Er blickte an seiner schwarzen Kutte herunter und schmunzelte. »Auch wenn ich mir nicht ganz sicher bin, wieso du glaubst, dass gerade ich in Ehedingen raten könnte.« Doch dann wurde er wieder ernst. »Es ist nur natürlich, dass sich zwei junge Menschen wie ihr füreinander interessieren. Aber in eurer Situation bringt das einige Schwierigkeiten mit sich. Daher ist es wichtig, dass ihr prüft, wie ernst es euch beiden ist.« Wieder hob er die Hand, als David ansetzte, um dazwischenzureden, diesmal eher zu einer beschwichtigenden Geste. »Ich meine, ihr müsst euch Zeit lassen. Ich will sehen, dass ihr Gelegenheit bekommt, euch zu sehen, und dann werde ich beten und hoffentlich erkennen, was zu tun ist.«

Für David ging die Sonne auf. Der Meister setzte ihn nicht vor die Tür, er hatte sogar Hoffnung für sie! »Danke, Meister«, stammelte er.

»Einen Moment noch«, unterbrach Gerhard. »Du musst mir im Gegenzug eines versprechen.« David blickte ihn bang an. »Keine heimlichen Treffen an einsamen Orten. Ich bestehe darauf, dass ihr euch nur an belebten Plätzen trefft, zu christlichen Zeiten.« Er lächelte. »Ich glaube, das kann ich verlangen. Euch gänzlich voneinander fernzuhalten, wäre ohnehin hoffnungslos.«

Ansaldo

Genua, März 1099

Das Mittelmeer schob sich in endlosen grauen Buckeln auf den Strand der Handelsstadt zu. Noch konnte jederzeit ein schwerer Sturm losbrechen, den eine leicht gebaute Galera nur mit Glück und der Hilfe des heiligen Nikolaus überstehen würde. Doch Genaldo drängte auf die Abfahrt. »Sieh zu, dass uns auf Sardinien nicht die verdammten Pisaner die besten Happen wegschnappen. Und wenn du einen Mauren siehst, weißt du ja besser als jeder andere, was du tun musst, Ritter.«

Ansaldo verzog das Gesicht. Sein neuer Titel wurde von den Händlern seiner Heimatstadt stets mit Neid und Missgunst genannt. Da machte sein Bruder keine Ausnahme. Wahrscheinlich wollte er ihn einfach schnell loswerden, kein Wunder, so sauertöpfisch, wie er die letzten Monate gewesen war.

Auch der immer missgelaunte Pietro war nicht zufrieden. »So früh im Jahr werden wir keine Mauren treffen, die kennen sich schließlich aus mit dem Meer. Außerdem segeln ihre Frachtschiffe viel weiter draußen, sie steuern normalerweise nicht durch die Enge von Messina, sondern erst hinter Marsa-Aliy nach Norden, um die Ostwinde zu erwischen«, nörgelte er. Allerdings störte er sich auch nicht an Ansaldos Laune. So kam es, dass der erfahrene Pietro trotz aller Bedenken wieder am Backbordruder stand, als die San Matteo schließlich in See stach. »Wohin der Kurs?«, fragte er Ansaldo.

»Hast du Angst, dass du mich wie Odysseus am Mast festbinden musst, wenn wir an San Fruttuoso vorbeisegeln?«, fragte der bissig zurück.

Pietro lachte rau. Dieser Humor war nach seinem Geschmack. »Ich dachte nur, dass wir vielleicht etwas weiter aufs Meer hinaus halten? Wer weiß, vielleicht schickt uns der heilige Nikolaus doch einen fetten Ägypter, der hofft, bei schlechtem Wetter ungesehen vorbeizukommen!«

Ansaldo

Genua, April 1099

Du solltest dich nicht so gehen lassen«, rügte Genaldo. Die San Matteo war am Vortag aus Sardinien heimgekehrt. Mauren waren sie nicht begegnet, nur schwerem Wetter. Auch die letzte Ernte auf Sardinien war verregnet und die Preise verdorben.

Ansaldo blickte von dem stinkenden Strohlager zu seinem Bruder auf. Sein Kopf schmerzte vom billigen Wein und in seinem Arm lag ein billiges Mädchen mit schlechten Zähnen. Ansaldo erinnerte sich nicht, wo und wie er sie getroffen hatte. Aber eigentlich war es ihm auch egal. Er versuchte aufzustehen, aber nicht nur sein Kopf schmerzte, auch seine Knie waren steif.

Während des ersten Sturms hatten sie wieder begonnen, ihn zu plagen, und Ansaldo fragte sich, ob es wohl mit dem kalten Wetter zusammenhing. Doch was machte das schon? Er lag mit einem Kater neben einer billigen Hure und sein Leben war in der Gosse angekommen. »Wieso sollte ich mich nicht gehen lassen?«, fragte er streitlustig, doch noch während er es aussprach, merkte er, dass ihm auch ein Streit mit seinem Bruder keine Befriedigung bringen würde. Im Grunde war es ihm egal, was er dachte.

»Vielleicht interessiert es dich, dass die Embriachi aus Amalfi etwas mehr mitgebracht haben als du aus Sardinien«, erwiderte Genaldo scharf.

Ansaldo horchte auf. »Gibt es Neuigkeiten aus dem Heiligen Land?«, fragte er und war selbst über sein Interesse erstaunt.

»Keine guten«, erklärte sein Bruder. »Aber Guglielmo war bei mir, und er möchte die Compagnia wieder zusammenbringen, um das zu ändern.«

»Was für Nachrichten?«, fragte Ansaldo und richtete sich endlich zum Sitzen auf. Das Mädchen war inzwischen ebenfalls erwacht, erkannte die Situation, stand auf und drückte sich scheu zwischen Genaldo und dem Türpfosten hindurch.

»Du machst unserer Familie wirklich keine Ehre. Nimm dir wenigstens eine schöne Hure«, kommentierte Genaldo verächtlich. Wenigstens hatte er mit diesem Kommentar gewartet, bis das Mädchen verschwunden war. »Im Winter hungerte das Heer in Antiochia wieder«, fuhr Genaldo mit seinem Bericht fort. »Die Kreuzfahrer mussten die umliegenden Städte plündern, um Nahrung zu finden. Bei der Eroberung einer Burg sollen die hungernden Männer sogar ihre getöteten Feinde gekocht und deren Kinder auf dem Spieß gebraten haben!« Ansaldo fühlte die Übelkeit in ihm aufsteigen, aber er wusste nicht zu sagen, ob das der grauenvollen Geschichte oder dem billigen Wein zuzuschreiben war. »Zuletzt sind die einfachen Männer aufgestanden und haben gedroht, alleine nach Jerusalem zu marschieren, wenn die Herren

Ritter sich nicht an ihr Gelübde halten und gehen lassen.« Eine Spitze, die Ansaldo selbst in seinem augenblicklichen Zustand verstand. »Tatsächlich ist Raimund Ende Januar aufgebrochen.«

Ansaldo stützte den Kopf in beide Hände. »Und wie stehen die Dorias zu dem Ansinnen der Embriachi?«, fragte er.

»Ich erwarte Guglielmo heute Abend, um die Dinge zu besprechen. Ich wünsche, dass du bis dahin zumindest wieder so aussiehst, wie es deinem Stand entspricht!«

»Wir sind vor Gott verpflichtet, ihnen zu helfen. In einem Monat können wir segeln«, rief der Patriarch der Embriachi. Ansaldo horchte auf. Nach dem Verlust Giuliettas war der Kreuzzug das Einzige, wofür es sich noch zu leben lohnte.

Sein Bruder schwankte noch. »Das bindet eine Menge Männer und zumindest ein Schiff«, nörgelte er.

»Aber auch das letzte Mal war es kein Verlust«, behauptete Guglielmo. »Du wirst sehen, Genaldo, die Handelsniederlassung in Antiochia wird große Gewinne abwerfen, wenn der Krieg vorüber ist. Also nur, wenn er erfolgreich abgeschlossen wird, natürlich. Wir können so Konstantinopel und seine Zwischenhändler und Zölle umgehen und direkt bei den Arabern kaufen.«

Genaldo gab sich einen Ruck. »Von mir aus. Du kannst die San Matteo haben, Ansaldo. Aber keine Dummheiten mehr!« Ansaldo wusste nur zu gut, dass ihm sein Bruder vor allem das eigenmächtige Handeln übel nahm. Da war es ihm vermutlich ganz recht, wenn er sich freiwillig auf ein ungewisses Abenteuer in die Levante begab.

»Dann haben wir zumindest vier Schiffe«, bestätigte Guglielmo seufzend. Die Genuesische Flotte war damit erheblich kleiner als bei der letzten Expedition. »Zwei von uns Embriachi und je eines aus den Häusern Doria und Spinola.« Die Malaspinas hatten sich nach der Konfrontation mit Ansaldo ganz aus der Compagnia zurückgezogen. Zwischen ihnen und den Dorias herrschte wieder die gewohnte Feindschaft.

Zwei Wochen später landeten sie auf Cypern, um frisches Wasser und Proviant aufzunehmen. Johannes, der Apostolische Patriarch von Jerusalem, empfing sie freundlich. Kein Wunder, wollten sie doch dabei helfen, seinen Sitz für die Christenheit zurückzuerobern! Dort erfuhren sie, dass sich die Hafenstadt Jaffa inzwischen in der Hand der Kreuzfahrer befand.

David

Hospital zu Jerusalem, März 1099

Als David erwachte, wusste er einen Augenblick nicht, wo er sich befand. Doch dann fiel es ihm wieder ein. Alles war gut und ruhig. Er befand sich im Schlafsaal der Brüder im Hospital des Heiligen Johannes. Er blickte an die schmucklose Gewölbedecke und fragte sich, was ihn geweckt haben mochte. Für die Muezzins, deren Rufen vom Muslimischen Viertel mühelos zum Spital herüberdrang, war es noch zu früh. Er lauschte. Das gedämpfte Husten einiger Lungenkranker drang aus dem Krankensaal herauf. War es das, was ihn geweckt hatte? Müde drehte er sich um. Da hörte er es wieder. Gedämpfte Stimmen. Diesmal war er sich sicher, es kam vom Hof. Vielleicht war es Auria, der es gelungen war, sich aus der Obhut ihrer Zofe davonzuschleichen? Vielleicht suchte sie ihn? Doch gleich verwarf er die Idee wieder. Auch sie fühlte sich an das Meister Gerhard gegebene Versprechen gebunden. Er schlug die Decke zurück und sofort attackierte die Kälte seinen nur mit einem dünnen Leinenhemd bekleideten Körper. Einen Augenblick zögerte David, sollte er sich nicht einfach wieder schlafen legen? Es konnte tausend Gründe geben, warum jemand in der Nacht an die Pforte des Hospitals klopfte. Eine plötzliche Krankheit, ein Unfall … Aber auch dann würde er gebraucht. Leise stand er auf und tastete mit den Zehen unter seinem Bett nach den Schuhen. Der gepflasterte Steinboden war eisig kalt. Dann warf er den schwarzen Mantel über die Schultern und schlich zur Tür des Schlafsaals. Er befand sich im ersten Stock und so konnte er von oben den ganzen Kreuzgang überblicken. Unten im Hof befanden sich mehrere dunkle Gestalten. Räuber?, fuhr es ihm durch den Kopf, doch da blitzte eine Laterne auf, die einer der Männer bisher unter seinem Mantel verborgen haben musste. Im Schein der flackernden Kerze erkannte er Bertrand, den Ritter aus der Auvergne. Dann war Marcello sicherlich auch dabei. Doch wer waren die anderen zwei? Wusste Meister Gerhard von diesem nächtlichen Besuch? Auch wenn sie sich gegenseitig respektierten, so hatte David den beiden ihr abweisendes Verhalten bei seiner Ankunft im Hospital noch nicht richtig vergeben. Vielleicht entschloss er sich deshalb, die Verschwörer zur Rede zu stellen. Langsam ging er die Steintreppe hinab und schritt auf die vier Gestalten zu. Ein unterdrückter Ruf eines der Fremden zeigte an, dass man ihn entdeckt hatte. Schweigend warteten die vier auf ihn. Schließlich erreichte er die unheimliche schwarze Gruppe. Ein wenig mulmig war ihm doch dabei zumute.

»Was tut ihr hier?«, fragte er scharf. »Weiß der Meister davon?« Marcello und Bertrand tauschten einen Blick. Nur den Bruchteil einer Sekunde, aber David erkannte daran, dass er richtig gelegen hatte.

»Natürlich weiß Gerhard Bescheid«, flüsterte Marcello. Doch David war sich sicher, dass er log. Der alte Ritter hatte keine Übung darin. Aber wenn der Meister nichts wusste, wozu wären die Alten fähig, um es dabei zu belassen? Die Angst schlug wie eine Welle über ihm zusammen.

»Was soll das? Wer ist das?«, mischte sich nun einer der Fremden in das Gespräch. Eine harte Stimme, die in einem ähnlichen Dialekt sprach wie Marcello. Von der vierten Gestalt erklang ein schleifendes Geräusch. Wie – ja genau, wie ein Schwert, das aus der Scheide gezogen wird! Davids Angst drohte in Panik umzuschlagen.

»Ruhig, Brüder«, mahnte da Bertrand besonnen. »Das ist einer unserer Medici. Wir können ihm vertrauen.« Warme Dankbarkeit umfing Davids Herz. Damit hatte der Ritter alle Scharten ausgewetzt, die er bei ihrer ersten Begegnung geschlagen hatte! »Das sind zwei Männer aus dem Heer Gottfrieds von Bouillon«, erklärte der Auvergner. »Das Heer der Christenheit marschiert auf Jerusalem, um die Heilige Stadt zu befreien.«

Davids Gedanken überschlugen sich. Also stimmten die Gerüchte. Die Kreuzfahrer hatten sich neu formiert und waren offensichtlich erfolgreicher als der Volkskreuzzug, dessen unrühmlichen Endes er selbst Zeuge geworden war. Aber auf die Beherbergung von feindlichen Spionen stand der Tod. Bertrand und Marcello spielten mit dem Feuer, und das hinter dem Rücken von Meister Gerhard. Doch da fiel ihm wieder das Schwert des fremden Ritters ein. Es war sicherlich nicht der richtige Zeitpunkt, diese Dinge zu disputieren. Also nickte er. »Dann seid ihr erfolgreicher als Peter der Einsiedler und Walter Sans-Avoir!« Er grinste freudlos. Der fremde Ritter sah ihn verständnislos an. »Ich bin mit ihnen gezogen und bei Xeriogordos in die Hände der Seldschuken gefallen.«

Die zweite Fremde nickte bekräftigend und erneut erklang das schleifende Geräusch, als der unbekannte Ritter sein Schwert zurück in die Scheide stieß. »Wir werden Jerusalem befreien«, erklärte er selbstbewusst.

»Und darum wachen wir wie die klugen Jungfrauen, die, als die Wächter riefen, ihre Lampen fertig hatten, um dem Bräutigam entgegenzugehen«, behauptete Marcello.

David blickte ihn irritiert an, doch schon fiel Bertrand ein: »Deine Wächter rufen mit lauter Stimme und jubeln miteinander; denn sie werden's mit ihren Augen sehen, wenn der Herr nach Zion zurückkehrt, heißt es in der Schrift.«

»Schreibt der Prophet Jesaja«, bestätigte David. Diesen Text hatte er schon gehört, auch wenn ihm Zweifel blieben, ob der Prophet tatsächlich die Ankunft des Gottfrieds von Bouillon im Blick hatte, als er diese Worte niederschrieb. »Wenn ich hier nicht gebraucht werde, gehe ich wieder schlafen«, erklärte David. Niemand widersprach, als David in Richtung der Latrine davonschlich. Auf einmal hatte er einen heftigen Harndrang verspürt.

Am nächsten Morgen, nach der Laudes, winkte Marcello David heran. Er stand mit Bertrand bei Meister Gerhard. »Unser Medicus hat uns gestern daran erinnert, dass wir dir in allen Dingen Gehorsam schulden. So weißt du nun die ganze Geschichte.« Gerhard nickte David zu, dann blickte er zu Boden und schwieg lange. Und David war sich nicht sicher, ob er überhaupt noch antworten würde.

Doch schließlich richtete er sich auf. »Die Hure Rahab hat den Kundschaftern Israels in Jericho Zuflucht gewährt, weil sie vor dem Heer Gottes einherzogen. Und sie und ihr ganzes Haus wurden dafür verschont. Genauso haben wir den Kundschaftern des Heeres Gottes Zuflucht gewährt in diesem Hospital. Ich glaube, ihr habt recht gehandelt, auch wenn ihr mich hättet in euren Ratschluss einweihen sollen. Immerhin bringt ihr nicht nur euer eigenes Leben, sondern auch das der uns anvertrauten Kranken und das eurer Brüder in Gefahr!« Marcello senkte schuldbewusst den Kopf. »Normalerweise würde ich euch zur Beichte zu den Benediktinern in St. Maria Latina schicken, aber ich glaube, unter den gegebenen Umständen ist es besser, wenn so wenige wie möglich um die Sache wissen. Daher werdet ihr zu allem und jedem Schweigen. Und auch dich«, dabei sah er David direkt an, »bitte ich inständig um dein Wort, niemandem gegenüber von den Kundschaftern zu sprechen.«

David nickte. Er schielte zu Bertrand hinüber und ihre Blicke trafen sich für einen kurzen Moment. »Ihr könnt mir vertrauen.«

Auria

St. Johannis, Mai 1099

Wieder einmal hatte Auria es geschafft, im Männerspital helfen zu dürfen, doch bald nach ihrer Ankunft geriet der normale Tagesablauf völlig durcheinander. »Die Christen müssen die Stadt verlassen«, rief Bertrand aufgebracht. Er war gerade vom Markt gekommen, wo er einige im Hospital benötigte Dinge eingekauft hatte. Sofort bildete sich eine Traube von Brüdern um ihn.

»Wohin sollen sie denn gehen?«

»Wo finden sie Wasser, Nahrung und ein Dach über dem Kopf?« Alle riefen durcheinander. Die Nachricht erschreckte auch Auria. Was würde aus all den Menschen, was aus ihr und aus David?

»Ich gehe zum Bey«, entschied Gerhard, der ebenfalls herbeigeeilt war. »Wir haben in den letzten Jahren, und besonders auch nach der Eroberung, unzählige Männer und Frauen behandelt und es war uns stets einerlei, ob es sich um Christen, Juden oder Muslime handelte. Und erst recht ob die, welche unserer Hilfe bedurften, Schiiten oder Sunniten waren! Iftikhar muss mich hören.«

Endlich erblickte Auria David. Ob wenigstens er bleiben dürfte?, fragte sie sich. Er war immerhin kein richtiger Christ. Doch das wusste außer ihr nur Meister Gerhard. Endlich trafen sich ihre Blicke. Er nickte leicht und drängte sich wie zufällig dichter an sie heran. »Die Ägypter haben Angst, dass die Christen innerhalb der Mauern den heranrückenden Kreuzfahrern helfen«, erklärte Bertrand gerade.

»Kein Wunder, schließlich ist ihnen auch Antiochia durch Verrat in die Hände gefallen«, bemerkte Auger. »Ein armenischer Christ namens Firuz soll sie eingelassen haben.« Die Geschichte hatte sich inzwischen bis nach Jerusalem verbreitet.

»Aber fast die Hälfte der Einwohner Jerusalems sind Christen. Sie können doch unmöglich alle vertreiben?«, warf jemand ein. »Die Eroberung durch al-Afdal Schahanschah und die nachfolgenden Säuberungen haben fast viertausend Menschen das Leben gekostet, wenn nun noch alle Christen gehen, wer bleibt dann überhaupt noch in der Stadt?«

»Zumindest wird es dem Heer der Christen so nicht gelingen, die Stadt auszuhungern«, bemerkte Marcello und tauschte mit Bertrand einen vielsagenden Blick. Offensichtlich machten sie sich nicht nur um die Vertriebenen Sorgen.

Es dauerte noch bis zum Abend, bis Meister Gerhard zurückkehrte. Praktischerweise traf er alle Brüder bereits im Refektorium versammelt. »Liebe Brüder«, begann er. »Leider ist es wahr und der Bey ist fest entschlossen, die Christen aus der Stadt zu werfen.« Sofort erhob sich aufgeregtes Rufen. Meister Gerhard hob die Hände und wartete, bis wieder Ruhe einkehrte. »Das gilt aber nicht für uns«, verkündete er. »Die Angehörigen des Amalfitanischen Hospitals dürfen bleiben. Wir müssen uns aber kennzeichnen, damit man uns von anderen Christen unterscheiden kann. Ich habe zugesagt, dass wir uns das Kreuz der Heimatstadt unserer Gönner als Zeichen auf die linke Brust des Mantels nähen.« Er machte eine Pause, um das Gesagte sacken zu lassen. »Doch das ist nicht das Einzige«, fuhr er mit erhobener Stimme fort. »Wer möchte, kann natürlich mit den übrigen Christen abziehen. Aber«, wieder machte er eine Pause und holte tief Luft. »Aber ich möchte euch bitten zu bleiben, denn es gibt einige Aufgaben zu erfüllen, und ich fürchte, wir können alle Hände dafür brauchen. Zuerst habe ich mit dem Abt von St. Johannis gesprochen. Auch die griechischen Mönche müssen vor die Stadt, daher hat er mich gebeten, dass das Hospital bis zu ihrer Rückkehr über die Kirche des Täufers und seine Reliquie wacht.« Das war ein ungeheuerlicher Vertrauensbeweis, selbst Auria, die sich nicht für Politik interessierte, verschlug es den Atem. Die Griechen hatten Gerhard gebeten, das Haupt des Täufers zu bewachen? Doch schon fuhr der Meister fort. »Rektor Amorusius in St. Lazarus auf dem Felde wird versuchen, so viele von den vertriebenen Brüdern aufzunehmen wie möglich, und ich habe zugesagt, dass wir ihn aus der Stadt mit Nahrungsmitteln versorgen.« Wen hatte Gerhard denn in so kurzer Zeit noch alles aufgesucht?, fragte sich Auria. Er war beim Bey von Jerusalem, dem Abt von Agios Johannis und auch noch dem Rektor von St. Lazarus gewesen? Er war nicht nur ein Heiliger, sondern auch außerordentlich tüchtig!

Ansaldo

Jaffa, Juni 1099

Die Flottille der Genueser hatte von Cypern aus bei günstigem Nordwind binnen drei Tagen und zwei Nächten die Levante erreicht. Nun lagen die vier Galeras auf Reede vor Jaffa. Die Stadt war vor zwei Monaten von dem durchziehenden Kreuzfahrerheer erobert worden. Nun befand sich eine schwache Garnison dort, die sich außerordentlich über die Neuankömmlinge freute. »Das ging aber schnell!«, begrüßte sie am Seetor ein offenbar zum Hafenmeister ernannter Franke.

Ansaldo und Guglielmo blickten sich erstaunt an. »Wie meinst du das?«, fragte der ältere Embriacho-Sohn stirnrunzelnd.

»Naja, eure Brüder sind doch erst vor einer Woche gesegelt, um Holz zu holen.«

»Unsere Brüder?«, fragte Guglielmo vollends verwirrt.

»Ihr habt sie gar nicht getroffen? Die Flottille, die uns bei der Eroberung dieser hübschen Stadt hier von See unterstützt hat. Eure Brüder haben sich wacker geschlagen und Gottfried hat ihnen dafür hier in der Faubourg ein ganzes Viertel überlassen, um ein Kontor zu errichten.« Er schwenkte den Arm in einem weiten Bogen über die Lagerhäuser, die sich direkt hinter dem Seetor im Winkel zwischen Umfassungs- und Zitadellenmauer befanden

»Also wer auch immer hier geholfen hat, die Compagnia hatte damit nichts zu tun«, erklärte Guglielmo verwundert. »Alle Consuln, die den Kreuzfahrern treu geblieben sind, stehen vor dir.«

»Vielleicht haben die Malaspinas …«, begann Primo aufgeregt, doch brach ab, als er sah, wie Ansaldo bei der Nennung des Namens merklich zusammenzuckte.

»Nein, von einem Consul habe ich auch nichts gehört«, bestätigte der Franke. »Ein Erzbischof führte die Männer. Aber das lässt sich alles leicht aufklären. Eure Freunde haben einige Männer zurückgelassen. Ich frage mich nur, wo sie sind.«

»Die Pisaner?«, antwortete einer der Fußsoldaten feixend, seinem Akzent nach ein sizilianischer Normanne. »Die haben die Beine in die Hand genommen, sobald man euer rotes Kreuz im Masttop erkennen konnte!«

»Verdammt noch mal, Pisaner!«, fluchte Ansaldo. »Sind uns die Gauner zuvorgekommen?«

Der Sergeant räusperte sich, offenbar hatte er endlich seinen Fehler bemerkt. »Pisaner oder Genuesen, was macht das für einen Unterschied?«, fragte er mit einem entschuldigenden Grinsen. Es sollte wohl ein Scherz sein, aber der hatte nicht die gewünschte Wirkung

»Einen gewaltigen! Zur Hölle mit den Pisanern!«, schrie Ansaldo aufgebracht. Primo und Guglielmo blickten ihn fast genauso überrascht an wie der Franke. Erst jetzt bemerkte Ansaldo, dass er wieder einmal die Kontrolle verlor. Eine einzige Erwähnung der Malaspinas warf ihn aus der Bahn. Erschöpft ließ er die Schultern hängen.

»Aber wir sind doch alle Christen«, versuchte der Franke, ihn zu beschwichtigen. »Ihr Erzbischof Dagobert ist doch gewiss ein frommer Mann.«

Guglielmo nickte widerwillig und warf Ansaldo noch einen forschenden Blick zu. »Lassen wir es dabei bewenden. Jetzt sind jedenfalls wir Genuesen hier, um das Heer Gottes zu unterstützen.«

Der Sergeant atmete auf. »Was habt ihr geladen?«, fragte er rasch, um die Peinlichkeit zu überspielen.

»Lebensmittel«, erklärte Guglielmo. An den eingefallenen Wangen des Franken konnte man gut die Strapazen der letzten Monate ablesen. Ansaldo fragte sich klammheimlich, ob er wohl zu jenen gehörte, die bei der Eroberung von Maarat an-Numan Menschenfleisch gegessen hatten. Bei dem Gedanken schauderte ihm trotz des warmen Wetters.

Doch die Reaktion des Sergeanten und Hafenmeisters fiel anders aus als erwartet. »Kein Holz?«, fragte er bestürzt.

»Wieso Holz?«, wollte Guglielmo wissen.

»Na, vor Jerusalem benötigen sie Holz, um Türme zu bauen und die Mauern zu überwinden. Die sind nicht weniger hoch als jene von Antiochia. Vielleicht habt ihr davon gehört, wie schwer die zu überwinden waren.«

Der Sergeant schaute bei dieser Ausführung derart hochnäsig, dass Ansaldo sich zu einer Bemerkung gezwungen sah: »Ich war nach Bohemund und einem seiner Jarle der Dritte, der sie erstieg. Du kannst also davon ausgehen, dass ich sehr wohl weiß, wie die Mauern von Antiochia beschaffen sind. Fürst Bohemund selbst hat mich dafür in den Ritterstand erhoben.«

Der Sergeant schluckte und schaute Ansaldo erschrocken an. »Ich dachte, ihr wärt Händler«, stotterte er entschuldigend.

»Sono Genuensis, ergo mercator« – *Ich bin Genuese, also Händler*, erklärte Guglielmo lakonisch und brachte den alten Kämpen damit noch mehr in Verlegenheit. »Also Holz für Belagerungstürme?«, fragte er, bevor der Alte sich so weit erholt hatte, dass er antworten konnte.

»Ja, Herr«, erwiderte der eifrig. Sicherheitshalber nutzte er nun auch Guglielmo gegenüber die Anrede, die einem Ritter gebührte.

»Das Heer hat die Stadt am 13. Tag des Monats angegriffen, aber der Sturm wurde abgeschlagen, weil sie keine Belagerungsmaschinen hatten.« Ansaldo und Guglielmo blickten einander bedeutungsvoll an. Der Kampf um Jerusalem hatte also endlich begonnen. »Und die Zeit drängt, ihr Herren. Ein Entsatzheer des Kalifen zieht von Ägypten herauf. Unsere Männer benötigen Nahrung, aber vor allen Dingen Holz, um Belagerungstürme zu bauen!«

Langsam schweifte Guglielmos Blick auf die Reede zu den vier schlanken Schiffen hinüber. Dann blickte er Ansaldo an und hob die Brauen. »Wenn die Schiiten ein Heer aufstellen, wird auch ihre Flotte nicht lange auf sich warten lassen. Unsere Schiffe sind hier also nicht sicher. Und Holz? Die Galeras bestehen aus Holz …«, überlegte er laut.

Ansaldo verschluckte sich vor Schreck. »Aber wie sollen wir dann je nach Genua zurückkommen? Was, wenn der Kreuzzug scheitert?«, wandte er ein. Doch noch während er es aussprach, merkte er, dass es ihm völlig egal war. Nur die San Matteo war es nicht. Das Schiff war ihm über die Jahre ans Herz gewachsen.

»Jeder muss für die Sache unseres Herrn Opfer bringen«, wies Guglielmo ihn zurecht. »Haben nicht auch etliche der Ritter im Feldlager ihre eigenen Rösser geschlachtet und hat nicht unser Herr selbst eben dort, wohin wir ziehen, seinen Sohn geopfert?«, fragte er eindringlich. »Außerdem ist es besser, als wenn die Schiffe den Ägyptern in die Hände fallen.« Ansaldo nickte beklommen, fühlte sich aber gleichzeitig ertappt. Sie würden die schlanke San Matteo an den Strand ziehen und in einen gewöhnlichen Stapel Holz verwandeln. Vielleicht das Einzige, woran sein Herz noch wirklich hing. Er fühlte sich den Tränen nahe, doch nickte tapfer. Alles war vergänglich. »So weit sind die Pisaner zumindest nicht gegangen«, behauptete er.

Es blieb allerdings nicht bei der seelischen Belastung. Es erwies sich als Schwerstarbeit, die Schiffe auf den Strand zu ziehen und zu zerlegen. Im Meer mochten sie einem schlank und zerbrechlich vorkommen, am Strand taten sie es nicht. Zudem hatten sich die alten Verbände verkeilt und die spärlich verwendeten Nägel waren so verrostet, dass oft eher die Köpfe abrissen, als dass sie sich auch nur einen Fingerbreit aus dem Holz ziehen ließen. Die San Matteo, das älteste der Schiffe, machte es Ansaldo auch in dieser Hinsicht besonders schwer. Doch schließlich waren die Planken gelöst und das darunterliegende Balkengerüst zerlegt. Zusammen mit den Masten und Stengen lag nach zwei Tagen alles geordnet am Stand.

»Wie kommt es, dass das Heer so plötzlich bis Jerusalem gekommen ist? Wir hörten als Letztes, Raimund sei von Antiochia aufgebrochen?«, wandte sich Guglielmo am Abend an den Sergeanten.

»Eine lange Geschichte«, beschied der und strich sich durch den Bart. »Bohemund und alle übrigen in Antiochia haben sich schließlich Raimund angeschlossen. Aber es war nur eine Finte. Bohemund ließ sich und seine Männer nach zwei Stunden Marsch zurückfallen. Dann kehrte er um und eroberte den Plast des Yaghi Siya, den bis dato noch Raimunds Männer besetzt gehalten haben. Raimund tobte, als seine vertriebenen Getreuen uns am nächsten Tag erreichten. Gut, dass er wenigstens sein Eheweib Elvira mitgenommen hat, wer weiß, vielleicht hätte sich Bohemund auch sie genommen«, er lachte hämisch, denn die dritte Frau des Grafen war zwar nur eine illegitime Tochter des Königs von Aragon, galt aber als große Schönheit. Doch dann wurde er wieder ernst. »Aber damit noch nicht genug. Sobald die Nachricht vom Abmarsch Gottfried in Edessa erreichte, kam er eiligst heran. Raimund hatte währenddessen die Burgen Maarat und Hisn al-Akrad eingenommen, die beide zu Tripolis gehören, und belagerte die letzte Burg Arqa.«

»Und wer führt das Heer nun an?«, fragte Ansaldo gespannt. Er kannte die Anführer und wusste, dass weder Gottfried noch Raimund klein beigeben würde.

»Tja«, meinte der Sergeant und verzog das Gesicht. »Das ist noch nicht geklärt, fürchte ich. Außerdem kam es zum Streit um die Heilige Lanze, die Raimund an sich genommen hat. Peter Bartholomäus, ihr wisst schon, der Mann mit den Visionen?«

Ansaldo nickte. »Was ist mit ihm?«, fragte er. Als würden die Zwistigkeiten im Heer der Kreuzfahrer nicht schon reichen.

»Der hatte wieder Visionen, nicht nur vom Heiligen Andreas, sondern auch von Jesus selbst und von dem Geist des verstorbenen Adhemar.«

Ansaldo blickte ihn staunend an. »Und was haben sie gesagt?«

»Alles Mögliche, zum Beispiel dass das Heer barfuß nach Jerusalem marschieren soll!« Er lachte bei dem Gedanken. »Wir haben auch so genug Blasen bekommen. Aber dann vor zwei Monaten hat Arnulf von Chocques, der Kaplan Roberts von der Normandie, Peter aufgefordert, die Echtheit seiner Visionen zu beweisen. Mit der Feuerprobe.«

Die beiden Zuhörer sogen scharf die Luft ein. Eine Feuerprobe war die endgültige Bestätigung des Gotteswillens, aber meist endete sie für den Befragten tödlich!

»Und?«, drängte Guglielmo.

»Peter erklärte sich dazu bereit, und man erhitzte eine Axtklinge bis zur Rotglut. Doch Peter ergriff das glühende Eisen und trug es, ohne die Miene zu verziehen, neun Schritte weit!«

»Dann ist die Lanze also echt?!«, folgerte Ansaldo.

Der Sergeant grinste schief. »Kann schon sein, aber acht Tage später ist Peter an den Brandwunden gestorben. Er selbst behauptete davor freilich, die habe er sich erst bei der Feier seines Sieges zugezogen, als er ein Stück Fleisch aus dem Feuer zog.« Er zuckte die Achseln. »Raimund führt die Lanze weiter mit sich und ist fest von ihrer Echtheit überzeugt, aber sein Ansehen hat kräftig gelitten und er ist nicht nur mit Robert von der Normandie, sondern auch mit meinem Herrn Tankred heftig aneinandergeraten. Beide wechselten daraufhin in Gottfrieds Lager, der direkt weitermarschierte, ohne sich um Arqa oder Tripolis zu kümmern. Der Emir von Tripolis hat ihm sogar Pferde und Nahrungsmittel gesandt und versprochen, sich taufen zu lassen, wenn wir Jerusalem tatsächlich dem Fatimiden entreißen. Die hassen die Schiiten noch mehr als uns! Und nun steht unser Heer endlich vor Jerusalem.«

»Deus lo vult!«, bekräftigte Guglielmo und Ansaldo konnte aus vollem Herzen zustimmen. Wie sonst hätte das bei all dem Zwist und Streit gelingen können?

Doch am nächsten Tage traf unerwartet ein Zug von vielleicht hundert Rittern und Reisigen in Jaffa ein. Wenig später erschien der Sergeant mit drei Männern bei den schwitzenden Genuesen am Strand. »Das sind Werner Galdemar, genannt Carpinelle, Raimund Pelet und Wilhelm von Sabran«, stellte er die Neuankömmlinge vor. »Graf Raimund schickt sie euch entgegen, damit ihr sicher nach Jerusalem kommt«, erklärte er.

»Und das ist keine überflüssige Vorsicht gewesen«, ergriff Wilhelm gleich das Wort. »Werner ist mit dreißig Rittern und fünfzig Reisigen sofort abmarschiert, als euer Bote nach Jerusalem kam. Doch dann ging den Fürsten auf, dass das vielleicht zu wenige Männer wären. Also schickten sie uns mit weiteren fünfzig Rittern nach und wir kamen gerade rechtzeitig, um Werner beizustehen. Die Ägypter, sechshundert Mann stark, hatten einen Hinterhalt gelegt. Aber gemeinsam schlugen wir sie in die Flucht.«

Embriacho nickte. »Das ist gut, dass ihr uns entgegengezogen seid, denn wir haben eine Menge Güter zu transportieren.«

Und obwohl die Besatzung von Jaffa alles an Lasttieren zusammentrieb, mussten zwei Tage später auch die Männer gehörig mit anpacken. Langsam und mühsam wand sich das kleine Heer den steinigen Weg hinauf nach Jerusalem. Sonne und die Knappheit an Trinkwasser für Vieh und Menschen machten ihnen zu schaffen. Drei Tage später, noch bevor sie die Feldlager der Christenheit erreichten, kamen ihnen die ersten zerlumpten Gestalten entgegen. »Wer sind denn die?«, fragte Primo erschrocken. »Etwa Aussätzige?«

Ansaldo kniff die Augen zusammen. »Müssten sie dann nicht Klappern tragen?«, fragte er unsicher. In dieser Kriegszeit war alles möglich, auch dass die Aussätzigen auf ihre Klappern verzichteten. Als die Gestalten näher kamen, schlugen einige von ihnen das Kreuz und riefen sie an.

»Ist das Griechisch?«, fragte der hinzugetretene Guglielmo unsicher.

»Jedenfalls sehen die Gesichter alle normal aus. Abgemagert, aber nicht wie Lepra«, konstatierte Ansaldo. »Wer seid ihr?«, fragte er laut auf Latein.

Ein alter Mann humpelte nach vorne. »Wir sind Christen«, jammerte er. »Wir haben Hunger«, erklärte er.

»Wieso seid ihr hier draußen, wo es nichts gibt?«, fragte Primo mit belegter Stimme.

»Die Muslime haben uns aus der Stadt gejagt, als das Christliche Heer heranzog. Und wir haben nichts, wohin wir uns wenden könnten.«

»Sie hungern wie auch unser Heer«, mischte sich Werner Carpinelle ein. Aber das machte die Sache nicht besser, befand Ansaldo. Es war ein erschütterndes Bild, das sich den Genuesen und ihrem Geleit bot. Greise, Frauen und Kinder. Wobei die Jüngsten und die Ältesten längst verhungert sein mochten.

Ansaldo schluckte. Sein Mund war trocken. »Können wir ihre Not nicht lindern?«, wandte er sich an Guglielmo und die drei Anführer der Ritter.

»Die mitgebrachten Lebensmittel werden dringend für das Heer benötigt«, widersprach Carpinelle.

»Wenn Jerusalem nicht fällt, werden sie wieder hungrig werden und nichts ist gewonnen«, pflichtete ihm Wilhelm von Sabran bei.

»Aber können wir unsere Glaubensbrüder hungern lassen? Ist es nicht der Sinn unserer Compagnia und des ganzen Kreuzzugs, den bedrängten Christen zu helfen?«, fragte Ansaldo unsicher. »Wofür erobern wir die Heilige Stadt, wenn dann niemand mehr da ist, um sie zu bewohnen?«

Guglielmos Züge verhärteten sich. »Nein«, presste er heraus. »Wir müssen hart bleiben. Jeder muss Opfer bringen, hast du nicht auch deine San Matteo zerlegt?« Die drei Ritter nickten zustimmend. Entschieden trieb Guglielmo sein Pferd weiter. Langsam folgte der Zug der Genuesen. Die zerlumpten Gestalten wichen ängstlich vor den Bewaffneten zurück. Schließlich gab sich Ansaldo einen Ruck. »Deus lo vult?«, stieß er zwischen den Zähnen hervor, aber zum ersten Mal hatte das Bekenntnis einen fragenden Unterton.

Bald nachdem sie die verzweifelten Gestalten hinter sich gelassen hatten, wich der Weg nach Südosten ab und stieg von dem Tal zu einer weiten Ebene auf. Einige Stunden später lag es plötzlich vor ihnen: Jerusalem! Ergriffen hielt Ansaldo inne. Vor ihm lag das Ziel von Jahren der Anstrengung, Blut, Schweiß und Tränen, die Heilige Stadt. Primo hielt neben ihm, doch auch er blickte mit offenem Mund auf die ferne Mauer. Langsam erkannte Ansaldo Einzelheiten. Ein Feldlager befand sich zwischen ihnen und er Stadt. Es wirkte winzig klein. Ansaldo schluckte. Wie viele Ritter und Reisige mochten es bis hierher geschafft haben? Die Lager vor Antiochia hatten in seiner Erinnerung wesentlich größer ausgesehen.

»Das ist sie also, die Heilige Stadt«, bemerkte Primo.

Ansaldo nickte stumm. Seine Kehle war ausgedörrt und es war nicht nur Durst und der Staub der Reise. Er räusperte sich. »Lass uns die letzten Meilen gehen.«

Doch man hatte den Zug der Genuesen auch vor der Stadt bemerkt. Bald schon kam ihnen eine weitere Gruppe von Reitern entgegen. »Wer seid ihr?«, rief ein großer Ritter an der Spitze des Zuges sie an. »Guido!« Ansaldo erkannte die Stimme des Anführers, obwohl sein sonnenverbranntes Gesicht fast vollständig hinter einem struppigen Bart und dem Haubark verschwand.

Der Mann stutzte. Dann leuchtete etwas wie Erkennen in seinen Augen. »Der Ritter von Genua!«, rief er. »Eure Hilfe kommt wahrlich nicht zu früh!« Guidos Trupp schloss sich der Karawane der Genuesen an. Sie hielten direkt auf das Lager im Norden der Stadt zu. »Gottfried von Bouillon lagert hier zusammen mit den beiden Roberten und Tankred«, erklärte Guido.

»Die beiden Roberte?«, fragte Ansaldo.

»Robert von Flandern und Robert von der Normandie«, erklärte Guido.

»Wir berennen den westlichen Wall. Von dem Davidsturm bis zum Zionsberg«, warf Werner ein, der Guido eher kühl begrüßt hatte. »Ja, unser, also des Herzogs Abschnitt reicht vom Stephanstor dort drüben über die Mauerecke hier im Norden bis zum Davidsturm, den du von hier aber nicht sehen kannst.«

»Und was ist das für ein Gebäude, dort geradewegs vor der höchsten Ecke der Mauer?«, fragte Guglielmo, der neben ihnen in der Spitze des Zuges einherschritt, denn die Genuesen hatten alle Tiere für den Transport der Hilfsgüter abgestellt und der Normanne führte sein Pferd neben ihnen am Zügel.

»Das?«, fragte Guido und wies auf das betreffende Gebäude etwa zwei Pfeilschüsse vor der Mauer. Guglielmo nickte. »Es ist die Kirche des Heiligen Lazarus, Lazarett genannt. Dort haben armenische Mönche und einige Italiener ein Hospiz für Aussätzige errichtet.« Er runzelte die Stirn. »Im Moment befinden sich dort aber nicht nur die Leprakranken, sondern auch etliche der armen aus der Stadt vertriebenen Christen. Ihre Not ist so groß, dass sie lieber das Quartier mit den Aussätzigen teilen als zu verhungern. Arme Teufel.« Er spuckte auf den Boden.

Ansaldo nickte. »Wir haben schon vor einigen Meilen Flüchtlinge getroffen. Ich schätze, der Aussatz kann ihnen auch nicht mehr gefährlich werden, sie verhungern zuvor!«

Guido seufzte. »Die einzige Möglichkeit, ihnen zu helfen, ist es, Jerusalem einzunehmen. Zwei Ritter, die sich eigentlich einer

Hospitalbruderschaft von amalfitanischen Kaufleuten in der Stadt angeschlossen hatten, sind mit den Flüchtlingen hinausgekommen, bevor die Tore der Stadt geschlossen wurden. Sie haben sich Gottfried angeschlossen und berichtet, dass die Stadt mit Vorräten vollgestopft ist.«

»Dann hungern am Ende die Belagerten die Belagerer aus?«, fragte Primo mit spöttischem Unterton.

Doch Guido blickte ihn ernst an. »Das kann durchaus passieren, wenn uns nicht vorher das Entsatzheer der Ägypter erwischt.« Primo verschluckte sich und lief rot an. Doch inzwischen hatten sie sich dem christlichen Feldlager im Norden der Stadt genähert. Noch bevor sie es erreichten, kam ihnen noch eine Gruppe Ritter entgegen. Diesmal zu Fuß.

»Das ist Herzog Gottfried selbst«, staunte Ansaldo, als er den Vordersten der Männer erkannte. »Der Anführer des christlichen Heeres hat beschlossen, uns zu Fuß entgegenzugehen! Eine große Ehre«, rief er erfreut. Auch Guglielmo und sein Bruder Primo tauschten bedeutungsvolle Blicke. Als sie die Abordnung erreichten, verbeugten sich alle drei tief.

»Steht auf, Gesegnete des Herrn«, forderte Gottfried mit freundlicher Stimme. »Wir erwarten unsere eigenen Männer, die ich nach Samaria gesandt habe, um Holz zu holen, und die Ankunft des Ägyptischen Heeres, aber mit euch habe ich wahrhaftig nicht gerechnet. Seid willkommen! Der Herr sendet euch zur rechten Zeit!«

Selbstverständlich war die Ankunft der Genuesen auch von den Occitaniern bemerkt worden, zumal Werner Carpinelle, Raimund Pelet und Wilhelm von Sabran mit ihren Männern wieder dorthin zurückkehrten. Raimund sandte daher bald Graf Girard, um seinen Anteil zu holen. Im eilig zusammengerufenen Kriegsrat traf Ansaldo wieder mit seinem alten Kampfgefährten zusammen. Sorgenvoll krampfte sich sein Magen zusammen, als er das Zelt betrat, doch wenn Girard von

Rosselló einen Groll gegen ihn hegte, verbarg er es gut. Mit offenen Armen trat er ihm entgegen. »Ansaldo! Viel ist geschehen, seit wir uns zuletzt sahen, in Antiochia.« Er machte eine kurze Pause. »Wenn jemand jemals daran gezweifelt hat, dass auch Händler Gottes Werk verrichten können, habt ihr Genuesen ihn nun zum Schweigen gebracht. Euch schickt wahrlich der Himmel.«

Dankbar schloss Ansaldo den Ritter in die Arme. »Wir bringen Holz und Lebensmittel für das Heer Gottes«, verkündete er einmal mehr. Das schloss die Occitanier mit ein und es entsprach auch dem, was die Patrizier Genuas ihm aufgetragen hatten. Verstohlen blickte Ansaldo zu Gottfried hinüber, aber dessen Miene blieb völlig unbewegt.

Noch in der gleichen Nacht gingen die Franken, Normannen, Lothringer, Burgunden und übrigen Kreuzfahrer daran, unter Anleitung der genuesischen Seeleute, die sich auf diese Dinge besser verstanden als die Ritter, das Holz der Galeras zu verbauen. Sie sollten vor allem zwei große Belagerungstürme für Gottfried und Raimund und mehrere »Katzen« fertigen, fahrbare Schutzdächer, mit denen Bogenschützen und mit Hacken und Schaufeln bewaffnete Männer bis an die Mauern heranrücken konnten.

Auria

Jerusalem, 14. Juni 1099

Am siebten Juni 1099 gelangte das christliche Heer vor die Stadt und begann sofort mit der Belagerung. Doch wie in Antiochia waren sie zu wenige, um die Stadt vollständig einzuschließen, sodass die Verteidiger immer noch mit ihrer leichten Reiterei nach Belieben hinaus und hinein konnten, um Vorräte zu ergänzen oder ihrerseits die Vorratstransporte der Christen zu überfallen. Am Vortag schließlich war ein Sturmangriff der Christen abgeschlagen worden.

Auger schüttelte wütend den Kopf. »Daraus kann nichts Gutes erwachsen. Sie werden nicht hereinkommen, und für uns und alle Christen im Heiligen Land wird es noch üble Folgen haben. Jetzt sind auch noch Bertrand und Marcello verschwunden. Genauso wie ihre Waffen, die wir in einer Kammer hinter dem Refektorium aufbewahrten.« Er schnaufte verärgert, während Auria mit angehaltenem Atem lauschte.

»Gottes Wege sind unergründlich«, antwortete Meister Gerhard schlicht. »Für uns ist es genug, wenn wir unsere Pflicht tun. Ich will daher wieder hinuntergehen, um den armen Christen vor der Mauer ihr Brot zu bringen.«

»Bist du des Wahnsinns?«, rief Auger schockiert. »Du kannst doch nicht am Tag nach dem Sturmangriff hinausspazieren, um St. Lazarus einen Besuch abzustatten!«

»Ich werde nicht hinausgehen, ich werde ihnen von der Mauer Brot hinunterwerfen«, erklärte Meister Gerhard. »Ich habe nämlich Rektor Johannes Amorusius mein Wort gegeben. Außerdem will ich zwar gerne allen Menschen helfen, aber natürlich und besonders auch unseren Christlichen Brüdern und Schwestern, die dort bei St. Lazarus ausharren.«

Auria hatte genug gehört. Sie wandte sich ab und rannte hinüber zum Behandlungsraum, wo sie David vermutete. Wenn Gerhard diese Torheit beging, dann würde man ihn einkerkern oder gar töten. Und wer würde dann für sie und David einstehen? Ohne anzuklopfen, platzte sie in den Raum, wo sie den jungen Chirurgus tatsächlich dabei antraf, wie er einen Verband anlegte. Er blickte erfreut auf, als er sie sah. »Ich bin fast fertig.«

Doch sie ließ ihn nicht ausreden. »Du musst etwas unternehmen«, rief sie atemlos. »Gerhard!« Weiter kam sie nicht, ohne einige Male tief Luft zu holen.

»Was ist mit ihm?«, fragte David alarmiert. »Ist er krank?« Nun wandte er sich doch vom Behandlungstisch ab. »Oder haben die Ägypter ihn gefangen fortgeführt?« Er hatte ihr von den Spionen im Hospital berichtet.

»Nein«, erwiderte Auria gepresst. »Das heißt, noch nicht.« Er blickte sie verständnislos an. »Gerhard will den hungernden Christen in St. Lazarus Brot bringen, trotz der Belagerung! Und weil er nicht mehr hinaus zum Lazarett kann, will er ihnen das Brot über die Mauer zuwerfen. Aber wenn man ihn dabei erwischt, wird er als Verräter verhaftet oder vielleicht sogar getötet. Wen kümmert es schon, ob das Brot für die vertriebenen Christen oder für die Belagerer ist?«

David blickte sie mit aufgerissenen Augen an. »Das wird auch die Kreuzfahrer nicht interessieren, sie werden das Brot selber essen«, bemerkte er bissig.

»Und wie sollte man ihn nicht erwischen, am helllichten Tag?«, fuhr Auria händeringend fort. »Die Mauer wird Tag und Nacht bewacht!« Verstohlen blickte sie sich um. »Und was das für uns bedeutet, weißt du doch auch?«, fragte sie leiser.

David nickte. Dann sprang er plötzlich auf und lief auf den Hof hinaus. Sie und der Patient sahen einander erstaunt an. Als Auria David folgte, traf sie im Hof auf Meister Gerhard, den eine Traube von Brüdern umringte. Einige standen mit betretenen Mienen da, andere redeten heftig gestikulierend auf ihren Meister ein. Doch Gerhard stand still und schweigend, mit erhobenem Haupt. Nur sein schwarzer Mantel mit dem weißen Amalfitanerkreuz an der linken Brust flatterte im Abendwind.

»Ich werde gehen«, erklärte er schließlich bestimmt. »Wenn ich einstmals vor Gottes Richterstuhl trete, und das mag schon morgen der Fall sein, dann will ich nicht schamrot werden, wenn der Herr mich fragt, ob ich auch etwas für seine armen Knechte vor der Stadt getan habe. Macht es mir nicht schwerer, als es ohnehin schon ist.« Gerhard blickte seine Schüler einen nach dem anderen an, bis sie alle wegsahen.

Nur David hielt seinem Blick stand. »Du darfst nicht gehen. Man wird dich töten, und dann kannst du niemandem mehr helfen«, erklärte er nüchtern.

»Wenn die Gerechtigkeit mein Leben kostet, so sei es«, hielt ihm Gerhard entgegen. »Unsere Tage liegen in Gottes Hand. Zu seiner Ehre leben wir. Der Herr hat mir die Armen Jerusalems ans Herz gelegt.«

David blickte ihn abschätzend an. Dann senkte er demütig das Haupt. »Ich habe verstanden, Meister. Lass mich dir die Tasche mit dem Brot holen.«

Gerhard nickte müde. »Danke, mein Junge, ich bin von der Arbeit erschöpft und auch diese Streiterei kostet mich Kraft. Ich weiß ja, dass ihr euch um mein Wohlergehen sorgt. Aber wer bin ich? Ein Grashalm im Wind. Oder mehr noch ein armer Sünder, der nur die Gelegenheit wahrnimmt, seine Pflicht zu erfüllen.«

David lief, ohne ein weiteres Wort zu verlieren, in Richtung Refektorium und der dahinter liegenden Küche. Auria blickte ihm entsetzt nach. Wie konnte er nach nur zwei Sätzen aufgeben und dem Meister nun auch noch bei diesem Irrsinn helfen? Die Tränen liefen ihre Wangen hinab, und sie wusste nicht, ob aus Angst um den Meister oder aus Enttäuschung über David. Es dauerte eine ganze Weile, bis der aus der Küche zurückkehrte und Meister Gerhard die Tasche reichte.

»Die ist aber schwer«, bemerkte der verwundert. Doch dann zuckte er mit den Schultern. »Ich bin eben erschöpft. Doch von dieser Liebesgabe lasse ich mich nicht abhalten.«

David nickte. »Möge der Erhabene dich schützen!«

Der Meister verließ das Hospital. »Ich werde ihm folgen«, rief Bruder Dudon entschlossen.

Wie Petrus, der seinem Herrn in den Hof des Hohepriesters folgte, dachte Auria niedergeschlagen. Ihr Blick suchte David, doch dann entsann sie sich wieder seines Versagens, ja seines Verrates. Wenn Dudon Peter war, dann blieb für David nur Judas!

Wieder kamen ihr die Tränen, dabei hatte sie darauf vertraut, dass er helfen könnte.

Die Stimmung im Hospital war gedrückt, und alle harrten auf die Hiobsbotschaft, die Dudon früher oder später bringen musste. Natürlich ging Auria nicht zurück nach St. Maria Magdalena, sie wollte unbedingt sofort erfahren, was sich zutrug. Endlich klopfte es am Tor. Auger war sofort zur Stelle. »Wer ist da?«, fragte er mit fester Stimme. Halb erwartete Auria die Stimmen von ägyptischen Kriegern zu hören, die sie alle gefangen nehmen würden, doch es war Bruder Dudon. »Lasst mich rasch herein!«, forderte er aufgeregt. Kaum im Hof, da platzte es aus ihm heraus: »Ein Wunder ist geschehen!«, rief er. »Ein echtes Wunder und ich habe es mit eigenen Augen gesehen!«

»Was hast du gesehen?«, fragte Auger mit bleicher Miene.

»Sie haben unseren Meister verhaftet, aber sie haben ihn keines Verbrechens überführen können«, rief Dudon.

»So rede doch, was ist passiert?«, drängte Auger.

»Sie haben ihn nur eingesperrt, aber ihm kein Haar gekrümmt!« Alle begannen wirr durcheinanderzurufen, bis Auger schließlich die Stimme erhob. »Was in Gottes Namen ist denn für ein Wunder geschehen?«

»Ich bin dem Meister gefolgt, um zu sehen, was geschehen würde«, erklärte Dudon unnötigerweise. Jeder wusste das. »Tatsächlich haben ihn die Soldaten gleich bei der Treppe zum Wehrgang ergriffen.« Auria hing, wie alle Brüder, an seinen Lippen. »Natürlich griffen sie gleich nach der Tasche, um nachzusehen, was er da auf die Mauer schmuggeln wollte. Und da geschah das Wunder!« Trotz der Menge an Brüdern, die sich um ihn scharten, hätte man jetzt eine Nadel zu Boden fallen hören können. »Der Herr verwandelte die Brote in Steine!« Ergriffen schnappten die Versammelten nach Luft. Einen Augenblick staunte Auria genauso wie sie, dann glitt ihr Blick zu dem jungen Chirurgus hinüber. Sie sah ihn mit zusammengekniffenen Augen an. Gab diese Geschichte nur ihr zu denken? Doch in der Freude über die Rettung ihres Meisters achtete niemand auf den jungen Mann, der allem Anschein nach genauso überrascht war wie sie. Er stand staunend mit offenem Mund zwischen den Brüdern. Auria fühlte, wie ihr wieder die Tränen über die Wangen liefen. Doch diesmal waren es Tränen der Erleichterung. Der doppelten Erleichterung.

Ansaldo

Jerusalem, Juli 1099

Wenige Tage später kehrten die von Gottfried in den Norden gesandten Männer zurück. Tatsächlich hatten sie in Samaria Holz gefunden und die Arbeit an den Belagerungstürmen wurde mit noch mehr Energie fortgesetzt, während sich die Bogen- und Armbrustschützen mit den Muselmanen auf der Mauer Duelle lieferten und Männer mit Piken und Hacken geschützt von ihren Katzen versuchten, sich dem Fuß der Mauer zu nähern.

»Sie fürchten das heranrückende Heer des Kalifen mehr als die Feinde auf den Mauern«, spottete Drogo, den Ansaldo zu seiner großen Freude im Feldlager getroffen hatte.

»Oder sie wollen endlich die heiligen Stätten sehen«, entgegnete Ansaldo mit einem schiefen Grinsen. »Ein Zurück gibt es diesmal ohnehin für keinen von uns. Unsere Schiffe werden gerade zu Türmen getrimmt«, er zeigte mit dem Daumen auf die Baustelle.

»Das mag wohl sein«, lenkte der Normanne ein. »Wo wir schon so weit gekommen waren, wollte ja auch ich nicht mit Herrn Bohemund in Antiochia bleiben. So habe ich mich Tankred angeschlossen«, erklärte er mit einem Schulterzucken. »Wir haben Gott schließlich ein Gelübde gegeben, die Heilige Stadt zu befreien.« Sie blickten zu der Mauer hinüber. »Das gilt mehr als meine Lehenspflicht gegenüber Bohemund«, fuhr er fort, obwohl

Ansaldo gar keine Erklärung gefordert hatte. Doch der Bruch seiner Treuepflicht setzte dem Ritter sichtlich zu. »Deus lo vult«, bestätigte Ansaldo mit einem Schulterzucken.

Drogo drückte dankbar seine Schulter, doch bevor er dazu kam zu antworten, schallte lautes Rufen aus dem Lager herüber. »Was gibt es dort?«, fragte Drogo einen vorbeieilenden Knappen.

»Eine neue Vision!«, rief der. »Der Geist Adhemars gibt uns Weisung!«

Drogo und Ansaldo blickten einander an. »Ich habe gehört, dass die von Peter Bartholomäus ihm nicht gut bekommen sind«, warf Ansaldo ein. »Ja, Arnulf von Chocques, Roberts Kaplan, also Robert von der Normandie meine ich, misstraut den Visionen. Er hat einigen Einfluss auf Robert und vielleicht auch auf Gottfried«, bestätigte Drogo. »Aber lass uns hören, was es diesmal gibt.«

»Drei Tage sollt ihr fasten, um die Gnade des Herrn zu erlangen. Dann lasst alle Kriegsmänner barfuß rings um die Stadt herumgehen einmal jeden Tag, als Zeichen ihrer Buße. Und lasst die Priester sieben Posaunen tragen und die Posaune blasen. Und wenn ihr die Posaunen hört, soll alles Volk ein großes Kriegsgeschrei erheben. Dann wird euch der Herr die Stadt binnen neun Tagen in die Hände geben. Richtet nur alles getreulich aus, dann ist euer Sieg gewiss!«

»Wer ist denn das?«, fragte Ansaldo einen der Männer, die sich um die hagere Gestalt im Priestergewand scharten.

»Peter Desiderius«, flüsterte der Angesprochene ehrerbietig. »Adhemar ist ihm erschienen!«

»Und er sagt, wir sollten schon wieder fasten?«, fragte Drogo mit spöttischer Miene. »Wir hungern doch schon, seit wir Jaffa verlassen haben! Und in Antiochia haben wir auch ständig gehungert. Auf diesem Kreuzzug hungern wir überhaupt viel öfter, als das es mal genügend zu essen gibt!« Doch er erntete lediglich zornige Blicke. »Sie wollen es glauben«, flüsterte Ansaldo und zog seinen Freund fort.

Und so versammelten sich drei Tage später, nämlich am 8. Juli im Jahre des Herrn 1099, Herren und Knechte, um sich dem langen Zug um die Stadt anzuschließen. Wie eine Prozession von Büßern liefen sie barfuß den steinigen Weg entlang. »Wenn die Muselmanen nun einen Ausfall machen, sind wir geliefert, ohne Pferde und Stiefel«, schimpfte Drogo, der neben Ansaldo ging und der Vision offensichtlich immer noch misstraute. Doch sogleich zischte ihn ein anderer Ritter an. Die Prozession sollte schweigend verlaufen, und auch unter den Herren klammerten sich etliche an die Hoffnung, die Peter Desiderius in ihnen geweckt hatte. Der Zug begann im Norden, vorbei am Lazarett und dem Mauerabschnitt, an dessen Fuß sie bereits die Narben sahen, die Tankreds Männer mit Hacke und Schaufel gegraben hatten, dann richtete er sich nach Süden, vorbei am Davidsturm und dem Feldlager Raimunds, wo sich der Graf von Toulouse und Vizegraf der Provence mit seinen Männern anschloss. Trotzig ließ er die Heilige Lanze vor sich her tragen. Doch Gottfried nickte nur stumm und auch Roberts berüchtigter Kaplan hielt sich diesmal zurück. Ansaldo erkannte ihn zusammen mit den übrigen Geistlichen ganz vorn im Zug. Von der Mauer hingegen erklangen Schmährufe und Lachen, aber es kam nicht zu dem von Drogo befürchteten Ausfall. Schließlich erklommen sie den Berg Zion im Süden und folgten der Mauer, die an der Flanke des Tempelbergs steil zum Kidrontal hin abfiel. Die Sonne brannte inzwischen erbarmungslos auf die Büßer herab und Ansaldo hatte sich den rechten Fuß an einer Scherbe verletzt. Wenigstens ließen ihn seine Knie in Ruhe – seitdem er sich wieder auf den Kreuzzug begeben hatte, fiel ihm auf. »Deus lo vult«, murmelte er und schlug ein Kreuz. Mit neuem Eifer und neuer Zuversicht blickte er auf die von den Geistlichen an der Spitze des Zuges getragenen Kreuze und Fahnen, die gerade nach Norden in das Kidrontal einschwenkten. Der Tempelberg und das Goldene Tor lagen nun zu ihrer Linken hoch über ihnen, während rechter

Hand Gräber in den Felsen gehauen waren, einige mit kunstvoll gearbeiteten Steinsäulen vor ihren Eingängen.

»Wenn sie keine Feiglinge oder Idioten sind, dann ist jetzt der Moment für einen Ausfall«, zischte Drogo nervös. Offenbar hatte sich bei ihm noch keine rechte Andacht eingestellt. Aber der Freund hatte recht. Wenn die berüchtigte leichte Reiterei der Muselmänner aus dem goldenen Tor herausbrach, waren sie ganz und gar verloren. Doch außer ein paar Steinwürfen und weiteren Schmähungen passierte nichts. Schließlich wurde das Tal etwas flacher und rechter Hand erkannte Ansaldo Ölbäume. Der Zug schien davor zu halten und tatsächlich sammelte sich das Heer hier im Tal zwischen Jerusalem und dem Ölberg. Mit einem Mal erschallten Posaunen und Trompeten. Die Mönche und Priester gaben das Signal und die Spannung von drei Stunden schweigendem Marsch entlud sich in einem einzigen überwältigenden Kriegsgeschrei. Es hallte von den Bergen und Mauern wider und übertönte den Spott der Muselmanen. Der Lärm beeindruckte Ansaldo. Vielleicht hatten sie doch eine Chance. Da erkannte er vor sich am Berg Männer, die ihnen Zeichen gaben.

»Sie wollen zu uns sprechen«, bemerkte Drogo. »Hier vorne, das ist doch Arnulf von Chocques. Und das da hinten? Ist das nicht Peter der Einsiedler?«, fragte Ansaldo verblüfft. »Doch wer ist der da ganz am anderen Ende?« Drogo kniff die Augen zusammen »Das ist Raimund von Aguilers«, behauptete er dann. Ansaldo zuckte die Achseln. Der Mann war ihm unbekannt. Doch da begann Arnulf vor ihnen mit lauter Stimme seine Predigt: »Männer des Abendlandes, Streiter Christi!«, rief er. Offensichtlich waren die drei Männer ein Stück den Ölberg hinaufgestiegen, um zu predigen. »Hier steht ihr vor der heiligen Stadt. Dort, wo einst der Tempel Gottes stand, und wo Christus für euch sein Leben ließ.« Es wurde immer stiller. »Und wenn er wiederkommt, so wissen wir, dass er dort oben in

Macht und Herrlichkeit erscheinen wird.« Er wies mit der Hand den Ölberg hinauf nach Osten. »Er wird durch dieses Tor in sein Reich einziehen.« Nun wies er zum Goldenen Tor, welches über ihnen zum Tempelberg führte. »Doch wie wird er die Heilige Stadt vorfinden? Voll Unrat und von den Heiden befleckt? Beherrscht von jenen, die ihn einst geißelten, mit Essig tränkten, mit Dornen krönten und dann hinauf ans Kreuz brachten?« Vereinzelte Rufe ertönten. »Soll er sein geliebtes Kleinod, die Stadt, die der Herr seinen Augapfel nennt, so vorfinden? Nach allem, was er für uns getan und geopfert hat?«, fragte er lauter.

»Nein, nur das nicht«, schrie es aus der Menge. Und auch Ansaldo spürte, wie ihn Wut überkam. Er schüttelte verbissen den Kopf.

»Ich höre euch nicht!«, donnerte der Prediger.

»NEIN«, schrien Ansaldo und Hunderte weiterer Stimmen.

David

Jerusalem, 14. Juli 1099

Am Morgen waren wieder einige verwundete Armenier gekommen. »Sie haben die Belagerungstürme in der Nacht bis an die Mauern gerückt«, berichtete einer. »Zumindest im Norden, im Süden haben die Raihaniya in der Nacht einen Graben ausgehoben, direkt vor ihrem verdammten Turm.« Achtung schwang in seiner Stimme mit, wie man sie bei einem der Armenier selten für seine schwarzen Kameraden hörte. Doch den Tag über blieb es relativ ruhig. Zwar versuchten die Verteidiger, die Türme der Angreifer mit Brandpfeilen zu entzünden, doch hatten die Franken nasse Tierhäute auf das Holz genagelt und übergossen sie immer wieder mit Wasser, sodass sich kein Brand ausbreiten konnte. David hörte die Geschichten an und schüttelte ein ums andere Mal den Kopf. Es war kaum zu glauben, wie genau sich alles wiederholte, was sie bereits vor einem Jahr erlebt hatten. Damals war er bei den Angreifern gewesen, nun saß er eingeschlossen im Inneren der Stadt.

Doch der eigentliche Sturm begann erst am Fünfzehnten. Bereits seit den frühen Morgenstunden kam ein ständig anschwellender Zug von Verwundeten ins Hospital. Pfeile, Schleudersteine, immer dasselbe, bis der Kampflärm im Norden gegen die fünfte Stunde ein neues Maximum erreichte und der Zug der Verwundeten mit einem Male abbrach.

»Ich glaube, sie sind in der Stadt«, flüsterte Auger. Die Brüder, und diesmal auch fast alle der in Jerusalem zurückgebliebenen Frauen, hatten sich im Hof des besser geschützten Hospitals versammelt. Nur einige wenige Frauen waren mit ihrer Priorin Agnes bei den Patientinnen geblieben, die zu schwach und krank für einen Transport waren.

Das Warten war das Schlimmste, befand David. So begab er sich in den Behandlungsraum, um nach den letzten Neuzugängen zu sehen. Auria begleitete ihn, und er lächelte ihr dankbar zu. Sie war nicht nur seine Liebe, sondern auch eine tüchtige Helferin. Sie verstanden sich meist ohne viele Worte, was nicht bei allen Brüdern der Fall war, und bei schweren Verletzungen, wenn Eile geboten war, konnte er sich keine bessere Assistentin wünschen. Plötzlich gegen die neunte Stunde wurde heftig gegen die Tür geklopft. Doch anstelle der zornigen Stimme eines siegestrunkenen Eroberers ertönte ein ganz anderer Ruf. »Ich bin es, Bertrand. Marcello ist auch bei mir, wir bringen einen Verwundeten, lasst uns rasch herein!«

»Der Allmächtige scheint wirklich seine Hand über dieses Hospital zu halten«, bemerkte David mit einem erleichterten Grinsen. »Egal wer die Stadt einnimmt, die ersten Männer, die hier das Hospital betreten, sind immer genau die Richtigen.«

Ansaldo

14. Juli 1099, Jerusalem

Die Belagerungstürme waren am Vortag fertig geworden. Gottfrieds Turm überragte die nördliche Mauer um mehrere Mannshöhen. Hart gegerbte Lederhäute schützten seine Vorderseite, und seit die mächtige Maschine auf ihren knirschenden Rädern eine Pfeilschussweite der Mauer erreicht hatte, waren Knappen unermüdlich damit beschäftigt, die Häute feucht zu halten und Brandpfeile zu löschen. Spanne um Spanne schob sich der Koloss durch die Nacht auf die Mauer zu, die sich schwarz von dem strahlenden Sternenhimmel abhob. Tief gruben sich die Räder in den Sand, aber Hunderte von Männern bekamen den Turm immer wieder frei. »Er wird die Mauer tatsächlich erreichen«, jubelte Drogo, der sich wie Ansaldo unter den Schiebern eingereiht hatte. »Wir rücken unaufhaltsam vorwärts!« Ansaldo nickte grimmig.

Im Süden rückte Raimunds Turm zur gleichen Zeit auf den Abschnitt zwischen Davidsturm und Zionsberg vor, während Tankreds Männer bereits sechs Tage zuvor eine erste Bresche in die Mauer geschlagen hatten, die freilich viel zu schmal war, um sie gegen den Widerstand der Bewacher zu passieren. »Morgen früh wird die Entscheidung fallen«, stieß er zwischen den Zähnen hervor.

»Sie ist schon gefallen«, mischte sich ein flandrischer Ritter neben ihnen ein. »Deus lo vult!« Tatsächlich erreichte der Turm kurz vor Morgengrauen trotz heftigen Pfeilbeschusses die unmittelbare Nähe der Mauer. Inzwischen war auch der Aufenthalt hinter dem Turm gefährlich, denn sie konnte von den flankierenden Türmen eingesehen und beschossen werden. Gottfried ließ Männer mit »Faschinen« genannten großen Holzschilden zu beiden Seiten aufmarschieren, um sie zu decken, doch immer wieder schlüpfte ein Pfeil durch. Ein gellender Schrei zeigte an, wenn er sein Ziel fand. Doch die Menge der Männer befand sich in einer wilden Erregung, die kein Zurück mehr zuließ. »Halt jetzt«, ertönte schließlich eine Stimme.

»Gottfried selbst«, flüsterte Drogo. »Tapfer ist er. Das muss man ihm lassen.«

»Der Turm ist in Position, macht euch bereit für den Kampf!«, dröhnte die Stimme des Anführers durch die Nacht. »Sobald die Sonne aufgeht, greifen wir an!« Es gab ein hastiges Rennen und aufgeregtes Rufen. Knappen suchten ihre Herren, um die letzten Teile der Rüstungen anzulegen oder ihren Sitz zu überprüfen, Männer rückten die schweren Holzschilde zurecht und lockerten die Schwerter in der Scheide.

Eine fiebernde Aufregung ergriff auch Ansaldo. »Wie es wohl sein wird, oben auf dem Turm?«, raunte er Drogo zu.

Der erkannte die Nervosität seines Freundes. »Wie in Antiochia, da sind wir doch auch über die Mauer gestiegen«, antwortete er und versuchte, seiner Stimme einen leichten Klang zu geben, doch Ansaldo kannte ihn inzwischen gut genug, um die Anspannung herauszuhören.

»Das war etwas anderes«, behauptete er. »Hier sind die Feinde wach und warten auf uns. Eher so, wie wenn wir ein Piratenschiff entern, nur alles viel größer und unübersichtlicher.« Ihr Gespräch wurde durch einen Reiter unterbrochen, der hinter ihnen heranpreschte. »Wo ist Gottfried?«, rief er mit dem unverkennbaren Zungenschlag der Provenzalen.

»Das ist einer von Raimunds Männern«, rief Drogo. »Was mag das zu bedeuten haben?« Doch sie mussten nicht lange auf die Antwort warten. In dem Gedränge, welches am Fuße des Turms um Gottfried herrschte, ließ sich keine Nachricht geheim halten. »Raimunds Turm ist in einem Graben stecken geblieben!«, hieß es.

»Wie kann das sein?«, fragte der flandrische Ritter, der immer noch neben Drogo stand. »Sie können den Graben doch nicht übersehen haben?«

»Die Muselmanen haben sich in der Nacht vor die Mauer geschlichen und ihn ausgehoben«, wusste ein weiterer Mann.

»Unglaublich, vor den Augen von Raimunds Heer?« Ansaldo konnte es nicht fassen.

»Das ist Mut. Das muss man ihnen lassen«, bestätigte Drogo beeindruckt.

»Brechen wir nun den Angriff ab?«, fragte eine weitere Stimme.

»Das geht nicht, bei Tage wird es ihnen früher oder später gelingen, unseren Turm zu zerstören.«

»Wir sind also auf uns alleine gestellt?« Panik schwang in der Stimme mit. Ansaldo drehte sich um. Es war ein Knappe von höchstens sechzehn Jahren. »Unfug«, fuhr der flandrische Ritter ihn an. »Vielleicht gelingt es Tankred, auch noch seine Bresche zu verbreitern. Sie haben heute Nacht furchtloser gegraben denn je.«

»Die Mauren wurden auch von unserem Turm abgelenkt«, bestätigte Drogo. Doch die Zeit blieb nicht stehen. Es wurde merklich heller. Plötzlich ertönte ein Trompetenstoß »Die Priester«, krächzte Ansaldo. Seine Kehle war wie ausgedörrt. Über ihnen ertönte ein lautes Rasseln. Die Männer im Turm hatten die Kettenwinde gelöst, die die Zugbrücke hielt. Mit einem dumpfen Krachen schlug die Brücke auf die Mauerkrone. Sofort erhob sich aus Tausenden Kehlen ein wildes Kampfgeschrei und alle drängten nach vorn, auf die Leitern des Turmes zu. Der Sturm war losgebrochen. Es dauerte eine gefühlte Ewigkeit, bis Ansaldo eine der Leitern zu fassen bekam. Mechanisch begann er zu steigen. »Deus lo vult«, hörte er hinter sich Drogos gepresste Stimme. Er atmete auf. Die Nähe seines Freundes gab ihm neuen Mut. Noch bevor er das obere Ende der Leiter erreichte, hörte er im Westen ein ohrenbetäubendes Rumpeln, gefolgt vom Prasseln fallender Steine. Dann erscholl auch von dort ein Kriegsgeschrei. »Tankred!«, schrie jemand. »Die Mauer ist gefallen!«

Ansaldo hastete weiter. Endlich erreichte er das obere Deck. Vor ihm drängten die Ritter in dichten Haufen über die Zugbrücke. So dicht, dass er zunächst nichts sehen konnte als die Helme und Haubarks der Männer vor ihm. Sie mussten die Mauerkrone genommen haben, denn der Strom ergoss sich auf den Wehrgang, ohne dass er einen einzigen Mauren gesehen hätte. »Rechts«, schrie Drogo hinter ihm. »Lass uns zu Tankred aufschließen.« Sie hasteten den Wehrgang entlang, bis vor ihnen eine dichte Traube an Rittern anzeigte, dass sie hier vor dem Feind standen. Linker Hand führten Stiegen in die Stadt hinab. Ansaldo blickte hinab. »Runter?«, fragte Drogo zweifelnd. Auch Ansaldo war sich unsicher. Waren schon Männer vor ihnen hinabgestiegen und hatten sie die Feinde vertrieben? Kurzentschlossen sprang er zur Leiter, griff mit beiden Händen danach und klemmte die Füße von außen gegen die Holme. So schnell er sich traute, rutschte er an der Leiter hinab, wie er es auf der San Matteo Hunderte Male gemacht hatte. Gut, dass er die dicken Lederhandschuhe trug. Im Nu war er unten, während Drogo fluchend hinterherkletterte. Doch Ansaldo hatte keine Zeit, sich nach dem langsameren Freund umzusehen. Mit gezogenem Schwert drehte er sich rasch um sich selbst. Aber kein Feind befand sich in unmittelbarer Nähe. Kein lebender Feind zumindest, denn mehrere Männer lagen leblos am Boden.

»Dort entlang«, entschied Drogo, sobald er den Boden berührte und rannte in Richtung Westen, wo er Tankreds Männer vermutete. Bald hörten sie vor sich Kampfeslärm und wildes Schreien. Dann kamen ihnen Mauren entgegengelaufen. Als sie die beiden Ritter erblickten, schrien sie auf und bogen in eine Nebengasse. »Die Muselmanen fliehen!«, rief Ansaldo und schon erkannten sie vor sich die blitzenden Kettenhemden der Normannen. Die christlichen Ritter fielen einander in die Arme. »Ihr habt die Mauer tatsächlich zum Einsturz gebracht?«, fragte Drogo.

»Wir hatten bereits vor sechs Tagen eine kleine Bresche geschlagen, aber die wurde gut bewacht. Doch sobald Gottfried über die Mauer war, hörte der Pfeilbeschuss fast völlig auf. Dann ging es schnell!« Der Normanne grinste. »Kommt mit uns, Tankred will den Tempelberg einnehmen. Ein Gefangener hat uns verraten, dass sie im Felsendom unermessliche Reichtümer horten!« Sie schlossen sich den Normannen an und hasteten durch die Straßen. Es herrschte inzwischen ein vollkommenes Chaos. Von allen Seiten drangen Kampflärm und das Jammern und Schreien von Männern, Frauen und Kindern an ihre Ohren. Doch Tankreds Normannen blieben zusammen und liefen Richtung Südosten. Die engen Gassen hallten von ihren schweren Schritten wider. Plötzlich öffnete sich die Gasse und gab den Blick auf einen freien Platz tief unter ihnen frei. Die Ostseite des Platzes wurde durch eine hohe Mauer aus riesenhaften Steinquadern gebildet.

»Der Tempelberg«, rief Tankred von der Spitze des Zuges. Doch anstelle hinunter zum Fuße der Mauer zu eilen, wandte er sich wieder zurück. »Zu hoch, es muss hier irgendwo einen anderen Zugang geben!« Offenbar hatte er es seinem Oheim Bohemund gleichgetan und sorgfältig Informationen über die Lage der Straßen in der Stadt gesammelt. Bald erreichten sie ein einfaches Holztor am Ende der Gasse. »Aufbrechen!«, befahl Tankred. Und sofort schlug ein mitgeschleppter Balken gegen die Tür. Drei, vier Stöße widerstand das alte Holz, bevor es in einem Regen aus Staub und Splittern zusammenfiel. Tankred stürzte durch die Pforte, gefolgt von seinen Männern. Die goldene Kuppel des Felsendoms lag genau vor ihnen. Sie waren tatsächlich auf den Tempelberg gelangt. Lautes Wehklagen empfing sie. Von allen Seiten strömten einzelne Mauren zusammen und zogen sich langsam in Richtung Süden zurück. »Schildwall«, schrie Tankred, und die kriegsgeübten Normannen bildeten sofort eine Linie. Die schweren Dreiecksschilde schlossen sich wie eine Mauer. »Vorwärts«, befahl Tankred und einer seiner Sergeanten zählte mit lauter Stimme den Rhythmus an. Schritt für Schritt rückten sie vor. Die Muselmanen sammelten sich vor einem Gebäude jenseits des Felsendoms. Schlanke Säulen trugen einen Bogengang unter einer dunklen, kleineren Kuppel: die al-Aqsa-Moschee. Schließlich trennte die beiden Heere nur noch wenige Schritte und Ansaldo konnte das Weiße im Auge der Feinde erkennen. Sein Herz schlug bis zum Halse, doch da wurden ihm die Mienen ihrer Feinde bewusst. Die Augen ihrer Feinde zeigten Angst. Gehetzt blickten sie immer wieder hinter sich. Sie hatten den Kampf bereits aufgegeben. Plötzlich trat Tankred vor. »Will er einen Zweikampf?«, raunte Drogo. Sie hatten sich immer noch nicht verloren.

»Wer ist euer Anführer?«, rief Tankred erst auf Latein. Als niemand antwortete, wiederholte er seine Frage in einer unverständlichen Sprache.

»Spricht Tankred etwa auch Arabisch?«, fragte Ansaldo fasziniert.

Drogo zuckte die Schultern. »Auf Sizilien leben viele Araber.«

Rasch wurden sich beide Seiten handelseinig. »Ich habe ihnen freien Abzug gewährt. Alle Menschen, die sich in der al-Aqsa-Moschee aufhalten, stehen unter meinem Schutz, niemand darf ihnen ein Leid antun«, rief Tankred schließlich über den Platz. Ansaldo staunte. Tatsächlich legten die Männer vor ihnen zögernd die Waffen ab und drängten rückwärts zum Eingang der Moschee. »Wir haben gesiegt«, jubelte ein Normanne und mit einem Schlag stimmten alle ein. Auch Ansaldo jubelte laut. Doch Tankred hob die Hände, um sie zum Schweigen zu bringen. »Ihr da hinten«, er wies auf den linken Flügel der Schlachtreihe, in dem sich auch Ansaldo und Drogo befanden. »Ihr bewacht die Zugänge zum Tempelberg und die Muselmanen. Lasst niemanden herauf oder herunter, bis ich fertig bin. Ihr sollt später reichlich belohnt werden!« Seine Blicke streiften über Ansaldo, dem er ein leichtes Nicken schenkte, dann fand er, wen er suchte. »Jarl Valdemar, du übernimmst hier den Befehl«, wandte er sich an einen graubärtigen Kämpen. Auch der nickte. »Alle anderen kommen mit mir.« Seine Augen leuchteten. »Zum Felsendom!«

Drogo und Ansaldo sahen einander an. »Wir haben es geschafft!«, rief Ansaldo. Er konnte es selbst noch kaum fassen. Jerusalem gehörte ihnen. Zumindest der Tempelberg. Tankred und seine Männer liefen gleich in Richtung der goldenen Kuppel. Drogo sah ihnen nach, während Ansaldo sich umblickte. Es blieben nur etwa drei Dutzend Ritter auf dem Platz. »Ich hoffe, die Mauren überlegen es sich nicht anders«, raunte Ansaldo.

»Die haben viel zu viel Angst«, behauptete Drogo selbstbewusst.

»Los, Männer, ihr habt Tankred gehört«, rief da der Jarl. »Reinulf, du und deine Männer, ihr sammelt die Waffen der Muselmanen ein. Und dann teilt ihr euch auf, ich will an jedem Tor fünf Mann haben. Verschließt die Tore und lasst keine Maus hinein oder heraus!« Mit eisigem Blick sah er zu, wie seine Befehle ausgeführt wurden. Dann wandte er sich an die übrigen Männer. Auch er nickte Ansaldo zu. »Normalerweise halte ich nichts von Kaufleuten.« Ansaldo stockte der Atem, doch der Jarl fuhr fort, ohne ihm Zeit zu lassen, seine Empörung zu äußern. »Aber einen so erprobten Mann wie dich sehe ich gerne in unserer Mitte. Willkommen, Ritter Ansaldo.« Verlegen murmelte Ansaldo seinen Dank. »Ihr werdet die Türen der al-Aqsa bewachen. Auch da darf niemand rein oder raus, bis Tankred neue Befehle erteilt.«

Ansaldo

Jerusalem, 14. Juni 1099

Doch die Stunden vergingen, ohne dass sich Tankred oder einer seiner Männer gezeigt hätten. Aus der Stadt klang Kampfeslärm und lautes Wehklagen herauf. Gegen Mittag wurde die Lage auf dem Tempelberg auch Drogo unheimlich. »Was treiben sie nur so lange da drin?«, flüsterte er und wies mit dem

Kopf auf das blau gekachelte Gebäude mit der goldenen Kuppel, welches majestätisch den Platz beherrschte. »Es kann doch nicht so lange dauern, das Gold im Tempel zusammenzuklauben?«

»Wer weiß, welche Schätze sie noch gefunden haben?«, entgegnete Ansaldo. Ihm kam ein Gedanke, der ihm fast den Atem verschlug. »Den heiligen Gral?«, stieß er mit aufleuchtenden Augen hervor. Drogo stutzte. Doch dann lachte er grimmig. »Nein, mein Freund Tankred ist wie sein Onkel Bohemund im Grunde seines Herzens ein Abenteurer. Der sucht Gold, keine Reliquien!«

Ansaldo nickte enttäuscht. »Wahrscheinlich. Jetzt sind wir in der heiligen Stadt und alles, wonach wir suchen, ist schnödes Gold.« Mit einem Mal war sie wieder da, die große Leere, die ihn erfüllte, seit er in San Fruttuosa seine Liebe verloren hatte. Doch es blieb nicht viel Zeit, dem Verlorenen nachzuhängen, denn vom Westtor des Tempelbergs klang auf einmal heftiger Lärm herüber. »Ob das Gottfrieds Männer sind?«, fragte er.

»Auch Raimund müsste inzwischen einen Weg in die Stadt gefunden haben«, behauptete Drogo. Die Männer vor der Moschee wurden unruhig, und das Klagen im Inneren, das in der Mittagshitze langsam verstummt war, hub von Neuem an. »Sie beten«, behauptete Drogo.

»Was bleibt ihnen auch anderes übrig?«, fragte Ansaldo und zuckte die Schultern.

»Alle bleiben auf ihrem Posten«, dröhnte da die Stimme von Jarl Rainulf über den Platz. »Ich gehe nachsehen, was es dort drüben gibt.« Doch er hatte noch nicht einmal den verschlossenen Felsendom erreicht, da strömte auf einmal eine Flut Männer von Westen auf den Platz. »Sie haben das Tor überwunden«, rief Drogo beklommen. Ansaldo atmete tief ein und rückte seinen Schild zurecht. »Nun hilf uns Gott.« Rainulf breitete die Arme aus und rief der Menge etwas entgegen, doch die hereindrängenden Ritter überrannten den Jarl einfach und kamen im Laufschritt heran. »Schilde hoch«, rief einer der Normannen und Ansaldo und seine Kameraden stellten sich schützend vor dem Tor der al-Aqsa auf.

»Wieso kommt Tankred nicht heraus? Er muss den Lärm doch hören?«, rief Ansaldo. Er spürte Panik in sich aufsteigen.

»Gebt den Weg frei, die Schätze gehören uns allen«, rief ein großer Ritter in flandrischem Zungenschlag.

»Die Menschen in der Moschee stehen unter Tankreds Schutz«, hielt ihm der Normanne entgegen, der gerade befohlen hatte, den Schildwall zu bilden. Ansaldo kannte ihn nicht, bewunderte aber seinen Mut.

»Und wo ist Tankred?«, fragte der flandrische Ritter spöttisch.

»Vollstreckt den Bann!«, rief eine Stimme aus der zweiten Reihe. Ansaldo kannte die Stimme. Seine Augen suchten den Rufer. Es war ein hagerer Mann mit hohlen Augen. Mit einem Mal erinnerte er sich. »Das ist doch der Franke, der mit Peter Bartholomäus in Antiochia war, der, der die Chronik schreibt, diese …« Er versuchte sich zu erinnern. »Die Gesta Francorum«, raunte Drogo.

»Wenn Tankred sich nicht bald entschließt einzugreifen, wird das ein böses Ende nehmen. Der faselte doch schon damals von Jericho, Gog und Magog!« Aber Drogo kam nicht dazu zu antworten. »Entweder ihr gebt den Weg frei, oder wir schaffen uns selbst Raum!«, rief der große Flame drohend. Plötzlich erklang aus den Reihen der Angreifer ein typisches »Tzang«. Fast im gleichen Moment schrie Drogo laut auf. Ansaldo fuhr herum. Ein Armbrustbolzen ragte aus seiner rechten Brust. Das Geschoss war gerade über den Schildrand hinweggeflogen und hatte auf die nahe Distanz das Kettenhemd durchschlagen. Röchelnd sank Drogo vor den Augen des entsetzten Ansaldo auf die Knie. Doch die gerade noch mühsam im Zaum gehaltenen Ritter nahmen das als Signal und stürmten vorwärts. Die hoffnungslos unterlegenen Normannen ließen sie zwischen sich hindurch, ohne Widerstand zu leisten. Der Strom drängte sich mit wildem Kriegsgeschrei durch die Türen der Moschee. Innen antwortete ein Geschrei und Wehklagen, wie es Ansaldo noch nicht gehört hatte. Starr vor Entsetzen schweifte sein Blick von den Türen der Moschee zu dem zu seinen Füßen röchelnden Drogo hinunter. Mit einem Aufschrei ließ er Schild und Schwert fallen und kniete sich neben den getroffenen Freund.

»Wir sind doch Christen«, röchelte der mit schreckgeweiteten Augen. Sein Gesicht war von kaltem Schweiß bedeckt. Der metallische Geruch von Blut drang an Ansaldos Nase und er wusste nicht, ob es das des Freundes oder der gemordeten Muselmanen war, welches in dünnen Rinnsalen aus der al-Aqsa rann. Hier floss das Blut vieler Menschen zusammen. Männer und Frauen, Christen und Heiden. Vor seinen Augen begann die Welt zu verschwimmen.

»Was ist mit ihm?«, riss ihn eine Stimme zurück ins Hier und Jetzt. Er blickte auf. Zwei Ritter standen vor ihm, mit blutigen Kettenhemden. »Das sieht schlecht aus«, bemerkte der eine im Dialekt der Auvergne. »Wenn er eine Chance haben soll, müssen wir ihn ins Hospital bringen!«, rief der andere. Offensichtlich ein Provenzale. »Schnell, pack mit an, vielleicht gibt es noch Hoffnung für deinen Freund.«

Ansaldo riss sich zusammen. »Welches Spital?«, krächzte er.

»Das des Heiligen Johannes. Wir müssen zurück in Richtung der Kirche vom Heiligen Grab.« Ohne weiteres Federlesen packten sie Drogo an Schultern und Füßen. Den hatte inzwischen eine gnädige Ohnmacht von seinen Schmerzen erlöst. Ansaldo wuchtete sich mühsam hoch. »Gib mir die Füße, du geh voran und weise den Weg«, wandte er sich an den Provenzalen. Sie hasteten so schnell sie den schweren Ritter tragen konnten zurück. Vorbei am Felsendom, in dem sich der goldgierige Tankred immer noch verbarrikadiert hatte, durch das zerschlagene Tor des Tempelberges und weiter in das Gewirr der Gassen. Überall trafen sie lärmende Gruppen von Kreuzfahrern, aber niemand kümmerte sich um die vier christlichen Ritter. Es ging den Berg hinauf, wieder über die lange Hauptstraße hinweg, die sie im Gefolge Tankreds auf dem Hinweg überquert hatten. Auch hier roch es nach Blut, Schweiß und Angst und der Jubel der Sieger mischte sich mit dem Wimmern und Heulen der Unterlegenen. Sie stiegen über Leichen, Kot, Erbrochenes und Blut. In der Mittagshitze machten sich bereits Schwärme von Fliegen über die Erschlagenen her und in den dunklen Ecken drückten sich herrenlose Hunde herum, um ihren Teil an dem grausigen Mahl einzufordern. So mochte es auch in der Hölle zugehen. Ansaldo schauderte. Auch die Hoffnung, in der Heiligen Stadt ein neues Leben zu finden, zerrann vor seinen Augen. Er wandte sich um zu Drogo. Der Kopf des Normannen hing leblos zur Seite und inzwischen hatte sich sein Waffenrock voll dunkelrotes Blut gesogen.

»Schnell, sonst verreckt er uns hier auf dem Weg«, keuchte der Ritter, der die Schultern trug. »Übernimm du die Führung, Bertrand, ich übernehme das Tragen«, rief der Provenzale und sprang herzu.

Dankbar nickte Bertrand, der Mann, den sein Akzent als Auvergner kennzeichnete. Sie schritten durch einen dunklen Torbogen und kamen in einen anderen Teil der Stadt. »Der Muristan«, stellte Bertrand fest. »Dort vorne ist das Spital.« Er rannte voran und klopfte gegen eine der fest verschlossenen Türen. Eine schwarze Flagge hing darüber und voller Erstaunen erkannte Ansaldo das Amalfitanerkreuz. Bertrand wechselte einige rasche Worte mit dem Türhüter auf der Innenseite, dann sprang die Tür auf. Helfende Hände griffen nach Drogo. Ansaldo taumelte mit den schwarz gewandeten Helfern hinein. Und brach keuchend in der Ecke zusammen. Es dauerte einige Augenblicke, bis er wieder zu Atem kam. Vorsichtig erhob er den Blick. Doch der Kontrast hätte nicht größer sein können. Er befand sich in einem schattigen Innenhof. Ein Brünnlein in der Mitte des wohlgeordneten Hortus versprach Kühlung. Es duftete nach Heilkräutern und schwarz gekleidete Männer gingen zügig und zielstrebig ihren Verrichtungen nach. Aber trotz der Betriebsamkeit strahlten sie eine innere Würde aus. Bin ich gestorben?, durchfuhr es ihn. Ist das das Paradies und die Männer sind dienende Engel?

Eine Hand legte sich sanft auf seine Schulter. »Bitte komm mit, der Arzt hat vielleicht Fragen an dich.« Es war der provenzalische Ritter, dessen Namen Ansaldo noch nicht kannte. Er nickte nur und folgte dem Mann. Sie gingen in eine der an den Hof angrenzenden Räume, offensichtlich ein Behandlungsraum. Drogo lag bereits auf einem kräftigen Holztisch, der seiner Farbe nach schon mehrere Verwundete getragen hatte. Bertrand und zwei der schwarz gekleideten Männer zogen Drogo vorsichtig das Kettenhemd und den Waffenrock aus. Erst jetzt sah Ansaldo, dass der Bolzen Drogos Brust vollkommen durchschlagen hatte. Tief rot vom Blut ragte die mit Widerhaken bewehrte Spitze aus einer zweiten Wunde im Rücken. Ein weiterer Mann, den Ansaldo bis dahin noch gar nicht bemerkt hatte, trat herzu. Trotz seiner Jugend schien er genau zu wissen, was er tat. Er tastete kurz nach der Austrittsstelle des Bolzens. »Auria, die Pfeilzange«, rief er. Von hinten reichte ihm ein Mädchen mit goldblondem Haar das gewünschte Stück. Also gab es hier auch Frauen! Ansaldo, der annahm, er befände sich in einem Kloster, stutzte. Doch der junge Chirurgus griff das Gerät, ohne die Augen von der Wunde zu lassen. Mit einem geübten Griff setzte er es an die Widerhaken und drückte diese an den Schaft des Bolzens.

»Muss man nicht warten, bis der Eiter die Extraktion vereinfacht?«, fragte Ansaldo unsicher. Er verstand nicht viel von der Heilkunde, aber er hatte öfter beobachtet, dass man die Pfeile erst drei bis vier Tage nach der Verletzung barg.

Doch der Chirurg schüttelte unwirsch den Kopf. »Je schneller man operiert, desto besser. Und weniger Zeit vor der Operation zu verlieren, ist ebenfalls besser.« Dann wandte er sich an das Mädchen. »So, nun brauche ich ein frisches Leinentuch.« Die junge Frau nahm ihm die Zange aus der Hand und legte das gewünschte Tuch hinein. Die beiden waren ein gut eingespieltes Paar, stellte Ansaldo bewundernd fest. Dass Männer und Frauen sich auch bei der Arbeit ergänzen konnten, war für ihn eine vollkommen neue Erkenntnis. Der junge Chirurg drückte das Leinentuch an die Wunde. »So, nun zieh den Bolzen heraus, aber gib acht, dass du ganz gerade ziehst und ihn nicht verkantest«, befahl er einem der Männer, die Drogo hielten. Ansaldo stellte fest, dass auf der linken Brust seines Mantels ebenfalls ein Amalfitanerkreuz angeheftet war. Beim Zurückziehen des Bolzens erwachte Drogo mit einem Schrei. Doch gleich war die junge Frau herbei und flüsterte beruhigend auf ihn ein. Der Chirurgus schlang das Leinentuch geschickt unter dem Brustkorb des Verletzten hindurch. »Nun legt ihn vorsichtig auf den Rücken«, wies er die Amalfitaner an. »Auria, gib ihm ein paar Tropfen von dem Mandragora-Extrakt, aber nicht zu viel!« Er griff nach dem Bolzen und inspizierte ihn kurz. Dann ließ er ihn achtlos auf den Tisch fallen und wandte sich der vorderen Wunde zu. Er betastete sie vorsichtig. Dann spreizte er mit der linken Hand die Wundränder auseinander und schob den Zeigefinger der Rechten hinein. »Ich muss sicher sein, dass keine Kleidungsreste oder Splitter in der Wunde bleiben«, erklärte er, ohne sich an jemanden Spezielles zu wenden. Schließlich schien er mit seiner Inspektion zufrieden und zog den blutverschmierten Finger zurück. »Es blutet kaum noch, das ist gut. Ich brauche zerkaute Weizenkörner und Kümmel für den Verband«, wies er den Gehilfen an, der gerade bei der Extraktion des Pfeils geholfen hatte. Nun endlich wandte er sich um und blickte Ansaldo an. »Du bist ein Freund dieses Mannes?«, fragte er. Er sprach Latein, aber mit einem Akzent, der verriet, dass es nicht seine Muttersprache war. Ein Deutscher oder Flame, vermutete Ansaldo.

»Ja, ich bin mit ihm hierhergekommen«, bestätigte er. »Wird er es überleben?«

Der Arzt zog die Stirn kraus. »So Gott will«, wich er aus. Ansaldo nickte. »Du kannst im Moment nichts weiter für ihn tun als zu beten«, erklärte der junge Mann. »Entschuldige mich, ich muss noch nach anderen Kranken sehen, und wenn ich mich nicht irre, werden wir, ehe es dunkelt, vor lauter Verletzten nicht mehr wissen, wo wir sie hinlegen sollen.«

»Da sind wir ja gerade zur rechten Zeit heimgekehrt«, warf nun Bertrand ein, der bisher in der Ecke gewartet hatte. Einer der Amalfitaner wandte sich ihm zu: »Bertrand und Marcello! Wo wart ihr all die Wochen?«

Verlegen blickten die beiden auf ihre Füße. »Wir konnten hier nicht still sitzen, während unsere Glaubensbrüder um die Stadt kämpften«, erklärte der Marcello genannte Provenzale. »Aber nun sind wir wieder hier«, ergänzte Bertrand. »Wo ist Meister Gerhard?« Ein Schatten legte sich über das Antlitz des Amalfitaners.

»Er wurde von den Mauren gefangen genommen. Seit drei Wochen schmachtet er im Kerker.«

Erschrocken sog Bertrand die Luft ein, doch sein Begleiter reagierte heftiger. »Diese Dreckskerle, das werden sie büßen, ich hole ihn sofort heraus!«

»Ja, das machen wir. Wo befindet er sich?«, stimmte Bertrand mit ein.

»Auria kann euch führen. Die Mauren gestatteten, dass sie ihm alle Tage etwas zu essen brachte, nur einen Mann ließen sie nicht zu ihm hinein. Und nun haben wir uns nicht gewagt, sie alleine in die Stadt zu schicken. Eine Frau …«

»Wir sind genug Ritter, um sie zu beschützen«, rief Bertrand stolz. Dann fiel sein Blick auf Ansaldo, der ebenfalls im Kettenhemd dabeistand. »Kommst du mit? Ein Ritter mehr kann nicht schaden. Wie ist dein Name?«

»Ansaldo aus Genua«, erklärte der. »Da ihr euch ohne weitere Frage um meinen Freund gekümmert habt, gehe auch ich ohne weitere Fragen mit euch!«

Auria

Hospital zu Jerusalem, 15. Juni 1099

Die Angst drohte Auria die Kehle zuzuschnüren. Sie sollte hinaus in die Stadt, in der überall gekämpft wurde, um drei Ritter zu dem Verließ des Beys zu führen? Doch da legte sich eine mit Eisenringen beschuhte Hand auf ihre Schulter. Sie fuhr herum und erkannte Marcellos braune Augen unter der Kante des Eisenhelms. »Kein Angst, mein Kind. Ich werde dich mit meinem Leben beschützen, und Bertrand wird das seine tun.« Sie schluckte hart, aber der Ritter meinte es, wie er es sagte, das konnte sie in seinen Augen lesen. Sie nickte tapfer. »Also los, lasst uns keine Zeit verlieren«, forderte Bertrand. Der fremde Ritter, ein junger Mann mit schönem, aber melancholischem Gesicht stand auf und griff nach dem Schild, welches er an die Wand gelehnt hatte. »Gehen wir«, sagte er. Ein Norditaliener, erkannte Auria. Sie raffte sich auf und folgte den drei Männern zur Pforte. Bertrand hielt die Tür auf. Sie schluckte und trat hinaus. In Begleitung der drei Ritter wäre sie zumindest vor den christlichen Kämpfern sicher. »Wir müssen zur Zitadelle am Davidsturm. Dort ist das Verließ«, erklärte sie.

»Das ist nicht weit von hier«, bemerkte Marcello, der die Stadt genauso kannte wie Auria oder Bertrand. Vorsichtig näherten sie sich der nächsten Straßenecke. Marcello hob die Hand als Zeichen an seine Begleiter zu warten. Rasch blickte er um die Ecke, dann auch in die andere Richtung der Gasse. »Hier ist alles ruhig. Kommt.« Wieder winkte er und so ging es Gasse für Gasse weiter. Die verängstigten Bewohner hatten sich in ihren Häusern verbarrikadiert. Vereinzelt zeigten sich Spuren der Kämpfe: Pfeile, weggeworfene oder zerbrochene Waffen und hier und da auch ein Toter – meistens einfache Bewohner, die es nicht schnell genug geschafft hatten, sich zu verstecken, aber immer wieder auch Verteidiger. Langsam arbeiteten sie sich vor und erreichten das Patriarchenbecken, ein Wasserbassin, welches angeblich auf König Hiskia zurückging, aber nun seinen Namen vom direkt dahinterliegenden ehemaligen Palast des Patriarchen zu Jerusalem hatte. Hier waren die Anzeichen des Kampfes intensiver. Es lagen mehr tote Ägypter und auch einige Franken herum. »Sie haben ihren Rückzug zur Zitadelle verteidigt«, vermutete Bertrand. »Mal sehen, was uns dort erwartet.« Doch bereits hinter der nächsten Biegung trafen sie auf Christen – einige Ritter und viele Sergeanten und Reisige.

»Was ist hier los?« Der norditalienische Ritter hatte sich nach vorn gedrängt und stellte mit ruhiger Überlegenheit die Fragen. Einer der Reisigen deutete mit dem Kopf eine Verbeugung an. »Die Muslime haben Graf Raimund durch das Tor eingelassen, gegen das Versprechen eines freien Abzugs. Nun hat sich Iftikhar ad Daula mit seinen Getreuen im Davidsturm verschanzt.«

»Aber …« rief Auria, doch Marcello wiegelte ab. »Warte, wir müssen erst alles erfahren.«

»Du bist einer von Raimunds Männern?«, fragte der italienische Ritter.

»Ja, Herr«, bestätigte der Mann mit der eisernen Sturmhaube.

»Wer führt euch an?«

»Graf Raimund selbst, und der Graf von Roselló ist auch hier.«

»Girard!«, rief der Italiener erfreut. »Wo ist er?« Der Soldat wies auf die andere Seite des freien Platzes, der von dem aus mächtigen Quadern errichteten Davidsturm beherrscht wurde. »Aber ihr solltet nicht da rübergehen, die Kerle da oben sind nervös und sie schießen gut mit ihren Pfeilen«, bemerkte er. »Eure Kettenhemden mögen dem ja standhalten, aber die Dame solltet ihr lieber in unserer Obhut lassen!« Frech grinste er Auria an.

Die Augen des italienischen Ritters blitzten finster. »Hüte deine Zunge, Sergeant«, schnauzte er. »Ich werde dich mit meinem Schild decken«, wandte er sich dann an Auria. Sie fühlte, wie ihr die Röte in die Wangen stieg, trat aber zu dem Ritter, der seinen Schild in die Rechte nahm und hoch über den Kopf hielt. Vorsichtig duckte sie sich darunter, aber der Ritter griff sie mit der Linken und drückte sie an sich. »Wenn du erlaubst«, stellte er mehr fest als zu fragen. »Der Schild ist nicht groß genug für uns beide, wenn wir nicht zusammenrücken.« Und so marschierten sie los, immer dicht an der Häuserfront zu ihrer Linken. Glücklicherweise sahen die Ägypter in ihnen offenbar kein lohnenswertes Ziel und sparten ihre Peile. »Graf Raimund nennt man den Monoculu, den Einäugigen«, erklärter der Italiener leise. »Daran wirst du ihn leicht erkennen.« Als sie die andere Seite des Platzes erreichten, verstellte ihnen allerdings ein Ring von Rittern den Blick auf den Grafen. »Ist Graf Rosselló hier?«, fragte der italienische Ritter, der anscheinend vergessen hatte, dass er Auria noch immer fest im Arm hielt. »Ich bin Ansaldo von Genua.«

Einer der Männer in dem Kreis nickte. »Er ist bei Raimund, sie verhandeln gerade mit einem Abgesandten Ifthikar ad Daulas über den Abzug der Ägypter.«

»Sind sie bereit aufzugeben?«, fragte Ansaldo, dessen Namen Auria nun erfahren hatte. Dabei ließ er sie endlich aus seinem Griff gehen. Sie war sich nicht sicher, ob ihr das gefiel oder ob sie sich dort nicht sicherer gefühlt hatte.

»Sie haben keine andere Wahl, oder?«, grinste der fremde Ritter. Ein Provenzale wie Marcello, seinem Akzent nach zu urteilen.

Ansaldo nickte. »Sie haben einen wichtigen Gefangenen da drin«, erklärte er und zeigte auf die mächtigen Steine des Davidsturms. »Gerhard, den Vorsteher des Hospitals des Heiligen Johannes.« Er wandte sich kurz Marcello und Bertrand zu. »Diese beiden Männer, die mit uns gekämpft haben, gehören auch zum Hospital«, kurz streifte sein Blick dann Auria, »und die schöne Dame hier ebenfalls.« Wieder fühlte Auria, wie sie bis zu den Haarwurzeln hinauf errötete.

Doch der Provenzale blickte ernst. »Dann ist es besser, du berichtest Raimund darüber, nicht dass sie die Gefangenen vor dem Abzug töten oder mitnehmen.«

Ansaldo nickte. »Ich komme gleich wieder, wartet hier auf mich.« Er drängte sich durch die Reihen der Ritter.

Eine halbe Stunde später kam die ersehnte Nachricht: »Sie haben sich geeinigt. Die Ägypter ziehen ab.« Allgemeiner Jubel begrüßte die Neuigkeit und wenig später kam auch Ansaldo zurück. »Soweit der Emir wusste, geht es dem Gefangen mit Namen Gerhard gut und sie werden ihn in der Zitadelle lassen. Außerdem zahlen sie Raimund eine stattliche Summe. Dafür werden ihn seine Okzitaner sicher aus der Stadt geleiten.«

Es dauerte trotzdem noch mehrere Stunden, bis sich das Tor der Zitadelle öffnete und die verunsicherten Ägypter herauskamen. Doch Raimund hielt Wort und ein dichter Cordon von okzitanischen und provenzalischen Rittern und Sergeanten geleitete den Zug aus dem nahe gelegenen Davidstor.

»Rasch hinein, wir müssen unseren Meister finden«, drängte Bertrand, kaum dass die letzten Ägypter die Zitadelle verlassen hatten. Doch sie waren nicht die Einzigen, die zum Tor drängten. Raimund wollte offensichtlich niemandem Gelegenheit geben, sich in der gut befestigten Zitadelle festzusetzen, und seine eigenen Männer drängten hinein. Vermutlich hofften auch nicht wenige unter ihnen auf eine Chance zum Plündern. Doch schließlich gelang es auch den vieren vom Hospital, hineinzuschlüpfen.

»Dort hinten ist die Treppe, die zum Verließ führt«, rief Auria aufgeregt. »Ich hoffe nur, die Schlüssel sind noch da!« Sie lief den drei Rittern voran zu dem angegebenen Ort. Die Tür, welche hinunter zu den Verliesen führte, stand offen. »Hier stand sonst der Kerkermeister und seine Gesellen«, erläuterte Auria und zeigte in einen Raum. Die Unordnung darin ließ erkennen, in welcher Eile die Bewohner geflohen waren. »Die Schlüssel hingen an der Wand, glaube ich«, rief sie und schaute um die Ecke. Doch der

Nagel, an dem der Schlüsselbund sonst gehangen haben mochte, war leer. Auria schlug die Hand vor den Mund. »Wie sollen wir ihn nun befreien?«, jammerte sie. Aber Marcello schüttelte den Kopf. »Die Tür zum Verlies hinunter steht doch offen, und ich wette, an den einzelnen Zellen sind nur Riegel angebracht.« Auria überlegte. »Ich glaube, du hast recht, lass uns rasch nachsehen.«

Sie liefen die Treppen hinab und es wurde mit jedem Schritt dunkler. »Hat jemand eine Laterne?«, fragte Bertrand, aber natürlich antwortete niemand. Zum Glück fiel durch die offene Tür und ein vergittertes Fenster im Gang genügend Licht, um die Zellentüren zu erkennen. Es stank nach Exkrementen. Auria, die von der Pflege der Schwerkranken einiges gewöhnt war, hielt sich dennoch die Hand vor Mund und Nase. »Hier muss man ja krank werden«, bemerkte Ansaldo düster. Auria antwortete nicht, sondern lief zielstrebig auf eine der Türen zu. »Meister Gerhard?«, rief sie, doch niemand antwortete. Tatsächlich nur ein Riegel, bemerkte Ansaldo und zog ihn zurück. Die Tür schwang auf und zuerst konnte man in der Dunkelheit gar nichts erkennen. Doch dann machte Auria die Umrisse der Pritsche aus und darauf eine Gestalt. Und die Gestalt hob den Kopf. »Auria, mein Kind, bist du das?« Juchzend stürzte Auria hinein und schloss die magere Gestalt in die Arme. »Nicht so fest, sonst erledigst du das Werk der Sarazenen«, lachte Gerard, aber es ging direkt in ein Husten über.

David

Hospital St. Johannis, 22. Juli 1099

Es hatte vier Tage gedauert, bevor die Stadt wieder einigermaßen zur Ruhe kam. Von den in der ohnehin schon schwer geprüften Stadt verbliebenen Menschen waren nochmals einige Tausend Plünderung und Mordlust zum Opfer gefallen und im Hospital war die Arbeit kaum zu bewältigen: verwundete Kreuzfahrer, jüdische und muslimische Einwohner, die die Einnahme und die folgenden Ausschreitungen überlebt hatten, und auch viele der nun wieder in die Stadt strömenden Christen jeder Denomination. Auch unter ihnen hatten vor allem Hunger und Krankheit einen hohen Tribut gefordert. Sie alle überschwemmten den Krankensaal und Hof des Hospitals. Leichter Verletzte wurden auf der Straße behandelt und teilweise bezogen sie dort sogar provisorische Lager. Die Hospital-Regel, die vorsah, dass nur ein Kranker pro Bett untergebracht werden durfte, ließ sich schon seit Tagen nicht mehr einhalten.

»Die Kreuzfahrer haben gewütet wie al-Afdals Mameluken«, schimpfte David bitter, als sich einige Brüder am Abend des vierten Tages im Refektorium versammelt hatten. Es wurde mehr gesprochen als üblich, vielleicht weil Meister Gerhard immer noch eines der Krankenbetten hütete. Zusammen mit zwei schwerkranken jakobitischen Christen, aber er hatte darauf bestanden und war sogar wütend geworden, als die Brüder ihn in seiner eigenen Zelle betten wollten. David sah sich angriffslustig um und blitzte Ansaldo finster an, der in der hinteren Reihe an der gegenüberliegenden Wand des Refektoriums lehnte. Er konnte diese Ritter nicht ausstehen. Besonders Ansaldo nicht. Er sprach mit Auria, als habe er alleine das Hospital und Meister Gerhard gerettet! Und obwohl er sich alle Tage im Hospital aufhielt, stellte er sich bei der Krankenpflege so ungeschickt an, als wolle er gar nicht helfen. »Besonders schlimm soll es bei der al-Aqsa-Moschee auf dem Tempelberg zugegangen sein«, fuhr er fort. Offenbar waren die meisten Brüder, zu erschöpft von ihrem Tagwerk oder aufgrund ihrer religiösen Parteinahme, nicht willens, ihm zu antworten.

Bertrand zuckte denn auch matt mit den Schultern. »So ist halt der Krieg«, erklärte er. »Drogo, dem du den Pfeil aus dem Brustkorb gezogen hast, wurde von Christen verwundet, als er die Geflüchteten in der al Aqsa beschützen wollte, denen Tankred ihr Leben zugesagt hatte.«

»Leider taugen nicht alle zu wahren Soldaten Christi«, wandte Marcello ein.

»Der ewige Streit zwischen den Parteien wird uns noch teuer zu stehen kommen«, mischte sich nun Auger aufgebracht ein.

Doch Bertrand blieb gelassen. »Du meinst, weil sich die Priester und Herren nicht einigen können, ob ein König oder ein Patriarch über Jerusalem herrschen soll?«, fragte er. »Doch sei beruhigt, auch auf dem Weg hierher gab es ständig Streit zwischen Provenzalen und Normannen, Lothringern, Burgunden und Occitanern. Aber wenn es darauf ankam, hielten doch alle zusammen.«

»Gott gebe, dass du recht hast«, stieß Auger hervor und bekreuzigte sich. »Es heißt, das Heer des Kalifen wäre schon im Anmarsch!« Das Gerücht war bereits vor der Einnahme der Stadt im Kreuzfahrerheer umgegangen, doch die Frage, wer zukünftig in Jerusalem das Sagen hätte, verdrängte vorerst alle anderen Sorgen. Es war allgemein bekannt, dass Peter Desiderius, dessen Vision von der Umrundung der Stadt letztendlich zur Eroberung von Jerusalem geführt hatte, entschlossen gegen einen König predigte. Raimund von Toulouse, der immer noch die Zitadelle hielt und offensichtlich nicht gewillt war, irgendjemand anderes hineinzulassen, hatte noch unter dem Eindruck einer dieser Predigten die Krone abgelehnt, die ihm seine Männer antrugen. »Ich will in der Stadt, in der Christus die Dornenkrone trug, keine andere Krone tragen.« Auch Peter Bartholomäus, der in Antiochia von der heiligen Lanze geträumt hatte, machte sich für einen Patriarchen stark. David vermutete, dass sich die beiden Fanatiker insgeheim bereits selbst auf dem Patriarchenstuhl sahen.

»Du hast wohl noch nicht die neusten Entwicklungen gehört?«, fragt Bertrand. Alle Augen richten sich auf ihn. »Ich bin heute Mittag bei der Grabeskirche gewesen und da habe ich gehört, dass sich Arnulf von Chocques für einen König ausgesprochen hat.«

Er hob die Hände in einer vagen Geste. »Er meinte, ein Patriarch als Herrscher von Jerusalem würde früher oder später den Papst in Rom herausfordern und dann käme es am Ende noch zu einer Kirchenspaltung!« Das war tatsächlich eine wichtige Neuigkeit, denn Arnulf zählte nicht nur zu den wichtigsten der noch verbliebenen Geistlichen, sondern er führte bis dahin gemeinsam mit dem Bischof von Martura in Kalabrien die Partei der Anhänger eines Patriarchentums an und war noch dazu ein enger Vertrauter von Robert von der Normandie. Allgemeines Gemurmel zeigte, welche Bedeutung auch die übrigen Brüder dieser Nachricht beimaßen. Doch es dauerte noch bis zum nächsten Morgen, bis David mehr erfuhr. Es war wieder Bertrand, den diesmal Meister Gerhard selbst zum Patriarchensitz gesandt hatte, um zu erfahren, was sich dort abspielte.

»Wieso erlaubt der Meister so etwas?«, wunderte sich David. »Er kann Neugier doch sonst nicht ausstehen.«

Doch Bruder Danolo zuckte mit den Achseln. »Vielleicht hat er Angst, dass wir sonst alle nur nach der Tür schielen und unsere Arbeit vernachlässigen?«, schlug er vor.

Und bald kam Bertrand mit Neuigkeiten zurück. »Wir haben einen neuen Herrn«, rief der, sobald er die Hospitalspforte erreichte. Sofort ließen die Brüder ihre Arbeit liegen und drängten sich um ihn, mochte es Gerhard nun gefallen oder nicht. »Sie haben Herzog Gottfried von Bouillon gewählt, weil sich zeigte, dass er der Frömmste unter den Kriegsherren ist«, berichtete Bertrand atemlos.

»Es lebe der König«, rief jemand, doch Bertrand schüttelte den Kopf. »Auch Gottfried lehnt es ab, sich zum König krönen zu lassen. ›Der König dieser Stadt heißt Christus, nicht Gottfried‹, hat er gesagt. Und so hat man ihn zum Advocatus Sancti Sepulchri, zum Verteidiger des Heiligen Grabes ernannt.«

»Dann gebe Gott, dass er uns auch gegen die heranrückenden Ägypter verteidigt.« Es war wieder Auger, der diese Sorge vorbrachte, aber er hatte nicht unrecht. Inzwischen bestand kein

Zweifel mehr, dass das al-Adfal mit dem Heer des Kalifen kam, während immer mehr Ritter Jerusalem verließen, um die lange Reise in die Heimat anzutreten. Sie betrachteten ihr Gelübde mit der Eroberung der Heiligen Stadt als erfüllt. David bedauerte, dass Ansaldo keinerlei Anstalten machte, mit ihnen zu verschwinden, aber er hatte einen Verdacht. Der Genuese hielt sich weiterhin ständig im Hospital auf, auch wenn er kaum eine Hand zur Krankenversorgung reichte, wie David wütend beobachtete. Stattdessen machte er Auria schöne Augen!

Ansaldo

Hospital St. Johannis, 1. August 1099

Es war erstaunlich, mit welcher Hingabe die Männer und Frauen des Hospitals an diesem Gerhard hingen. Als Ansaldo ihn zuerst gesehen hatte, im Kerker der Zitadelle, hielt er ihn für einen todgeweihten Greis, aber der alte Herr lebte. Und nicht nur das, die Bestimmtheit, mit der er alle Privilegien und Sonderbehandlungen zurückwies, die ihm seine Anhänger offensichtlich aus ehrlicher Liebe angedeihen lassen wollten, beeindruckte auch Ansaldo. Er blickte ehrfürchtig auf den Mann im Bett vor sich. Nichts unterschied ihn von den übrigen Kranken, wie er mit eingefallenen Wangen matt im Bette lag. Und doch ging etwas von ihm aus. Nicht zum ersten Mal kam Ansaldo der Gedanke, ob er selbst nicht vielleicht in dieser Gemeinschaft von betenden und arbeitenden Brüdern Ruhe finden könnte. »Ihr habt mich, den Krieger, noch mit Blut beschmiert hier vorbehaltlos aufgenommen«, stellte er fest.

Der Meister richtete seinen Blick forschend auf ihn. »Glaube nicht, dass du hier bessere Menschen findest«, erklärte er dann leise, als würde ihn noch jedes Wort anstrengen. »Es bedarf ständiger, fleißiger Arbeit, denn von Natur aus sind wir Menschen gierig, eitel und faul.« Er atmete tief und Ansaldo ließ enttäuscht die Schultern hängen. Zu diesem Schluss war er nach Giuliettas Tod auch gekommen. Erst hatte er gehofft, im Kreuzzug etwas Höheres zu finden, doch das Massaker auf dem Tempelberg hatte ihm die Augen geöffnet. Nun war er, einem Ertrinkenden gleich, hier ins Hospital geschwemmt worden und eine neue Hoffnung war aufgekeimt. Doch wenn selbst Meister Gerhard seine Einschätzung teilte, dann war wohl alles umsonst. Aber da spürte er, dass der Blick des Meisters immer noch auf ihm ruhte. »Das einzig Gute in unserem Herzen ist das Gute, das unser Herr Christus dort hineinlegt. In dem Wissen, wie viel er jedem von uns vergeben und geschenkt hat, können wir uns daran wagen, auch etwas von der Liebe weiterzuschenken, die er uns gibt. Wenn du hierherkommst und etwas Gutes empfängst, dann ist das deshalb so, weil du zu Christus kommst, der in uns wirkt und ein klein wenig durch uns störrische, eitle Menschen hindurchscheint. In ihm wirst du Erlösung finden.« Ansaldo wurde es warm ums Herz. Er musste darum kämpfen, nicht zu weinen wie ein Mädchen. Was war nur los mit ihm? Ein Satz des Meisters brachte ihn aus der Fassung. Da war tatsächlich mehr in seinen Worten. Ob wirklich Christus zu ihm gesprochen hatte? Vielleicht könnte er sich hier im Hospital würdig erweisen und wer weiß, vielleicht sogar Adalberto Malaspina vergeben. Nur Giulietta vergessen, das würde er nie. Nicht dass es hier nicht andere Mädchen gäbe. Die junge Schwester Auria, die sie zum Verlies des Meisters geführt hatte, war entzückend, und als er sie vor dem Turm im Arm hielt, um sie vor Pfeilen und Steinwürfen zu schützen, brachte das sogar sein erkaltetes Blut in Wallung. Aber mit Giulietta konnte sie sich doch nicht im Entferntesten vergleichen. Was war die Welt schon ohne sie? Ein Leben im Gebet brächte ihm wenigstens die Hoffnung, sie dereinst wiederzusehen, beim großen Abendmahl im Himmel. »Danke, Meister«, flüsterte er und verließ den Krankensaal. Er brauchte Zeit, um über all diese Dinge nachzudenken.

Doch im Hof herrschte große Aufregung, in Jerusalem überstürzten sich die Ereignisse und Zeit zum Nachdenken blieb keine. Ansaldo fasste einen der dienenden Brüder sachte am Arm. »Was gibt es?«, fragte er.

»Sie haben Arnulf von Chocques zum Patriarchen von Jerusalem ernannt«, berichtete der mit glänzenden Augen. »Nun bricht ein neues Zeitalter an!«

»Unsinn«, widersprach ein anderer. »Die Ägypter werden fürchterliche Rache nehmen und ich glaube nicht, dass wir noch einmal ungeschoren davonkommen!«

Ansaldo hatte genug gehört. Er musste zur Ratsversammlung, nur dort würde er verlässliche Informationen erhalten. Eilig drängte er sich hinaus und lief die wenigen Gassen zum Patriarchensitz hinauf. Er musste nicht lange warten, bis er einen Bekannten traf. »Guido, was geht hier vor? Man hat Arnulf zum Patriarchen ernannt?«, fragte er, als er die hünenhafte Gestalt des Normannen erkannte.

Der wandte sich um, freudig überrascht. »Da ist ja mein liebster Kaufmann!«, lachte er. Doch gleich wurde er wieder ernst. »Es ist schlimm, überall Streit. Der Bischof von Matura hat die Geburtskirche in Betlehem besetzt und dann tatsächlich Arnulf von Chocques zum Patriarchen ernannt, ohne die Fürsten zu Rate zu ziehen. Doch die sind dagegen und so musste er das Amt gleich wieder niederlegen. Das wiederum hat Robert von der Normandie sehr verärgert, aber nicht genug damit. Es gibt auch großen Streit zwischen Gottfried und dem Grafen von Toulouse. Gottfried will die Herrschaft auch über die Zitadelle, aber Raimund besteht darauf dortzubleiben, bis er in seine Heimat zieht.« Das konnte Ansaldo ihm nicht verdenken, immerhin hatte Bohemund ihm bereits die Zitadelle in Antiochia mit einer List entrissen. »Sie haben sich schließlich geeinigt, dass der Bischof von Albra die Kontrolle über die Zitadelle übernimmt, bis der Streit entschieden ist. Aber Raimund hatte schon vor der Wahl damit gedroht abzuziehen, wenn man nicht ihn zum Herrscher über Jerusalem wählt, und du weißt, dass niemand über so viele Ritter und Fußvolk gebietet wie er.«

Ansaldo nickte. »Und diese Männer werden wir brauchen, da die Ägypter heraufziehen?«

»Genau«, bestätigte Guido. »Wenn wir nicht wieder ein göttliches Zeichen erhalten, dann wird Jerusalem nicht lange in christlicher Hand bleiben.«

Auria

Hospital St. Johannis, 5. August 1099

Gott sei gepriesen, er sendet uns ein Zeichen seiner Gnade!«, rief Schwester Eleonore. »Ein syrischer Jakobit, der sich in Antiochia dem Heer angeschlossen hatte, hat in der Kirche vom Heiligen Grab einen Splitter des wahren Kreuzes gefunden!«

Lautes Raunen übertönte ihre weiteren Worte, bis Mutter Agnes die im Refektorium versammelten Schwestern energisch zur Ruhe rief. »Wie ist das möglich?«, wandte sie sich dann der noch immer schwer atmenden Eleonore zu.

»Er soll von einem der Christen in der Stadt von dem Versteck erfahren haben. Die Christen haben ihn damals verborgen, als der Kalif al-Hakim die Kirche zerstörte.« Staunend sahen die Schwestern einander an. Konnte es ein offensichtlicheres Zeichen dafür geben, dass Gott gnädig auf die Sache der Kreuzfahrer schaute?

»Das ist Hilfe in großer Not«, bestätigte Agnes. Die Kunde vom Herannahen des Ägyptischen Heeres war auch bis nach St. Maria Magdalena vorgedrungen. »Morgen wird der Herzog vor dem Grabe des Herrn beten und dann eine Prozession zum Tempelberg anführen, wir werden ihn begleiten«, erklärte die Priorin.

Noch in der Dämmerung des nächsten Morgens verließen sie den Konvent, barfuß und züchtig in die schwarzen Mäntel mit dem weißen Amalfitanerkreuz gehüllt. Gegenüber auf der Straße warteten bereits die Brüder vom Hospital. David entdeckte Auria sogleich, doch er erwiderte ihren fröhlichen Blick nicht. Vielleicht lag es nur an dem dämmrigen Licht?, fragte sie sich. Sie suchte weiter, doch sie konnte weder Bertrand noch Marcello noch Ansaldo entdecken. Schon waren sie vorbei und der Zug wandte sich unter Agnes' resoluter Führung in Richtung Anastasis. Dass sie nicht einmal einen Blick von David empfangen hatte, schmerzte sie, obwohl sie sich sagte, er habe sie einfach nicht gesehen. Aber er hatte auch nicht gesucht, sondern stur vor sich hin geschaut. Da erreichten sie den Vorhof der Kirche, auf der sich bereits eine Menge Volkes drängte. Meist waren es einheimische Christen, die nach der Befreiung Jerusalems in die Stadt zurückgekehrt waren. Als man ihre schwarzen Mäntel erkannte, bildeten die Menschen respektvoll eine Gasse und ließen den Zug passieren. Die Kirche vom Heiligen Grab selbst wurde von Hunderten von Kerzen erhellt und Auria durchlief ein heiliger Schauer. Sie schlug das Kreuz, als sie den Salbungsstein Christi passierten. Doch dann kam der Zug ins Stocken. Vor ihnen drängten sich Ritter und Geistliche, aber immer wieder tat sich eine Lücke auf, durch die Auria einen Blick auf das Heilige Grab erhaschen konnte. Gottfried lag mit seinen erhabensten Rittern davor im Staub. »Herr, schone dein Volk und lass dein Erbteil nicht zuschanden werden, dass nicht die Heiden über sie spotten«, rief er mit lauter Stimme, während die Priester Hymnen sangen. Gottesdienst und Gebete dauerten vielleicht zwei Stunden, und draußen wurde es langsam hell und warm. Doch dann setzte sich der Zug in Bewegung. Barfuß zogen sie aus der Kirche und durch die Gassen zum Tempelberg. Ganz vorn die Bischöfe mit dem silbernen Kästchen, das den gerade wiedergefundenen Splitter des wahren Kreuzes enthielt, und der Heiligen Lanze, die sie aus Antiochia gebracht hatten. Dahinter die Fürsten und ihre Ritter, dann die übrigen Geistlichen und mit ihnen die dienenden Brüder und Schwestern des Hospitals. Auch aus St. Lazarus waren Brüder gekommen. Dann stiegen die Ritter auf ihre Rösser, die von Knappen und Knechten mitgeführt worden waren. Auria suchte in ihren Reihen, bis sie schließlich Ansaldo fand. Barhäuptig mit ernstem Gesicht in einer schimmernden Rüstung, saß er auf einem schwarzen Ross, ganz vorne dicht hinter Tankred dem Normannen. Ihr Herz tat einen Sprung, als sie ihn so erblickte. Da fasste jemand fest ihre Schulter. Erstaunt blickte sie sich um. Es war David! Doch entgegen seiner sanften Art klang seine Stimme eher wie ein Befehl als ein Angebot: »Komm, ich bringe dich zurück zum Hospital.«

Auria schürzte die Lippen. »Au, du tust mir weh!«, beschwerte sie sich. Was war nur mit David los in den letzten Tagen? Der sonst so lebensfrohe Chirurg wirkte düster und in sich gekehrt.

Ansaldo

Ebene von Ibelin, 8. August 1099

Ansaldo war mit den kläglichen Resten des Heeres nach Ibelin gezogen. Raimund hatte seinen Drohungen tatsächlich Taten folgen lassen und war mit seinen Männern in die entgegengesetzte Richtung an den Jordan aufgebrochen – um die dortigen Pilgerorte zu besuchen, wie er verkündet hatte, aber vermutlich war ihm einfach der Kragen geplatzt, nachdem der Bischof von Albra heimlich Gottfrieds Mannen in die Zitadelle gelassen hatte. Währenddessen sammelte sich das Heer der Feinde bei Askalon. Von Ibelin aus konnte Herzog Gottfried sie zumindest beobachten. Heute befand sich Ansaldo zusammen mit Tankred und Eustach von Boulogne, einem Bruder des Herzogs, und einem Dutzend weiterer Männer auf einem Streifzug. Die Franken hatten die schweren Destrier gegen leichte arabische Pferde getauscht und trugen keine Rüstung, um sich schneller bewegen zu können. Zwei Söhne des Scheichs von Ibelin begleiteten sie und Ansaldo fragte sich, ob der alte Araber die Kreuzfahrer aus Hass auf die Schiiten oder einfach deswegen unterstützte, weil er sich zu schnell auf ihre Seite geschlagen hatte und nun die Rache al-Adfals fürchtete. Die Gegend glich einer Wüste. Die Sonne sengte herab und nichts lebte, außer den verdammten Stechfliegen und Hirschlauskäfern, die jedes Pferd ebenso beständig zu begleiteten schienen wie Möwen eine Galera, die aus dem Hafen von Genua lief. Wobei Ansaldo die Vögel, auch wenn sie noch so oft das Deck vollschissen, tausendmal lieber waren als diese satanische Insekten-Brut. Überhaupt sehnte er sich nach den Planken seiner San Matteo. Das Sitzen auf dem Pferderücken bereitete ihm Knieschmerzen, und er fürchtete einen Rückfall seiner älteren Knieprobleme, die es ihm zwischenzeitlich fast unmöglich gemacht hatten Treppen oder Leitern zu steigen. Doch plötzlich riss Tankred ihn aus den Gedanken. »Dort drüben kommen Reiter«, bemerkte er und beschattete seine Augen mit der flachen Hand.

Ansaldo blickte in die angegebene Richtung. Tatsächlich sah er eine feine Staubwolke, die sich gelblich von dem satten Grün der fernen Gärten Askalons abhob. Sie selbst hatten die trockene, wüstenartige Ebene hinter und die Sonne vor sich, sodass die Fremden sie wahrscheinlich noch nicht ausgemacht hatten.

»Es sind nur vier oder fünf«, behauptete Tankred. Die Staubfahne war dünn und verflüchtigte sich rasch.

»Wir sollten versuchen, sie abzufangen«, schlug Eustach vor. Tankred nickte. »Wir brauchen sie lebend.«

»Dort hinten zieht ein tiefer Wadi von Osten nach Süden, Herr«, mischte sich Amir, der älteste Sohn des Scheichs, respektvoll in das Gespräch. »Wenn wir sie in die Richtung treiben, dann kommen sie nicht zurück und wir können sie fangen.« Er sprach ein leidliches Latein, wie Ansaldo mit Erstaunen registriert hatte.

Tankred nickte. »Eustach, wenn du mit sechs Männern nach Süden reitest und hinter dem Wadi nach Osten abbiegst, dann treibe ich sie dir mit den übrigen Männern in die Arme.«

Der Boulogner Grafensohn nickte. »Ihr habt Tankred gehört, Männer. Mir nach.« Er gab seinem Pferd die Sporen und preschte in Richtung Süden, um den Feinden den Weg nach Askalon abzuschneiden. Tankred wartete, doch bereits nach einer Zeitspanne, in der man vielleicht vier Vaterunser aufzusagen könnte, bemerkte Ansaldo, wie die Staubwolke um die Ägypter anwuchs und nach Osten bog, offensichtlich um Eustach und seinen Männern auszuweichen.

»Das habe ich mir gedacht!«, rief Tankred zufrieden. »Die Übrigen mir nach. Im Galopp!« Sie gaben ihren Pferden die Sporen, und die leichten arabischen Hengste flogen in Richtung Sonnenaufgang. Doch auch die Ägypter schienen gut beritten, denn sie kamen zunächst kaum näher. »Wie weit ist es noch zu dem verdammten Wadi?«, schrie Tankred über das Dröhnen der Hufe hinweg.

»Gleich dort vorn, Herr«, rief der jüngere Araber. Und tatsächlich fiel die Staubwolke unvermittelt zusammen, in der sich die Ägypter verbargen. »Sie müssen in das Wadi hinunterklettern, ganz wie ich gesagt habe!«, triumphierte Amir. Tankred riss sein Schwert aus der Scheide. »Deus lo vult!«, schrie er und reckte die Klinge zum Himmel. Wenige Augenblicke später waren die Ägypter eingekreist.

»Das sind Beduinen«, rief Amir. »Die Männer des Kalifen nutzen sie oft als Späher. Lasst mich mit ihnen reden, sie folgen den Ägyptern meist nur wegen der Hoffnung auf Plündereien und werden sich lieber uns anschließen, als einen aussichtslosen Kampf zu wagen.«

Etwas enttäuscht ließ Tankred sein Schwert noch zweimal durch die Luft sausen, dann senkte er es. »Na gut, tu, was du denkst«, gab er dem jungen Araber freie Hand. Tatsächlich streckten die Beduinen ohne langes Zögern die Waffen. Eskortiert von Eustachs und Tankreds Männern wurden sie zurück nach Ibelin gebracht.

»Sie sagen, al-Adfal sei schon bei seinem Heer, aber er wartet noch auf weitere Männer und Nachschub aus dem Süden. Es sollen auch Belagerungsgeräte kommen, mit Schiffen aus Alexandria«, übersetzte Scheich Abu Sadr, das Oberhaupt von Ibelin, was die Beduinen zu berichten hatten. »Wie viele Gegner inzwischen bereits versammelt sind, können sie aber nicht sagen. Der eine behauptet zehn-, der andere hunderttausend.« Der Scheich rollte mit den Augen, doch Gottfried nickte grimmig. »Das ist auch nicht so wichtig. Wenn täglich neue Männer eintreffen, dann müssen wir sofort handeln, bevor der Feind noch stärker wird!« Tankred nickte.

»Wir müssen Boten zu Raimund an den Jordan schicken«, warf Eustach ein. »Ohne seine Männer haben wir keine Chance.« Gottfrieds Blick verfinsterte sich. Dann zuckte er die Schultern. »Du hast recht. Und ich werde Bischof Martirano nach Jerusalem senden. Wir brauchen jedes Pferd und jeden Mann. Außerdem soll Peter der Einsiedler dafür sorgen, dass jeder, der zurückbleibt, um unser aller Erlösung aus dieser Prüfung zum Herrn fleht. Und Robert soll die Heilige Lanze und das wahre Kreuz hier zum Heer bringen. Wenn nicht Gott selbst für uns streitet, dann sind wir verloren.«

»Deus lo vult«, bestätigte Eustach und eilte sofort aus dem Zelt, um Sorge zu tragen, dass die Befehle umgesetzt würden.

Doch noch bevor man im christlichen Heer etwas von Raimund oder Martirano hörte, schrillten am nächsten Morgen die Trompeten und Hörner der Wachen durch das Lager. Auch Ansaldo griff zu den Waffen und lief auf den Sammelplatz hinaus. Viele Sergeanten und Kriegsknechte waren bereits in Waffen, aber Ritter, deren aufwendige Ausrüstung einige Zeit zum Anlegen bedurfte, erblickte Ansaldo kaum. Rasch lief er zu dem niedrigen Erdwall und Graben, der mit Schanzpfählen und einigen Zeltstangen bekrönt, das Lager notdürftig befestigte. »Was ist los?«, fragte er einen der »peditis« genannten Lanzenträger.

»Sieh selbst, Herr«, forderte der Sergeant, der von zahllosen Scharmützeln, Schlachten und entbehrungsreichen Märschen abgehärtet war, und wies in die Ebene hinein. Ansaldo blickte in die angegebene Richtung und nördlich von Askalon erhob sich eine ungeheure Staubwolke aus der dürren Landschaft, in der sie am Vortag noch die Beduinen-Späher verfolgt hatten.

»Um Gottes Willen«, stieß er aus. »Die Ägypter greifen an. Sie sind uns zuvorgekommen!«

Der Sergeant nickte. »Wir werden sie wohl hier im Lager empfangen. Immerhin bietet uns die Brustwehr etwas Schutz und zusammen mit den Sagittarii können wir sie vielleicht auf Abstand halten.« Gemeint waren die Armbruster und Bogenschützen, die für gewöhnlich im Schutz der ersten Reihe aus Pedites in Zweiergruppen ihre Bolzen und Pfeile verschossen. Doch die eigentliche Stärke des christlichen Heeres lag bei den Rittern und ihrer alles niederwerfenden Attacke. Nur, wenn der Feind überraschend über sie kam, blieb keine Zeit, die Pferde zu zäumen und die Rüstungen anzulegen. Sie hatten die Ägypter unterschätzt. Ansaldo überließ Sagittarii und Pedites sich selbst und hastete zurück zu Gottfrieds Zelt im Zentrum des Feldlagers.

Da stand der Herzog und erteilte Befehle, während ein Knappe noch an den Lederriemen seiner Rüstung herumnestelte. »Raymond, du nimmst dir die ersten zweihundert Ritter und hältst die Ägypter auf, möglichst ohne euch auf einen Kampf einzulassen. Aber ich benötigte Zeit, um unsere Reiter zu ordnen. Wenn du das Hornsignal aus dem Lager hörst, fällst du auf Ibelin zurück, um mich mit allen deinen Männern, die dann noch im Sattel sitzen, bei der Attacke zu unterstützen.«

Raymond de Aguilers, ein erfahrener Ritter, nickte knapp. »Alle Ritter, die schon bereit sind, kommen mit mir«, befahl er barsch und stülpte sich den Eisenhelm aufs Haupt. Ansaldo folgte ihm zu dem Ort, wo einige der Knappen bereits die fertigen Pferde hielten. Die schweren Rösser stampften ungeduldig und zerrten an den Zügeln.

»Wenigstens haben wir hier gute Wasserlöcher. Ich hoffe, die Knappen haben die Rösser schon getränkt!«, bemerkte ein Ritter, der Ansaldo unbekannt war. Die Anspannung war mit Händen zu greifen. Ansaldo selbst trat unsicher von einem Bein aufs andere. Sollte er mit Raymond reiten? Auch wenn er sich formal als Ritter bezeichnen durfte, beherrschte er doch das Handwerk nicht, dessen es bedurfte, um mit den Franken eine Attacke zu reiten. Der Umgang mit Pferden und Lanzen war ihm nicht durch jahrelanges Training in Fleisch und Blut übergegangen. Wenn es um Ruder und die schwankenden Planken einer Galera ging, dann konnte ihm niemand etwas vormachen – aber hier? Er entschied sich, im Lager zu bleiben. Nicht aus Furcht, aber wenn es zur Attacke ging, dann fehlte ihm für das, was Raymond und seinen Männern bevorstand, die Übung. Nur wenige Augenblicke später sprengte Raymond mit etwa zweihundert Rittern aus dem Tor des Feldlagers, dem Feind entgegen.

David

Spital des Heiligen Johannes, 11. August 1099

Ein wildes Klopfen an der Pforte rief alle in den Hof des Hospitals. Auger öffnete, sichtlich besorgt, was diese ungestüme Störung zu bedeuten hätte. Doch kaum hatte er den Riegel zurückgeschoben, drangen gleich mehrere Gewappnete in den Hof. »Herzog Gottfried ruft alle Männer, die Waffen tragen können, nach Ibelin«, schrie der Vorderste von ihnen. »Das Heer Gottes steht einer großen Übermacht gegenüber, und es kommt auf jeden Mann an!« Ein wildes Rufen verschluckte den Rest der Rede. Bruder Auger musste erst energisch Ruhe einfordern, bevor der Mann weitersprechen konnte. »Bischof Martirano hat die Nachricht überbracht. Jeder, der körperlich in der Lage ist, auch jene Kranken oder Verwundeten, die noch laufen können, soll sofort zum Patriarchenpalast kommen. Der Bischof wird dort die Männer mustern. Alle übrigen, Frauen, Kinder, Schwerkranke und Greise, sollen Tag und Nacht im Gebet vor Gott treten und für den Sieg der Seinen flehen.«

David blickte sich um, und seine Blicke trafen auf die von Bruder Danolo. Der schien ähnlich erschüttert wie David. Ob von der Forderung, die Waffen zu ergreifen, oder aus Angst vor den Ägyptern, wusste er nicht zu sagen. Er selbst tastete nach seinem Assassinendolch. Doch was sollte der ihm in einer Schlacht helfen? Gegen Reiter oder die hünenhaften Dämonenkrieger? Andererseits, war es Ansaldo nicht mit seiner Prahlerei und dem zur Schau gestellten Waffenhandwerk gelungen, seine Auria zu verzaubern? Vielleicht konnte er sie zurückgewinnen, wenn er nur ebenso tapfer in den Krieg zog? Und falls nicht, dann war ihm der Ausgang der Schlacht ohnehin egal. Kurz entschlossen trat er vor. »Ich gehe zum Patriarchenpalast«, verkündete er, erstaunt über den eigenen Mut. »Ihr habt den Herold gehört, wer kommt mit mir?«

Schließlich war es eine Gruppe von etwa zwanzig Brüdern, die sich auf den Weg machte. Die Ritter, Bertrand und Marcello, befanden sich ohnehin schon beim Heer, und nur die Alten, die bereits über sechzig Winter zählten, und die Kranken blieben zurück. Vor dem Patriarchenpalast herrschte wildes Gedrängel. Doch dort, wo die Gasse auf den offenen Platz mündete, standen einige grimmig dreinblickende Sergeanten und teilten die ankommenden Scharen.

»Hast du schon gekämpft?«, fragte ein Graubart, dessen Nase bereits zwei Scharten aufwies, so als wäre ein Wagen darübergefahren.

»Nein«, behauptete David. Sein Kampf gegen den Dämonenkrieger vor dem Hospital mochte er nicht zählen.

Der Alte nickte und etwas wie Mitleid huschte über seine harten Züge. »Dann geh dort drüben hin, Junge. Da erklärt dir jemand, was du machen musst.«

David ging in die angegebene Richtung. Dort standen bereits mehrere junge Männer, aber auch ältere Handwerker und Tagelöhner – die meisten von ihnen wieder einheimische Christen, Jakobiten, Araber und Armenier. Einige Männer aus dem Kreuzfahrerheer hantierten zwischen ihnen mit Armbrüsten. »Du, da«, rief ihn ein junger Mann im Lederwams an. »Hast du schon einmal eine Armbrust geladen?« Wieder schüttelte David den Kopf. »Dann schau her. Ich zeige es dir. Um schießen zu lernen, reicht die Zeit nicht, aber sie werden dich einem erfahrenen Sagittario zuteilen, und du wirst einfach immer die eine Armbrust laden, während er mit der anderen schießt. Also pass auf.« Der Armbruster stellte die Waffe mit der Spitze auf den Boden und trat mit dem linken Fuß in eine dafür vorgesehene Eisenschlaufe. »Jetzt musst du die Sehne spannen und hier hinter den Haken klemmen«, erläuterte der Mann und machte es vor. »So, und nun nimmst du die Armbrust hoch und legst einen Bolzen hier in die Rinne. So, dass die Kerbe hier hinten genau auf der Sehne liegt. Und dann gibst du die geladene Waffe deinem Partner. Aber pass auf, dass du mit der geladenen Waffe nicht auf die eigenen Leute zielst, und komm bloß nicht hier an den Abzug.« Es wirkte einfach und David trat willig vor, um es zu versuchen. Erstaunt stellte er fest, dass er all seine Kräfte aufwenden musste, um den dicken Hornbogen zu spannen. Doch es gelang ihm schließlich. Der Ausbilder grunzte und nickte. »Üb das ein paarmal. Dann gib die Armbrust weiter, jeder soll es versuchen. Vor dem Abmarsch oder im Lager erhält jeder eine eigene Armbrust. Aber gebt verdammt gut darauf acht. Das ist eure Lebensberechtigung. Und seid froh, dass wir nicht nur Bögen haben wie die Türken, bis ihr mit denen schießen könntet, würde ein halbes Jahr vergehen!« David sah sich die Armbrust an. Ein dicker Holzschaft trug an der Spitze den Hornbogen. Anders als der Name vermuten ließ, war die Sehne aus geflochtenem Hanf gefertigt. Die eiserne Fußschlaufe und ein einfacher Abzughebel vervollständigte die Waffe. So hatte er sich seine erste Schlacht nicht vorgestellt. Er bezweifelte, dass er damit die Bewunderung Aurias zurückerobern könnte. Aber wenigstens müsste er nicht für die Christen töten, sondern nur die Armbrust laden. Und wahrscheinlich war sowieso alles umsonst. Die Ägypter würden die Christen überrennen und in den Boden stampfen. Nur was würde dann aus Auria? Er stellte sich vor seinem inneren Auge vor, wie sein Heldentod in der Schlacht das Glück wenden und die in Jerusalem gebliebenen Menschen retten könnte. Eine neue Entschlossenheit durchdrang ihn. Er würde sein Bestes geben, ob sie ihn nun liebte oder diesen Angeber Ansaldo.

Auria

Jerusalem, 12. August 1099

Die Schwestern aus St. Maria Magdalena knieten schon seit mindestens zwei Stunden hinter ihrer Priorin. Kerzen flackerten und der Geruch nach Ruß mischte sich mit dem von Schweiß und anderen Ausdünstungen der Menschen. Das Gemurmel und der Gesang verschiedener Gruppen vermischten sich zu einem bedrohlichen Raunen. Auria drohte ein ums andere Mal einzuschlafen oder einfach das Bewusstsein zu verlieren. Doch auch zwischen diesen Phasen war sie nicht voll bei der Sache. Ihre Gedanken kehrten immer wieder zu David zurück. Wo war er nur inzwischen? Beim Heer? Ohne ein einziges Wort des Abschieds? Vielleicht würde er nun sterben? Ihr Vater hatte berichtet, er sei als Erster der Brüder aufgestanden, um seine Pflicht zu erfüllen!

Wieso mussten Männer stets in den Krieg ziehen? Bei den Rittern war das normal, darin bestand ihre Berufung, aber David war doch Arzt, kein Krieger! Vorne erhob sich der kleine Mann, den sie Peter den Einsiedler nannten. Er rief etwas mit erhobener Stimme, doch bis zu Auria drang kein einziges seiner Worte. Geduldig wartete sie, bis die Rede, von Mund zu Ohr geflüstert, ihren Winkel in der Anastasis erreichte.

Ansaldo

Heerlager von Ibelin, 11. August 1099

»Was soll das bedeuten?«, fragte der Graf von Rosselló. Er meinte die große Herde aus Rindern, Schafen, Ziegen, Kamelen und Eseln, die die zweihundert Ritter zwei Tage zuvor erbeutet hatten. Die große Staubwolke hatte sich als Tierherde entpuppt. Die wenigen Treiber, die sie führten, waren rasch in die Flucht geschlagen worden. Ansaldo hatte seinem alten Freund von dem Ereignis berichtet, denn Girard war erst am Vortag mit dem Heer Raimunds von Toulouse eingetroffen. Der Graf hatte sich trotz der zahlreichen Kränkungen entschlossen, den Christen in ihrer Not beizustehen, und war mit den Seinen vom Jordantal, wo er die Taufstelle Jesu und andere heilige Orte besucht hatte, hergeeilt.

»Vielleicht waren die Tiere als Nachschub für Askalon gedacht und sie haben sich verlaufen?«, fragte Ansaldo, doch Girard schüttelte den Kopf. »In ihrem eigenen Land? Man wollte uns eher mit den Tieren aus Jerusalem heraus und zum Plündern verlocken!«

»Aber wir lagern hier die ganze Zeit in Ibelin vor ihrer Nase«, warf Ansaldo ein.

»Sie wissen wohl, dass wir hier sind«, grinste Girard. »Was sie sich aber vermutlich nicht vorstellen können, ist, dass der kleine Haufen hier unser gesamtes Heer darstellt!«

Ansaldo schluckte hart. »Meinst du, wir werden unterliegen?«

»Das liegt in Gottes Hand«, beschied Girard. »Deus lo vult.«

Lautes Rufen unterbrach ihr Gespräch, und der Graf von Rosselló erbleichte. »Sie kommen uns doch noch zuvor. Wir hätten nicht warten dürfen!« Er sprang auf und griff nach seinem Schwert.

»Halt, der Ruf kam von den Wächtern im Osten, nicht aus Richtung Askalon. Ich wette, das wird endlich Martirano sein!« Ansaldo behielt recht. Es war die Vorhut der im Eilmarsch aus Jerusalem heraneilenden Verstärkung.

»Was für eine Verstärkung soll das denn sein?«, schimpfte Girard, als er die Männer sah. »Bauernburschen und Handwerker!« Die erschöpften Gestalten, von wenigen Reitern begleitet, schleppten sich offenbar mit letzter Kraft ins Lager.

»Sie werden immerhin besser kämpfen als die Kamele und Esel, die Gottfried zwischen die Schlachtreihen stellen wird, damit unsere Zahl größer erscheint«, flüsterte Ansaldo. Die List mit dem Vieh durfte auf keinen Fall vorher ihren Weg zum Feind finden.

Es dauerte noch bis tief in die Nacht, bevor die letzten Nachzügler aus Jerusalem beim Heer eingetroffen waren. Doch Schlaf fanden in dieser Nacht ohnehin nur die abgehärteten Veteranen des Kreuzzugs. Sie waren nicht im eigentlichen Sinne des Wortes die Elite des Abendlandes, aber drei Jahre harter Märsche, Entbehrungen und Kämpfe hatten alle, die nicht kämpfen konnten, und viele, die es konnten, längst auf der Strecke bleiben lassen. Zurückgeblieben war ein kleiner Kern unerschütterlicher Männer.

Am nächsten Morgen nahmen die verschiedenen Truppen Aufstellung: Gottfried teilte die Ritter in drei Abteilungen, von denen er selbst den linken, dem Meer abgewandten Flügel übernahm. Dies war die gefährdetste Stelle, da die Ägypter ihm in die Flanke fallen konnten. Den zentralen Heerhaufen führten

Tankred, Eustach von Boulogne, Robert von der Normandie und Gaston von Béarn gemeinsam. Den rechten Flügel, der sich am Meeresstrand abstützte, bildete der gerade noch rechtzeitig zum Heer gestoßene Graf Raimund mit seinen Männern. Ganz vorne, vor den wenigen Rittern, befanden sich die Pedites, und dicht hinter ihnen die Sagittarii, die Armbrustschützen, jeweils in ihren Zweiergruppen. Sie sollten die wertvollen Pferde der Ritter bis zum Zeitpunkt der finalen Attacke vor den Pfeilen der Ägypter schützen. Hinter der dünnen Linie der Ritter folgten die berittenen Sergeanten, um dem Angriff mehr Wucht zu verleihen. Bei ihnen befand sich auch Ansaldo, zusammen mit etlichen Knappen, die noch am Vorabend ihre Schwertleite erhalten hatten um nun als Ritter deren gar zu dünne Reihen zu ergänzen. Hinter den Sergeanten trieben die arabischen Jungen von Ibelin die erbeuteten Tiere einher, in der Hoffnung, dass die aufgewirbelte Staubwolke dem Gegner Respekt einflößen würde. Die Heilige Lanze und der Splitter des wahren Kreuzes vervollständigten auf geistlicher Seite den Aufmarsch. Doch damit nicht genug, Gottfried bestand darauf, dass sich vor dem Abmarsch das gesamte Heer niederkniete, um kollektiv die Beichte abzulegen und die Absolution zu empfangen. Erst dann setzte sich das Heer der Christen in Bewegung. Die Sonne hatte gerade den östlichen Horizont überschritten, und ob es nun Glück war oder ein göttliches Zeichen, der Himmel war mit einer dichten Wolkendecke überzogen und versprach einen relativ kühlen Tag für Ritter und Rösser.

David

Ebene von Askalon, 12. August 1099

Ob sie uns erwarten?«, fragte David mit nur mühsam unterdrückter Aufregung. Er marschierte neben Stefano, einem

Veteranen mit ledernem Gesicht, das es unmöglich machte, sein Alter zu schätzen. Der erfahrene Armbrüster ließ einen unbestimmten Laut hören. David war ihm am Abend nach dem langen, heißen Marsch von Jerusalem herab zugeteilt worden. Der erfahrene Partner, mit dem Stefano von Sizilien bis nach Judäa marschiert war, hatte einen eigenen Gehilfen bekommen. David konnte ihm seine mürrische Art daher kaum verdenken. Doch Stefano besann sich doch noch eines Besseren. »Ich glaube es nicht«, beschied er. »Wenn sie wüssten, dass wir kommen, hätten sie in den letzten Tagen genug Zeit gehabt, uns in Ibelin anzugreifen. Haben sie aber nicht. Ich glaube eher, sie denken, wir machen uns hinter den Mauern von Jerusalem in die Hosen.«

Langsam schrumpften die Schatten im Gelände vor ihnen und man konnte die weißen Mauern von Askalon hinter dem wohltuenden Grün der Gärten im Norden der Stadt erkennen. Da endlich kam Bewegung in das Lager, welches der Feind vor der kleinen Stadt aufgeschlagen hatte. Eilig marschierten lange Reihen Männer auf das Feld. »Das sind ihre Dämonenkrieger«, rief David erschrocken, als er die dunklen Gestalten ausmachte.

Stefano nickte grimmig. »Ja, das sind sie. Doch vor denen graut mir weniger als vor den berittenen Bogenschützen. Wo stecken die nur?« Entgegen Stefanos Befürchtungen, Davids Befürchtungen hingegen erfüllend, tauchten keine türkischen Reiter auf, sondern die schwarzen Regimenter kamen ihnen im Laufschritt entgegen. Beim Näherkommen sah er, dass sie mit allerhand exotischen Waffen ausgerüstet waren: mit langen blei- und eisenbewehrten Keulen, Kriegshämmern gleich, und Peitschen aus schwerem Leder. Stefano stutzte. »Damit wollen sie uns angreifen? Wir sind doch keine Hunde!«

Doch da übertönte schon ein Ruf das Schlachtgebrüll der Ägypter. Die Unteranführer wiederholten den Befehl: »Schildwall!« Das galt den Peditis. Sie verharrten und ordneten sich in einer Reihe, die Lanzen zum Feind. »Armbrustschützen!« Nun waren sie dran. David schlug das Herz bis zum Halse. Stefano stellte sich mit einem Bein voran auf und erhob seine schussbereite Waffe.

»Salve los!« Er schoss, wie die Männer um ihn herum, etwa in einem Fünfundvierzig-Grad-Winkel in den Himmel. Die Sehnen schlugen klatschend auf die Bögen und die Bolzen surrten davon. David fühlte sich an einen Bienenschwarm erinnert. »Haben die keine Bogenschützen dabei?«, knurrte Stefano und blickte misstrauisch der eigenen Salve nach. Mechanisch reichte er David, der sich dicht hinter ihm hielt, die abgeschossene Armbrust. Der gab ihm dafür seine geladene und machte sich sofort daran, die Waffe wieder zu spannen. Diesmal schoss Stefano direkt, also im flachen Bogen über die Pedites hinweg. David schaute dem Bolzen nach und erschrak, wie dicht der Feind bereits war. »Laden, nicht gaffen!«, schnauzte Stefano ihn an, und so hob David selbst dann nicht mehr den Kopf, als direkt vor ihnen die Reihen der Pedites und Ägypter mit lautem Krachen aufeinanderprallten. Der Kampf wogte nur Augenblicke, so kam es David vor, dann riss ihn Stefano plötzlich zur Seite. »Mach Platz, die Ritter kommen!«

Um Haaresbreite verfehlten die malmenden Hufe David, als sich die Kavalkade mit ungebremster Wucht auf die feindlichen Reihen stürzte. Lanzen splitterten oder durchbohrten gleich mehrere Körper, doch schon hieben die Franken mit ihren Schwertern alles in Stücke, was sich in ihrer Reichweite befand. David hatte noch nie den Angriff eines Ritterheeres gesehen, und er war in diesem Augenblick froh, dass er kein Ägypter war. Doch schon erklang neuer Lärm von der linken Seite her.

»Das kommt von unserem Tross. Sie haben uns überflügelt!«, schrie jemand, doch noch bevor die eigenen Reihen ob dieser Schreckensnachricht wanken konnten, sprengte der Herzog selbst mit einer Schar Ritter heran, die er hastig auf dem Schlachtfeld eingesammelt hatte. »Er kontert den Angriff, ein Tausendsassa, unser Herzog Gottfried!«, rief Stefano voller Bewunderung.

»Pedites vorwärts«, kam da der nächste Befehl, und auch die Sagittarii folgten. Das Feld vor ihnen war mit Leichen übersät, meist waren es die schwarzen Fußsoldaten der Ägypter. Ihre Regimenter hatten die Wucht der ritterlichen Attacke abbekommen.

Dann tauchte vor ihnen das Lager der Feinde auf. Ritter, Pedites, Sagittarii, Sergeanten, Bauern und Handwerker stürzten sich gleichermaßen auf die Zelte, die reiche Beute versprachen. Stefano riss ein blaues Zelt auf, das noch intakt war, während David unschlüssig hinter ihm herlief. Drinnen lagen Dinge des Feldlebens. Doch da erklang vor ihnen ein lautes Signal. Stefano, der seine Armbrust beiseitegelegt hatte und in einer Truhe voller Kleider wühlte, sah erschrocken auf und erbleichte. »Die ägyptische Reiterei! Sie haben sich neu formiert und wir haben unsere Schlachtordnung verlassen!« Er raffte seine Armbrust auf. »Schnell, zurück, wir müssen uns sammeln«, rief er David noch zu und rannte schon nach hinten.

David stand einen Augenblick wie versteinert. Dann, als er vor sich die schlagenden Hufe der schweren Ägyptischen Reiterei hörte, drehte auch er sich um und rannte hinterher. Seine Armbrust hatte er verloren. Er rannte um sein Leben, während hinter ihm der dröhnende Hufschlag immer dichter kam. Da hörte er auch von rechts her Lärm. David erblickte zu seinem Entsetzen in einer Staubwolke dicht vor sich weitere Reiter, die auf ihn zuflogen. Er war umzingelt! Er sprang zur Seite und konnte dem ersten Ross gerade noch ausweichen, drei, vier Pferde flogen an ihm vorbei. Dann parierte ein Reiter hart neben ihm sein Ross, er war so dicht, dass der Pferdeschweiß ihn bespritzte. Ein Ruf des Erstaunens, dann packte ihn jemand an der Schulter und hievte ihn halb auf den Gaul. David verstand nichts, klammerte sich aber instinktiv an den Hals des Tieres. »Was machst du hier, um Gottes willen?!« Es dauerte einen Augenblick, bis David in dem fremden Reiter Ansaldo erkannte. Er brachte ihn aus der unmittelbaren Kampfzone und ließ ihn dann vom Pferd rutschen. »Du bist doch Arzt und wirst andernorts dringender gebraucht!«, schimpfte er. Dann gab er seinem Pferd die Sporen und galoppierte wieder ins Getümmel. David zitterte am ganzen Körper. Um ein Haar wäre er niedergeritten worden. Und ausgerechnet sein Nebenbuhler rettete ihm das Leben. Ihm wurde schlecht. Keuchend übergab er sich, bevor er matt zusammensank.

Wieder war es Herzog Gottfried gewesen, der dem Gegenangriff im Zentrum mit einer Reiterschar begegnete. Der Kampfeswille des Feindes war gebrochen. Die Massen flohen, nach dem schwer befestigten Askalon zu. Die Reiter zuerst und die unglücklichen Fußsoldaten hinterher. Doch der Befehlshaber der Stadt schloss viel zu früh die Tore – aus Angst, die nachdrängenden Kreuzfahrer könnten in die Stadt gelangen. So ereilte die Zurückbleibenden ein furchtbares Massaker. Etliche ertranken im Meer, andere, die versuchten, sich in den Gärten und Bäumen zu verstecken, wurden mit Pfeilen aus den Ästen geschossen oder mitsamt den Gärten verbrannt. David fühlte sich vollständig elend, die erlittene Gefahr, die Grausamkeiten, der gerade durchgemachte Marsch, alles zusammen war zu viel für ihn. Am meisten aber plagte ihn die Sorge, dass er mit seinem militärischen Versagen nun vollends die Achtung Aurias verloren hatte, zumal Ansaldo ihr mit vollem Recht seine eigenen Heldentaten im Vergleich zu der hilflosen Situation Davids ausmalen könnte.

Am Abend, als sich die siegreichen Kreuzfahrer vor den Mauern von Askalon mit den erbeuteten Vorräten aus dem eroberten Lager ihren Sieg feierten, trat der Genueser Ritter plötzlich unvermittelt zu ihm. »David«, rief er strahlend. »Du hast überlebt!« David nickte lahm. Musste er ihn nun auch noch demütigen?

»Ich bin sehr froh, dich gesund zu sehen. So habe ich diesen Tag wenigstens eine Tat vollbracht, die Meister Gerhard voll und ganz würdigen wird.«

David blickte erstaunt auf. »Wie meinst du das?«, fragte er verständnislos. »Du hast gekämpft und den Feind besiegt!«

Doch Ansaldo schüttelte den Kopf. »Ja, das war notwendig, um Jerusalem und die Christen dort zu beschützen, aber all das Blutvergießen und zuletzt das Massaker an den wehrlosen Ägyptern.« Er blickte David traurig an. »Das ist nichts, von dem die heiligen Evangelisten berichten, dass Christus es je getan hätte.« Er blickte wehmütig zum Meer hinüber. »Nein, David, wenn es Rettung für mich gibt, dann im Hospital.«

David wurde schwindlig. »An der Seite einer schönen Frau?«, fragte er bitter.

Nun war es an Ansaldo, verwirrt zu schauen. »Eine Frau?« Er schüttelte wieder den Kopf, doch diesmal nicht traurig, sondern unwillig. »Soweit ich weiß, heiratet man im Hospital nicht. Außerdem gab es einmal eine Frau für mich. Sie hieß Giulietta und war das wunderbarste Geschöpf auf Erden …« Er verstummte und schluckte hart. »Sie ist der wichtigste Grund, warum ich mir meinen Platz im Himmelreich verdienen will. Um sie wiederzusehen. Und das werde ich nur an Meister Gerhards Seite schaffen.«

David blickte ihn fassungslos an. »Und Auria?«, konnte er es sich nicht verkneifen zu fragen.

Wieder schaute Ansaldo verwirrt, dann musste er schallend lachen. »Die Kaufmannstochter aus Amalfi?« Doch dann wurde er ernst. »Ein wirklich hübsches und wohlerzogenes Mädchen. Hast du dich etwa in sie verguckt? Meinen Segen sollst du dafür haben!«

Ein riesiger Steinbrocken fiel von Davids Herzen. Er hatte die ganze Zeit umsonst gebangt! »Danke, dass du mich aus dem Getümmel gerettet hast«, rief er strahlend. »Nun lohnt es sich wieder zu leben!«

Ansaldo

Hospital zu Jerusalem, 14. August 1099

Ansaldo war der Erste, der, kaum von Askalon heimgekehrt, Meister Gerhard seine Bitte antrug, in die Gemeinschaft des Hospitals aufgenommen zu werden. Doch er blieb nicht der Einzige, der solche oder ähnliche Gedanken hegte. Eine ganze Reihe vornehmer Ritter hatten sich eingefunden und wurden im Refektorium von Meister Gerhard empfangen.

»Nun, wo Jerusalem und bald das gesamte Heilige Land befreit ist, wird man eure Dienste hier bald nicht mehr benötigen«, meinte ein großgewachsener Mann namens Raimund.

Doch Gerard schüttelte ein wenig wehmütig den Kopf. »Unsere Bruderschaft wird unvergänglich sein, weil der Boden, auf dem sie Wächst, das Elend dieser Welt ist und weil, so Gott will, es immer Menschen geben wird, die daran arbeiten wollen, dieses Leid geringer, dieses Elend erträglicher zu machen.«

Raimund sah ihn mit offenem Mund an. Dann räusperte er sich. »Um dieser Worte willen, Meister Gerhard, möchte auch ich meinen Teil zu diesem Werke tun. Ich bitte dich, nimm mich in die Reihen der Bruderschaft auf. Auch ich will den Mantel mit dem Amalfitanerkreuz tragen!«

Gerhard nickte freundlich. »Du sollst uns als Bruder willkommen sein«, erklärte er.

Ein weiterer Ritter ergriff das Wort: »Eine Gemeinschaft von frommen Männern, vereint, um dem Herrn zu dienen.« Es war Hugo von Payns, der so schwärmte. »Ich habe in Zallaqa mit König Alfons von Kastilien gekämpft. Und später in Valencia unter Rodrigo Diaz de Viviar, den sie den Cid nennen.« Er blickte Beifall heischend in die Runde. »Unsere Gegner dort waren eine verschworene Gemeinschaft von Gotteskriegern. Sie nennen sich die Almoraviden und leben in einem Ribat, Kloster und Burg in einem. Sie verachten allen irdischen Reichtum und teilen all ihren Besitz. Ihr einziges Ziel ist der Kampf für ihren Glauben. Und ich kann euch sagen, das waren harte Gegner!«

»So eine verschworene Gemeinschaft von Rittern bräuchten wir hier auch. Sie würden die heiligen Stätten und die Pilger beschützen, auch wenn die übrigen Kreuzfahrer heimkehren!« pflichtete Gottfried von St. Omer, ein Gefolgsmann Roberts des Normannen ihm bei.

»Wir sind eine friedliche Gemeinschaft«, unterbrach Meister Gerhard. »Wir arbeiten still im Namen des allmächtigen Gottes und der Heiligen Maria und des Heiligen Johannes und der heiligen Armen. Das wird immer unser wichtigster Auftrag bleiben.«

Der ebenfalls anwesende Herzog, welcher sich als Beschützer des Heiligen Grabes bewährt hatte, nickte ernst. »Dein Eifer in Ehren, Hugo«, wandte er sich an den breit gebauten Ritter. »Aber auch ich wünsche mir den Fortbestand dieser Einrichtung, wo der Wille unseres Herrn so trefflich umgesetzt wird. Darum vermache ich dem Spital die Herrschaft und Einkünfte meiner Besitzung Montboire in Flandern«, er hielt ein Pergament hoch, das er offensichtlich vorbereitet hatte. Gerhard sog scharf die Luft ein, aber Gottfried zeigte mit einem Wink an, dass er noch nicht fertig war. »Ich will, dass diese Güter immer für den Lebensunterhalt und die Bedürfnisse der Armen Verwendung finden. Sollte jemand diesen Besitz angreifen oder zu verringern suchen, den suche Gott mit Plagen heim, bis er sich bußfertig abwendet«, erklärte er feierlich.

Gerhard sah einen Moment in seine klaren blauen Augen. Dann nickte er und nahm ohne weitere Umstände die Pergamentrolle entgegen. »So sei es. Ich danke dir im Namen des allmächtigen Gottes und der Heiligen Maria und des Heiligen Johannes und der heiligen Armen.«

»Und noch eins«, fuhr Gottfried fort.

Meister Gerhard zog die Brauen hoch. »Ja, Herr?«

»Wie Hugo de Payns andeutete, haben die meisten Ritter ihr Gelübde erfüllt und werden bald in ihre Heimat im Frankenland zurückkehren. Uns bleiben in Jerusalem kaum mehr als zweihundert Ritter.« Gerhard nickte zögernd, fast unwillig. Er ahnte wohl bereits, was kommen würde, doch verstand er die Notwendigkeit desselben. »Ich freue mich von Herzen über alle Männer, die wie Raimund oder der tapfere Genueser neben dir Herz und Hand ganz Gott weihen wollen. Doch wenn es zum Krieg kommt, benötige ich alle Ritter im Land. Auch jene, die Brüder in deinem Hause sind. Selbst Priester und Kranke, die noch ein Schwert heben können, sind nicht vom Heerbann ausgenommen.«

»So sei es«, seufzte Gerhard. »Bertrand und Marcello haben dir ja bereits gedient, und ich will weder ihnen noch sonst einem der Brüder wehren, wenn der Herr sie zu einer anderen Pflicht ruft.«

»Ich werde auch mit Rektor Johannes von St. Lazarus vor den Mauern sprechen. Unter den Leprakranken finden sich ebenfalls einige, die noch rüstig genug sind, für das Gute zu streiten«, fuhr Gottfried fort. »Aber sei getrost, ich werde nur in der Not auf dieses Versprechen zurückgreifen.«

Auria

Hospital St. Johannis, 14. August 1099

Die Ritter waren am Vortag zurückgekommen und ganz Jerusalem befand sich im Siegestaumel. So schien es Auria zumindest. Doch die Fußsoldaten waren noch nicht heimgekehrt, und mit ihr warteten Hunderte Familien voller Bangen auf die Heimkehr ihrer Lieben. Noch schlimmer machte es, dass sich Auria weder Mutter Agnes noch Laura anvertrauen konnte. Doch am Abend des Tages erschien Ansaldo, der mit den anderen Rittern zurückgekehrt war, in St. Maria Magdalena. »Auf ein Wort, Fräulein Auria«, sprach er sie an. Sie erschrak. Was für Kunde würde er bringen?

»Sag, weißt du von David, unserem Arzt?«, drängte sie, unfähig, sich weiter zurückzuhalten.

Ansaldo nickte. »Eben deswegen komme ich zu dir.«

Auria blieb fast das Herz stehen. »Nein«, schluchzte sie. »Heilige Jungfrau Maria, wieso?«

Ansaldo hob abwehrend die Hände. »Nein, nein, es geht ihm gut! Ich bin gekommen, um dir das zu sagen. Ich selbst habe ihn aus dem Schlachtgetümmel herausgezogen, in das er sich ganz ohne Pferd und Waffen gewagt hat!« Hätte Ansaldo sie nicht in den Arm genommen, wäre sie sicherlich gefallen. »Er ist in Sicherheit, und ich glaube gar, er hat das alles nur für dich auf sich genommen«, flüsterte Ansaldo beruhigend, selbst ganz ergriffen von der Heftigkeit ihrer Reaktion.

»Wegen mir?«, hauchte sie.

»Ja, du solltest ihn nicht mehr solchen Unsinn machen lassen. Er kann Gott besser dienen, als sich unbewaffnet den Reitern al-Afdals entgegenzustellen!«

Sie drückte sich an ihn. »Oh, Ansaldo, hab Dank für deinen Dienst und für deine Worte! Wenn er gestorben wäre, müsste ich auch vergehen. Was kann ich nur tun, um dir zu danken?«

Ansaldo hielt das schluchzende Mädchen im Arm und erwiderte kalt den Blick der aufgeregt herbeieilenden Laura. »Der einzige Dank, den ich begehre, ist, dass ich euer Trauzeuge sein darf, wenn du den Magister David hoffentlich bald heiratest.«

Laura sog die Luft entsetzt ein, doch Auria bemerkte ihre Anwesenheit gar nicht. »Das verspreche ich!«, jubelte sie glücklich.

David

Spital zu Jerusalem, 16. August 1099

Die Fußsoldaten kamen erst am dritten Tag nach der Schlacht in Jerusalem an. Sie hatten aus dem Lager der Ägypter mitgenommen, was sie tragen konnten, und den Rest verbrannt, während ihnen die Männer al-Adfals von den Mauern Askalons aus zusahen. David war unschlüssig, wie er sich Auria gegenüber verhalten sollte. Er wusste, dass er sich vor seinem überhasteten Abmarsch danebenbenommen hatte, aus völlig unbegründeter Eifersucht, wie sich herausgestellt hatte. Würde sie ihm vergeben? Doch kaum zurück im Hospital begegnete er Ansaldo, der nun den schwarzen Mantel mit dem Amalfitanerkreuz auf der linken Brust trug. »Du bist bei Meister Gerhard gewesen?«, fragte David zur Begrüßung.

»Ja«, erwiderte Ansaldo ernst. »Ich will mich dem Dienst an den Herren Kranken widmen, um meine zahlreichen Sünden zu sühnen. Vielleicht ist mir Christus gnädig und erlaubt mir dereinst, Giulietta wieder in die Arme zu schließen.« Er atmete tief durch. »Aber ich bin nicht nur bei Meister Gerhard gewesen, sondern auch bei Auria.« David schaute ihn mit offenem Mund an. »Sie war überglücklich, dass du noch lebst.«

David schossen die Tränen in die Augen. »Sie hat sich um mich gesorgt?«, fragte er.

»Nicht nur das«, grinste Ansaldo. »Sie hat mir versprochen, dass ich euer Trauzeuge werden darf, und du wirst dich doch wohl kaum noch mal so schnöde über ihren Willen hinwegsetzen?«

David schüttelte den Kopf, unfähig etwas zu sagen. »Na komm schon, geh zu ihr, sie wartet auf dich«, ermunterte Ansaldo.

Er fand sie im Krankensaal. „Auria, ich brauche dich kurz im Behandlungsraum“, sagte er, beor sie ihn recht erkannt hatte.

Resolut zog er sie an der Hand hinaus. Kaum hinter dem schweren Vorhang, fielen sich die beiden Liebenden in den Armen. Es dauerte lange, bis sie sprachen, und dann dauerte es nochmals länger, bis sie wieder schwiegen.

»Etwas, was Ansaldo gesagt hat, geht mir nicht aus dem Kopf«, erklärte David schließlich. »Ich habe viel Unrecht und viel Blutvergießen erlebt, seitdem ich aus Magenza geflohen bin. Aber Ansaldo hatte recht, das Hospital hier, welchem Meister Gerhard vorsteht, ist ein besonderer Ort. Hier wird das Leid von Menschen gelindert, ungeachtet ihres Glaubens oder Volkes. Ich glaube tatsächlich, hier fragt man nach dem wahren Willen Gottes. Und ich habe verstanden, dass das nicht von alleine passiert. Nein, es ist des Meisters weise Hand, die es so lenkt. Ich glaube, es wird Zeit, dass auch ich zu Meister Gerhard gehe.«

Auria küsste ihn auf die Stirn. »Tu das, und sage ihm, dass, wenn er nicht in unsere Heirat einwilligt, ich bereit bin, mit dir fortzugehen, wohin das auch sein mag.«

Er erwiderte ihren Kuss, allerdings auf ihren Mund. »Ich würde auch nicht ohne dich gehen«, erklärte er bestimmt. »Aber ich will auch ehrlich zu Gerhard sein. Das, was er hier geschaffen hat, ist eine Insel des Friedens inmitten dieser vom Krieg zerrissenen Zeit.«

Es dauerte allerdings noch bis zum nächsten Morgen, bis David den Meister allein bei einem Patienten antraf. Er war, wie üblich seit seiner eigenen Genesung, mit der Pflege eines der besonders schwer Erkrankten beschäftigt. David trat zu ihm und half bei der Versorgung. Dann räusperte er sich. »Wenn Christus so ist wie du, Meister Gerhard, dann verstehe ich endlich, wieso ihr Christen ihm nachfolgen wollt«, erklärte er.

Gerhard hielt in seiner Bewegung inne, wandte sich von dem Kranken ab und sah David direkt an. Das war das erste Mal, dass der Meister seinen Dienst unterbrach, durchfuhr es David. Gerhard ergriff die Hand seines Schülers und ein seliges Lächeln erhellte die oft so ernsten Züge. »Das ist das größte Lob, das ich je erhalten habe, mein Junge«, erklärte Gerhard. Erstaunt bemerkte David, dass in seinem Augenwinkel eine Träne glänzte. »Christus hat einmal gesagt: Wer mich sieht der sieht den Vater. Und wenn du in mir eine Spur von Ihm erahnst, dann ist das eine Ahnung von dem einen Gott, den wir alle suchen, Christen, Juden und Muslime!«

Epilog

Ansaldo, Jerusalem, 14. Juli 1100

Ansaldo blieb erstarrt in der Gasse stehen. Träumte er, oder täuschte ihn der Versucher? Das war doch Giuliettas Stimme! Doch wie konnte das sein? Er blickte sich suchend um. Auf der Gasse befand sich niemand, die Stimme kam aus dem Gebäude zu seiner Rechten. Dort befand sich ein Frauenkonvent, das wusste er. Doch wahrscheinlich spielte ihm seine Einbildung einen Streich. Denn die Frauen hatten in seiner eigenen ligurischen Mundart gesprochen. Er erinnerte sich, Gerede davon gehört zu haben, dass die Abtei von Fruttuosus in Jerusalem ein Tochterkloster gründen wollte. Gerade jene Abtei, in der er Giulietta zum letzten Mal gesehen und wo er sie geliebt hatte. Doch da war wieder die Stimme. Das konnte sie nicht sein. Die Trauer verdrehte ihm noch immer den Verstand. Aber abschütteln konnte er den Gedanken auch nicht. Er würde die Schwester mit Giuliettas Stimme finden, nur um Sicherheit zu haben. Er fragete eineige Leute auf der Straße und fand so bald heraus, in welcher Kirche die Schwestern zur Messe gingen. Kurz entschlossen trat er in die dunkle kleine Kirche. Es roch nach kaltem Weihrauch. Er schritt langsam nach vorne und kniete sich vor den Altar, um nachzudenken. Er würde einen der Hospitalbrüder einbeziehen müssen. Selbst traute er sich nicht, den Konvent zu betreten. Vielleicht

David, der schuldete ihm immerhin einige Gefallen. Er lächelte schwach bei der Erinnerung an die Schlacht von Askalon und die bald darauf erfolgte Hochzeit. Er würde David bitten, einfach nach einer Schwester Giulietta zu fragen, um ihr dann einen kleinen Brief zu übergeben, der sie zu einer bestimmten Zeit hier in diese Kirche bestellte. Wenn es keine oder nur eine andere Schwester mit dem Namen Giulietta geben würde, dann hätte er zumindest Gewissheit. Und lesen und schreiben konnte sie, das wusste er ja. Mit nur mühsam unterdrückter Erregung machte er sich auf den Weg zum Hospital.

Zwei schlaflose Nächte später wartete Ansaldo im Schatten einer Säule im schmalen Kirchenschiff. Tatsächlich erschien zu der besagten Zeit eine Schwester in schwarzer Tracht. Er blickte sich noch einmal um, ob auch niemand anderes im Raum wäre. Doch das leicht flackernde ewige Licht war alles, was sich bewegte. Er trat aus dem Schatten und die Schwester schrie erschrocken auf. Doch es war ihre Stimme, und im Licht der flackernden Öllampe erkannte er nun auch ihr Gesicht. »Giulietta!«, rief er fassungslos. »Bist du das wirklich? Du lebst?« Er konnte es nicht fassen.

»Ja, ich lebe«, stammelte sie nach einer Weile. »Und du auch, Ansaldo!« Sie standen sich erstarrt gegenüber. »Dich noch einmal zu sehen, erfüllt meine sehnlichsten Hoffnungen«, flüsterte sie heiser. »Aber lass uns andernorts weitersprechen. Hier sind wir nicht sicher!« Sie zögerte. »Darfst du diesen Ort verlassen?«

Er stutzte. »Ich bin doch kein Geist. Natürlich kann ich den Ort verlassen. Aber wie kommst du nach Jerusalem?« Doch sie winkte ihm nur zu folgen und verließ wortlos die Kirche. Er folgte ihr durch das Gassengewirr der Stadt, bis sie schließlich über eine schmale Treppe die Dächer der Stadt erreichten. Hier endlich hielt Giulietta inne. Ansaldo verschwendete keinen Blick auf die herrlich in der Sonne glänzende Kuppel des Felsendoms oder das satte Grün des Ölbergs. Er hatte nur Augen für Giulietta. Doch sie schien noch immer kaum glauben zu können, was sie sah.

Zögernd tastete ihre Hand nach seiner Wange, so als wolle sie sich überzeugen, dass er wirklich aus Fleisch und Blut bestand.

»Jesus, Maria und allen Heiligen sei Dank!«, stieß sie schließlich hervor. »Ich kann es noch immer nicht fassen.« Langsam zog sie ihre Hand zurück. »Man wird meine Abwesenheit bemerken, also will ich dir rasch erklären, was passiert ist«, sie holte tief Luft. »Die heiligen Stätten müssen mit Mönchen und Nonnen besetzt werden, wie die Mauern der Heiligen Stadt mit Rittern. In der Heimat hat der Orden nach Freiwilligen gesucht.« Sie zuckte die Achseln. »Es war eigentlich eine Gebetserhörung. In San Fruttuosa konnte ich nicht bleiben. Jeder Stein erinnerte mich an dich.« Sanft fuhr sie ihm mit der Hand durch das Haar. »Dort hätte ich niemals Frieden und Ruhe finden können. Mein Vater hat mir gesagt, du seist in Jerusalem gefallen. Und so wollte ich wenigstens in der Nähe deines Grabes sein!«

Ansaldos Augen füllten sich mit Tränen. Er griff ihre Hand. »Giulietta!«, hauchte er, »ich habe nicht zu hoffen gewagt, dein Grab jemals zu sehen, geschweige denn dich selbst. Und nun finde ich dich hier in Jerusalem, lebend! Auf diese Gnade habe ich kaum für das Himmelreich zu hoffen gewagt, doch nun können wir uns sehen – in der Kirche und auch an Orten wie hier! Ich bin der glücklichste Mann der Welt!«

»Aber wir müssen vorsichtig sein. Mit mir sind drei Schwestern hierhergekommen. Und ich weiß, dass die Äbtissin uns damals nicht verraten hat. Es war eine der Schwestern, aber ich kann nicht sagen welche. Es wäre meinem Vater aber zuzutrauen, dass er sie dazu gebracht hat, mit nach Jerusalem zu gehen, um mich im Auge zu behalten!«

»Ich dachte, du wärst tot!« Ansaldo schwankte noch immer zwischen Tränen und Jubel.

»Ich habe mit angehört, was mein Vater zu dir sagte. Der schlaue Fuchs. Er sagte: ›Für dich ist sie gestorben!‹ Das war doppeldeutig. Ich musste alles mit anhören und konnte dir nichts zurufen. Mein Bruder stand mit der gespannten Armbrust dabei, um dich zu erschießen, wenn ich auch nur einen Laut von mir gegeben hätte!« Bei der Erinnerung schluchzte auch sie.

»Und du bist nach meinem angeblichen Tod in den Orden eingetreten?«, wollte er wissen.

Sie schüttelte den Kopf. »Nein, ich war schwanger, und als das herauskam, tobte mein Vater. Er hat mich geschlagen und ich habe das Kind verloren. Dein Kind.« Ihre Augen füllten sich wieder mit Tränen. Ergriffen nahm er sie in den Arm, konnte aber ebenfalls kein Wort herausbringen. »Er sandte mich ins Kloster, aber weil ich in den Augen einiger Schwestern unrein war, wurde ich nie in die Gemeinschaft aufgenommen. Ich bin nur eine Helferin. Aber du bist der Hospitalbruderschaft des Heiligen Johannes beigetreten?«, fragte sie, seinen Mantel musternd.

»Ja«, gestand er. »Aber das ist kein Orden und ich habe keine Gelübde abgelegt. Ich bin frei zu gehen, wohin ich will.« Er machte eine Pause, dann drückte er sie an sich. »Und mit wem ich will.«

Ende

Ein paar Gedanken und historische Anmerkungen zum Geleit

Das vorliegende Werk ist ein Roman. Die Hauptpersonen sind fiktive Figuren. Selbstverständlich habe ich mich bemüht, mit Blick auf den historischen Hintergrund nah an den historischen Fakten zu bleiben, wie es bei einem historischen Roman sein sollte. Aber die leitenden Handlungsstränge der Protagonisten verdanken sich meiner Fantasie. Der historische Hintergrund, vor dem die fiktiven Hauptcharaktere handeln, ist allerdings hochgradig komplex, wie der geneigte Leser bei der Lektüre des Romans rasch feststellen wird – jedenfalls sehr viel komplexer, als man es generell für das »finstere Mittelalter« und gar den ersten Kreuzzug erwartet. Dabei ist es natürlich so, dass der Roman von mir, einem Menschen des 21. Jahrhunderts, für Leser derselben Epoche geschrieben wurde. Dadurch musste ich oft einen Spagat zwischen mittelalterlichen Anschauungen und Bewertungen und unseren eigenen Vorstellungen wagen. Einem modernen Leser würde es ansonsten sehr schwerfallen, sich mit einem mittelalterlichen Menschen zu identifizieren. Vieles, was für die Menschen zur Zeit des ersten Kreuzzuges normal war, käme uns allzu intolerant, vorurteilsbehaftet und grausam vor. Es waren also Vermittlungsleistungen nötig, die wiederum einem Balanceakt gleichkamen. Daher werden Teile meines Romans einigen Lesern als zu angepasst, anderen dagegen als zu »mittelalterlich«, als zu fremd erscheinen. Dies könnte in besonderem Maße zutreffen, wenn es um religiöse Anschauungen und Meinungen sowie Glaubensweisen geht. Dennoch, oder vielleicht gerade deswegen, habe ich versucht, von den üblichen Stereotypen abzuweichen. So kommen in vielen historischen Romanen jüdische Protagonisten entweder nur als Nebenfiguren vor, wie etwa der (historisch belegte) Kaufmann und Übersetzer Isaak in meinem letzten Roman »Der Schmied der Franken«. Oder sie erscheinen als eher schwache Charaktere, zum Beispiel in Gestalt junger Frauen, die am Ende den Schutz eines starken christlichen Ritters benötigen. Dagegen ist natürlich nichts einzuwenden; es kann aber in der Wiederholung leicht etwas paternalistisch wirken. Ich habe daher in diesem Roman mit der Figur Davids ganz bewusst einen durchaus starken Charakter als Kontrast entworfen und ihn als einen jungen Mann gezeichnet, wie er in Mainz bereits vor tausend Jahren gelebt haben könnte. Er ist zwar kein Ritter, das wäre historisch doch zu schwierig begründbar gewesen, aber eingedenk meiner eigenen Profession wird der geneigte Leser hier leicht erkennen, wo und bei wem meine persönlichen Sympathien liegen.

Eine Vielzahl der übrigen Personen sind dagegen historische Persönlichkeiten (vergl. Personenverzeichnis). Schwierig ist, dass in den Quellen oft lateinische, altfranzösische, okzitanische oder auch deutsche Titel und Namen abwechselnd verwendet werden. So wird zum Beispiel Gottfried gelegentlich auch Godefroy oder Godefroid geschrieben. Dies trifft leider nicht nur auf die Namen zu. Auch bei Fakten und Abläufen widersprechen sich die Quellen gelegentlich. Fulcher von Chartres und Albert von Aachen etwa waren beide Augenzeugen des Volkskreuzzuges. Dennoch unterscheiden sich ihre Berichte, da sie jeweils aus ihrem eigenen Blickwinkel schreiben. Wilhelm von Tyrus wiederum nutzte diese Autoren bereits als Quelle für Ereignisse, bei denen er selbst nicht zugegen war. Andere Schriften, wie die anonyme Gesta francorum etwa, enthalten eindeutig ideologische Übertreibungen. So wird hier bei der blutigen Schilderung der Einnahme Jerusalems bewusst übertrieben, um einen Vergleich mit der Eroberung Jerichos durch das heilige Volk Israel unter Josua und der Vollstreckung des »Bannes« herzustellen. Aufgrund einer zeitgenössischen hebräischen Quelle gehen viele Historiker heute davon aus, dass damals etwa 3.000 Menschen starben, nicht 10.000 oder gar 70.000, wie in einigen Quellen behauptet, was bei der damaligen Bevölkerungsdichte auch kaum vorstellbar wäre. Allerdings sind gerade vor diesem Hintergrund auch 3.000 Tote bereits eine erschütternd hohe Zahl. Das Gleiche gilt für die Stärke der Heere, die eigenen Zahlen werden oft untertrieben, die des Gegners ins unermessliche gesteigert.

Eine Fülle an Informationen kann der interessierte Leser heute ganz einfach in einer Reihe von Wikipedia-Artikeln finden. Es ist daher müßig, jede Einzelheit zu diskutieren und mit Belegen zu versehen. Einige Punkte möchte ich aber dennoch hervorheben, da sie zumindest in dieser Zusammenstellung etwas mühsamere Recherchen erforderten, und zum Schluss beichte ich noch einige Ungenauigkeiten:

Das Hospital zu Jerusalem, Gründungsort des Johanniter- und Malteserordens

Bereits in Byzantinischer Zeit, in der Folge der Gründung der großen Krankenanstalt (Basileias durch Basilius den Großen in Caesarea in Kappadokien um 370), wurden in verschiedenen Orten des Reiches und insbesondere entlang von Reise- und Pilgerwegen von Mönchen Xenodochien (Fremdenherbergen) errichtet. Es ist wahrscheinlich, dass auch in Jerusalem in der Folgezeit eine entsprechende Herberge entstand.

Papst Gregor beauftragte 603 Abt Probus aus Ravenna, ein Hospital in Jerusalem zu bauen (oder neu zu beleben?)

Karl dem Großen wurde mittels seiner Gesandtschaft zum Abassiden-Kalifen Harun al Raschid um 799 (unter den beiden Gesandten Sigismund und Landfried, von deren Reise u. a. in meinem Roman »Ulfberht – Schmied der Franken« berichtet wird) die Schutzherrschaft über das Hospital in Jerusalem verliehen bzw. die Erlaubnis erteilt, ein Hospital neu zu errichten. Der Name des Viertels in Jerusalem, in dem es sich befindet, lautet bis heute »Muristan« und leitet sich eventuell von dem persischen Wort für Hospital ab, was auf die Zeit der stark persisch beeinflussten Abassiden verweisen könnte.

Mauro di Pantaleone – ein amalfitanischer Patrizier und Händler – gründete vor 1071 (sein Todesdatum) in Antiochia und Jerusalem Hospitäler bzw. Benediktinerabteien mit angeschlossenen Hospitälern (mit Unterstützung der Benediktiner von Montecassino, mit denen er und Amalfi insgesamt in enger Beziehung standen). Nach einigen Quellen erfolgte die Gründung bereits um 1048. Allerdings lebte Mauros Vater Pantaleone mindestens bis 1062, denn es ist überliefert, dass er zu diesem Zeitpunkt den letzten langobardischen Fürsten von Salerno, Gisulf II., in seinem Haus/Kontor in Konstantinopel zu Gast hatte (der wiederum, wie im Buch beschrieben, zwei Kirchenfürsten als Geiseln hielt). 1066 war Pantaleone vermutlich verstorben, da zu diesem Zeitpunkt sein Sohn Mauro der Abtei Montecassino ein paar Bronzetüren aus byzantinischer Fertigung schenkte, wie sie sein Vater der Kathedrale von Amalfi gestiftet hatte (Abt Desiderio von Montecassino sah sie 1065 bei einem Besuch in Amalfi und war angeblich ziemlich neidisch). Wie bei den Türen für Montecassino erscheint es für die Hospitäler unwahrscheinlich, dass nicht Mauros Vater, das Familienoberhaupt, als Stifter verehrt worden wäre, sollte er zu diesem Zeitpunkt noch gelebt haben. Daher ist es wahrscheinlich, dass die (Neu-)Gründung des Hospitals erst nach seinem Tod, also zwischen 1062 und 1071, stattgefunden hat. (Vergleiche u. a. »Western Travellers to Constantinople: The West and Byzantium, Cultural and Political Relations« S. 962–1204, Krijna Nelly Ciggaar, BRILL, 1996, und »Society and Politics in Mediaeval Italy« J. K. Hyde, Springer, 1973)

Der achte fatimidische Kalif al-Mustansir, welcher die Erlaubnis zur (Wieder-)Errichtung des Hospitals in Jerusalem erteilte, herrschte von 1036 bis 1094, verlor Jerusalem allerdings bereits 1071 an die Seldschuken, was zu allen oben genannten Daten passen würde.

Jedenfalls entstehen, unterstützt von weiteren Spenden aus Amalfi und möglicherweise anderen Orten, wie Bari und der Provence, in Jerusalem eine oder zwei Kirchen: St. Maria latina mit einem angeschlossenen Männerspital und vermutlich auch St. Maria Magdalena mit dem Frauenspital, wobei es sich bei St. Maria Magdalena auch lediglich um eine Kapelle handeln könnte, da die Kirche sonst nicht erwähnt wird. Die Existenz von St. Maria latina als Benediktinerkonvent und in Zusammenhang mit dem Hospital wird in der Bestätigung der Privilegien der Abtei durch Papst Paschalis II. im Jahre 1112 erwähnt. Dort wird aufgeführt, dass St. Maria latina zu Zeiten der Sarazenen und Türken, also vor der Einnahme Jerusalems durch die Christen, ein hospicium für Lateiner, Italiener und Lombarden gewesen sei. Archäologisch ließ sich allerdings unter der heutigen Erlöserkirche nur die Kreuzfahrerkirche St. Maria latina aus dem 12. Jahrhundert sichern. Ob also der Vorgängerbau von St. Maria Latina vor dem Kreuzzug bereits an diesem Ort oder einem anderen gestanden hat, lässt sich nicht mehr mit Sicherheit klären. Jedenfalls war St. Maria entweder sowohl der Gottesmutter als auch dem St. Johannes geweiht, oder es befand sich im Krankensaal, also dem hospicium von St. Maria Latina, ein Johannes geweihter Altar. Möglicherweise handelt es sich hier noch nicht um Johannes den Täufer, sondern um Johannes den Almosengeber (vergleiche das Kapitel »The Hosptial's privilege of 1113« Anthony Luttrell, in »The Military Orders« Volume 6.1, S. 4, Herausgeber: Jochen Schenk und Mike Carr, Routledge, 2017). Dies würde von der Bestimmung her gut passen, denn Johannes der Almosengeber, zuletzt Patriarch von Alexandria, bemühte sich sehr um die Armen, verteilte Essen unter ihnen und nannte sie bereits »meine Herren« (vergleiche »Das Leben der Heiligen Gottes«, 24. Aufl., S. 57, Otto Bitschnau, Benziger, Einsiedeln nach 1881).

Nach letzterer Lesart übernahm die Hospitalbruderschaft erst später Johannes den Täufer als ihren Namenspatron. Und zwar nachdem das Hospital von St. Maria latina unabhängig geworden war und die byzantinische und orthodoxe Johanniskirche, die noch heute in der Nachbarschaft des Hospitals steht und dem Täufer geweiht ist, an Bedeutung für die Bruderschaft gewonnen hatte. Nach der Trennung von St. Maria latina und dem Hospital wurde sie von den Johannitern zumindest mit genutzt. Die Vertreibung oder Ermordung von insgesamt etwa 4.000 Schiiten, Juden und Christen im Zuge der Eroberung Jerusalems durch die Sunnitischen Seldschuken im Jahre 1071 könnte ein Impuls für dieses Zusammenrücken der bedrängten Christen unterschiedlicher Denominationen in Jerusalem gewesen sein. Jedenfalls war dies, zusammen mit der schärferen Politik der Seldschuken gegenüber christlichen Pilgern, eine der Ursachen für den ersten Kreuzzug. Von Peter dem Einsiedler, dem wichtigsten Prediger des Laienkreuzzugs, ist überliefert, dass er als Pilger selbst schwere Misshandlungen durch die Seldschuken erlitt, und Bischof Gunther von Bamberg, der in den Jahren 1064/65 eine Gruppe von etwa 7.000 Pilgern nach Jerusalem führte, wurde bei Ramla von Muslimen überfallen. Die oben postulierte verstärkte Kooperation unter den unterschiedlichen christlichen Denominationen mag zur Übernahme/Mitnutzung der griechischen Johanniskirche durch die Hospitalbrüder und zur Annahme von Johannes dem Täufer als Patron des Hospitals geführt haben.

Jedenfalls fand Erzbischof Johannes von Amalfi bei seinem Besuch in Jerusalem um 1080 zwei Hospitäler (für Männer und Frauen) vor.

Um 1083 scheint dem Hospital ein gewisser Anzelinus vorgestanden zu haben, und nach einer Quelle besaß es möglicherweise bereits erste Ländereien in Südfrankreich bzw. der Provence, was wiederum auf weitere Spender aus dieser Region hinweisen würde. Vermutlich hatte sich die Hospitalbruderschaft zu diesem Zeitpunkt bereits von St. Maria Latina gelöst. Die Praeceptum (die lokalen Gewohnheiten, die es in vielen Augustinerstiften gab und die in einem mehr oder weniger engen Verhältnis zu den Consuetudines, also Statuten, des Augustinerordens standen) der Laien-Spitalsgemeinschaft dürfte sich an der in Europa in dieser Zeit sehr verbreiteten (milderen) Augustinerregel orientiert haben, im Gegensatz zur strengeren Benediktinerregel, die in St. Maria latina galt.

Zur Zeit des ersten Kreuzzugs wurde das Hospital von Gerhard Sasso, oder Gerard Tum/Tume/etc. (geboren etwa 1064, gestorben am 3. September 1120), der wahrscheinlich aus Martigues in der Provence oder nach anderen Quellen aus Scala im Herzogtum Amalfi stammt, geleitet. Von ihm ist der Satz »Unsere Bruderschaft wird unvergänglich sein, weil der Boden, auf dem diese Pflanze wurzelt, das Elend der Welt ist, und weil, so Gott will, es immer Menschen geben wird, die daran arbeiten wollen, dieses Leid geringer, dieses Elend erträglicher zu machen« überliefert. Und auch das Brot-/Steine-Wunder wird in mehreren Varianten von ihm berichtet. Hier bestehen gewisse Parallelen zum Rosenwunder der Elisabeth von Thüringen, welches ebenfalls in die Zeit der Kreuzzüge gehört. 1113 schreibt Papst Paschall II. in einer Bulle, in der er den Hospitalitern den Schutz der Kirche bestätigte, an Gerhard: »Mein verehrter Sohn … Gründer und Vorsteher des Hospitals in Jerusalem«. Papst Calixtus II. bestätigte dies 1119. Gerhard starb am 3. September 1120. Der Epithaph auf seinem Grab wurde von Fulcher de Chartres (1127) folgendermaßen überliefert: »Hier liegt Gerhard der demütigste Mann im Osten, Diener der Armen, Gastgeber für Fremde, einfach vom Äußeren, aber edel von Herzen. Man sieht in diesen Mauern, wie gut er war: Vorsehend und aktiv, sich selbst aufopfernd, um alles bereitzustellen, er streckte seine Arme weit und breit, um die notwendigen Mittel zur Ernährung der Seinen zu beschaffen: am 17. Tag der Sonnenpassage unter dem Zeichen der Jungfrau wurde er in den Armen von Engeln zum Himmel getragen.« Gerhard wurde nach seinem Tod vom Patriarchen von Jerusalem seliggesprochen. Sein Festtag ist der 13. Oktober. Seine Gebeine wurden nach 1187 umgebettet. Sein Schädel wurde 1749 in den Konvent der St. Ursula nach Malta gebracht. (»Acta Histriae Sancti Lazari Ordnis, Proceedings, Montreal Meeting«, Herausgeber: Charles Savon-Ventura und Michael Ross, Sancti Lazari Ordinis Academia Internationalis, 2017).

Das zitierte Gebet der Kranken (Ihr Herren Kranken betet für den Frieden … bzw. im Original »seignor malades proies pro la pais …«) wurde in mehreren Formen überliefert, stammt aber zumindest aus dem Johanniter-Hospital in Akko aus der Zeit des dritten Kreuzzugs (1189–1191). Ob Varianten des Gebetes bereits zuvor in Jerusalem gesprochen wurden, ist nicht belegt. Das Gleiche gilt für verschiedene im Buch beschriebene Regeln des Hospitals, wie das Gebot, nur einen Patienten pro Bett aufzunehmen, die Speisung der Kranken von Silbergeschirr, wohingegen die Hospitalbrüder danach von irdenem aßen, der Brauch, schwer Erkrankte während der Messe mit Decken zu schmücken, anstelle sie zum Aufstehen zu zwingen, oder die Regel, dass kranke Brüder maximal drei Tage in ihrer eigenen Zelle, danach aber im regulären Krankensaal versorgt werden müssen.

Meine Behauptung, das achtspitzige Kreuz wäre von der amalfitanischen Flagge (weiß auf blauem Grund) übernommen worden, um die Angehörigen des amalfitanischen Hospitals nach Vertreibung der Christen aus Jerusalem zu kennzeichnen, ist eine von mir erfundene Theorie. Tatsächlich trugen die ersten Hospitaliter wahrscheinlich eher ein einfaches lateinisches Kreuz auf dem Mantel, wie es auch später in Kriegszeiten noch üblich war. Wie und wann genau sich das Amalfitanerkreuz als Ordenszeichen durchsetzte, ist nicht belegt.

Das Lazarett vor den Mauern, Gründungsort des Lazarus-Ordens

Eine Herleitung des Wortes Lazarett bezieht sich auf dieses Spital eine andere Erklärung geht davon aus, dass es sich von dem Lazaretto Vecchio in Venedig ableitet. Aus dem Namen der als Pesthospital genutzten Kirche und dazugehörigen Insel St. Maria di Nazareth wurde demnach durch Lautverschiebung im Laufe der Zeit über »Nazaretum« das Wort »Lazaretto«. Wie dem auch sei, jedenfalls wird im Testament eines gewissen Amorutosios Amorusius aus Bari vom 4. März 1073 neben dem Spital in Jerusalem und der Marienkirche (vermutlich St. Maria latina und das oben beschriebene Hospital) auch das hospitali infirmorium sancti Lazari de Jerusalem bedacht, welches von seinem Bruder, dem Rektor Johannes, geleitet wird. Dies zeigt, dass zu diesem Zeitpunkt bereits lateinische Christen sogar den Rektorenposten dieser Einrichtung besetzten. Nach anderen Überlieferungen wurde das Leprosarium nämlich von armenischen Mönchen betreut. Jedenfalls scheint es sich bei dem besagten Leprosarium um das bekannte Ursprungshaus des Lazarus-Ordens zu handeln, welches zur Zeit des Königreichs Jerusalem nördlich von Jerusalem gegenüber der St. Lazaruspforte stand. Möglicherweise errichteten die Kreuzfahrer diese St. Lazaruspforte in der von Tankred geschlagenen Bresche in der Mauer von Jerusalem, um den Zugang zu dem Lazarett zu vereinfachen. Jedenfalls war sie nicht weit von dem später als »Tankreds Turm« bekannten Turm lokalisiert.

Bereits aus der Zeit zuvor wird von Leprosarien in Jerusalem berichtet: Nikephoros Kallistos schreibt im 14. Jahrhundert über ein Leprosarium, welches die Kaiserin Aelia Eudocia Augusta (401–460) in der Nähe der ebenfalls von ihr errichteten St. Stephanuskirche (beim Stephanustor) gestiftet haben soll und welches 400 Betten hatte. In einem anonymen Text von ca. 808

wird auch erwähnt, dass 15 Leprakranke in der Stephanuskirche außerhalb des Stephanustors untergebracht seien. Von einem weiteren, bereits St. Lazarus geweihten Leprosarium wird von Caesar Baronio in den Annales Ecclasiastici um 530 auf dem Ölberg berichtet. Es scheint also im Laufe der Zeit Leprosarien zumindest an drei unterschiedlichen Orten um Jerusalem gegeben zu haben, wobei unklar bleibt, ob sie zeitweise nebeneinander bestanden, eines aus dem anderen hervorging oder sie gänzlich unabhängig voneinander existierten (»Acta Histriae Sancti Lazari Ordnis, Proceedings, Montreal Meeting«, Herausgeber: Charles Savon-Ventura und Michael Ross, Sancti Lazari Ordinis Academia Internationalis, 2017).

Amalfitanerkloster auf dem Athos

Die Viten des Athanasius der beiden georgischen Gründermönche von Iwiron (Johannes und Eutymius) sowie eine Chronik aus Monte Cassion berichten, dass Leo, Bruder von Herzog Pandulph (Landulf, Randolf ...) II. von Benevento (ab 850 zwei getrennte Fürstentümer Salerno und Capua) um 980 zusammen mit sechs Männern auf den Athos kamen und zunächst als »Fremde« bei den ebenfalls fremden Georgiern wohnten. Nach 10 Jahren gründeten sie zwischen Lawra und Karakallou ein Kloster – das Amalfitanerkloster »ton Apothekon/Apothekenkloster« (gemäß den Handschriften eines Johannes Monachus amalfitanus und dem Typikon von Kaiser Konstantin Monomaques von 1045, wo den »Lateinern« explizit der Besitz eines großen Schiffes gestattet wird). Das Kloster befolgt die benediktinische Regel. Die Mönche schenkten Abt Athanasios von Megistas Lavras Garum (ein im gesamten römischen Reich beliebtes Würzmittel, das aus Fischinnereien hergestellt wurde – vergleiche meine Kurzgeschichte »10 Monate in Akragas« in »Die Große acabus Jubiläumsanthologie«).

Iohannes, der nächste Abt (Hegumenos) des Klosters, 984–1035, war vermutlich bereits zusammen mit Leo dorthin gekommen (Arsenius war der Name eines weiteren Mönchs). (»Prosopographie der mittelbyzantinischen Zeit Online« Ralph-Johannes Lilie, Claudia Ludwig, Beate Zielke, Thomas Pratsch, Berlin-Brandenburgische Akademie der Wissenschaften. Nach Vorarbeiten F. Winkelmanns erstellt, De Gruyter)

Schiffe und italienische Seerepubliken

Die Galera bzw. die spätere Galeere ist ein Schiffstyp, der aus der byzantinischen Dromone hervorging. Möglicherweise leitet sich der Name von dem alten griechischen Wort galée oder galeos für den Schwertfisch ab. Allerdings darf man sich an diesen Schiffen trotzdem keinen Unterwasser-Rammsporn wie bei antiken Vorgängern vorstellen. Seit der Spätantike wurde die Angriffstechnik des Rammens und Versenkens der Gegner verlassen und Kriegsschiffe mit einem Sporn über Wasser versehen, der feindliche Ruder abknicken oder als Enterbrücke dienen konnte. Jedenfalls erscheint die »Galia sottil« bzw. Galera oder Galeere als eigenständige Bezeichnung erst in Quellen des 12. und 13. Jahrhunderts und bezeichnet dann den bekannten Typ, der meist von den italienischen Seerepubliken (Venedig, Pisa, Genua und Amalfi) eingesetzt wurde. Vermutlich im Gegensatz zur größeren byzantinischen Dromone wurden die Schiffe noch ohne durchgehendes Deck gebaut (sonst ergäbe der Versuch, sie zu versenken, indem man Baumstämme, die mit großen Eisennägeln versehen sind, in das feindliche Schiff warf, wenig Sinn. Diese wurde von den Normannen vor Dyrrachion gegen Byzantiner und Venezianer angewandt). Ob der Begriff der »Galera« nun auch schon gegen Ende des 11. Jahrhunderts bei den Italienern benutzt wurde, ist nicht belegt. Allerdings dürften die Städte auch in dieser Zeit bereits leichtere Varianten der großen byzantinischen Dromone genutzt haben, da ihre Flotten und Werften sicherlich nicht mit denen von Konstantinopel mithalten konnten.

Jedenfalls spielten die italienischen Seerepubliken und die Seefahrt im Mittelmeer eine entscheidende, wenn auch oft unterbewertete Rolle bei den Kreuzzügen und der späteren Verteidigung der Kreuzfahrerstaaten. Es kommt nicht von ungefähr, dass sich die Kreuzfahrerstaaten insbesondere an der Küste etablierten und auch dort am längsten aushielten (für einen sehr informativen und gut lesbaren, tieferen Einblick in die Geschichte des Aufstiegs und Niedergangs der Seerepubliken sei die Lektüre »Das Mittelmeer – Eine Biographie« von David Abulafia, 2. Auflage September 2015, S. Fischer Verlag GmbH, Frankfurt am Main, ISBN: 978-3-596-17441-6, empfohlen).

Die Gegner der Kreuzfahrer (Seldschuken, Fatimiden, Assassinen)

Bei der Beschreibung von Ikonium (heute Konya) taucht bereits ein osmanischer Külliye auf. Dabei handelt es sich um einen Baukomplex, der neben einer Moschee Grabmäler bedeutender Heiliger oder Herrscher bzw. der Gründer (das von Sultan Arslan Kilic I. befindet sich in Konya) im Moscheegarten (Mahalle), Koranschulen oder Elementarschulen (Mektep), eine Bibliothek (Darülkütüb) oder gar eine Universität (Medrese) einschließt. Weiter sind häufig Krankenpflegeeinrichtungen (Darüssifa), Armenküchen (Imaret), Bäder (Hamman), Brunnenhaus und Getränkeausschank (Sebil), eine Karawanserei, gelegentlich auch ein Sufi-Konvent (Tekke) oder ein Gästehaus für Derwische auf Reisen (Tabhane) vorhanden. Ein solcher Komplex existiert in Konya um die große Alâeddin-Moschee noch heute. Allerdings wurde der Bau dieser Moschee erst unter dem Sohn Arslan Kilic

I., Mas'ud I., gegen 1150 begonnen. Zur Zeit des ersten Kreuzzugs dürfte die alte byzantinische Hagios-Amphilochios Kirche, die bis in die 1920er-Jahre unter dem Namen Eflatun-Mescid existierte, als Hauptmoschee gedient haben. Ob diese auch bereits ein Vorläufer eines »Külliye« umgab bzw. ob die Seldschuken bereits in dieser Zeit solche Komplexe errichteten, ist aber nicht gesichert. Der Alâeddin-Hügel, an dessen Rand die alte Kirche bzw. Moschee lag, existierte jedenfalls bereits sehr viel früher und stellte die künstlich aufgeschüttete Akropolis der antiken Stadt Ikonion dar.

Der berühmte Mevlevi-Sufi-Orden in Konya wurde schließlich erst von dem persischen Mystiker Dschalal ad-Din ar-Rumi (1207–1273) gegründet (der in dem Roman dementsprechend nicht auftaucht), obwohl die Bewegung der Sufis und die enge Verflechtung der Seldschuken mit der Persischen Kultur, wie beschrieben, bereits zuvor existierten. Einige der Aussprüche des persischen Derwischs Bahram im Roman gehen in Wirklichkeit auf Hadschi Bektasch zurück, einen vermutlich aus Chorasan in Persien stammenden Heiligen des 13. Jahrhunderts, auf den die Glaubensgemeinschaft der Aleviten (nicht zu verwechseln mit den »arabischen« Alewiten in Syrien) zurückgeführt wird und nach welchem jener Sufi-Orden benannt wurde, der später die religiöse Ausbildung der Janitscharen übernahm.

Zu den Assassinen ist zu sagen, dass sich bereits 1097/98 Anhänger des ermordeten Imams Nizar in Syrien und dem Libanon befanden, die sich dort vor der Verfolgung des fatimidischen Wesirs al-Afdal Schahanschah in Sicherheit gebracht hatten. Die Sekte der Nizariten wurde bereits 1090 oder 1094 von Hasan ben Sabah gegründet. Auch die »Fedaiyins«, die opferbereiten Attentäter, hat es wirklich gegeben. Der erste belegte Anschlag erfolgte am 14. Oktober 1092 und galt Nizam al-Mulk, dem Wesir des Seldschukenreiches, der vor allem für sein »Buch der Staatskunst« berühmt ist. Ob allerdings auch schon

1097 einzelne Bergfesten in Syrien von den Nizariten gehalten wurden, wie im Roman stellvertretend für die Burg Nimrod im heutigen Grenzland zwischen Israel und Syrien beschrieben, ist nicht bekannt. Ob Nimrod überhaupt einmal den Assassinen als Bergfeste diente oder erst später vor dem fünften Kreuzzug zur Verteidigung von Damaskus errichtet wurde, ist ebenfalls zweifelhaft. Fakt ist allerdings, dass Bischof Wilhelm von Tyrus um 1186 von dem Volk der Assassinen (eine Fremdbezeichnung der Nizariten, die wohl auf das arabische al-Hassasin, also »Haschischleute«, zurückgeht) berichtet, die zehn Burgen in der Gegend von Phönizien im Besitz hätten. Darunter ist Qadmus, welches 1132 von der Gemeinschaft gekauft wurde. Die berühmte Feste Masyaf wurde 1141 in Besitz genommen (ab 1164 Sitz Sinad Raschid ad-Dins, des »Alten vom Berge«). Die erste urkundlich belegte Begegnung der Assassinen mit den Kreuzrittern erfolgte 1106, als Tankred die Burg Apamea am Orontes eroberte, welche ebenfalls von Assassinen bzw. Nizariten gehalten wurde. Die meisten Verteidiger ließ er hinrichten, vermutlich ohne zu bemerken, dass es sich bei ihnen um eine besondere Sekte der »Ungläubigen« handelte. Bei dem Angriff König Balduins auf Damaskus im Jahre 1126 wurden dann Assassinen aus einer Gemeinde in Homs erwähnt, die an der Verteidigung der Stadt teilnahmen und offenbar nicht zurückgezogen in Burgen, sondern zusammen mit anderen Menschen in der Stadt lebten.

Der Vater des oben bereits erwähnten und für die eigentliche Politik im Fatimidenreich zuständigen Wesirs al-Afdal Schahanschah, Badr-al-Jamani, war ein armenischer Muslim. Ehemals Gouverneur von Akko und Führer im Bürgerkrieg bis 1073, reorganisierte er Heer, Verwaltung und Finanzen der Fatimiden und verteidigte Ägypten gegen die Seldschuken. Möglicherweise war er vormals auch Regimentskommandeur des Juyushi-Regiments, welches anfangs möglicherweise eine gemischte, das heißt aus Reiterei und Fußsoldaten bestehende Eliteeinheit darstellte. Die Kämpfer waren Mameluken, also Militärsklaven, die aber einen Status weit über Haussklaven oder sogar normalen Ägyptern genossen und in diesem Regiment wohl überwiegend armenischer Herkunft waren. Später bestand auch dieses Regiment hauptsächlich aus schwarzen Militärsklaven und lieferte sich heftige Kämpfe mit dem gleichfalls aus Schwarzen bestehenden Raihaniya-Regiment, da die einzelnen Regimenter und ihre Mameluken-Emire hoch politisiert waren und eine starke Rivalität untereinander bestand. Es wird auch von »Faranji«-Soldaten berichtet – offensichtlich ein »fränkisches«, also europäischstämmiges Regiment im Fatimidenstaat (»The crusaders Armies 1099–1187« Steve Tibble, Yale University press, 2018).

Albert von Aachen schreibt über die Schlacht von Jaffa 1102, dass die nubischen Fußsoldaten die Ritter mit hammerartigen Keulen mit Verstärkungen aus Eisen und Blei und Peitschen attackierten. Dies dürfte allerdings eher aufgrund der exotischen Erscheinung als aufgrund der Effektivität dieser Waffen Eingang in die Chronik gefunden haben. Alba und Markuria, die nubischen Königreiche im Süden Ägyptens, waren der Herkunftsort der schwarzen Militärsklaven, die umgangssprachlich als »Soudanis« bezeichnet wurden. Es wird weiterhin berichtet, dass die fatimidischen Armeen sehr gut organisiert waren und neben der byzantinischen Armee das einzige stehende Heer im engeren Sinne darstellte. Fulcher von Chartres berichtet weiter, dass schweres Belagerungsgerät teils mit der ebenfalls ständig einsatzbereiten Flotte transportiert wurde, also kombinierte Aktionen zu Land und See bereits zur Einsatztaktik gehörten. Zum Tross des fatimidischen Heeres gehörten weiterhin bereits Ärzte und Koranleser, also gewissermaßen ein Sanitätsdienst und die Feldgeistlichkeit (»The Fatimid Empire«, in »The Edinburgh History of the Islamic Empires« Michael Brett, Edinburgh University press).

Militärische Aspekte, die Kreuzzüge und Militarisierung der Ritterorden betreffend

Die Armbrust wird schriftlich erst in Quellen nach dem ersten Kreuzzug erwähnt. Allerdings konnten auf dem Schlachtfeld von Hastings (1066) große Mengen an Armbrustbolzen ausgegraben werden, sodass davon auszugehen ist, dass zumindest die Normannen diese Waffe bereits vor dem ersten Kreuzzug in großer Zahl einsetzten. Die in den Quellen zur Schlacht von Askalon erwähnten »Sagittarios« dürften also tatsächlich Armbrustschützen zu Fuß gewesen sein. Der andere Arm der Infanterie waren, wie beschrieben die »Pedites«, vor allem Lanzenträger, die feindliche Kavallerie abhalten und insbesondere die kostbaren Pferde der Ritter vor Pfeilbeschuss decken sollten.

Die Schlachten und Belagerungen des Kreuzfahrerheeres sind sonst schriftlich, wie oben beschrieben, sehr gut dokumentiert. Leider gibt es kaum islamische Quellen zu den Ereignissen jener Zeit, sodass etwa die genauen Hergänge bei der Eroberung Jerusalems durch die Fatimiden nicht bekannt sind.

Wie im Personenverzeichnis beschrieben, wurde der Templerorden um 1118 von einigen Rittern gegründet, die teilweise bereits am ersten Kreuzzug teilgenommen hatten. Die Berberisch-Spanischen Almoraviden, welche die Christen im Rahmen der Reconquista der iberischen Halbinselkennen- und fürchten gelernt hatte, könnten dabei »Pate« gestanden haben. Allerdings erklärt sich die Notwendigkeit militärischer Orden auch aus der besonderen Situation der Kreuzfahrerstaaten, die, stets auf einen relativ schmalen Küstenstreifen beschränkt, von an Zahlen und Ressourcen weit überlegenen Nachbarn bedrängt wurden. Die Schätzung, dass nach der ersten Schlacht von Askalon nur etwa zweihundert Ritter in Jerusalem zurückblieben, ist durchaus realistisch. Die etwa zweihundertjährige Präsenz der Franken in Palästina konnte nur durch die Uneinigkeit dieser Nachbarn, die straffe militärische Organisation und den extrem hohen Militarisierungsgrad der Kreuzfahrerstaaten gewährleistet werden. Beispielsweise berichtet Fulcher von Chartres, ein Augenzeuge der Ereignisse, dass König Baldwin I. 1101 vor der ersten Schlacht von Ramla anordnete, dass jeder, der einen Knappen besaß, diesen sofort zum Ritter ernannte und entsprechend ausrüstete, verzweifelt bemüht, die Zahl seines viel zu kleinen Heeres zu steigern (er ließ zudem vorsichtshalber seine Familie bereits von Jerusalem nach Jaffa bringen – offensichtlich war eine generelle Evakuierung der Levante eine vorstellbare Option). Es kann vor diesem Hintergrund davon ausgegangen werden, dass von Anfang an auch alle Ritter, die sich dem Hospital angeschlossen hatten, weiterhin ihren Platz im Heer des jungen Königreichs einnehmen mussten. Außerdem musste, um die geringen Zahlen auszugleichen, die Disziplin der Ritterschaft und deren Koordination auf dem Schlachtfeld erhöht werden. Dazu trugen in besonderer Weise die Ritterorden bei, da sie, anders als etwa die Ritter in Europa, auf ihren vereinzelt gelegenen Herrenhöfen und Burgen die Möglichkeiten hatten, gemeinsam das Waffenhandwerk zu üben. Unter der säkularen Ritterschaft wurde dies, zumindest in manchen Fällen, durch die Gründung von Bruderschaften ermöglicht, wie die berühmte Acies beati petri – die Schlachtreihe des heiligen Petrus –, von deren Untergang in der Schlacht am Ager sanguinus 1119 Walter der Kanzler als Augenzeuge berichtet. Doch um gegen die Feinde, insbesondere die Seldschuken und andere türkische bzw. turkmenische Söldner aus der vorderasiatischen Steppe zu bestehen, die eine hoch effiziente leichte Kavallerie (vor allem berittene Bogenschützen) darstellten, waren zudem leichte Truppen notwendig. Insbesondere mussten die kostbaren, aber verwundbaren Pferde der Ritter in der Phase vor der eigentlichen Attacke der schweren Reiterei gegen Pfeilschüsse geschützt werden, denn die Gegner hielten sich natürlich nicht an die unter der Ritterschaft Europas übliche Regel, nicht die

Pferde anzugreifen. Dazu benötigten die Heere der Kreuzfahrerstaaten große Mengen an leichten Reitern (Turkopolen) und Fußsoldaten (die erwähnten Pedites und Sagittarios). Insbesondere die Fußtruppen, aber auch die christliche Ritterschaft rekrutierte sich zu großen Teilen aus der einheimischen Bevölkerung bzw. spätestens ab der zweiten Generation der Kreuzfahrer aus einer fränkisch-lokalen Mischbevölkerung, denn die meisten Franken heirateten einheimische Frauen. Anders als oft angenommen, bestand vor allem in den nördlichen Kreuzfahrerstaaten die Bevölkerung damals noch überwiegend aus Christen, die sich voll mit ihren fränkischen Herren identifizierten. Ein weiteres Indiz für den hohen Militarisierungsgrad, mit dem die Kreuzfahrerstaaten dem Druck von außen begegneten, ist die Tatsache, dass, anders als im Westen, Geistliche nicht vom Waffendienst ausgeschlossen waren (so besagt etwa Artikel 20 des vom Stadtrat von Nablus 1120 erlassenen Gesetzes, dass, wenn »ein Kleriker zur Verteidigung Waffen trägt, er sich keiner Sünde schuldig macht«) und auch Leprakranke (Ritter) leisteten weiterhin (insbesondere als Mitglieder des St.-Lazarus-Ordens) ihren militärischen Beitrag, wenn sie körperlich noch dazu in der Lage waren. So kam es vermutlich nicht erst durch das Vorbild der Templer (nach Gründung des Temperordens 1118) oder gar mit der Übertragung der Verteidigung der Burg Breit-Dschibrin durch den König von Jerusalem 1136 zu militärischen Handlungen durch Hospitalbrüder und im Verlauf auch der Bruderschaft. Es ist davon auszugehen, dass der Waffendienst direkt ab 1099 zu den Verpflichtungen zumindest der Ritter auch vom Hospital gehörte (für eine Vertiefung zu diesem Thema sei das Buch »The crusaders Armies 1099–1187« Steve Tibble, Yale University press, 2018, empfohlen, welches nicht nur eine sehr lesbare und trotzdem detaillierte Beschreibung der militärischen Situation im Heiligen Land zur Zeit der Kreuzzüge gibt, sondern auch durch klare wissenschaftliche Argumentation mit etlichen der tradierten Vorurteile zum Thema aufräumt).

Zuletzt noch eine Anmerkung zu dem Hochzeitsring, den ich bei der (ansonsten leider in der geschilderten Grausamkeit den Quellen entsprechenden) Beschreibung der antijüdischen Pogrome in Mainz, die sich zu Beginn des ersten Kreuzzuges ereigneten, erwähne. Ich beschreibe hier, wie der Onkel und Ziehvater des Romanhelden David vor Beginn der Verfolgungen einen Hochzeitsring zusammen mit anderen Wertsachen im Keller seines Hauses vergräbt. Dabei diente mir der Hochzeitsring aus Erfurt als Vorbild, der dort in einer ähnlichen Situation, nämlich kurz vor dem Ausbruch der Pest und dem Pest-Pogrom von 1349, von dem jüdischen Geldverleiher und Bankier Kalman Wiehe offensichtlich aufgrund einer Vorahnung des heraufziehenden Unheils im Keller seines Hauses vergraben wurde. Der Fund hat mich besonders bewegt, da er wie ein Schlaglicht einen tragischen Moment in der Geschichte dieses Mannes und auch unseres Landes beleuchtet und lebendig werden lässt. Ich bitte daher um Nachsicht, dass ich diese Episode wider besseres Wissen »vorverlegt« und nach Mainz geholt habe.

Personenverzeichnis

Bei **fett gedruckten** Namen handelt es sich um historisch überlieferte Persönlichkeiten

Genueser

Familie Doria
Genaldo
Ansaldo (jüngerer Bruder)
Antonio (Vetter der beiden)

Pietro (Vetter)Familie Malaspina
Adalberto
Geraldo

Giulietta Familie Embriachi
Guglielmo
Primo di Castello (sein Bruder)
Ugo (Guglielmos Sohn)

Jüdische Gemeinde in Magenza (Mainz)
David
Ruben (sein Onkel)
Rebecca (dessen Frau)
Rabbi Ben Ezer

Rabbenu Gerschom
Leuchte des Exils, Gründer der Jeschiwa in Magenza

Jehuda
reicher Händler im Friesenviertel

Ben Levi
Goldschmied in Magenza

Simeon
Student aus Toledo

Marcus
christlicher Freund Davids

Menachem ben Mekhir
Gelehrter und Rabbi aus Radasponda – Regensburg

Amalfitaner

Auria
junge Kaufmannstochter aus Amalfi, Halbwaise

Laura
ihre Zofe und Gouvernante

Giuseppe
ihr Onkel, der in dem Lateinerkloster auf dem Berg Athos lebt

Giordano
ihr Vater, der sich nach langen Jahren als Kaufmann in das Hospital zu Jerusalem zurückgezogen hat, um dort nach dem Gewinn irdischen Reichtums auch einen jenseitigen Schatz zu sammeln, den Motten und Rost nicht fressen

Pantaleone
amalfitanischer Kaufmann, Stifter der Bronzetüren der Kathedrale von Amalfi, die er aus Konstantinopel importierte

Mauro di Pantaleone
sein Sohn, ebenfalls amalfitanischer Kaufmann, (mutmaßlicher) Stifter der Hospitäler von Jerusalem und Antiochia

Pantaleone (der Enkel)
auch er amalfitanischer Kaufmann, Schiffseigner und gewählter Hypatos oder Consul des amalfitanischen Kontors in Konstantinopel

Mauro
ebenfalls Enkel des ersten und Bruder des letztgenannten Pantaleones

Gisulf II.
Herzog von Salerno

Pisaner

Dagobert
Erzbischof von Pisa, führte den Angriff der Pisaner Flotte auf Jaffa

Kreuzfahrer

Graf Emicho
Reichsgraf und angeblich erfahrener Kriegsmann, der aber den Aufruf zum Kreuzzug nutzt, um sich am Leben (und Besitz) der Juden im Reich zu vergreifen

Peter der Einsiedler (von Amiens)
wichtigster Anführer des Volkskreuzzuges Conrad, genannt Kunz, Teilnehmer des Volkskreuzzugs Gerold, ebenfalls Kreuzfahrer aus Moguntia (Mainz, wie die Christen es nennen) Fulco und Heinrich, weitere Teilnehmer des Volkskreuzzugs

Walter Sans-Avoir
Kurzfristig Anführer der französischen Teilnehmer des Volkskreuzzugs

Papst Urban II.
rief anlässlich einer Synode vom 18.–28. November 1095 in Clermont am 27. November zum ersten Kreuzzug auf

Robert von Flandern
einer der Anführer der Kreuzfahrer (des Ritterheeres)

Robert von der Normandie
Anführer der Kreuzfahrer aus der Normandie

Arnulf von Chocques
Kaplan Roberts von der Normandie, später kurzzeitig Patriarch von Jerusalem

Peter Bartholomäus
Priester, der in Antiochia Visionen hatte, die zur Auffindung der Heiligen Lanze führten (nicht mit Peter dem Einsiedler zu verwechseln)

Peter Desiderius
Priester, der vor Jerusalem Visionen zur Eroberung der Stadt hatte

Bohemund von Tarent
Führer der **sizilischen Normannen**

Tankred von Tarent
Neffe Bohemunds, der nach dessen Verbleib in Antiochia die weiterziehenden sizilischen Normannen führte

Drogo
normannischer Ritter im Gefolge **Bohemunds**

Guido
normannischer Ritter im Gefolge **Bohemunds**

Raimund IV. von Toulouse
Graf von Toulouse und Markgraf der Provence, Anführer der okzitanischen Kreuzfahrer

Girard Graf von Rosselló
Gefolgsmann **Raimunds von Toulouse**

Werner Galdemar, genannt **Carpinelle, Raimund Pelet, Wilhelm von Sabran**

weitere Gefolgsleute **Raimunds von Toulouse**

Gottfried von Bouillon
zweitgeborener lothringischer Adliger (aus dem Hause der Grafen von Boulogne), der den Besitz seines Onkels erbte und diesen gegen alle Übergriffe verteidigte. In diesem Rahmen belagerte er die Burg Bouillon, was ihm seinen Namen eintrug.
Treuer Vasall König Heinrichs IV., der ihm den Herzogstitel zuerkannte. Aber auch ein frommer Mann, der all seinen Besitz verkaufte, um am ersten Kreuzzug teilzunehmen. Er wurde nach der Eroberung Jerusalems der erste Regent, lehnte es aber ab, sich König zu nennen, weil er nach Jesus keinen zweiten König in Jerusalem wollte

Balduin von Boulogne
jüngerer Bruder Gottfrieds von Bouillon, später Graf von Edessa

Eustach III. von Boulogne
älterer Bruder Gottfrieds, auch er nahm am ersten Kreuzzug teil und heiratete in erster Ehe Mary von Schottland (Tochter König Malcolms III. und Margaretes, wohl um ein Bündnis gegen Wilhelm den Eroberer zu schmieden. Er hatte auch Besitz in York, wo er nachweislich Münzen schlagen ließ)

Hugo von Vermandois
Bruder des französischen König Philipps I., der selbst nicht am Kreuzzug teilnehmen konnte, weil der Kirchenbann auf ihm lag. Es wird gesagt, eine Mondfinsternis habe ihn dazu gebracht, das Kreuz zu nehmen. Er kam als Erster der ritterlichen Kreuzfahrer nach Konstantinopel, erlitt aber Schiffbruch und wurde von General Boutoumites in Dyrrachion abgeholt. Er schwor schließlich als Erster Kaiser Alexios Komnenos Treue. Seine anmaßenden Briefe sind nur in der Lebensbeschreibung des Kaisers, die seine Tochter verfasste, überliefert, die sich allerdings stets recht negativ über die Kreuzfahrer äußerte

Adhemar de Monteil
Bischof von le Puy, warf sich nach der Kreuzzugspredigt Urbans II. ihm zu Füßen und bat um die Ehre, als Erster ins Heilige Land ziehen zu dürfen, und wurde zum Anführer des ersten Kreuzzugs ernannt

Gottfried von St. Omer
Ritter, der im Gefolge Roberts von Flandern am ersten Kreuzzug teilnahm. Er galt als einer der besten Ritter im Königreich Jerusalem und gründete gemeinsam mit Hugo von Payns und sieben weiteren französischen Rittern um das Jahr 1118 den Templer-

orden zum Schutz von Pilgern und dem Königreich Jerusalem. Der Johanniterorden organisierte sich später nach diesem Vorbild ebenfalls zu einem militärischen Orden, der aber immer im Sinne des Doppelauftrags der Fürsorge für die Armen und Kranken und der Verteidigung des Glaubens seine hospitalische Seite beibehielt. Möglicherweise diente der kriegerische Orden der islamischen (malikitischen) Almoraviden als Vorbild bei der Gründung des Templerordens. Die Almoraviden waren vielen christlichen Rittern aus Kämpfen in Spanien, etwa unter dem berühmten Rodriguez de Viviar (el Cid), bekannt und als Gegner gefürchtet

Hugo von Payns
ebenfalls Gefolgsmann Gottfrieds von Bouillon. Er kehrte zunächst in die Heimat zurück, bevor er 1118, wieder in Jerusalem, gemeinsam mit Gottfried von St. Omer den Templerorden gründete. Er war übrigens ein Verwandter des heiligen Bernhard von Clairveaux, der für die Ausbreitung des Zisterzienserordens in Europa verantwortlich war, sich aber auch als Kreuzzugsprediger hervortat und die Regel des Templerordens formulierte

Bischof von Matura in Kalabrien, Raymond de Augier, Bischof von Albara, Bischof Martirano
weitere Anführer des ersten Kreuzzugs

In Konstantinopel

Alexios I. Komnenos
Kaiser des oströmischen Reiches

Edgar Ætheling
nach der Schlacht von Hastings vom Witan von Wessex zum neuen König ernannt, gelang es ihm nicht, die normannische

Invasion aufzuhalten, und er unterwarf sich noch im selben oder im folgenden Jahr Wilhelm dem Eroberer. Mit dänischer Hilfe versuchte er später von York aus, einen Aufstand zu organisieren, musste aber zu seiner Schwester Margarete fliehen, die mit König Malcolm III. von Schottland verheiratet war. Später lebte er in Konstantinopel im Exil, wo er vermutlich, wie viele der Haustruppen des angelsächsischen Königs Harold, in der Warägergarde diente

Ordulf
einer der ehemaligen Leibwächter bzw. Soldaten des stehenden Heeres (Hauskarls) von König Harold, der nach der Schlacht von Hastings, wie viele seiner Mitstreiter, in der Warägergarde in Konstantinopel eine Bleibe fand. Wer sich für seinen Vorfahren und Namensgeber interessiert, der mit den ersten sächsischen Heerführern Hengist und Horsa nach Britannien kam, dem sei die Lektüre meiner beiden Romane »Hengist und Horsa« und »Brand und Mord«, beide im acabus Verlag erschienen, verwiesen

Tatikios
arabisch stämmiger General, der mit Kaiser Alexios zusammen aufgewachsen ist. Trotz seines hohen Amtes war er wohl kein Eunuch, da von einem Sohn berichtet wird

Boutoumites
wichtigster General Kaiser Alexios. Er war es auch, der die Übergabe Nicäas an die Byzantiner verhandelte und die Kreuzfahrer damit um die Plünderung prellte. In ihrem Buch über die Taten ihres Vaters nennt Komnene, Tochter und Biographin von Kaiser Alexios I. Komnenos, ihn dessen »einzige Stütze«

Michael I.
Patriarch von Konstantinopel

Tristano
venetischer Kaufmann in Konstantinopel

Seldschuken (Türken)

Sultan Kilidsch Arslan I.
Herrscher der Rum-Seldschuken

Yaghi-Siyan
seldschukischer Kommandeur von Antiochia

Kerboga von Mosul, Ridwan von Aleppo, Duqaq von Damaskus
befehligen das Entsatzheer

Sökmen un Ilghazi
seldschukischer Kommandant von Jerusalem

Ghazi Danischmend
Herrscher und Gründer des in Anatolien befindlichen Reiches der turkmenischen Danischmenden (der Name leitet sich von einem persischen Titel ab). Die Danischmenden waren Rivalen der Rum-Seldschuken und meist mit ihnen verfeindet, wobei sie sich in der Schlacht bei Doryläum mit diesen gegen die Kreuzfahrer verbündeten

Kadi Ibrahim ibn Seldschuq
Richter und bedeutender seldschukischer Würdenträger in Ikonium

Birgül (seine Tochter)

Kadi Abū 'Umar ibn Yūsuf
Richter der mālikitischen Rechtsschule des Islam, der den Sufimeister **al-Halladsch** zum Tode verurteilte

al-Dschuneid
Sufi-Meister im persischen Bagdad

al-Halladsch
sein Schüler, später aber eigenständiger Meister und der erster Sufi-Märtyrer

Fatimiden (Ägypter)

al-Afdal Schahanschah
Wesir der Fatimiden in Ägypten

al-Mustali
Kalif der Fatimiden

al-Mustansir
sein Vorgänger, welcher die Erlaubnis zur (Wieder-)Errichtung des Hospitals in Jerusalem erteilte

al-Hakim
ein weiterer Fatimiden-Kalif, er ließ 1009 die Grabeskirche in Jerusalem zerstören

Tigran
Emir des hauptsächlich aus Armeniern bestehenden Juyushi-Regimentes

Ashot (einer seiner Männer)

Iftikhar ad Daula
Kommandant von Jerusalem unter den Fatimiden

Hospitalbrüder und -schwestern in Jerusalem

Marcello und Bertrand
Ritter aus der Provence und Auvergne, die sich bereits vor der Belagerung Jerusalems dem Hospital anschlossen – inspiriert von den beiden gleichnamigen Charakteren in Gerhart Ellerts Buch »Es begann in Jerusalem«, Universitas Verlag, 1999
(eine sehr lehrreiche und unterhaltsame Lektüre, wenn man sich für die weitere Geschichte des Ordens nach dem Ende dieses Buches interessiert.
Noch interessant zu diesem Buch ist, dass sich hinter dem Namen »Gerhart Ellert« eigentlich eine Frau, nämlich die österreichische Schriftstellerin Gertrud Schmirger verbirgt. 1933 legte sie sich auf Wunsch ihres Verlages ein männliches Pseudonym zu. Offenbar hielt man dies seiner Zeit für angemessener oder zumindest verkaufsfördernd.)

Auger
Verwalter bzw. Cellerar des Hospitals, ebenfalls durch das oben genannte Buch inspiriert

Gastus von Berdeiz aus der Auvergne, **Raimund** Stellvertreter des Grafen der Dauphiné und **Dudon de Comps**,
drei Ritter, die sich nach der Eroberung Jerusalems der Hospitalbruderschaft anschlossen

Gerhard (auch Pierre Gerard, Gerard de Martigues, Gerard Tenque, Gerhard Sasso di Scala etc.)
Er stammte wahrscheinlich aus Martiques in der Provence; andere Quellen wiederum geben auch Scala bei Amalfi in Italien oder Avesnes in der Auvergne in Frankreich an

Agnes
soll die Leiterin des Frauenspitals in Jerusalem gewesen sein, gebürtig war sie aus Rom.
Die Quellenlage zu ihr ist lückenhaft. So berichtet Eugène de La Gourneri in seinem 1843 erschienen Buch »Das christliche Rom: …«, Zitat: »Die Gründung des Hospitals zu Jerusalem von dem Kaufmanne Amalfi und einer römischen Dame, Namens Agnes …« Hier wird offensichtlich der Herkunftsort der Kaufleute mit einem Eigennamen verwechselt.
In dem Buch »Der vollkommene Teutsche Soldat: …« von Hans Friedrich von Fleming von 1726 findet sich ebenfalls ein Verweis auf die Gründung des Spitals und der Kirche Maria latina nebst Benediktinerkloster durch amalfitanische Kaufleute um 1048, und zwar unter Genehmigung des »egyptischen Caliphen, als welcher damals das heilige Land zu Jerusalem in Besitz gehabt, …«. Weiter heißt es dort: »Sie haben auch bald hernach ein Frauen-Kloster unter der Aufsicht einer ehemalichen Matrone von Rom, Agnes genannt, zu Ehren der heiligen Maria Magdalena hinzugethan …«

Ärzte

Bahram
persischer Sufi und Arzt im Dienst des Seldschukensultans Kirlic Arslan in Ikonium

Yahya ibn Bakrid
Gelehrter Arzt, der im Bagdad der Abassiden-Kalifen medizinische Texte in Sanskrit sammelte und ins Arabische übertrug. Die bekanntesten Werke sind die Sushruta Samhita und die Caraka Samhita – Sammlungen, die den entsprechenden indischen Ärzten zugeschrieben werden

Sushruta
indischer Arzt, der vermutlich im 4. oder 6. Jahrhundert nach Christus wirkte (andere Datierungen reichen bis ins 14. Jh. vor Christus zurück). Bekannt ist er durch sein Werk die Sushruta Samhita, einen in Sanskrit verfassten Text bzw. eine Textsammlung, die u.a. 300 Operationen und knapp 150 chirurgische Instrumente beschreibt. Auch werden darin fünf von Insekten übertragene Krankheiten beschrieben, von denen eine mit Sicherheit die »Königin der Krankheiten«, die Malaria, darstellt

Muhamad ibn Zakariya al-Razi (im Abendland auch als Rasiss bekannt)
854 oder 865–925, persischer Arzt und Alchimist, der sich u.a. mit penetrierenden Kopfverletzungen und Impressionsfrakturen des Schädels befasste und sich für deren Hebung aussprach

Abu al-Quasim Khalaf ibn al-Abbas al-Zaharawi (im Abendland auch Abuklasim genannt)
936–1013, andalusischer Arzt arabischer Herkunft, der u.a. die Ventrikelpunktion beim Wasserkopf beschrieb

Gariopontus
Arzt und Lehrer an der berühmten medizinischen Schule civitas salernitatis, der das berühmte Kompendium Passionarius des Gariopontus verfasste. Darin beschreibt er unter anderem erstmals eine Anästhesie durch das Einatmen narkotisierender Dämpfe. Er starb 1050.

Bruder Danolo Benediktiner aus Montecassino
der in der berühmten Medizinschule des Klosters in Salerno der civitas salernitatis, aus der ab 1087 die erste medizinische Hochschule Europas hervorging, studiert hat und nun im Spital in Jerusalem arbeitet

Meister Platearius
ebenfalls Absolvent der civitas salernitatis, der für Lohn im Spital arbeitet (Quellen berichten, dass nach dem ersten Kreuzzug vier bezahlte Ärzte im Spital arbeiteten)

Johannes Amorusius
Rektor des St. Lazarus geweihten Leprosariums vor der Nordmauer von Jerusalem. Sein Name wird im Testament seines Bruders des aus Bari stammenden Kaufmanns Amorutosios Amorusius vom 4. März 1073 genannt

Sonstige

Thoros
Herrscher von Edessa war als griechisch-orthodoxer unter den oftmals armenischen Einwohnern wohl nicht sehr beliebt. Kurz nach der Adoption Balduins von Boulogne wurde er ermordet. Inwieweit Balduin dabei seine Finger im Spiel hatte, ist nicht geklärt

Konstantin von Kleinarmenien (Kliliken)
versorgte die Kreuzfahrer während der Belagerung von Antiochia treu mit Lebensmitteln und bekam von ihnen den Grafentitel anerkannt

Johannes VIII.
Griechischer Patriarch von Jerusalem im Exil in Zypern

Malcolm III.
König von Schottland

Ruthard
Bischof von Magenza – Mainz

Adalbert von Sachsen
Bischof von Urmasia – Worms

Johann von Spira
Bischof von Spira/Schpira – Speyer

Kaiser Heinrich IV.
Kaiser des Heiligen Römischen Reiches Deutscher Nation, zur Zeit des ersten Kreuzzugs unter Kirchenbann, daher kam er als Anführer nicht infrage

König Philip I. von Frankreich
Zur Zeit des ersten Kreuzzuges ebenfalls unter Kirchenbann

Humbert de Silva Candida
Kardinal und einflussreicher Kleriker der westlichen Kirche. 1054 reiste er als Legat Past Leos IX. zum Kaiser nach Konstantinopel, um ein Bündnis zwischen Papst und Konstantinopel gegen die Normannen zu verhandeln. Wegen liturgischer Fragen und des Protokolls überwarf er sich aber mit dem Oberhaupt der oströmischen (orthodoxen) Kirche Kaiser Michael I. Kerolarios, was zu einer gegenseitigen Exkommunikation und letztendlich zur Kirchenspaltung führte

Jacob Baradeus
Bischof von Edessa um 542. Unter ihm spaltete sich die syrisch-orthodoxe Kirche (daher auch Jakobiten genannt) von der Reichskirche ab

Firuz
Befehlshaber im Heer der seldschukischen Verteidiger, zuständig für den Bereich des Zwei-Schwestern-Turms der Stadtmauer von Antiochia. Vermutlich ein armenischer Christ, der sich mit **Bohemund** verschwor und diesen in die Stadt steigen ließ

Glossar

(in alphabetischer Ordnung)

Assassinen – Fremdbezeichnung für die schiitisch-islamische Glaubensgemeinschaft der Nizariten (vergl. auch historische Anmerkungen)

Caraca bzw. Karacke – rundlicher Schiffstyp, vor allem als Lastensegler gedacht

Compagnia – von Comer und Pane, eine Gemeinschaft, die sogar das Brot zusammen isst. Die erste Compagnia entstand wie im Buch beschrieben in Genua – die Begriffe Company oder Kompanie leitet sich davon ab

Denomination – wertfreie Bezeichnung einer christlichen Kirchengemeinschaft, wie etwa den Katholiken, der griechisch-orthodoxen Kirche, der Armenischen Kirche, etc.

Destrier – von vulgärlateinisch *dextarius*, gelegentlich auch einfach »Großes Pferd«, bezeichnet eine schwere Pferderasse, die im Mittelalter als Schlachtpferd für gerüstete Ritter verwendet wurde

Dromone – von den Byzantinern aus der griechischen Triere bzw. der römischen Bireme entwickelter Schiffstyp. Das Wort kommt von dem griechischen *dromos* was Läufer oder Renner bedeutet. Gefürchtet waren die Dromonen vor allem, weil sie oft mit sogenannten Siphonen ausgerüstet waren, aus denen das als unlöschbar geltende Griechische Feuer versprüht wurde

Entsatzheer – ein Heer welches als Entsatz, also zur Verstärkung oder Unterstützung etwa einer belagerten Stadt oder Burg entsandt wird

Galera bzw. Galeere – ein schlankes Schiff der italienischen Seerepubliken (vergl. die historischen Anmerkungen)

Haubark – alte Bezeichnung für die Kapuze eines Kettenhemdes bzw. die nicht fest am Kettenhemd befestigte Kettenhaube, die Kopf, Nacken und Schultern schützte

Hauskarl – insbesondere im angelsächsischen England freie Gefolgsleute eines Königs. Sie formten oft eine Art Leibwache bzw. den stehenden Kern des Heeres, im Gegensatz zu den nur in Kriegszeiten zu den Waffen gerufenen Freien

Infirmarium – Krankensaal eines mittelalterlichen Klosters. Primär zur Behandlung der eigenen Kranken gedacht. Vergl. Xenodochium

Jarl – normannischer Adelstitel bzw. Rang

Jeschiwa – jüdische Schule, in der der Talmud gelehrt wurde

Kauterisation bzw. Kauterisationseisen – das Ausbrennen von Wunden, insbesondere um Blutungen zu stillen. Das Kauterisationseisen ist dementsprechend ein Metallstück, welches im Feuer erhitzt wird, um mit der Spitze Kauterisationen durchzuführen

Kavalkade – Reiterzug oder Formation von Reitern, heute meist nur bei Prozessionen zu Pferd, im Mittelalter wesentlicher Teil der Ritterlichen Schlachtordnung

Lee – in der Seemannssprache die Richtung, in die der Wind weht

Luv – in der Seemannssprache die Richtung, aus der der Wind weht

Mameluken – ursprünglich einfache Sklaven, später speziell Kriegssklaven, die eine hervorgehobene Stellung in den Ländern des Nahen Ostens innehatten.

Besondere Bedeutung hatten sie in Ägypten, wo sie ab 1250 für 267 Jahre die Herrscher stellten

Mare apertum – das offene Meer. Die Zeit zwischen Mai und Oktober, in der bereits zu römischer Zeit auf dem Mittelmeer die Schifffahrt frei gegeben war

Mare clausum – das geschlossene Meer, die Zeit von Oktober bis Mai, in der die Schifffahrt wegen der schweren Stürme normalerweise ruhte

Mare inferior – Tyrrhenisches Meer (im Gegensatz zum Mare superior, der Adria)

Mare superior – Adria

Nizariten – Eigenbezeichnung für die schiitisch-islamische Glaubensgemeinschaft der Assassinen (vergl. auch historische Anmerkungen)

Peditis – Fußsoldaten. Bei den Kreuzfahrern Lanzenträger

Peltasten – Leichte Fußsoldaten, hier die leichten Kämpfer der Byzantinischen Armee

Pinne – Verlängerung bzw. Griff am Steuerruder eines Schiffes

Prise – Bezeichnung für ein erbeutetes Handelsschiff

Reling – Handlauf oder Geländer, das das Deck eines Schiffes umgibt

Sagittario/Sagittarii – Bogen- bzw. Armbrustschützen

Schanzkleid – Fortsetzung der Bordwand über das Niveau des Decks hinweg – vergl. Reling

Schiiten – die zweitgrößte religiöse Strömung im Islam

Schwertleite – die ältere Form der Ernennung zum Ritter, bevor sich der zeremoniell weniger aufwändige Ritterschlag durchsetzte

Sergeanten – ursprünglich nicht-ritterliche Kämpfer. Sowohl zu Fuß als auch zu Pferd, und dann gelegentlich wie die eigentlichen Ritter ausgerüstet kämpfend. Der Sergeant, Sergent oder Sergento etc. (Unteroffiziersdienstgrade) vieler moderner Armeen leitet sich von dem Wort ab

Styx – der Fluss, der in der antiken griechischen Mythologie die Unterwelt von der Welt der Lebenden scheidet

Sufi/Derwische – Anhänger oder Vertreter des Sufismus. Sufismus ist die Sammelbezeichnung einer Reihe von Strömungen im Islam, die asketische und spirituelle oder mystische Tendenzen aufweist.

Suniten – die größte Glaubensrichtung im Islam

Turkopolen – Leichte Reiterei, in Ausrüstung und Taktik den Reitern der Seldschuken und Turkvölker nachempfunden, wovon sich der Name ableitet

Wadi – Tal bzw. Flusslauf in der Wüste, der nur in der Regenzeit Wasser führt

Waräger – eigentlich byzantinische Bezeichnung für die schwedischen Wikinger. Aus angeworbenen Warägern entwickelte sich später die Leibgarde des Kaisers, die Warägergarde, in der aber auch andere hauptsächlich germanische Völker dienten

Xenodochium – auch hospitale pauperum. Bezeichnet eine Fremdenherberge, bzw. ein Hospitz oder Spital für Arme, Kranke und Pilger. Meist waren Xenodochien an ein Kloster oder Stift angeschlossen, allerdings standen sie, im Gegensatz zu dem eigentlich den Klosterbewohnern vorbehaltenen Infirmarium (vergl. Eintrag oben) explizit Fremden von außerhalb der Klostergemeinschaft zur Verfügung. Vor allem im Zuge der vom Chorherrenstift St. Ruf zu Beginn des 11. Jahrhunderts ausgehenden Reformbewegung kam es überall in Europa zur Gründung solcher Armenherbergen

Danksagung

Mein Dank gilt Graf Ruprecht zu Castell-Rüdenhausen, der mich 2016 anlässlich einer Reise auf den Spuren des Johanniterordens im Heiligen Land anregte, einen Roman über Jerusalem zu schreiben.

Weiter danke ich Dr. Jörg Bremer, der sich als Historiker, Autor, Korrespondent und Redakteur sowie als profunder Kenner Jerusalems, Italiens und der Geschichte des »Ritterlichen Ordens St. Johannis vom Spital zu Jerusalem« bereits in einem frühen Stadium meines Manuskriptes annahm und mir sehr viele wertvolle Hinweise gab.

Desgleichen danke ich Prof. Dr. Jürgen Krüger, Kunsthistoriker und Koryphäe auf dem Gebiet der Baugeschichte Jerusalems, dem ich etliche Fragen zum Jerusalem der Kreuzzüge stellen durfte. Sein beeindruckendes Werk »Die Grabeskirche zu Jerusalem« kann ich zu diesem Thema interessierten Lesern wärmstens empfehlen.

Weiterhin danke ich Bernd A. Rauch vom Lazarus-Orden für die Hinweise, insbesondere zur Geschichte des »Militärischen und Hospitalischen Orden des Heiligen Lazarus von Jerusalem«.

Auch PD Dr. Christian Witt danke ich für die freundschaftliche Beratung in historischen und theologischen Fragen sehr herzlich.

Nicht zuletzt danke ich meiner Lektorin Bianca Weirauch sowie Verena Behr, der Programmleiterin des acabus Verlages, für die intensive Arbeit, die erforderlich war, aus meinem Manuskript einen lesbaren Roman zu machen.

Für alle Fehler, die mir dennoch unterlaufen sind, und alle in die Geschichte eingewobenen Spekulationen, Ungenauigkeiten und freien Erfindungen, die über gesichertes historisches Wissen hinausgehen, bin ich allerdings ganz allein verantwortlich. Dies betrifft sowohl den Roman als auch alles Zusatzmaterial, wie die von mir gezeichneten Karten und die historischen Anmerkungen etc.

Der Autor

Sven R. Kantelhardt (geb. 1976 in Giessen) studierte Medizin und Ökotrophologie in Giessen, Cádiz und Louisville/Kentucky. Im Jahr 2011 erschien sein erster historischer Roman im acabus Verlag. Seitdem hat er drei weitere historische Romane im acabus Verlag veröffentlicht, zuletzt erschien im Frühjahr 2021 »Der Schmied der Franken«. Sven R. Kantelhardt hat bereits über 50 Länder auf verschiedenen Kontinenten bereist. Er lebt in Mainz und arbeitet dort in der Neurochirurgischen Universitätsklinik.